3.90

Schriften zum Familien- und Erbrecht

herausgegeben von
Prof. Dr. Elisabeth Koch, Universität Jena
Prof. Dr. Volker Lipp, Universität Göttingen
Prof. Dr. Karlheinz Muscheler, Universität Bochum
Prof. Dr. Ingeborg Schwenzer, Universität Basel

Band 7

Ursula Pohl

Familienrecht in Chile

Rechtsreform und gesellschaftlicher Wandel

Nomos   Stämpfli Verlag   C. H. Beck

Die Deutsche Nationalbibliothek verzeichnet diese Publikation in der Deutschen Nationalbibliografie; detaillierte bibliografische Daten sind im Internet über http://dnb.d-nb.de abrufbar.

Zugl.: Bremen, Univ., Diss., 2012

ISBN 978-3-8487-0442-2 (Nomos Verlag Baden-Baden)
ISBN 978-3-7272-6966-0 (Stämpfli Verlag AG, Bern)

1. Auflage 2013
© Nomos Verlagsgesellschaft, Baden-Baden 2013. Printed in Germany. Alle Rechte, auch die des Nachdrucks von Auszügen, der fotomechanischen Wiedergabe und der Übersetzung, vorbehalten. Gedruckt auf alterungsbeständigem Papier.

Inhaltsverzeichnis

Abkürzungsverzeichnis 11

Einleitung 13
   I. Ziel der Untersuchung 13
   II. Fragestellung 14
   III. Untersuchungsmethode 15
   IV. Forschungsstand 15
   V. Aufbau der Arbeit 21

Kapitel 1: Kulturprodukt Familie 24
   I. Familien-theoretische Ansätze 24
      1. Definitionen des Begriffs „Familie" 24
      2. Familie als fundamentaler Kern der Gesellschaft im reformierten chilenischen Ehegesetz 28
   II. Gegenwärtiger Zustand der Familie in Chile 29
      1. Die Studie der Vereinten Nationen von 1990-1998 über die neue Unsicherheit chilenischer Familien 32
      2. Fehlen einer ausgeprägten Kultur der Zivilgesellschaft in Chile und Mangel an strukturierter Hilfe 33
      3. Katholischer Diskurs zum Thema Familie und Geschlecht im 20. und zu Beginn des 21. Jahrhunderts 35
      4. Die PNUD-Studie von 2002: Familie als Hauptreferenzpunkt der Chilenen 36
      5. Das kreolische Familienmodell nach Therborn 37
      6. Sonia Montecino und Kemy Oyarzún zur Situation der Frau in Zeiten des „Neomachismo" 39
      7. Spezielles Problem Chiles in Familien der Rückkehrer (Retornados) 41
      8. Fallstatistik über Verfahrenseingänge bei den chilenischen Familiengerichten und Statistik der Polizei 43
   III. Konvergenz und Divergenz von Familienrechtsordnungen 44
      1. Lewis: „Mexican Case Studies in the Culture of Poverty" und „La Vida" zum Thema Kultur der Armut 44
      2. Kritik am Konzept Lewis' 47
   IV. Ergebnis 48

Kapitel 2: Die Verfassungen Chiles unter dem Aspekt der
Gleichberechtigung der Geschlechter und des Schutzes der
Familie 52

  I. Die unabhängige Republik Chile 52
    1. Reglements zwischen 1811 und 1814 sowie die provisorische
Verfassung von 1818 52
    2. Garantie der Gleichheit aller Chilenen in der Verfassung von
1822 53
    3. Die „moralische Verfassung" von 1823 54
    4. Die Verfassung von 1828 ohne Regelung zu Familie und
Gleichheit 55
    5. Die Verfassung von 1833 mit Garantie der Gleichheit vor dem
Gesetz 56
    6. Die Verfassung von 1925 und Verfassungsreformen von 1943
bis 1970 57
    7. Verfassungsreformen unter der Regierung Allende 58
  II. Die Verfassung Chiles in der Zeit der Militärdiktatur und danach 61
    1. Familie als fundamentaler Kern der Gesellschaft in der
Verfassung von 1980 61
    2. Verfassungsänderungen ab 1989 63
  III. Ergebnis 65

Kapitel 3: Frauenwahlrecht in Chile 68

  I. Der lange Weg zum Allgemeinen Wahlrecht für chilenische Frauen 68
    1. Forderung des eingeschränkten Wahlrechts für gebildete Frauen 68
    2. Garreton de Soffia's Eintragung in Wählerlisten / Verweigerung
der Ausübung des Wahlrechts 69
    3. Zulassung von Frauen zu Universitätsstudium 70
  II. Kommunales Wahlrecht für Frauen 71
    1. Erste Kommunalwahlen unter Beteiligung weiblicher Wähler 71
    2. Gründung der Bewegung für die Emanzipation der chilenischen
Frau (Movimiento pro Emancipación de la Mujer Chilena /
MEMCH) 72
    3. Gesetzentwurf für erweitertes Frauenwahlrecht 73
  III. Allgemeine Erklärung der Menschenrechte der UNO (AEMR) /
Allgemeines Wahlrecht für chilenische Frauen 74
    1. Frauenwahlrecht als Ergebnis der Einhaltung internationaler
Verpflichtungen 75
    2. Erklärung der „Männerrechte" oder „Menschenrechte" 75

IV. Ergebnis 76

Kapitel 4: Gesetzeslage im chilenischen Familienrecht vor 1989 und
 Änderungen nach 1989 80
  I. Vor 1989 80
    1. Eherecht bis Mitte des 19. Jahrhunderts durch das kanonische
       Recht geregelt 80
    2. Ehegesetz von 1884 und eherechtliche Regelungen im Código
       Civil 84
    3. Möglichkeiten der Auflösung der Ehe 85
    4. Eheliches Güterrecht im Código Civil 86
    5. Geringfügige Gesetzeskorrekturen am Güterrecht und
       Abstammungsrecht / nicht reformierte Vorschriften für Zweitehe 88
    6. Keine Reformen im Familienrecht vor 1989: Weder in der
       Regierungszeit Allende noch unter der Militärregierung 90
  II. Nach 1989 92
    1. Neuregelung der güterrechtlichen Situation der Frau unter
       Abänderung der Verfassung von 1980 93
    2. Neuregelung der Abstammung, der Adoption Minderjähriger und
       der Zuständigkeit der Vormundschaftsgerichte 99
    3. Neuregelung der Rechte minderjähriger Kinder und des
       Umgangsrechts 102
    4. Neuregelung des Ehegesetzes, Einführung der Ehescheidung und
       der Familiengerichte 103
    5. Neuregelung des Unterhaltsrechts und verfassungsändernde
       Gesetze zur Gleichstellung von Mann und Frau bzw.
       Demokratisierung des Systems 111
    6. Gesetzgebung zu innerfamiliärer Gewalt 118
    7. Gesetzesvorhaben 120
  III. Ergebnis 124

Kapitel 5: Historische und rechtliche Entwicklung der Situation der Kinder
 in Chile 127
  I. Historische Entwicklung der Situation der Kinder Chiles 127
    1. Wesentliche Rolle der Illegitimität in der Entwicklung der
       chilenischen Gesellschaft 128
    2. Polygame Familienstrukturen in der Kolonialzeit und traditionell
       polygame Familienstrukturen bei den Ureinwohnern 128
    3. Kult des Anscheins 130

        4. Ursachen der Reproduktion einer Vielzahl nichtehelicher Kinder   130
        5. Faktische Familien ohne Rechtsregeln in Vergangenheit und
           Gegenwart   134
    II. Reale Situation der Kinder Chiles   135
        1. Wirtschaftliche Ungleichheit / Benachteiligung im
           Bildungssystem / Schüler- und Studentenproteste ab 2011   135
        2. Doppelte Benachteiligung behinderter Kinder   137
    III. Entwicklung der rechtlichen Situation der Kinder Chiles: Von der
         ausschließlichen elterlichen Gewalt des ehelichen Vaters zur
         elterlichen Gewalt beider Elternteile   137
        1. Änderung der Rechtslage 1998: Gleichstellung ehelicher und
           nichtehelicher Kinder   138
        2. Kritische Stellungnahmen zur Rechtsänderung   140
    IV. Ergebnis   144

Kapitel 6: Die Rolle der Rechtsprechung / Regelungskonkretisierung   148

    I. Gerichtsentscheidungen nach 1989   148
        1. Hindernisse beim Eingehen einer zweiten Ehe   148
        2. Diskriminierung der Frau durch die gesetzliche Vorschrift der
           Errungenschaftsgemeinschaft (Sociedad Conyugal) /
           Gerichtliche Ersetzung der Zustimmung der Ehefrau in der
           Errungenschaftsgemeinschaft   150
        3. Annullierung von Verfügungen über Vermögenswerte zugunsten
           der Lebensgefährtin / Vermögensausgleich zwischen
           unverheirateten Paaren   153
        4. Entzug der elterlichen Sorge wegen Homosexualität der Mutter   157
        5. Adoptionsrecht   160
        6. Vereinbarungen zur Elterlichen Sorge   162
        7. Gleichstellung ehelicher und nichtehelicher Kinder   163
        8. Ausschluß eines Vierjährigen aus der Vorschule   164
        9. Umgangsrecht   165
       10. Innerfamiliäre Gewalt   167
       11. Unterhaltsrecht   177
    II. Ergebnis   181

Kapitel 7: Die Mapuchen in Chile   187
  I. Zusammenprall zweier Kulturen   187
     1. Westliche Kultur mit Anspruch auf Weltherrschaft gegenüber der
        Kultur der Ureinwohner mit dem Ziel der Erhaltung des
        Gleichgewichts der Natur   188
     2. Familie als einzig dauerhafte Institution in einer akephalen
        Gesellschaft   189
  II. Eroberung Amerikas für Gott und König gegen die Ungläubigen   190
     1. Legitimation der gewaltsamen Unterwerfung „rückständiger"
        Völker   190
     2. Wenig Begeisterung der Indios für den neuen Glauben   190
  III. Polygamie als Lebensform der Mapuchen   192
     1. Untergeordnete Stellung der Frau   192
     2. Geringerer Status der Zweitfrau und ihrer Kinder   193
  IV. Erstes Dekret zur Sesshaftmachung der Ureinwohner und eine
      Vielzahl gesetzlicher Vorschriften in der Folge   195
     1. Bevormundung der Ureinwohner per Gesetz   196
     2. Zwangsweise Verwandlung der Ureinwohner in Siedler und
        Bauern und Zementierung der Armut   196
     3. Rückgabe von 70.000 Hektar Land unter der Regierung Allende
        an die „Abkömmlinge der Ureinwohner" und Streit über die
        Definition dieses Begriffs   197
     4. Positive Diskriminierung durch Eingeborenen-Gesetz?   198
  IV. Ergebnis   200

Schlussbetrachtung   204

Anhang 1   215

Anhang 2   217

Anhang 3: Zuständigkeit der chilenischen Familiengerichte   220

Anhang 4: Auszüge aus dem Código Civil zum Thema Beziehungen
          zwischen Eltern und Kindern   222

Bibliographie   225

Abkürzungsverzeichnis

BGB	Bürgerliches Gesetzbuch (Deutschland)
CC	Código Civil / Zivilgesetzbuch (Chile)
CEDAW	Convention on the Elimination of all Forms of Discrimination against Women / Convención sobre la eliminación de todas las formas de discriminación contra la mujer / Konvention über die Abschaffung aller Formen von Diskriminierung gegen die Frau
Cedem	Centro de Estudios para el desarrollo de la Mujer / Studienzentrum für die Entwicklung der Frau
Cepal	Comisión Económica para América Latina y el Caribe (Naciones Unidas)/Wirtschaftskommission für Lateinamerika und die Karibik (Vereinte Nationen)
CIDH	Comisión Interamericana de Derechos Humanos / Interamerikanische Kommission für Menschenrechte
Cladem	Comité de América Latina y el Caribe para la Defensa de los derechos de la mujer / Komitee für Lateinamerika und die Karibik für die Verteidigung der Rechte der Frau
DFL	Decreto Fuerza Ley / Dekret mit Gesetzeskraft
DL	Decreto Ley / Gesetzesdekret
Diario Oficial	Offizielle Zeitung, vergleichbar mit dem Bundesgesetzblatt
Flacso	Facultad Latinoamericana de Ciencias Sociales / Lateinamerikanische Fakultät für Sozialwissenschaften
Memch	Movimiento pro Emancipación de la Mujer Chilena / Emanzipationsbewegung für die chilenische Frau
OMCT	Organización Mundial contra la Tortura / Weltweite Organisation gegen Folter
Oxfam	Oxford Committee for Famine Relief
Plan Auge	Plan Acceso Universal con Garantías Explícitas / Plan für universellen Zugang mit ausdrücklichen Garantien
PNUD	Programa de las Naciones Unidas para el Desarrollo / Programm der Vereinten Nationen für Entwicklung
RIT	Rol Ingreso Causa al Tribunal / Aktenzeichen beim jeweiligen Gericht, das bei einem Zitat hinzugefügt werden muss

RUC	Rol Unico de Causa en los Tribunales de Familia / Aktenzeichen für Verfahren bei den Familiengerichten, davon gibt es für jedes Verfahren nur ein einziges und einmaliges Aktenzeichen im ganzen Land
S.C.	Sociedad Conyugal / wörtliche Übersetzung: Ehegesellschaft, bei Bergmann / Ferid Errungenschaftsgemeinschaft
SENAME	Servicio Nacional de Menores / Nationaler Dienst für Minderjährige
SERNAM	Servicio Nacional de la Mujer / Nationaler Dienst der Frau

Einleitung

I. Ziel der Untersuchung

Gegenstand der Untersuchung ist die Entwicklung des chilenischen Familienrechts ab Gründung der Republik Chile bis heute[1] unter dem Aspekt des sozialen und politischen Wandels Chiles. Die offizielle Unabhängigkeitserklärung erfolgte am 1. Januar 1818. Der Unabhängigkeitsprozess begann aber bereits 1810. Am 18. September 1810 etablierte sich eine Regierungsjunta, die die Treue Chiles zu dem von Napoleon abgesetzten spanischen König Fernando VII erklärte allerdings als autonome Provinz innerhalb des spanischen Königreichs.[2] Der 18. September ist seither der chilenische Nationalfeiertag. 2010 feierte die Republik Chile ihr zweihundert-jähriges Bestehen.

Die Entwicklung des Familienrechts in diesen zwei Jahrhunderten ist vor dem Hintergrund des gesellschaftlichen und politischen Wandels Chiles darzustellen, wobei der Schwerpunkt auf die letzten vierzig Jahre gelegt wird. Diese Zeitspanne umfasst die Regierungszeit des sozialistischen Präsidenten Salvador Allende (4. November 1970 bis 11. September 1973), die Diktatur des chilenischen Militärs unter Augusto Pinochet von 1973 bis 1989 und von 1989 bis heute die Rückkehr zu demokratischen Verhältnissen.

Absicht der Arbeit ist, darzustellen und herauszuarbeiten, wie sich unterschiedliche politische und gesellschaftliche Voraussetzungen auf das Familienrecht auswirken. Das Familienrecht wird dabei als Ausdruck und auch als Instrument gesellschaftlichen Wandels verstanden. Unter Merkmalen sozialen Wandels sind folgende Kriterien zu verstehen: Die Auflösung traditioneller Bindungen, die Flexibilisierung sozialer Rollen, Gleichheit zumindest im Sinne von Chancengleichheit sowie eine Orientierung an ökonomischer Effizienz. Im Familienrecht gelten als Parameter einer fortschrittlichen Entwicklung die Emanzipation der Frau, wobei der Gleichstellung in der Familie die Gleichstellung im Beruf gegenüberzustellen ist, die Ersetzung der hierarchischen elterlichen Gewalt, die sich in erster Linie als väterliche Gewalt darstellte, durch auf das Kindeswohl verpflichtete elterliche Sorge, die Ermöglichung oder Erleichterung der Ehescheidung, die Angleichung der Rechte nichtehelicher Kinder und die Anerkennung sonstiger Lebensgemeinschaf-

---

1 Das heißt bis 31.3.2012
2 La Constitución: Historia Constitucional de Chile, Biblioteca del Congreso Nacional, www.bcn.cl/ecivica/histcons., zuletzt aufgerufen am 3.1.2011

ten. Anhand dieser Kriterien soll die Entwicklung des Familienrechts analysiert werden.

II. Fragestellung

Die Studie setzt sich allgemein die Aufgabe, die Entwicklung des chilenischen Familienrechts vor dem Hintergrund des sozialen und politischen Wandels darzustellen. Chile ist besonders geeignet für eine solche Untersuchung, weil Chile – wie wenige andere Staaten – durch die Abfolge gegensätzlicher politischer Systeme mit konträren ideellen und ideologischen Grundlagen charakterisiert ist. Der Untersuchung liegt das Erkenntnisinteresse zugrunde, herauszufinden, ob die Entwicklung des Familienrechts in verschiedenen Gesellschaftsformen ähnlichen oder divergierenden Trends folgt. Es stellt sich die Frage, ob es einen globalen Trend im Sinne der in internationalen Deklarationen proklamierten Emanzipation der Frau auch innerhalb des Familienrechts gibt oder ob länderspezifische Trends überwiegen. Die Familie als lebenslange Beziehung zwischen Eltern und Kindern, die von Huinink als ‚Kulturprodukt' beschrieben wird und die entsprechenden rechtlichen Regelungen werden untersucht sowie die Konvergenz oder Divergenz von Familienrechtsordnungen in Gesellschaften, die neben Unterschieden auch erhebliche Gemeinsamkeiten aufweisen.[3] In diesem Zusammenhang kann ein Vergleich mit den ethnologischen Befunden vorgenommen werden, wie sie der amerikanische Ethnologe Oscar Lewis in seinen Studien „Mexican Case Studies in the Culture of Poverty" und „La Vida" für Mittelamerika und Puerto Rico angestellt hat.[4]

Des weiteren ist zu klären, welche Strukturen das Familienrecht voraussetzt und wie sich diese in der Mittel- und Oberschicht Chiles und im Präkariat auswirken. Dabei ist zu fragen, ob familienrechtliche Regelungen in der Unterschicht überhaupt greifen und welche Vorkehrungen das chilenische Familienrecht für solche Familienstrukturen bereithält. Es fragt sich, ob und inwieweit möglicherweise soziale Bräuche und soziale Regeln an die Stelle des formellen Familienrechts treten. In diesem Zusammenhang ist auch auf das gesetzlich nicht anerkannte Eherecht der Ureinwohner Chiles, der Mapuchen einzugehen.

Eine weitere Frage geht dahin zu untersuchen, welche Faktoren die Durchsetzungsschwäche des christlich geprägten Familienrechts in Teilen der chilenischen Gesellschaft mit bedingt. Die schichtenspezifisch unterschiedliche Reichweite des Familienrechts ist zu überprüfen wie auch die Frage der Rechtsverhältnisse nicht-

---

3 Huinink, Konietzka, Familiensoziologie, Frankfurt/New York, 2007, S. 51 und 55
4 Lewis, The Culture of Poverty, 1973 und ders. La Vida – eine puertorikanische Familie in der Kultur der Armut, San Juan und New York, 1971

ehelicher Lebensgemeinschaften, die in sehr hoher Zahl in Chile vorkommen. Auch familiensoziologische Ansätze sollen berücksichtigt werden.

III. Untersuchungsmethode

Die Untersuchungsmethode ist primär rechtssoziologisch und rechtshistorisch ausgelegt. Dies ergibt sich bereits aus dem Untersuchungsziel. Dabei müssen teilweise rechtsvergleichende und rechtsdogmatische Methoden eingesetzt werden, wenn dies nötig erscheint, um das chilenische Familienrecht im Kontext zu verstehen. Rechtssoziologische Erkenntnisse werden einbezogen; insoweit stehen vielfältige Zahlen vom nationalen chilenischen Statistik-Institut INE (Instituto Nacional de Estadísticas) über Scheidungsraten, Quote berufstätiger Frauen, Anteil nichtehelicher Kinder etc. zur Verfügung. Auch die Standesämter (Servicio de Registro Civil e Identificación) veröffentlichen Statistiken zu Themen, die im Familienrecht relevant sind. Die Untersuchungsmethode ist nicht rechtsvergleichend, jedoch sollen Erfahrungen aus dem deutschen Familienrecht, soweit dies sinnvoll ist, fruchtbar gemacht werden.

IV. Forschungsstand

Die Untersuchung versucht, ein Forschungsdefizit auszugleichen. Dieses ergibt sich auf deutscher Seite aus dem relativ geringen Interesse an der Entwicklung des Familienrechts in Südamerika im allgemeinen und Chile im besonderen. Soweit Literatur vorliegt, ist sie teilweise nur eingeschränkt themenrelevant, da sie sich im wesentlichen auf die Darstellung des chilenischen Familienrechts und einiger seiner rechtsdogmatischen Fragen konzentriert, aber nicht die rechtshistorischen und rechts-soziologischen Hintergründe in den Blick nimmt.[5] Eine Veröffentlichung exakt zum Untersuchungsthema gibt es nicht, weder als Aufsatz noch als Buch. Die gesamte Reform des chilenischen Familienrechts im Rahmen des gesellschaftlichen Wandels wurde bislang nicht untersucht. Auch die nachfolgend nachgewiesene Literatur behandelt jeweils nur Teilaspekte des hier bearbeiteten Themas:

Außer dem Standardwerk von Bergmann/Ferid, Loseblattsammlung zum Internationalen Ehe- und Kindschaftsrecht, die allerdings im Hinblick auf Chile bis vor kurzem auf dem Stand von 1989 war und jetzt nach Einfügung der neuesten Nachlieferung auf dem Stand vom 1. Juli 2007 ist, fehlt es an deutschsprachigen Un-

---

5 So z.B. das chilenische Standardwerk zum Familienrecht, Derecho de Familia Bd. I u. II, Ramos Pazos, Santiago de Chile, 2007 oder Curso de Derecho de Familia, Court Murasso, Eduardo, Santiago de Chile, 2009.

tersuchungen zum chilenischen Familienrecht weitgehend.[6] 2006 wurde an der Universität Göttingen eine Dissertation zum Thema: „Die ‚ökonomische Kompensation' im Scheidungsfolgenrecht von Chile und die ‚ehelichen Lebensverhältnisse' beim nachehelichen Unterhalt im deutschen Recht" veröffentlicht.[7] Diese Arbeit konzentriert sich auf den Vergleich des chilenischen Rechtsinstituts des wirtschaftlichen Schadensausgleichs einerseits mit den Unterhaltstatbeständen sowie dem unbestimmten Rechtsbegriff der „ehelichen Verhältnisse" im deutschen Scheidungsfolgenrecht, wobei herausgearbeitet wird, dass die verschiedenen nationalen Regelungen überraschend viel Ähnlichkeit miteinander aufweisen.[8] Außerdem hat Samtleben in der Zeitschrift „Das Standesamt" das Thema „Heirat und Scheidung im neuen chilenischen Ehegesetz" bearbeitet.[9] Er befasst sich in diesem Beitrag mit dem reformierten Ehegesetz,[10] das das bis dahin gültige Ehegesetz von 1884 ablöste.

Sodann gibt es eine im Beck-Verlag veröffentlichte Loseblattsammlung über ausländisches Familienrecht, das Jürgen Rieck herausgegeben und Christian A.Mentler in Zusammenarbeit mit Axel Heinz zusammengestellt hat. In diesem Werk ist auch ein Abschnitt über Chile enthalten, der allerdings nur 26 Seiten umfasst und eine kurze Beschreibung des derzeit gültigen chilenischen Familienrechts auf dem Stand April 2009 bietet. Gesetzestexte im Wortlaut werden nicht wiedergegeben – wie dies bei Bergmann/Ferid/Henrich der Fall ist.[11] Darüber hinaus konnten keine Veröffentlichungen zum reformierten chilenischen Familienrecht in deutscher Sprache gefunden werden.

Die chilenische Literatur zum Familienrecht ist überwiegend praxisorientiert und leistet keine Gesamtanalyse unter dem Gesichtspunkt des sozialen Wandels. Dies gilt auch für das Standardwerk zum Familienrecht von René Ramos Pazos.[12] Hier wird das geltende Familienrecht in zwei Bänden detailliert dargestellt und die derzeit gegebene Gesetzeslage erläutert. Das Werk wird regelmäßig aktualisiert und die jeweils neue Gesetzessituation beschrieben. Das Buch eignet sich als Nachschlagewerk für Praktiker, die mit Familienrecht zu tun haben.[13]

---

6 Bergmann/Ferid/Henrich, Internationales Ehe- und Kindschaftsrecht, Chile, Stand 1.7.2007, Frankfurt, 2007
7 Turner, Göttingen, 2006
8 Turner, Die ‚ökonomische Kompensation' im Scheidungsfolgenrecht von Chile und die ‚ehelichen Lebensverhältnisse' beim nachehelichen Unterhalt im deutschen Recht, Diss. Göttingen 2006, S. 4
9 Das Standesamt 58, (2004) S. 285-290
10 Gesetz No. 19.947 vom 17.5.2005; alle in der Arbeit vorkommenden Gesetze befinden sich in Anhang 2; hinsichtlich der in der Arbeit enthaltenen Übersetzungen wird auf Anhang 1/II verwiesen.
11 Rieck, Ausländisches Familienrecht, Chile, Stand 4/2009, München, 2011
12 Derecho de Familia, Bd. I u. II, Santiago de Chile, 2007
13 Beobachtung des Verfassers

Jorge del Picó Rubio hat ebenfalls eine umfängliche Darstellung des chilenischen Eherechts geliefert.[14] Er geht auf die historische Entwicklung des chilenischen Eherechts ein und auch auf die gesellschaftlichen Einflüsse aus den verschiedenen Gruppierungen wie katholische Kirche, politische Parteien, laizistische Gruppen wie die chilenischen Freimaurer und Minderheitsreligionen. Weiterhin befasst er sich mit der juristischen Form der Ehe und deren Beendigung. Eine weitere Veröffentlichung zum Thema Familienrecht liegt von Eduardo Court Murasso und Veronika Wegner Astudillo vor.[15] Das Buch widmet sich insbesondere den Teilbereichen Abstammung, Adoption, Unterhalt, Vormundschaft, Zivilstand und innerfamiliäre Gewalt unter den Aspekten Gesetzgebung, Lehre und Rechtsprechung.

Es gibt sodann eine Veröffentlichung von Pablo Ruiz Tagle Vial zum Thema der Gleichheit in der Verfassungsjurisprudenz.[16] Hier werden diejenigen Artikel der geltenden Verfassung untersucht, die sich mit dem Thema Gleichheit befassen, d.h. Art. 1, der bestimmt, dass die Menschen frei und gleich an Würde und Rechten geboren werden; Art. 15, der die Idee der Gleichheit insoweit konkretisiert, als es um die demokratischen Wahlen geht bzw. deren gleiche und geheime Durchführung; Art. 19, der die Grundrechte garantiert und von Ruiz Tagle Vial als „Bill of Rights" bezeichnet wird, da er so umfassend ist.[17]

Carmen Domínguez Hidalgo schrieb einen Beitrag über die Situation der verheirateten Frau im chilenischen Güterrecht.[18] Hier geht es um die Evolution der Situation der verheirateten Frau in Chile unter dem Aspekt des Güterrechts. Es wird die gesetzliche Entwicklung insoweit ab 1855 bis zur Gegenwart beschrieben.[19] In einem weiteren Beitrag von Carmen Domínguez Hidalgo geht es um die Prinzipien, die im Familienrecht Chiles zur Anwendung kommen. Hier kommt sie zu dem Schluss, dass die reformistische Perspektive verstärkt und die Familie unterstützt werden müsse, da sie der ideale Rahmen für die Entwicklung der Kinder sei, anstatt ein Familienrecht zu konstruieren, das nur auf die Krise und den familiären Konflikt reagiere.[20]

---

14 Del Picó Rubio, Derecho Matrimonial Chileno, Santiago de Chile, 2010
15 Court Murasso und Wegner Astudillo, Derecho de Familia, Legislación, Doctrina y Jurisprudencia, Santiago de Chile, 2011
16 Ruiz Tagle Vial, Apuntes sobre la Igualdad Constitucional en Chile, Ius et Praxis, Talca, Chile 1997, S. 1 - 42
17 Ruiz Tagle Vial, ibidem S. 6
18 Domínguez Hidalgo, Los Principios que informan el Derecho de Familia Chileno: Su Formulación Clásica y su Revisión Moderna, Revista Chilena de Derecho, Bd. 32 No. 2, S. 205 – 218, 2005
19 S. Kapitel "Gesetzeslage im chilenischen Familienrecht vor 1989 und Änderungen nach 1989".
20 Domínguez Hidalgo, ibidem S. 218

Ximena Valdés S. veröffentlichte Anmerkungen zum Wandel der chilenischen Familie.[21] Die Arbeit legt den Fokus auf die Transformation der Normen und der gesellschaftlichen Verhaltensweisen. Dabei verweist sie darauf, dass seit Gründung der Republik Chile bis heute eine Konstante der chilenischen Gesellschaft darin zu sehen sei, dass eine große Distanz zwischen dem geschriebenen Recht und den gesellschaftlichen Verhaltensweisen vorherrsche.[22] Des weiteren untersucht dieser Beitrag die Folgen der zerbrochenen Familien und die Situation der Geschlechter in der lohnabhängigen Gesellschaft.

Luis Salazar untersuchte die Stellung der Frau in der sogenannten Errungenschaftsgemeinschaft (Sociedad Conyugal, wörtliche Übersetzung: Eheliche Gesellschaft).[23] Er arbeitete heraus, dass die Aufrechterhaltung der Errungenschaftsgemeinschaft im Gesetz über die Neuregelung des Güterrechts aus dem Jahr 1989[24] die Frau im gleichen unmündigen güterrechtlichen Zustand belassen habe wie vor Einführung des Gesetzes, da man ihr zwar die volle Rechtsfähigkeit zugebilligt habe, sie aber in Ausübung von Rechtsgeschäften in gleicher Weise beschränkt bliebe wie zuvor.[25]

Paulina Veloso schrieb eine Arbeit über „Gleichheit und Familienbeziehungen" an der Rechtsfakultät der Universität von Chile.[26] Sie beschreibt hier eine heimliche und stille Revolution der Gegenwart als erste Revolution Chiles ohne Blutvergießen, die zu einer langsamen aber unaufhaltsamen Abmilderung bis hin zur Abschaffung der Diskriminierung wegen Geschlechts führe. Die Gleichstellung von Mann und Frau zunächst innerhalb der Familie, dann in der weiteren zivilen Gesellschaft in Wirtschaft und Politik einerseits gefordert, andererseits erobert sei eines der sichersten und eindrucksvollsten Zeichen des Marsches der Geschichte der Menschheit hin zur Gleichheit.[27] Sie beschreibt in diesem Beitrag die bereits eingetretenen Gesetzesänderungen als Anpassung an die Realität und stellt weitere

---

21 Notas sobre la Metamorfosis de la Familia en Chile, Naciones Unidas, CEPAL, Santiago de Chile, 2007
22 Valdés, Notas sobre la metamorfosis de la Familia en Chile, CEPAL – Serie Seminarios y Conferencias No. 52, Santiago de Chile, 11/2007, S. 43
23 Plena Capacidad de la Mujer Casada en Sociedad Conyugal en Chile, Anuario de la Universidad Internacional SEK No. 3 aus 1997, S. 149 – 159; Bergmann/Ferid/Henrich, Internationales Ehe- und Kindschaftsrecht, Chile, Stand 31.3.1989 und Stand 1.7.2007 übersetzt Sociedad Conyugal in der Ausgabe vom 31.3.1989 manchmal mit Gütergemeinschaft, manchmal mit Errungenschaftsgemeinschaft, in der Ausgabe vom 1.7.2007 ausschließlich mit Errungenschaftsgemeinschaft, Chile, Stand 31.3.1989, S. 19 und Stand 1.7.2007, S. 58.
24 Gesetz No. 18.802 vom 9.6.1989
25 S. Kapitel "Gesetzeslage im chilenischen Familienrecht vor 1989 und Änderungen nach 1989".
26 Igualdad y Relaciones Familiares, Facultad de Derecho, Universidad de Chile, 2003, abrufbar unter http://www.islandia.law.yale.edu/sela/veloso.pdf
27 Veloso, Igualdad y Relaciones Familiares, Facultad de Derecho, Universidad de Chile, 2003

Forderungen darüber auf, was auf dem Gebiet des Familienrechts noch hinsichtlich einer Beseitigung von Diskriminierung zu geschehen hätte.[28]

Eine Dissertation an der Katholischen Universität (Universidad Católica)[29] von Temuco[30] über „Die juristische Befähigung der verheirateten Frau in der ‚Sociedad Conyugal' in Bezug auf das Prinzip der Gleichheit" (La Capacidad Jurídica de la Mujer Casada en Sociedad Conyugal en Relación con el Principio de Igualdad) befasst sich mit dem Widerspruch zwischen dem Gleichheitsgebot in der Verfassung und der weiterhin bestehenden Ungleichheit im Güterrecht in der Errungenschaftsgemeinschaft (Sociedad Conyugal), in der nach wie vor der Ehemann der Verwalter der Güter ist.[31]

Zum Thema elterliche Sorge und Umgangsrecht hat María Pía Comparini eine Arbeit veröffentlicht.[32] In dieser Publikation wird u.a. beklagt, dass es keine sicheren Zahlen über die faktischen Trennungen legal eingegangener Ehen oder dauerhafter nichtehelicher Lebensgemeinschaften gebe noch über das Thema des „abwesenden Vaters", was eine große Gruppe chilenischer Kinder betreffe. So gebe es auch keine Untersuchungen über die Verfahren wegen Umgangsrecht, die einen Rückschluss darauf zuließen, ein wie hoher Prozentsatz der Kinder regelmäßig Kontakt zum getrennt lebenden Vater habe.[33]

Mit der rechtlichen Ordnung Chiles in Bezug auf das Phänomen der Diskriminierung beschäftigt sich ein Aufsatz von María Soledad Cisternas Reyes.[34] Sie untersucht Möglichkeiten der Verfassung zur Verhütung und Überwindung der Diskriminierung. Sie verweist darauf, dass es in der Praxis nicht viele Gerichtsentscheidungen gebe, die sich mit dem Thema des Rechts auf Gleichheit und Nicht-Diskriminierung befassten. Dies liege nicht daran, dass es insoweit keinen Handlungsbedarf gebe, sondern eher daran, dass die Richter keine einheitliche Linie zu dem Thema entwickelt hätten, was zu einer Vielzahl von Urteilen führe, die den Schutz des Rechts auf Gleichheit verweigerten.[35]

Zu dem Thema nichteheliche Geburt in Chile (La Ilegitimidad en Chile) haben Ignacio Irarrázabal Llona und Juan Pablo Valenzuela eine Studie veröffentlicht. Die Arbeit untersucht die Tendenzen, die zum Thema nichteheliche Kinder zwischen 1960 und 1990 zu beobachten waren. Dabei wird herausgearbeitet, dass in der letzten Zeitspanne der Untersuchung ein neues Phänomen aufgetreten sei, wo-

---

28 Ibidem S. 22
29 Verfasser: Bello Muñoz u. Morales Jiménez
30 Stadt im Süden Chiles
31 Bello Muñoz u. Morales Jiménez, Tesis en Derecho, Temuco, 2006
32 Comparini, Tuición y derecho de visita en Chile, Universidad Católica, Santiago de Chile, 1989
33 Ibidem S. 29
34 Cisternas Reyes, Ordenamiento Jurídico Chileno frente al Fenómeno Discriminatorio, Revista Chilena de Derecho, Santiago de Chile, 2004, Bd. 31, No. 3, S. 409 – 437
35 Ibidem S. 435

nach zunehmend die Eltern eines Kindes durchaus nicht grundsätzlich eine länger dauernde Verbindung eingegangen wären.[36]

Über die im Kapitel „Gesetzeslage im chilenischen Familienrecht vor 1989 und nach 1989" aufgeführten Gesetze gibt es Veröffentlichungen, die sich teilweise mit einem einzigen dieser Gesetze auseinandersetzen, teils mit mehreren.[37]

An englischsprachiger Literatur wurden zwei Texte über Chile im „International Survey of Family Law" aus dem Jahr 2000 von Inés Pardo de Carvallo zum Thema Verwandtschaftsnachweis und 2005 von Gabriel García Cantero zum Thema Heirat und Ehescheidung gefunden.[38] Cantero gibt einen kurzen Abriss über die vor 2005 bestehenden gesetzlichen Regelungen zum Eherecht, um dann auf das Reformgesetz[39] einzugehen. Hier macht er Ausführungen zu den jetzt gegebenen Möglichkeiten der Beendigung einer Ehe, d.h. Scheidung, gesetzliche Trennung, Annullierung. Pardo de Carvallo schrieb einen Aufsatz über das Gesetz zur Neuregelung der Abstammung[40]. Er befasst sich mit der Gleichstellung von ehelichen und nichtehelichen Kindern, die in diesem Gesetz eingeführt wurde und mit den bis dahin geltenden entsprechenden Bestimmungen des Código Civil.

Wie bereits eingangs erwähnt, konnte keine Gesamtdarstellung der chilenischen Familienrechtsreform im Rahmen des gesellschaftlichen Wandels des Landes gefunden werden, d.h. unter Einschluss der rechtlichen und gesellschaftlichen Situation vor und nach Durchführung der Reform. Einerseits liegen Arbeiten über die gesellschaftliche Entwicklung der chilenischen Familie vor, andererseits juristische Veröffentlichungen, die sich mit den nach 1989 durchgeführten Gesetzesänderungen befassen. Eine Gesamtschau unter rechtlichem Aspekt mit Einbezug des gesellschaftlichen Wandels konnte nicht ausfindig gemacht werden. Auch der Einsatz der Google-Suchmaschine bei Eingabe der Begriffe „Familienrecht in Chile und Reform" in deutscher, englischer und französischer Sprache führte zu keinem Erfolg. Mit vorliegender Arbeit soll die bestehende Lücke geschlossen werden.

---

36 Irarrázabal Llona und Valenzuela, La Ilegitimidad en Chile, Estudios Públicos, No.52, 1993
37 Beispielsweise Ramos Pazos, Derecho de Familia, Santiago de Chile, 2007; Court Murasso, Curso de Derecho de Familia, Santiago de Chile, 2009; Corral Talciani, Una ley de paradojas. Comentario de la nueva Ley de Matrimonio Civil, Revista Chilena de Derecho Privado, 2004 No. 2, S. 259-272; Vodanovic, Leyes de Derecho de Familia y de Menores, Santiago de Chile, 2005; Barros Bourie, Por un Nuevo régimen de bienes en el matrimonio, Revista Estudios Públicos No. 43, 1991, S. 139-155, Comparini, Tuición y Derecho de Visita en Chile, Universidad de Chile, Santiago de Chile, 1989; Bello Muñoz u. Morales Jimenez, Capacidad Jurídica de la Mujer Casada en Sociedad Conyugal en Relación con el Principio de Igualdad, Tesis en Derecho, Universidad Católica, Temuco, 2006.
38 García Cantero, Marriage and Divorce in Chile, The International Survey of Family Law, 2005, S. 155 – 172; Pardo de Carvallo, Identifying Parentage and the Methods of Proof in the New Chilean Law, The International Survey of Family Law, 2000, S. 83 - 93
39 No. 19.947 vom 17.5.2005
40 No. 19.585 vom 26.10.1998

V. Aufbau der Arbeit

Das erste Kapitel befasst sich mit der Familie als lebenslange Beziehung zwischen Eltern und Kindern, mit dem „Kulturprodukt Familie".[41] Hier werden familientheoretische Ansätze anhand von Veröffentlichungen in Deutschland und Chile untersucht.[42] Sodann wird Konvergenz und Divergenz von Familienrechtsordnungen in Gesellschaften überprüft, die neben Unterschieden erhebliche Gemeinsamkeiten aufweisen. Da es Aufgabe der Studie ist, die Entwicklung des Familienrechts vor dem Hintergrund des sozialen und politischen Wandels darzustellen, werden sodann die Verfassungen ab Gründung der Republik Chile unter dem Aspekt der Gleichberechtigung der Geschlechter und des Schutzes der Familie untersucht.

Im Anschluss daran soll die Situation der Frauen in Chile am Beispiel der Entwicklung des Wahlrechts dargestellt werden, da dies als ein elementares Recht zur Beteiligung der Frauen am öffentlichen Raum gesehen wird. In diesem Kapitel ist u.a. der Einfluss internationaler Deklarationen auf nationale Entscheidungen zu prüfen. Danach wird die Gesetzeslage im chilenischen Familienrecht in den Regelungsphasen **vor 1989** und **nach 1989** untersucht. In diesem Kapitel wird deutlich, ab welchem Zeitpunkt Bewegung in das chilenische Familienrecht kam und inwieweit das Land in internationalen Verträgen eingegangene Verpflichtungen erfüllt hat. Die Regelungsebenen werden bei Anwendung einer integrierten Darstellung analysiert, d.h. die Verteilung der familienrechtlichen Aussagen auf den verschiedenen Normsetzungsebenen wie Verfassung, Código Civil, Ehegesetz etc.

Sodann wird die sozialgeschichtliche Entwicklung des Themas elterliche Gewalt bzw. elterliche Sorge und Rechte des Kindes dargestellt, wobei Chile auf Grund seiner Geschichte insoweit eine lange Tradition von Familien hat, die aus Mutter mit Kindern bestehen. In Chile spielten seit Bestehen der Republik außereheliche Beziehungen eine große Rolle, was zu einer enormen Masse an „Bastarden" geführt hat.[43] So wurde für das Leben in wilder Ehe ein besonderer Ausdruck

---

41 Huinink, Konietzka, Familiensoziologie, Frankfurt/New York, 2007, S. 51
42 Claessens, Familie und Wertsystem, Berlin, 1979; Nave-Herz, Ehe- und Familiensoziologie, Weinheim u. München, 2006; Huinink u. Konietzka, Familiensoziologie, Frankfurt/New York, 2007; Plett, Das unterschätzte Familienrecht, Zur Konstruktion von Geschlecht durch Recht, in Schriften zur Gleichstellung der Frau, Bd. 27, Baden-Baden, 2004; Schneider, Lehrbuch Moderne Familiensoziologie, Opladen & Farmington Hills, 2008; Therborn, Cambios de las Familias en el Marco de las Transformaciones globales: Necesidad de Políticas públicas eficaces, CEPAL, Santiago de Chile, 2004; Montecino Aguirre, Hacia una Antropología del Género en Chile, in Mujeres: Espejos y Fragmentos, Antropología del Género y Salud en el Chile del Siglo XXI, Santiago de Chile, 2004; Valdés S. u. Araujo K., Vida privada. Modernización agraria y modernidad, Santiago de Chile, 1999; Godoy R, Chile Solidario y los Desafíos de la Igualdad, Oficina Regional de la Organización de Trabajo, Santiago de Chile, 2005 u. Acerca de la Familia Cristiana, Santiago de Chile, 2005; Güell Villanova, Familia y Modernización en Chile, Santiago de Chile, 2002.
43 Montecino Aguirre, Madres y Huachos, Santiago de Chile, 2007, S. 49

geprägt, die sogenannte „barrangania", was bedeutet, dass die Konkubine im Haus des Mannes wohnte, mit dem sie in wilder Ehe lebte. Illegitime Geburten waren und sind ein Thema in Chile. Sie werden von Irarrazabal/Valenzuela als permanente Bedingung in der sozialen Situation Chiles bezeichnet.[44] Im Jahr 2003 waren bereits 54 % aller geborenen Kinder nichtehelich.[45] Die Evolution der Illegitimität, die sich in den letzten Jahren gezeigt hat, wird von Irarrazabal/Valenzuela mit dem Wandel der Gewohnheiten bei der Gründung einer Familie in Verbindung gebracht, da die Geburt von Kindern heute nicht mehr notwendigerweise mit der Gründung einer Familie in Zusammenhang gebracht werde.[46] So ist die spezielle Situation des Landes zu schildern, auf die von außen kommende Einflüsse treffen, die das Problem noch verschärfen.

In einem gesonderten Kapitel wird die Regelungskonkretisierung, d.h. die Rolle der Rechtsprechung behandelt. Insbesondere werden gerichtliche Entscheidungen zum Thema Familienrecht einschließlich häuslicher Gewalt auf ihre Stellungnahme zur Diskriminierung wegen Geschlechts untersucht. Der von der Verfassung vorgegebene Anspruch wird mit der Regelungskonkretisierung konfrontiert, die Einhaltung der Verfassungs- und Gesetzesgarantien sowie Verpflichtungen aus internationalen Verträgen überprüft.

Die familienrechtliche Situation einer ethnischen Minderheit wird in einem weiteren Kapitel betrachtet, d.h. die der Mapuchen, die die Ureinwohner Chiles sind. Hier wird auf den Fortbestand präkolumbianischer Traditionen eingegangen und Faktoren für die Durchsetzungsschwäche des christlich geprägten Familienrechts in Teilen der chilenischen Gesellschaft aufgezeigt. Hier wird auch auf die Jahrhunderte vor der Unabhängigkeit eingegangen, um die Tragweite der Folgen der Eroberung für die indigenen Völker sichtbar zu machen.

Von den 16,6 Millionen Einwohnern Chiles im Jahr 2007 gehörten ca. eine Million indigenen Minderheiten an, wovon die Mapuchen 90 % ausmachen. In den traditionellen Siedlungsgebieten der Mapuchen im Süden Chiles gibt es weiterhin strukturelle Armut und Unterentwicklung sowie immer wieder örtliche Auseinandersetzungen. Bei Straftaten von Mapuchen werden z.T. die deutlich schärferen Antiterrorgesetze angewandt.[47]

Die 2010 zweihundert Jahre alte Republik Chile kann nur verstanden werden, wenn man sich auch mit der Kultur und den Bräuchen der Ureinwohner befasst. Allein die Tatsache, dass sie da waren, wo die Spanier hin wollten, brachte der Region jahrhundertelange kriegerische Auseinandersetzungen bis zur entscheidenden zur Unterwerfung der Mapuchen führenden Schlacht von 1879, der soge-

---
44 Irarrazabal, Valenzuela, La Ilegitimidad en Chile, Santiago de Chile, 1993, S. 182
45 Ibidem, S. 182
46 Irarrazabal, Valenzuela, La Ilegitimidad en Chile, S. 185
47 Auswärtiges Amt Berlin, www.auswaertiges-amt.de/diplo/de/.../Chile.html, zuletzt aufgerufen am 4.3.2010

nannten Eroberung der Wüste (Conquista del Desierto).[48] Der Krieg gegen die Mupuchen wurde von José Bengoa ab Sommer 1869 als Ausrottungskrieg (La Guerra de Exterminio) bezeichnet.[49]

Die chilenische Bevölkerung besteht zu 75 % aus einer Mischung zwischen weiß und rot, d.h. Mestizen.[50] Die Durchmischung der Rassen führte zwangsläufig zu einer Durchmischung der Kulturen. Dies führt nach Sonia Montecino Aguirre zu einer speziellen Art, mit der die Mestizen sich eine Position in der Welt erarbeitet haben.[51] Die Inhalte, die anlässlich des Prozesses des „Mestizaje"[52] entstanden, die Erlebnisse bei diesem Prozess führten zu einem Spektrum an Situationen, die in der Bildung von Identitäten zu einer Synthese wurden, wo das Verlassen-Werden, die Illegitimität und die Präsenz des weiblichen Mütterlichen tiefe Spuren in der gesellschaftlichen Vorstellungswelt eingegraben haben.[53] Die enorm hohe Zahl nichtehelicher Kinder in Chile[54] hat zumindest auch eine Ursache im Prozess des Mestizaje.

---

48 Lobos, Los Mapuches - Senderos de los Pueblos Originarios de América, Buenos Aires, 2008, S. 9
49 Bengoa, Historia del Pueblo Mapuche, Siglos XIX y XX, Santiago 2008, S. 205
50 http://www.auswaertiges–amt.de/diplo/deLaenderinformationen/01-..., zuletzt aufgerufen am 4.3.2010
51 Montecino Aguirre, Madres y Huachos, Santiago de Chile, 2007, S. 61
52 Könnte übersetzt werden mit Entwicklung zum Mestizen
53 Montecino Aguirre, Madres y Huachos, Santiago de Chile, 2007, S. 61
54 S. Kapitel "Elterliche Gewalt / Elterliche Sorge / Rechte des Kindes / Sozialgeschichtliche Entwicklung"

Kapitel 1: Kulturprodukt Familie

I. Familien-theoretische Ansätze

In der Allgemeinen Erklärung der Menschenrechte der Vereinten Nationen steht in Art. 16, Abs. 3 folgender Text:

„Die Familie ist die natürliche und grundlegende Einheit der Gesellschaft und hat Anspruch auf Schutz durch Gesellschaft und Staat."

Chile gehörte zu den 48 Staaten der UNO Vollversammlung, die am 10. Dezember 1948 im Palais de Chaillot in Paris für die Annahme der Deklaration stimmten.[55] Die derzeit gültige chilenische Verfassung legt im I. Kapitel, Art. 1, Abs. 1 fest, dass alle Menschen frei und gleich an Würde und Rechten geboren werden und die Familie der fundamentale Kern der Gesellschaft ist. Sie übernimmt damit Art. 1 der Erklärung der Menschenrechte und bezieht Art. 16, Abs. 3 ein.[56]

Was aber ist „Familie"?

1. Definitionen des Begriffs „Familie"

Dem Großen Brockhaus ist zu entnehmen, dass der ursprüngliche Sinngehalt des römisch-rechtlichen Begriffs Familia, der als lateinisches Fremdwort im Abendland seit dem 16. Jahrhundert Eingang fand, nicht den Personenstand, sondern die Hausgenossenschaft unter der Einheit der väterlichen Gewalt beschrieb.[57] Das Wort wurde in die deutsche Sprache aufgenommen. Es wurden unterschiedliche Bedeutungen damit verknüpft, so wurden teilweise Abstammungslinien, Haushaltsgemeinschaften von Eheleuten, Kindern, Dienerschaft und der früher übliche Begriff „Haus" von dem Wort abgelöst. Auch gegenwärtig werden unterschiedliche Bedeutungsinhalte mit dem Wort „Familie" bezeichnet. Eine allgemein anerkannte Definition fehlt in der Wissenschaftssprache.[58]

Claessens stellt die aus Vater, Mutter, Kind bestehende „Kernfamilie", als analytisch formal-soziologisch dar, als von dem sie umgebenden Familienverband ab-

---

55 http://www.es.answers.yahoo./com/question/index?pid=20090125064301..., zuletzt aufgerufen am 2.3.2011
56 S. Kapitel „Die Verfassungen Chiles unter dem Aspekt der Gleichberechtigung der Geschlechter und des Schutzes der Familie".
57 Großer Brockhaus, Wiesbaden 1953, S. 763
58 Nave-Herz, Ehe- und Familiensoziologie, Weinheim u. München, 2006, S. 30

hebbare Gruppe.⁵⁹ Er versucht mit seiner Arbeit, mehrere bis dahin nach seiner Meinung nicht genügend miteinander verbundene Konzepte im Hinblick auf die möglichen Funktionen der Familie, d.h. der im Industrialisierungsprozess kapitalistischer Prägung aus früheren sozialen Einheiten herausgelösten „modernen", in Beziehung auf Individuum und Gesellschaft ineinander zu verschränken. Zu diesem Zweck nimmt er eine nach seiner Ansicht vertretbare Beschränkung auf die sogenannte „Kernfamilie" vor und behandelt eingehend das Problem einer „Werte-Tradierung".⁶⁰

Die Kernfamilie besteht aus Kleinkindern und ihrer männlichen und weiblichen Dauerpflegeperson (Mutter/Vater). Sie soll als eine sozial–anthropologische und soziologische Primärformation analysiert werden, die zwischen Kultur–Gesellschaft und Individuum „eingepasst" ist und für die Vermittlung zwischen diesen beiden Polen des sozio–kulturellen Universums über besondere Qualitäten verfügt. Sie soll als prototypischer sozialer Durchgangsraum analysiert werden, in dem das ungeformte, nur potentiell seiner Entfaltung harrende Individuum durch tiefgreifende Prozesse „sozialisiert" wird.⁶¹

Das Verhältnis der Kernfamilie zur Gesellschaft wird als paradox–funktional beschrieben.⁶² Das bedeutet, dass in der Kernfamilie zwar gesellschaftliche Positionen und kulturelle Verhaltensweisen in Frage gestellt werden können, gleichzeitig aber wegen des Schutzbedürfnisses und der Unterstützung durch die Gesellschaft der Kleinstgruppe „Kernfamilie" eine hohe Beachtung der Werte der Gesellschaft und eine praktisch erhöhte Loyalität gegenüber der Gesellschaft zukommt. So kann hier das Paradoxon gelebt werden, dass bei häufiger praktischer Hintergehung von gesellschaftlichen Normen die Autorität der darüberstehenden Werte grundsätzlich nicht berührt wird.⁶³ Der „Ventilcharakter" des Familienmilieus als Möglichkeit des Sichgehenlassens und auch der Übertretung von Normen im schöpferischen Sinn könne es mit sich bringen, dass er nicht nur in der Haltung „nach außen", sondern in Krisensituationen sogar in der Gesamthaltung der Loyalität zu gesellschaftlich verbindlichen Werten verstärkt erscheine. Schon die Familienrituale wiesen einen solchen Doppelcharakter auf.⁶⁴

Unter „Familie" wird aber auch die Großfamilie verstanden, d.h. ein größerer Kreis von Verwandten, der nicht nur Eltern und Kind einbezieht. So kann die Familie nicht nur eine Eltern/Mutter bzw. Vater/Kind Einheit sein, sondern auch die Großeltern oder Urgroßeltern einbeziehen und Drei- bzw. Vier-Generationen-Fa-

---

59 Claessens, Familie und Wertsystem, Berlin, 1979, S. 176
60 Ibidem, S. 174
61 Ibidem, S. 176
62 Ibidem, S. 175:
63 Ibidem, S. 178
64 Claessens, Familie und Wertsystem, Berlin, 1979, S. 176

milie oder Mehrgenerationen-Familie sein.[65] In allen Gesellschaften wird der Familie die biologische Reproduktions- und die frühkindliche Sozialisationsfunktion zugewiesen.[66] Die Anzahl der Rollen und die Definition der Rollenerwartungen sind kulturabhängig. Sie definieren eine spezifische Kooperations- und Solidaritätsbeziehung, die ein konstitutives Merkmal von Familie ist.[67]

Huinink und Konietzka verweisen darauf, dass das Phänomen Familie rein biologisch nicht begründbar sei. Als lebenslange Beziehung zwischen Kindern und Eltern sei sie ein Kulturprodukt, beziehungsweise das „evolutionär höchst folgenreiche Resultat" von Prozessen der Institutionalisierung.[68]

Horkheimer beschreibt Familie als eine der wichtigsten erzieherischen Agenturen, die Reproduktion der menschlichen Charaktere besorge, wie sie das gesellschaftliche Leben erfordere und gebe ihnen zum großen Teil die unerlässliche Fähigkeit zu dem spezifisch autoritären Verhalten, von dem der Bestand der bürgerlichen Ordnung weitgehend abhänge.[69] Das Verhältnis der modernen Gesellschaft zur Familie wird von Schelski als das eines Unternehmens gesehen, das dauernd vom Kapital zehrt.[70]

Nach Habermas dient die Familie vor allem als eine Agentur der Gesellschaft, deren Aufgabe jener schwierigen Vermittlung diene, die beim Schein der Freiheit die strenge Einhaltung der gesellschaftlich notwendigen Forderungen dennoch herstelle.[71]

Konstanze Plett spitzt die derzeit gegebene Lage auf die sogenannte „Wahlfamilie" zu, da ja Ehe und Familie sich immer weniger über die Produktion von Nachkommenschaft definiere und immer mehr über das Zusammenleben aus Zuneigung und zur wechselseitigen Unterstützung, wodurch eine Funktionsverschiebung stattfinde, der auch das Recht irgendwann grundsätzlich Rechnung tragen müsse.[72] Sie verweist darauf, dass das Recht zwar den Begriff „Geschlecht" verwende, ihn aber nicht regle. So dürfe nicht auf Grund des Geschlechts diskriminiert werden, aber es werde nicht weiter ausgeführt, was Geschlecht bedeute. Sprachlich habe es im Deutschen drei Bedeutungen, und zwar das biologische Geschlecht, was

---

65 Nave-Herz, ibidem, S. 31 / 32
66 Ibidem, S. 31 / 32
67 Nave-Herz, ibidem, S. 31 / 32
68 Huinink und Konietzka, Familiensoziologie, Frankfurt, 2007, S. 55 unter Bezugnahme auf Hartmann Tyrell, Die Familie als Urinstitution
69 Horkheimer, Autorität und Familie in Seminar Familie und Familienrecht, Bd. 1, herausgegeben von Simitis und Zenz, Frankfurt/M., 1975, S. 66
70 Schelski, Privatisierung und politische Neutralisierung in Seminar Familie und Familienrecht, Bd. 1, herausgegeben von Simitis und Zenz, Frankfurt/M., 1975, S. 117
71 Habermas, Die bürgerliche Familie und die Instutionalisierung einer publikumsbezogenen Privatheit in Seminar Familie und Familienrecht, Bd. 1, herausgegeben von Simitis und Zenz, Frankfurt/M., 1975, S. 113
72 Plett, Das unterschätzte Familienrecht, Zur Konstruktion von Geschlecht durch Recht, in Schriften zur Gleichstellung der Frau, Bd. 27, Baden-Baden, 2004, S. 110

im Englischen als „sex" bezeichnet wird. Dort gebe es ferner das Wort „gender" für Geschlecht. Dies sei ursprünglich ein Begriff der Sprachwissenschaft gewesen, die ihn für das grammatikalische Geschlecht verwende. Nachdem aber die feministische Theorie diesen Begriff entdeckt habe, um soziale Zuschreibungen und Zuweisungen von Aufgaben an eines der beiden Geschlechter zu bezeichnen, werde im Deutschen deshalb für „gender" häufig der zusammengesetzte Begriff „Soziales Geschlecht" verwendet. Im Deutschen habe Geschlecht noch eine dritte Bedeutung, die weder in „sex" noch in „gender" aufgehoben sei, nämlich die Bedeutung von Familie, und zwar dann, wenn Abstammungslinien und generationsübergreifende Beziehungen zu bezeichnen seien.[73]

Da es mittlerweile verschiedene anerkannte Lebensformen gebe (s. Gesetz über die Eingetragene Lebenspartnerschaft)[74] sei die Ehe als ein ausschließlich verschieden-geschlechtlichen Paaren vorbehaltenes Rechtsinstitut zumindest ins Wanken geraten. Wenn auch Menschen gleichen Geschlechts sich zu einer zumindest eheähnlichen Gemeinschaft verbinden dürften und damit nicht mehr auf die Nachkommenschaft als Hauptzweck abgestellt würde, rücke die Unterstützungsgemeinschaft, die Familie ja immer *auch* gewesen sei, in das Zentrum. Diese Funktionsverschiebung müsse auch das Recht zur Kenntnis nehmen und statt der rechtsförmlich geschlossenen Zweierbünde so etwas wie Wahlfamilien anerkennen.[75]

Seit die wissenschaftliche Beschäftigung mit dem Thema Familie in der zweiten Hälfte des 19. Jahrhunderts begann, wobei die Arbeiten von Emile Durkheim als Ursprung der Familiensoziologie benannt werden, wird über die Frage, was Familie ist, nachgedacht.[76] Die Soziologie als Wissenschaft hat sich nicht zuletzt auch durch die Beschäftigung mit dem Gegenstand Familie entwickelt.[77]

Der Frage, was Familie ist, kommt gesellschaftlich große Bedeutung zu, weil mit der Antwort Lebensformen gesellschaftlich diskriminiert oder legitimiert werden und damit aus Sicht des Staates als schutz- und förderungswürdig angesehen werden oder nicht. So stellt – wie bereits eingangs erwähnt – Art. 6, Abs. 1 des Grundgesetzes der Bundesrepublik Deutschland Ehe und Familie unter den besonderen Schutz der staatlichen Ordnung. Danach könnten alle Lebensformen als schutz- und förderungswürdig gelten, die im gegenseitigen Eintreten der Partner füreinander gründen, auf längere Dauer ausgerichtet sind und daneben weitere Lebensformen ähnlicher Art ausschließen. So könne man Familie als eine auf längere Dauer angelegte exklusive Solidargemeinschaft definieren.[78]

---

73 Plett, ibidem, S. 110
74 LPartG v. 16.2.2001, BGBl I 266, FNA 400-15
75 Ibidem, S. 110
76 Schneider, Lehrbuch Moderne Familiensoziologie, Opladen & Farmington Hills, 2008, S. 10
77 Ibidem, S. 9
78 Ibidem, S. 13

Ein Konsens über die Definition von „Familie" wurde bislang nicht gefunden. Gesetzliche Regelungen zum Thema Familienrecht gibt es, wobei sich die Rechtsnorm in der Regel mit den Themen Eheschließung, elterliche Sorge, Aufenthaltsbestimmungsrecht, Umgangsrecht, Kindes- und Ehegatten-Unterhalt, Hausrat, ehegemeinschaftliches Vermögen, eheliche Wohnung, häusliche Gewalt – in Deutschland auch Versorgungsausgleich – befasst und im Erbrecht mit der Erbfolge von Ehegatten, Kindern und sonstigen Verwandten.[79]

2. Familie als fundamentaler Kern der Gesellschaft im reformierten chilenischen Ehegesetz

Das chilenische Ehegesetz aus dem Jahr 2005,[80] das das alte Gesetz von 1884 ablöste, bezeichnet in Art. 1 die Familie als fundamentalen Kern der Gesellschaft, die Ehe als Grundbasis der Familie.[81] Im deutschen Recht gibt es in § 1310 BGB eine Begriffsbestimmung von „Ehe". Sie liegt danach vor, wenn die Eheschließenden vor dem Standesbeamten erklären, die Ehe miteinander eingehen zu wollen. Im Gegensatz zum Begriff „Ehe" gibt es aber in der Alltagssprache keine einheitliche Auffassung darüber, was man als „Familie" zu bezeichnen hat.[82]

Allerdings glaubt jeder Mensch von sich, zu wissen, was Familie ist, da ja jeder eine hat und viele halten sich für Experten, wenn es um das Thema „Familie" geht. Jeder lebt in einer Familie und viele glauben zu wissen, wie es um die Familie steht.[83] So scheint auch bei den Politikern eine entsprechende Überzeugung vorhanden zu sein, da sich zumindest in Deutschland viele Regierungen erst einmal auf Neuregelungen im Familienrecht fokussieren.[84]

Seit 1989 ist dies in Chile ähnlich. Seit es wieder demokratische Verhältnisse im Land gibt, wurden viele neue gesetzliche Regelungen zum Familienrecht getroffen. Allerdings hatte Chile auch einen enormen Reformstau, da ja weder in der Regierungszeit von Salvador Allende noch unter der Militärjunta das Familienrecht reformiert wurde.[85] Bis zur Einführung des neuen Ehegesetzes im Jahr 2005 war

---

79 Deutschland: §§ 1353 ff. und 1931 ff. BGB; Chile: Art. 102 ff. und 1056 ff. CC
80 No. 19.947 vom 17.5.2005
81 S. Kapitel „Gesetzeslage im chilenischen Familienrecht vor 1989 und Änderungen nach 1989"
82 Nave-Herz, S. 30
83 Schneider, S. 9
84 Anm. d. Verf. aus eigener leidvoller Berufserfahrung
85 S. Kapitel "Gesetzeslage im chilenischen Familienrecht vor 1989 und Änderungen nach 1989"

eine Ehescheidung in Chile nicht möglich. Chile war bis dahin neben Malta das einzige westliche Land, das eine solche Möglichkeit nicht bot.[86]

II. Gegenwärtiger Zustand der Familie in Chile

Ximena Valdés und Teresa Valdés verweisen in einer in Santiago durchgeführten Studie zum Thema Familie auf den stetigen Wandel der Familie. Sie schildern die jüngere Geschichte der chilenischen Familie und deren Gegenwart. Sie führen folgendes aus:

> „Die Familie schwebt nicht zwischen Zeit und Raum. Sie ist Teil der Gesellschaft und birgt in ihrem Schoß die Person, die in ihr den Prozess der Individualisierung erlebt. Sie hat Geschichte und diese Geschichte gibt uns die Schlüssel, um zu verstehen, dass die Familie sich nicht erst heute verwandelt, sondern dass sie immer Transformationen durchgemacht hat, die an die großen Veränderungen in der Gesellschaft gekoppelt waren".[87]

Als wichtigster Aspekt der Transformationsgeschichte der Familie wird der Schritt genannt, der von ihrem totalitären Charakter zu einem immer mehr im Interesse des Individuums stehenden Entwurf führt, der zunehmend die Interessen des Individuums über die Familieninteressen stellt. Diese Veränderung spielte sich in einer Zeitspanne von mehr als zwei Jahrhunderten ab, in denen die Autorität des Vaters ausgehöhlt wurde.[88] Der Prozess der Bestätigung der Frauen als autonome Personen und Protagonistinnen ihrer eigenen Geschichte dauerte weniger lang. Diese Faktoren trugen dazu bei, die Basis für eine Kultur der Familie zu legen mit Zügen der Gleichheit und Demokratie oder wenigstens mit dem Anspruch auf diese Inhalte.[89]

Die Familie wird weitgehend als Produkt staatlichen Handelns definiert.[90] Die Veränderungen im Inneren der Familie gingen mit den Verwandlungen der sozialen Schutzsysteme in den letzten Jahrzehnten einher. In diesem Kontext sucht die Familie selbst Mechanismen, um die Gegenwart zu leben und die unterschiedlichen Interessen der Familienmitglieder zu artikulieren.[91]

Die Demontage der sozialen Schutzsysteme des Wohlfahrtsstaates ließen die materielle Basis des Modells wegbrechen, die mit so viel Anstrengung implantiert

---

86 Valdés S., Castelain-Meunier, Palacios, Puertas Adentro, Femenino y Masculino en la familia contemporánea, Santiago de Chile, 2006, S. 5
87 Valdés S., Valdés E., Entre la Reinvención y la Tradición Selectiva: Familia, Conyugalidad, Parentalidad y Sujeto en Santiago de Chile, in Familia y Vida Privada, Santiago de Chile, 2005, S. 5
88 Ibidem, S. 164
89 Ibidem S. 164
90 Ibidem, S. 164 unter Hinweis auf Bourdieu
91 Ibidem, S. 166

wurde, d.h. die moderne-industrielle Familie, in der der Mann die wirtschaftliche Versorgung und die Frau die Verwaltung des Hauses zu bewerkstelligen hatte. In dem Augenblick, in dem sich der Staat fragiler und weniger beschützend zeigte und der Arbeitsmarkt dereguliert wurde, streckte eben dieser Staat die Hand nach den Frauen aus, indem er sie im Prozess des unabhängig und autonom Werdens unterstützte und zwar in dem Maß, in dem sie sich in die Arbeitswelt integrierten.[92]

Ximena Valdés und Teresa Valdés schildern in der bereits erwähnten Studie zum Thema Familie die Entwicklung der modern-industriellen Familie der vom Wohlfahrtsstaat geschützten lohnabhängigen Gesellschaft.[93] Sie habe in den letzten Jahrzehnten die institutionelle und materielle Unterstützung verloren. Der ‚industrielle Vater' habe seine Bedeutung in dem Augenblick verloren, in dem der Neoliberalismus begann, Konsequenzen für das Privatleben zu haben.[94] Die Arbeit des Vaters wurde entwertet, sie forderte mehr Flexibilität und führte zu geringerem Einkommen. Die wirtschaftliche Unsicherheit höhlte die Figur des Versorgers aus. Auch seine juristische Stellung wurde geschwächt durch Gesetzesänderungen wie z.B. das Gesetz gegen häusliche Gewalt, das neue Abstammungsgesetz etc. als Konsequenz von Verpflichtungen, die Chile in internationalen Verträgen eingegangen war.[95]

Zur gleichen Zeit musste sich die Hausfrau und Mutter, die sich nur der Familie gewidmet hatte, zwischen dieser und der Arbeitswelt aufteilen. Die Auflösung der nur auf die Mutterschaft konzentrierten weiblichen Identität folgte einem schweren Schlag gegen die männliche Arbeitswelt wie auch einer Vielzahl von Faktoren wie u.a. dem Wunsch der Frau, einen neuen Platz in der Gesellschaft einzunehmen. Seit einigen Jahren habe der Staat versucht, diesen Prozess zu begleiten.[96] Im Vergleich zu den Jahren von 1930 bis 1970 befinde sich die chilenische Familie heute in einem Prozess der De-Institutionalisierung, der sich seit den 1980er Jahren verstärkt habe. In dieser Zeit nahm die Heiratsrate ab, die Trennungen und Annullierungen von Ehen nahmen zu wie auch die nichtehelichen Lebensgemeinschaften.[97]

Nach Valdés und Valdés ist Folge dieser Entwicklung, dass mehr als die Hälfte der Kinder in Chile außerhalb einer Ehe geboren werden. In der gleichen Periode ist eine Tendenz zur Kernfamilie zu beobachten, was sich schon vorher abgezeichnet hat und Platz machte für eine Diversifizierung der Familienformen. So gab es in der Zeit des chilenischen Wohlfahrtstaates zwischen 1930 und 1970 eine Homogenisierung der Familienformen und Institutionalisierung der Familie in der

---

92 Valdés S., Valdés E., Familia y Vida Privada, Santiago de Chile, 2005, S. 165
93 Valdés S., Valdés E. ibidem S. 166
94 Ibidem, S. 165
95 Ibidem, S. 165
96 Ibidem, S. 165
97 Ibidem, S. 167/168

Ehe, was dazu führte, dass zwischen 1930 und 1960 die Zahl der nichtehelichen Kinder von dreißig auf sechzehn Prozent fiel.[98] Im Augenblick verlangt das Anwachsen der Zahl der alleinerziehenden Mütter besonderes Augenmerk. Dabei schrieben sich – nach Valdés und Valdés – die lateinamerikanischen Gesellschaften zwar in die westliche Welt ein und folgten deren Schritten, hätten aber normalerweise eigene Formen, um einem Wandel die Stirn zu bieten.[99]

Die Tatsache, dass die Institution Ehe in gewisser Weise auf dem Rückzug ist und sich die Familienformen diversifizieren, bedeutet nicht notwendigerweise, dass dieser Prozess zu neuen Formeln für das Zusammenleben geführt hat. Die Anzahl eines Typus Familie, in dem sich die Versorger-Stellung vom Mann auf die Frau verlagert hat, ist durch die alleinerziehenden Mütter angestiegen, außerdem sind nicht alle Verbindungen heterosexuell.[100] Das Programm der Vereinten Nationen für Entwicklung (Programa de las Naciones Unidas para el Desarrollo / PNUD) hat im Jahr 2002 in einer Studie ermittelt, dass 17 % der Chilenen eine postindustrielle Familienbeziehung leben, während 43 % sich eine normative Familie vorstellen und 26 % eine selbstlose, die den Schwerpunkt auf das Erbe des von der lohnabhängigen Gesellschaft tradierten Familienmodells legt.[101]

Weiterhin wird hervorgehoben, dass die Chilenen praktisch und symbolisch der Familie einen zentralen Ort in ihrem Leben einräumen und dass es große Probleme bei den Individualisierungsprozessen gibt. Obwohl sich die Mehrzahl der Chilenen über ihre Familie identifiziert, glaubten doch 60 %, dass die Familie in der Krise bzw. der gegenwärtige Zustand der Familie eine Quelle von Problemen sei, was zu der Frage einlade, welche gesellschaftlichen Konsequenzen es haben könnte, wenn der Hauptreferenzpunkt im Leben der Chilenen ins Wanken gerate.[102] Valdés und Valdés verweisen auf den Begriff der selektiven Tradition nach R. Williams in „Marxism and Literature" (1977), der darunter Fälle verstand, in denen einige Praktiken und Bedeutungen aus der Vergangenheit übernommen, andere ausgelassen oder ausgeschlossen wurden. Eben dies sei der Fall in Chile. Dies sei auch schon 1968 von Mattelart und Mattelart ähnlich gesehen worden, die zu dem Schluss gekommen seien, dass die Modernisierung bei den chilenischen Frauen angekommen sei, allerdings nicht mit allen Konsequenzen.[103]

Nach Valdés und Valdés gibt es zwei mögliche Gründe für diese Resistenz gegenüber der Aufgabe des Traditionalismus und der starken Familienbezogenheit, und zwar die Tatsache, dass 60 % der Chileninnen zu Hause sind und 15 % der aktiven Bevölkerung in Haushalten arbeitet. Dem wäre noch hinzuzufügen, dass

---

98 Valdés S., Valdés E., Familia y Vida Privada, Santiago de Chile, 2005, S. 167
99 Ibidem, S. 167
100 Ibidem, S. 167/168
101 Ibidem, S. 167/168
102 Ibidem, S. 168
103 Valdés S., Valdés E., Familia y Vida Privada, Santiago de Chile, 2005, S. 168

die moralischen Überlegungen auf religiöser Basis im Bereich der Politik sehr schwergewichtig seien und die chilenische Gesellschaft weitaus mehr prägten als in den 1960er Jahren.[104] Das Zusammenspiel der genannten Faktoren hat nach Ansicht von Valdés und Valdés zu einem neuen Familienmodell geführt, das an die Stelle der modernen-industriellen Familie treten musste. Das Beziehungsmodell der postindustriellen Gesellschaft unterstellt die Demokratisierung der familiären Beziehungen, was zu mannigfaltigen Formen von Familie und Beziehungen der Familienmitglieder führt als offensichtlicher Übergang in eine private Welt, die sich von der des XX. Jahrhunderts wesentlich unterscheidet.[105]

1. Die Studie der Vereinten Nationen von 1990-1998 über die neue Unsicherheit chilenischer Familien

Im Rahmen eines Projekts der Vereinten Nationen hat das sogenannte Programm für Entwicklung (Programa de las Naciones Unidas para el Desarrollo, PNUD) für die Jahre 1990 bis 1998 in Chile eine Studie durchgeführt. Ein Teil der Untersuchung widmet sich dem Thema „Familie".[106] Es wird dargestellt, in welcher Weise die chilenischen Familien die neue Ungewissheit und Unsicherheit erleben und meistern. Dabei werden die Bereiche differenziert aufgelistet, in denen Unsicherheit erlebt wird: Erziehung, Arbeitsplatz, Sicherheit, Kommunikation, Altersvorsorge, Gesundheit, Umwelt.[107]

Die Familien erleben im Alltag als erste soziale Unsicherheiten und in den Familien werden die grundlegenden Strategien erarbeitet, mit denen man versucht, sie zu bewältigen.[108] Bei der PNUD-Studie stellte sich auch heraus, dass die Institutionen, die in der Gesellschaft Aufgaben der Unterstützung und Solidarität ausüben, in der Regel erst dann auf den Plan treten, wenn die Integration der Familie in die Gesellschaft nicht mehr zu retten ist und man nur noch Teile eines früher einmal Ganzen aufsammeln kann – so beispielsweise die Kinder, die wegen häuslicher Gewalt aus den Familien herausgenommen werden. Es zeigt sich dabei, dass es keine Kapazitäten für eine endogene Lösung des Problems gibt. Dies hat einerseits mit der eigenen Logik dieser Institutionen zu tun, andererseits mit der traditionellen Beziehung der Menschen zu denselben, die sie überwiegend als ein Instrument sozialer Kontrolle und nicht als unterstützende Hilfe begreifen.[109]

---

104 Ibidem, S. 168
105 Ibidem, S. 166
106 PNUD, Índice de Desarrollo Humano, Chile 1990-1998, Santiago de Chile, 1998, S. 1-19
107 Ibidem, S. 1 - 19
108 Güell Villanova, Familia y Modernización en Chile, Santiago de Chile, 2002, S. 1
109 Ibidem, S. 4

2. Fehlen einer ausgeprägten Kultur der Zivilgesellschaft in Chile und Mangel an strukturierter Hilfe

Nach Güell Villanova gibt es in Chile keine ausgeprägte Kultur der Zivilgesellschaft. Bei vom Staat ausgehenden Privatisierungen und Deregulierungen ist am anderen Ende des deregulierten Staates nicht nur ein Individuum betroffen, sondern eine ganze Familie. Was die instabile Struktur der Arbeitswelt anbelangt, die für die Deregulierung charakteristisch ist, so gibt es kein Individuum, das seine Arbeitsbiographie fördert wie ein Unternehmen auf der Suche nach persönlichen Gelegenheiten, sondern da muss eine ganze Familie lernen, mit der Instabilität zu leben.[110] Die Privatisierung des täglichen Lebens hat für die ganze chilenische Familie neue Aufgaben mit sich gebracht. Es wurden aber keine gesellschaftlichen Mittel zur Verfügung gestellt, die diese neuen Verantwortlichkeiten in Entwicklungschancen verwandeln würden. So wurden zwar neue institutionelle Bereiche im Rahmen der Entwicklung des reformierten Familienrechts geschaffen, aber es gibt zu wenig Strukturen, die konkrete Hilfe anbieten.[111]

Die traditionellen Rollen von Mann und Frau, wobei der Mann als Versorger, die Frau als Mutter und Betreuerin der Kinder fungierte, wurde von der traditionellen Arbeitswelt befördert, die der Familie auch ihre gesellschaftliche Rolle zuwies. Dabei repräsentierte die Frauenrolle das nach innen gerichtete Private, während der Mann die externe, öffentliche Rolle des Berufstätigen spielte. Über die Arbeitswelt fand die gesellschaftliche Beteiligung statt. Die Familie war die disziplinarische Kraft für die Arbeit, was durch die Idee verstärkt wurde, dass die Quelle der Menschenwürde in der Arbeit liegt.[112]

Im Hinblick auf die strukturelle Instabilität, die die neuen Arbeitsformen charakterisiert, ist die Arbeit nicht mehr geeignet, den Familienrollen eine Identität zu geben. Dies umso mehr, als die chilenischen Frauen massiv ins Arbeitsleben eingedrungen sind; so ist eine Verschiebung der Quellen der Sozialisation von der Arbeit auf den Konsum zu beobachten. Dies verändert nicht nur die eingeübten Vorbilder der Gesellschaft, sondern hat auch zur Folge, dass der hauptsächliche Konsument nicht das Individuum ist, sondern die Familien.[113] So sind auch richtige Familien–Ausflugs–Rituale in den großen, auch an Sonntagen bis 22.00 Uhr geöffneten Malls von Santiago de Chile an den Wochenenden, insbesondere an den Sonntagen zu beobachten, wo die ganze Familie vor allem den Sonntag mit großer Begeisterung im Shopping–Tempel verbringt.[114]

---

110 Ibidem, S. 6
111 Ibidem, S. 7
112 Güell Villanova, Familia y Modernización en Chile, Santiago de Chile, 2002, S. 8
113 Ibidem, S. 8
114 Anmerkung d. Verf.

Güell verweist darauf, dass durch die Modernisierung eine starke Unstimmigkeit in die Beziehung zwischen der Gesellschaft und der Familie gekommen sei. Während die Gesellschaft einerseits neue Forderungen an die Familie stelle, könne diese nicht auf neue Ressourcen zählen, die erforderlich wären, die Anforderungen zu erfüllen. Gleichzeitig seien die traditionellen Ressourcen geschwächt, woraus sich eine große Spannung und Unsicherheit innerhalb der Familie entwickelt habe.[115]

In Chile haben – nach Güell – in den letzten fünfundzwanzig Jahren abrupte Transformationen stattgefunden, über die keine systematischen Beobachtungen aus einer gewissen Distanz erhoben wurden. Es gebe zwar viele punktuelle Studien, aber keine systematische Reflektion über die Beziehung zwischen Familie und Gesellschaft. Da keine Thematisierung bestehe, werde die kollektive Anerkennung der bestehenden Probleme erschwert. Der öffentliche Diskurs wiederhole nur immer wieder, dass Familienprobleme einfach Familienprobleme seien und keine gesellschaftlichen. So dränge sich der Eindruck auf, dass die chilenische Familie als *Sicherung* für die Modernisierung des Landes eingebaut sei.[116] Die sozioökonomischen Errungenschaften Chiles in den letzten Jahrzehnten haben durchaus wichtige Verbesserungen hinsichtlich der humanen Entwicklung der Bevölkerung gebracht. Allerdings hegt Güell Villanova Zweifel an der Fähigkeit der Chilenen, sich an eine marktwirtschaftliche Gesellschaft anzupassen, in der der Staat seine Schlüsselstellung als Achse der gesellschaftlichen Integration verloren hat.[117]

Im Rahmen eines Programmes der Vereinten Nationen gegen die extreme Armut und den Hunger haben 189 Länder ihre Teilnahme zugesagt, darunter auch Chile. Zwischen den Jahren 2000 und 2025 soll die Zahl der Menschen halbiert werden, die geringere Einnahmen als einen Dollar pro Tag haben.[118] Im Zuge dieser UN-Initiative kündigte der damalige Staatspräsident Chiles, Ricardo Lagos, im Mai 2002 an, dass man ein Schutzsystem für ein solidarisches Chile gründe, dessen Ziel die Beseitigung der extremen Armut im Land ist.[119] Im gleichen Jahr brachte das Ministerium für Planung und Kooperation (Ministerio de Planificación y Cooperación / MIDEPLAN) ein Programm mit dem Titel „Programm Brücke – zwischen der Familie und ihren Rechten" (Programa Puente – entre la familia y sus derechos) auf den Weg.

In Zusammenarbeit mit dem Nationalen Dienst der Frau (Servicio Nacional de la Mujer / SERNAM) wurden zwei besonders benachteiligte Kommunen von San-

---

115 Güell Villanova, Familia y Modernización en Chile, Santiago de Chile, 2002, S. 11
116 Güell Villanova, Familia y Modernización en Chile, Santiago de Chile, 2002, S. 11
117 Güell Villanova, Desarrollo Humano y ciudadanía en Chile: Los nuevos desafíos, Revista Acádemica Polis, Revista on-line, Band 4, No. 12, Santiago de Chile, 2005, ohne Seitenangaben, http://www.revistapolis.cl/doce.htm - zuletzt aufgerufen am 29.4.2011
118 Chile Solidario y los Desafíos de la Igualdad, Oficina Regional de la Oficina Internacional de Trabajo, Santiago de Chile, 2005, S. 9
119 Ibidem, S. 233

tiago de Chile als Arbeitsfelder ausgesucht, wo erreicht werden soll, dass die ärmsten Familien in den Stand gesetzt werden, ihre Grundbedürfnisse durch die Schaffung von Einnahmen über der Bedürftigkeitsgrenze zu befriedigen. Zur Erlangung dieses Zieles sollen Fähigkeiten dieser Menschen aktiviert werden, die ihnen auf dem Weg zu dem angestrebten Ziel nützlich sind. Neu ist an dem Programm, dass die Familie als Grundeinheit der Intervention definiert wird, Familienhilfe als psychosoziale Unterstützung eingesetzt und bereits bestehende Programme für Bedürftige einbezogen werden.[120]

3. Katholischer Diskurs zum Thema Familie und Geschlecht im 20. und zu Beginn des 21. Jahrhunderts

An der Philosophischen Fakultät der Universität von Chile (Universidad de Chile) schrieb Mitte 2005 Carmen Gloria Godoy R. bei der Professorin Kemy Oyarzún V. eine Magisterarbeit mit dem Thema „Über die christliche Familie" (Acerca de la Familia Cristiana). Im ersten Teil der Arbeit, der Tradition, Familie und Modernität betrifft, wurde darauf hingewiesen, dass die lang andauernde Diskussion über das neue Ehegesetz Veranlassung gibt, sich zu fragen, wieso die kirchliche Ehe erneut eine so zentrale Bedeutung bei der Gesetzgebung hat, und w a s Chile in eine Diskussion führte, von der man glaubte, dass sie Ende des 19. Jahrhunderts beendet gewesen sei. Im Hinblick darauf lenkt diese Arbeit den Fokus auf den katholischen Diskurs zum Thema Familie und Geschlecht im 20. und zu Beginn des 21. Jahrhunderts.[121]

Godoy verweist auf einen Prozess der Re-Legitimierung der kirchlichen Hierarchie, der zu Beginn der 1990er Jahre mit dem Ziel eingesetzt habe, auf die Gesetzgebung des Landes bei Themen des öffentlichen Interesses Einfluss zu nehmen. Dies habe sich bei den Debatten zum Ehegesetz, der Legalisierung der Abtreibung, der Sexualerziehung und in jüngster Zeit der Verteilung der sogenannten Pille für den Tag danach gezeigt. Die Möglichkeit einer Veränderung der gegebenen gesellschaftlichen Verhältnisse insbesondere im Hinblick auf die Rollen von Mann und Frau im Rahmen der gesellschaftlichen Geschlechterbeziehungen hätten die Kirche auf den Plan gerufen.[122]

Obwohl die Trennung von Kirche und Staat in Chile seit 1925 besteht, zeige das Wiedererstarken der kirchlichen Stimmen anlässlich der gegenwärtigen öffentlichen Debatten über die Familie, dass der Einfluss des Klerus in der chilenischen

---

120 Chile Solidario y los Desafíos de la Igualdad, Oficina Regional de la Organización Internacional de Trabajo, Santiago de Chile, 2005, S. 233 / 234
121 Godoy R., Acerca de la Familia Cristiana, S. 8
122 Ibidem, S. 9

Gesellschaft tief verwurzelt ist. Auf die eine oder andere Weise hätten die Chilenen eine katholische Erziehung genossen verbunden mit einer kulturellen Identität, die die Sphäre der religiösen Gläubigkeit überschreite und sinngebend für die gesellschaftlichen Beziehungen sei.[123] In diesem Zusammenhang wird auf Sonia Montecino und ihr Werk „Madres y Huachos" verwiesen.[124]

4. Die PNUD-Studie von 2002: Familie als Hauptreferenzpunkt der Chilenen

Der im Jahr 2002 von den Vereinten Nationen (Programa de las Naciones Unidas para el Desarrollo / PNUD) erstellte Bericht über die Entwicklung der Menschen in Chile (Desarrollo Humano en Chile) informiert darüber, dass viele Institutionen in ihrer Glaubwürdigkeit erschüttert worden seien. Die Kirche genieße aber noch den höchsten Grad an Vertrauen. In diesem Kontext erscheine die Religion als eine Erfahrung der Sinne mit fundamentaler Rolle bei der Bildung eines Gemeinschaftssinnes für das *WIR*, d.h. sie stelle eine imaginäre Verbindung zwischen der Person und der Gesellschaft her. Daraus ergebe sich, dass die Katholische Kirche im 20. Jahrhundert ihre Position und ihren Einfluss auf das öffentliche Leben in Chile nicht verloren habe trotz Trennung von Kirche und Staat seit dem Jahr 1925.[125]

Seit Beginn der 1990er Jahre habe eine Wertedebatte im Land begonnen, bei der die konservativsten Kreise der chilenischen Gesellschaft eine organisierte Diskussion von der Traditionsseite her führten, um die angestrebten Veränderungen in der Gesellschaft zu bremsen. So würde zum Beispiel von „Sehnsucht nach der Vergangenheit" gesprochen. Innerhalb der Argumentation würde die „Tradition der chilenischen Familie" beschworen, die erhalten werden müsse, da sie eine Schlüsselstellung bei der Bewältigung der „Krise der Familie" habe, die sich u.a. in neu erworbenen Bürgerrechten für die Frauen und die einer Familie zugehörigen Personen manifestierten.[126]

Die neuen Rechte schlagen sich in einer Reihe von Reformen nieder, die die Gleichheit und Demokratisierung zwischen den Geschlechtern und Generationen anstreben, wie die Konvention für die Abschaffung aller Arten von Diskriminierung der Frauen und die Konvention über die Rechte von Kindern sowie u.a. die Verabschiedung des Gesetzes gegen häusliche Gewalt[127] oder das Gesetz zur

---

123 Godoy R., Acerca de la Familia Cristiana, Santiago de Chile, 2005, S. 9
124 S. Kapitel „Historische und rechtliche Entwicklung der Situation der Kinder in Chile"
125 Godoy R., Acerca de la Familia Cristiana, Santiago de Chile, 2005, S. 9
126 Valdés S. u. Araujo K., Vida privada. Modernización agraria y modernidad, Santiago de Chile, 1999, S. 31
127 Gesetz No. 19.325 vom 27.8.1994 reformiert durch das Gesetz No. 20.066 vom 7. 10. 2005

Gleichstellung ehelicher und nichtehelicher Kinder,[128] das Gesetz, das den schwangeren Schülerinnen erlaubt, weiterhin die Schule zu besuchen,[129] und das neue Ehegesetz aus dem Jahr 2005,[130] das das alte Gesetz aus 1884 ablöste, der kirchlichen Trauung Gültigkeit verleiht und das Ehescheidungsverfahren einführt.[131]

Mit Unterstützung des Studienzentrum für die Entwicklung der Frau (Centro de Estudios para el Desarrollo de la Mujer / CEDEM) und der lateinamerikanischen Fakultät für Sozialwissenschaften (Facultad Latinoamericana de Ciencias Sociales / FLACSO) hat eine Initiativgruppe für Frauen 1999 in Chile eine nationale Umfrage durchgeführt. Die befragten Frauen kamen aus der Ober-, Mittel- und Unterschicht. Sie sollten Chile als „konservativ" bzw. „liberal" einstufen und ihre jeweilige Entscheidung begründen. Bei „konservativer" Bewertung des Landes und insbesondere der Rollen der Geschlechter, wurde als Ursache für diese Einstufung angegeben, dass dies darauf zurückzuführen sei, dass der Säkularisierungsprozess zum Erliegen gekommen sei. Dies zeigt den großen Einfluss der katholischen Kirche auf das individuelle religiöse Bewusstsein der Mehrheit der Chilenen.[132]

Andere Phänomene wie die große Präsenz der Frauen auf dem Arbeitsmarkt, die hohen Zahlen von Annullierungen der Ehen, die faktischen Trennungen, die Abtreibung, nichteheliche Lebensgemeinschaften und die Tatsache, dass Mitte des ersten Jahrzehnts des 21. Jahrhunderts Homosexuelle und deren Sympathisanten in den Straßen von Santiago de Chile Demonstrationen veranstalteten, wurde als Indiz dafür gesehen, dass die chilenische Gesellschaft liberaler sei als ihr Ruf.[133]

Die Studie kam zu dem Schluss, dass man auf Grund der erhaltenen Antworten einen praktischen Liberalismus neben einem ideologischen Konservatismus habe, ein ideologischer Liberalismus aber inexistent sei. Es sei äußerst schwierig, einen echten liberalen Diskurs zu finden, der der Welt neue Visionen gebe einschließlich neuer Lebensstile, die nicht eine traditionelle hierarchische Sozialordnung widerspiegelten.[134]

5. Das kreolische Familienmodell nach Therborn

In einer Publikation der Vereinten Nationen aus dem Jahr 2004 hat Göran Therborn über die kreolische Gesellschaft und Familie in Lateinamerika ausgeführt, dass sie

---

128 Gesetz No. 19.585 vom 26.10.1998
129 Gesetz No. 19.688 vom 10.7.2000
130 Gesetz No. 19.947 vom 17.5.2005
131 Godoy, S. 11
132 Ibidem, S. 16
133 Ibidem, S. 16
134 Godoy, S. 17

das Produkt eines ungleichen Zusammentreffens sei und es eine tiefe gegenseitige Durchdringung der herrschenden, aus Europa stammenden, gesellschaftlich relevanten Siedler und der unterdrückten, nicht europäischen aber auch gesellschaftlich relevanten Klasse gegeben habe.[135]

Er teilt das kreolische Familienmodell in eine ‚indokreolische' und eine ‚afrokreolische' Variante ein, ausgehend von Paraguay und Jamaika als Beispiele der Geschichte. Mitte des zwanzigsten Jahrhunderts, in einem Augenblick größter Stabilisierung der Ehe auf dem amerikanischen Kontinent wurden in Paraguay vierzig bis fünfundvierzig Prozent aller Kinder nichtehelich geboren, in Jamaika etwa siebzig Prozent.[136] Er stellt fest, dass der kreolische Charakter auf dem ganzen Kontinent sehr wichtig gewesen sei mit afrokreolischen Schemata vom Süden der Vereinigten Staaten über die Karibik bis zum Nordosten Brasiliens und indokreolischen von Mexiko ausgehend in ganz Mittelamerika und in Richtung Süden entlang der Anden.[137]

Indo- und Afrokreolen hätten gemeinsame Charakteristika: Für die herrschenden Europäer habe die kreolische Gesellschaft eine Stärkung bedeutet. Sie habe zu einer strengeren Form des traditionellen, europäischen Patriarchats geführt, das juristisch in napoleonischen Normen von männlicher Dominanz und weiblichem Gehorsam eingeschlossen gewesen sei. Dieses System habe hier überlebt, während es in Europa schon auf dem Rückzug gewesen sei.[138]

Am anderen Ende der kreolischen Gesellschaft habe sich das erste massive und dauerhafte Modell der Verbindung informeller Paare entwickelt, was außereheliche Geburten nach sich gezogen habe und eine ausgedehnte und normativ akzeptierte Praxis von männlicher, sexueller Erpressung. Auch wenn sich vieles an der ursprünglichen Ausprägung kreolischer Merkmale verändert habe, so dauere doch der Dualismus zwischen Kodices und familiären, streng konservativen Normen an einem Extrem und allgemeine, generalisierte Praktiken von Informalität am anderen Ende an.[139]

---

135 Therborn, Cambios de las Familias en el Marco de las Transformaciones globales: Necesidad de Políticas públicas eficaces, Santiago de Chile, 2004, S. 8
136 Ibidem, S. 8
137 Ibidem, S. 8
138 Ibidem, S. 8
139 Therborn, Cambios de las Familias en el Marco de las Transformaciones globales: Necesidad de Políticas públicas eficaces, CEPAL, Santiago de Chile, 2004, S. 8

6. Sonia Montecino und Kemy Oyarzún zur Situation der Frau in Zeiten des „Neomachismo"

„Die Beziehungen zwischen Männern und Frauen sind gesellschaftlich bestimmt und wie J. Scott darlegt, sind die gesellschaftlichen Beziehungen in erster Linie dafür bestimmend, wo die Macht sich artikuliert"
schreibt Sonia Montecino Aguirre in „Auf dem Weg zu einer Anthropologie des Geschlechts in Chile" (Hacia una Antropología del Género en Chile).[140] So gebe es menschliche Gemeinschaften, in denen die Frauen unterdrückt, andere, in denen sie als komplementär betrachtet werden und weitere, wo sie nach Ansicht der Ethnologen als gleich gelten. Jeder erlebe sein Geschlecht nach seiner sozialen Klasse, seiner Generation und seiner Ethnie. Einige Ethnologen wie beispielsweise Sherry Ortner hätten die Meinung vertreten, dass das Geschlecht in den meisten Kulturen ein Prestigesystem darstelle.[141]

Die Natur habe man der Kultur gegenübergestellt und in vielen Gesellschaften daraus das Vergleichspaar Mann/Frau gemacht. Dann habe man die Geschlechtsunterschiede symbolisiert und die Frau an die Seite der Natur und den Mann an die Seite der Kultur gestellt. Dies habe in vielen Gesellschaften zur Herrschaft der Männer über die Frauen geführt.[142]

Gehe man auf Freud oder später Claude Lévi Strauss zurück, dann komme man dazu, dass das Verbot des Inzests den Schritt von der Natur zur Kultur markiere. Folge man dem, dann würde es notwendig, zu kontrollieren, was die Frauen besitzen, d.h. ihre Fähigkeit der Reproduktion, also ihre ‚Natur', damit eine Gesellschaft existiere. Dies würde auch die Strukturen von Blutsverwandtschaften erklären als Systeme, in denen Gruppen von Männern Frauen austauschten, die so auf das Niveau von Objekten gestellt würden, die wie andere Güter zirkulierten.[143]

Es sei die Meinung vertreten worden, dass diese Kontrolle über die Reproduktionsfähigkeit eine aus dem männlichen Neid stammende ‚Rache' sei. Da man die ‚Natur' an die Seite der Frau gestellt habe, habe man ihr auch den ‚Mutterinstinkt' unterstellt, bis Elisabeth Badinter nachgewiesen habe, dass die sogenannte ‚Mutterliebe' nicht immer und überall besonders ausgeprägt gewesen sei.[144] Der kulturelle Diskurs stelle vor allem in der westlichen Welt die Frau als ‚Mutter' dar, was

---

140 Veröffentlicht in Mujeres: Espejos y Fragmentos, Antropología del Género y Salud en el Chile del Siglo XXI, Santiago de Chile, 2004, S. 22
141 Ibidem, S. 23, unter Hinweis auf Ortner, Is Female to Male as Nature is to Culture? In Woman, Culture, and Society, Rosaldo and Lamphere, Stanford University Press, 1974
142 Ibidem, S. 23
143 Montecino, in Mujeres: Espejos y Fragmentos, Antropología del Género y Salud en el Chile del Siglo XXI, Santiago de Chile, 2004, S. 24 unter Hinweis auf Freud, Sigmund, Das Unbehagen in der Kultur, Wien, 1930 und Lévi-Strauss, Claude, Die elementaren Strukturen der Verwandtschaft, Paris, 1949
144 Badinter, Le Conflit - la femme et la mère, Paris, 2010, S. 244/245

zu Widersprüchen und Frustrationen führe, wenn die konstruierte ‚Naturgegebenheit' nicht mit der emotionalen Wirklichkeit übereinstimme.[145]

Obwohl eine der großen kulturellen Revolutionen des 20. Jahrhunderts der Kampf der Frauen gewesen sei, die nicht mehr Objekt, sondern Subjekt mit Rechten, Stimme und Zugang zu den gleichen Räumen wie die Männer sein wollten, sei zu beobachten, dass heute vielleicht mit größerer Wucht als zuvor der Körper der Frau als Ware, Objekt der Verführung und des Verkaufs gehandelt wird wie z.B. in den Massenmedien.[146]

Der ehemals verhüllte Körper der Frau, Wunschbild des Mannes, sei heute verfügbar und im Umlauf wie beispielsweise Geld. Der Körper der Frau gelange in die Öffentlichkeit und vergöttliche die traditionellen Konzepte. Das Schicksal der Frau sei in ihrem Körper, die Frau könne nicht über ihren Körper hinausgehen, wie Simone de Beauvoir entdeckt habe, wobei heute neben die Reproduktion noch das Vergnügen getreten sei.[147] Habe man früher den weiblichen Körper als großen Bauch symbolisiert, aus dem das Leben kam, und dies als Prestige gewertet, so sei es heute der ‚perfekte' Körper unter medizinischem, kosmetischem Aspekt wie auch dem der Ernährung.[148]

Dieses aus den reichsten Ländern westlicher Kultur stammende Panorama finde in den Gesellschaften Lateinamerikas ein geteiltes Echo. Obwohl Chile große Fortschritte in Bezug auf Positionierung und Lebensbedingungen der Frauen gemacht habe, überwögen immer noch tiefe Ungleichheiten. Dies gelte vor allem auf dem Arbeitsmarkt, auf dem nur ein Teil der Chileninnen zu finden sei und da vor allem in der Dienstleistung. In anderen Bereichen bekämen sie untergeordnete und schlecht bezahlte Arbeiten.[149]

Das Ingenieurwesen sei immer noch eine Domäne der Männer, wie Krankenpflege und Erziehung eine solche der Frauen. Bei Betrachtung der gesellschaftlichen Macht, d.h. der Möglichkeit, Einfluss auf die Gesellschaftspolitik zu nehmen, sei zu konstatieren, dass dies eine Männersache sei und die Posten der Entscheidungsträger seien ebenfalls männlich besetzt. Das sei eine Konsequenz des ‚Neomachismo', was bedeute, dass die Männer eine Haltung einnähmen, die die Gleichbehandlung der Geschlechter suggeriere, weil ja niemand als altmodisch und Anhänger des ‚Machismo' erscheinen wolle, aber dennoch traditionelle Gesten und Verhaltensweisen gegenüber den Frauen angewandt würden.[150]

Auch in den Medien zeige sich, dass dort zwar Frauen präsent seien, aber ihr Auftreten bestätige das Vorhandensein des ‚Neomachismus', da sie nur Dekor sei-

---

145 Montecino, Hacia una Antropología del Género en Chile, S. 24/25
146 Ibidem, S. 25
147 Ibidem, S. 26 unter Hinweis auf "Das andere Geschlecht" von de Beauvoir
148 Montecino, Hacia una Antropología del Género en Chile, Santiago de Chile, 2004, S. 27
149 Ibidem, S. 28
150 Ibidem, S. 30

en und je mehr Körper sie zeigten und je weniger Text sie hätten, desto mehr könne der Hauptakteur seine Männlichkeit zelebrieren und den symbolischen ‚Besitz' ihrer Körper – und dies sei insbesondere in den populärsten Sendungen mit den höchsten Einschaltquoten der Fall. Wenn also die Frauen die öffentliche Szene besetzen wollten, wäre dies nicht möglich, weil die Macht des öffentlich gesprochenen Wortes männlich sei.[151]

Kemy Oyarzún kommt in einem Aufsatz zum Thema „Ideologem der Familie: Geschlecht, Privatleben und Arbeit in Chile, 2000-2003" (Ideologema de la Familia: Género, Vida Privada y Trabajo en Chile, 2000-2003) zu dem Schluss, dass die Annäherung der nationalen Gesetzgebung an die internationalen Normen, Abkommen und von Chile ratifizierten Verträge wie auch allgemein eine Gesetzgebung, die die Nicht-Diskriminierung der Frau im Privatleben und am Arbeitsplatz garantiere, ungenügend sei. So sei eine bemerkenswerte Abwesenheit von Instanzen festzustellen, die bei Anzeigen von diskriminierenden Maßnahmen gegen Frauen helfen wie auch von Schutzmechanismen für eventuelle Repressalien gegen die Anzeigenerstatter – was vor allem in der Arbeitswelt von großer Relevanz wäre.[152]

7. Spezielles Problem Chiles in Familien der Rückkehrer (Retornados)

Ein spezielles Problem Chiles stellen die Familien der sogenannten ‚Retornados', d.h. derjenigen dar, die im Exil waren und nach Wiedereinführung demokratischer Verhältnisse zurückkamen. Nach Angaben des Büros für die Nationale Rückkehr handelte es sich um ungefähr 200.000 Menschen, das Vikariat für Solidarität (Vicaría de la Solidaridad)[153] schätzte die Zahl auf 260.000.[154] Diese Menschen waren entweder auf Grund von Dekreten und Anordnungen vertrieben worden oder sie fühlten sich von den militärischen Autoritäten verfolgt oder bedroht, baten in einer Botschaft um Asyl oder verließen das Land auf eigene Faust und beantragten im Ausland Asyl.[155]

Die Vertriebenen und Verbannten verließen das Land mit Familie. Andere emigrierten allein und ließen die Familie mit großen wirtschaftlichen und psychologischen Problemen zurück. Die im Ausland lebenden chilenischen Männer wurden in den meisten Ländern ihres Asyls über dort bestehende Sozialsysteme mit dem Notwendigsten versorgt und widmeten sich in erster Linie der politischen Mili-

---

151 Ibidem, S. 30
152 Aufsatz veröffentlicht in Familia y Vida Privada, Flacso, Santiago, 2005, S. 305
153 Kirchliche Stelle, wörtlich: Vikariat bzw. Pfarrverweserstelle für Solidarität
154 Rebolledo G., El Impacto del Exilio en la Familia Chilena, Aufsatz veröffentlicht in Familia y Vida Privada, Santiago de Chile, 2005, S. 137
155 Ibidem, S. 137

tanz.[156] Die Frauen von gefangen gehaltenen Männern mussten für den Unterhalt der Familie sorgen und die Verhandlungen für die Freilassung und Ausreise ihrer Männer führen.[157]

Im Exil, in einem fremden Land und einer fremden Kultur trat an die Stelle der Familie die Gemeinschaft der Asylanten. Gab es in der eigenen kleinen Familie Kinder, gaben diese dem Leben einen Sinn und Hoffnung auf eine Zukunft. Die größeren Schwierigkeiten hatten die Männer, die allein ins Ausland gekommen waren. Sie flüchteten sich häufig in eine übertriebene Militanz.[158]

In einer zweiten Phase des Exils kam es häufig zu Brüchen in der Kleinfamilie, was als Nachwirkung der in Chile erworbenen Traumata gesehen werden kann, aber auch aus der Tatsache resultierte, dass sich im Ausland unterschiedliche Möglichkeiten für Männer und Frauen eröffneten. In Europa und Kanada gab es große staatliche Unterstützung, was in den lateinamerikanischen Ländern nicht der Fall war. Dort trat die Gemeinde der Asylanten und die lokale Gesellschaft an die Stelle staatlicher Hilfe.[159] Die Verantwortung lastete besonders auf den Frauen, die auch wenig Unterstützung bei der Betreuung der Kinder von den Ehemännern bekamen, da die Männlichkeit dieser Generation das nicht erlaubte und die Militanten der Linken sich insoweit ihrer Sozialisation entsprechend verhielten und nicht aus den alten Mustern ausbrachen.[160]

Die Entscheidung über die Rückkehr beschleunigte familiäre Trennungen, wenn ein Teil der Familie nach Chile zurück wollte, der andere nicht. Die Ankunft der Rückkehrer in Chile wurde von vielen genauso empfunden wie damals die Ankunft im Ausland. Man war ohne Wohnung und ohne Arbeit und lebte im Ungewissen. Für allein zurückkehrende Frauen war die Situation noch problematischer. Die Blutsverwandten hatten jedenfalls eine Schlüsselrolle bei der wirtschaftlichen Unterstützung der Rückkehrer.[161]

Rebolledo kommt zu dem Schluss, dass eine der wichtigsten durch das Exil eingetretene Veränderung darin zu sehen sei, dass die Männer und Frauen sich anderen Lebensweisen geöffnet hätten und Familie und Kinder viel freier Entscheidungen getroffen hätten, sodass die biologische Familie häufig durch die ‚soziale' ersetzt worden sei. In den neuen Familienbildern sei das Gewicht der Biologie geringer geworden und die persönlichen Entscheidungen wichtiger. Die ‚sozialen' Ersatzmütter und – Väter in der erweiterten Exilfamilie hätten häufig eine größere Nähe gezeigt und mehr Unterstützung gegeben als die biologische Familie. Dies

---

156 Ibidem, S. 145
157 Ibidem, S. 142
158 Rebolledo, S. 145
159 Ibidem, S. 147
160 Ibidem, S. 148
161 Ibidem, S. 151/152

scheine eine hoffnungsvolle Möglichkeit für neue Generationen von Chilenen zu sein, die es wagen sollten, sich auf ein Experiment einzulassen.[162]

Mehr Mut bei der Änderung der bestehenden Verhältnisse wünscht sich auch die Historikerin Ana María Stuven in einem Aufsatz zum Thema: „Die Frauenbewegung: Die chilenische Frau zwischen zivilen und politischen Rechten" (El Asociacionismo femenino: la Mujer chilena entre los Derechos civiles y los Derechos políticos).[163] Die Sichtbarkeit von Frauen in öffentlichen Ämtern – einschließlich dem des/der Staatspräsidenten/in wird als Schritt der Frau in das öffentliche Leben beschrieben.

Solange die Frau in ihrer Andersartigkeit nicht als gleichwertig gesehen werde, sei die Agenda noch nicht abgearbeitet. Dies gelte auch und besonders für die Verteilung der Macht. Die Zweihundertjahrfeier Chiles als Weihefest der republikanischen Gleichheit sei wenig aussagekräftig, wenn im Jahr 2010 herausragende Positionen von Frauen wie eine Eroberung (conquista) empfunden und nach männlichen Kategorien definiert würden und somit weder Männer noch Frauen Zugang zu ihrer gesellschaftlichen Rolle im Einklang mit ihrer eigenen Natur hätten.[164]

8. Fallstatistik über Verfahrenseingänge bei den chilenischen Familiengerichten und Statistik der Polizei

Die beim Obersten Gerichtshof (Corte Suprema) geführte Fallstatistik über die Verfahrenseingänge bei allen chilenischen Familiengerichten führen den Betrachter in die rauen Niederungen der Realität. Aus dieser Statistik ergeben sich für die Zeit von 2005, dem Jahr der Einführung der Familiengerichte, bis 2009 allein in den vier Familiengerichten von Santiago Stadt 78.495 Fälle (im ganzen Land 382.018). Dabei geht es in den meisten Verfahren um innerfamiliäre Gewalt und Verletzung von Rechten, gefolgt von Unterhalts-Prozessen.[165]

Nach der bei der chilenischen Polizei geführten Statistik gab es allein im Jahr 2008 100.296 Anzeigen wegen häuslicher Gewalt auf Grund von physischer und psychischer Aggression; nach einem Zeitungsartikel vom März 2012 haben diese

---

162 Rebolledo, S. 160
163 Stuven, El Asociacionismo femenino: la Mujer chilena entre los Derechos civiles y los Derechos políticos, in Mujeres Chilenas, Fragmentos de una Historia, herausgegeben von Montecino Aguirre, Santiago de Chile, 2008, S. 114
164 Ibidem, S. 114
165 Die "Estadísticas de Ingreso por Materia y Ciudad de Tribunales de Familia" liegt mir vor. Diese Statistik wird bei der Dirección de Comunicaciones de la Corte Suprema in Santiago geführt. Wegen des enormen Umfangs habe ich sie nicht ausgedruckt, sondern nur gespeichert.

Fälle noch zugenommen und lagen im Jahr 2011 um 11 % höher als im Jahr davor.[166] Eine von drei Frauen war einmal in ihrem Leben Opfer von Gewalt.[167] Die Anzeigen wurden zwar überwiegend gegen Männer erstattet, allerdings haben im Jahr 2008 auch 11.930 Männer Anzeige gegen ihre Lebensgefährtinnen wegen häuslicher Gewalt erstattet.[168]

Nach einer Statistik aus 2009 sind die Eheschließungen in den zurückliegenden fünfzehn Jahren um mehr als vierzig Prozent zurückgegangen. Die nichtehelichen Lebensgemeinschaften und die Ehescheidungsverfahren sind stark angestiegen. Auf zwei Paare, die eine Ehe eingehen, kommt ein Paar, das sich trennt.[169] Nur bei den über 60jährigen haben sich die Eheschließungen seit 1999 mehr als verdoppelt.[170] Dies ist wohl als Folge der Einführung des neuen Scheidungsrechts zu sehen, wodurch nun Paare heiraten können, die schon lange unverheiratet zusammenlebten.

III. Konvergenz und Divergenz von Familienrechtsordnungen

Nachfolgend soll die Konvergenz oder Divergenz von Familienrechtsordnungen in Gesellschaften untersucht werden, die neben Unterschieden auch erhebliche Gemeinsamkeiten aufweisen. In diesem Zusammenhang kann ein Vergleich mit den ethnologischen Befunden vorgenommen werden, wie sie der amerikanische Ethnologe Oscar Lewis in seinen Studien über Mittelamerika und Puerto Rico angestellt hat.[171]

1. Lewis: „Mexican Case Studies in the Culture of Poverty" und „La Vida" zum Thema Kultur der Armut

Lewis führte hier folgendes aus:

„Der Begriff der Kultur der Armut lässt eine weitgehende Verallgemeinerung zu, die voller Hoffnung eine Anzahl Phänomene, die als entscheidende Merkmale rassischer,

---

166 Un 11 % aumentaron las denuncias por violencia contra la mujer en 2011, La Tercera (chilenische Tageszeitung), 5.3.2012, S. 14
167 Día Internacional de la Mujer: las chilenas en cifras, El Mercurio (chilenische Tageszeitung), Sanatiago de Chile, 8.3.2012, A 11
168 http://www.separadosdechile.cl/ESTADISTICASGENERALES.htm, zuletzt aufgerufen am 20.4.2011
169 Ibidem
170 Se duplica número de matrimonios de mayores de 60 años en Chile, La Tercera (chilenische Tageszeitung), Santiago de Chile, 5.3.2012, S. 38
171 Lewis, The Culture of Poverty, 1973 u. ders. La Vida – eine puertoricanische Familie in der Kultur der Armut, San José und New York, 1971

nationaler und regionaler Gruppen betrachtet werden, vereinigt und erklärt. Das Matriarchat, das häufige Vorkommen von freien Bindungen und der hohe Prozentsatz von Haushalten, denen Frauen vorstehen, Dinge also, die man als charakteristisch für die Organisation karibischer Familien oder das Leben der Neger angesehen hat, stellen sich als Merkmale der Kultur der Armut heraus und werden bei den verschiedensten Völkern in vielen Teilen der Welt und auch dort vorgefunden, wo es keine Geschichte der Sklaverei gegeben hat."[172]

Er fährt fort:

„Die Kultur der Armut ist sowohl Anpassung als auch Reaktion auf ihre Randposition in einer klassengebundenen, hoch individualisierten, kapitalistischen Gesellschaft. Sie ist ein Versuch, mit Gefühlen der Hoffnungslosigkeit und Verzweiflung fertig zu werden, die sich aus der Erkenntnis der Unmöglichkeit des Erfolges im Sinne der Werte und Ziele der übrigen Gesellschaft entwickeln."[173]

Armut beinhaltet für Lewis nicht nur eine wirtschaftliche Benachteiligung, sondern er versucht sie als eine eigene, stabile Lebensweise zu beschreiben, mit den definierten Hauptcharakteristika einer mangelnden Nutzung gesellschaftlicher Institutionen, einer geringen gesellschaftlichen Organisation, die über die Familienstrukturen nicht hinausgeht, dem Fehlen einer geborgenen Kindheit und ein auf das Individuum bezogenes Gefühl der Isolierung, Hilflosigkeit, Abhängigkeit und Unterlegenheit.[174]

Die Studie „La Vida, eine puerto-ricanische Familie in der Kultur der Armut" führte er deshalb durch, weil man ihm während seiner anthropologischen Untersuchungen der Armut in Mexiko vorgeschlagen hatte, dass er sich doch einmal dem Studium der Armut in seinem Land, den Vereinigten Staaten, zuwenden solle. Der erste Schritt auf diesem Wege sei die Arbeit über Puerto Rico. Dies sei eine geeignete Region, da Puerto Rico bis 1898 zu Spanien gehörte, ab dann unter Herrschaft und Einfluss der Vereinigten Staaten kam, 1901 ein ‚nicht einverleibtes Territorium' und seit 1952 Bundesstaat der U.S.A. geworden sei. Die Puerto Ricaner haben seit 1917 die amerikanische Staatsbürgerschaft. Von dreieinhalb Millionen Puerto Ricanern lebt eine Million in den Vereinigten Staaten, davon über sechshunderttausend in New York City, die meisten von ihnen in Armut.[175]

Es sei bislang viel mehr über Puerto Ricaner in New York City als über Puerto Ricaner in San Juan geschrieben worden. Hauptziel des Buches „La Vida" sei es, die Kluft zwischen den sehr Armen und den Angehörigen des Mittelstandes, die die größte Verantwortung für die Durchführung des Programms zur Bekämpfung der Armut trügen, zu überbrücken. Seine Hoffnung sei, dass ein besseres Verständnis des Begriffes der ‚Kultur der Armut' schließlich zu einer verständnisvol-

---

172 Lewis, La Vida, S. 57
173 Lewis, Kultur der Armut, S. 48
174 Ibidem, S. 51
175 Lewis, La Vida, S. 9

leren Meinung über die Armen und ihre Probleme führe und eine vernünftigere Basis für konstruktive Sozialarbeit schaffe.[176]

Dabei war er sich auch der Gefahr bewusst, dass die Ergebnisse seiner Untersuchung vielleicht falsch ausgelegt oder dazu benutzt werden könnten, Vorurteile und negative Vorstellungen von den Puerto Ricanern, die unglücklicherweise von manchen Amerikanern noch immer aufrecht erhalten würden, zu rechtfertigen. Er wollte daher betonen, dass sich seine Studie mit einer bestimmten Schicht innerhalb der puerto-ricanischen Bevölkerung auseinandersetzte und dass die Angaben nicht auf die puerto-ricanische Gesellschaft als Ganzes verallgemeinernd angewandt werden sollten.[177]

Das Buch ist der erste Band einer Serie, die sich auf die Untersuchung von hundert puerto-ricanischen Familien aus vier Slums in Groß-San Juan und ihren Verwandten in New York City stützt. Die hundert Familien in San Juan wählte er aus Slums aus, die bedeutsame ökologische, rassische, sozial-ökonomische und religiöse Varianten aufwiesen. Die Hauptkriterien bei der Auswahl der Familien in New York waren ein niedriges Einkommen und die Bereitwilligkeit, bei der Untersuchung mitzuarbeiten.[178]

Die bei der Studie angewandten Methoden waren Techniken aus der Soziologie, der Ethnologie und Psychologie und schlossen Befragungen, Interviews, Beobachtung der Testperson, Biografien, eine begrenzte Zahl Untersuchungen einer geschlossenen Familie und die Anwendung psychologischer Tests, wie etwa den thematischen Apperzeptionstest, den Rorschachtest und den Satzergänzungstest ein.[179]

Lewis führt aus, dass eine Menge über Armut und die Armen geschrieben worden sei, dennoch sei der Begriff ‚Kultur der Armut' relativ neu. Er habe ihn erstmals 1959 in einer Studie in Mexiko vorgeschlagen. In geschichtlichen Überlieferungen seien zwei gegensätzliche Beurteilungen des Wesens der Armen zu finden. Einerseits würden sie als gesegnet, tugendhaft, aufrecht, gelassen, unabhängig, ehrlich, freundlich, glücklich beschrieben, andererseits als boshaft, gemein, gewalttätig, schmutzig und kriminell. Im Kampf gegen die Armut führe dieser Widerspruch dazu, dass manche die große Kraft der Armen zur Selbsthilfe unterstrichen, andere auf die zerstörerischen Auswirkungen der Armut und auf den Charakter des Einzelnen hinwiesen. Deshalb müsse die Kontrolle von der Mittelklasse ausgeübt werden, weil sie über die bessere Geisteshaltung verfüge.[180]

---

176 Ibidem, S. 10
177 Ibidem, S. 11
178 Ibidem, S. 17
179 Lewis, La Vida, S. 18
180 Ibidem, S. 46

2. Kritik am Konzept Lewis'

Lewis starres Konzept einer Kultur der Armut mit einer langen Liste an Normen, Werten und Verhaltensmerkmalen, die bei in Armut lebenden Menschen wiederzufinden sei, wurde von vielen Seiten heftig kritisiert.[181] Lewis verwandte ein Kulturkonzept, das kleine isolierte Gruppen zu einer objektiven Einheit mit einer Liste ihrer Eigenschaften und Regeln machte und propagierte damit den Kulturbegriff einer fixierten Zuschreibung.[182]

Ein weiterer Hauptkritikpunkt an seiner Arbeit war, dass seine empirischen Daten, hauptsächlich Biographien, die er unkommentiert nebeneinander stellte, seinem Modell einer ‚Kultur der Armut' konträr gegenüberstehen und damit die Validität seiner Studien fragwürdig ist.[183]

In der Studie: „Die andere Seite der Stadt. Armut und Ausgrenzung in Berlin" wird ausgeführt, dass es keine ethnologisch etablierten und ausgearbeiteten Theorien über Armut, Unterversorgung und Ausgrenzung gibt.[184] Dies sei einerseits der starken Ausrichtung von anwendungsbezogenen und sozialpolitischen Untersuchungen geschuldet, die in einem spannungsreichen Verhältnis zu dem stünde, was die Ethnologie in erster Linie versuche, nämlich sich auf den Alltag von Menschen aus anderen Milieus oder Kulturen einzulassen, um die Welt aus ihrer Perspektive heraus zu verstehen. Zum anderen scheine es auch theoretisch-konzeptionelle Gründe zu geben, da sich die Debatten der Gegenwartskultur mit anderen Inhalten beschäftigten, wie z.B. Pluralisierung von Lebenswelten, weltumspannende Mobilität von Menschen, Produkten und Ideen, neue Medien und Technologie sowie neue Formen der Informationswiedergabe und Wissenssysteme.[185] Auch die in den 1960er und 1970er Jahren in der amerikanischen Kulturanthropologie geführte Kontroverse über eine ‚Kultur der Armut' habe dazu geführt, dass die Ethnologie vor den theoretischen Problemen zurückschrecke und Kultur als Paradigma und Zugang zur Armutsforschung weitgehend unmöglich gemacht und diskreditiert worden sei.[186]

---

181 Gerold, Treasure Hunters – Die Werkstoffsammler in Cagayan de Oro, Philippinen, Magisterarbeit, Universität Freiburg, 2004, S. 20
182 Ibidem, S. 20 unter Hinweis auf den Wandel dieser Kulturauffassung nach Homi Bhabha, The Location of Culture, London, New York, 1994; Hannerz, „Kultur" in einer vernetzten Welt. Zur Revision des ethnologischen Begriffs, in: Kaschuba (Herausgeber): Kulturen-Identitäten-Diskurse. Perspektiven europäischer Ethnologie, Berlin 1995, S. 64-84
183 Goode & Eames, An Anthropological Critique of the Culture of Poverty, in: Gmelch & Zenner, (Ed.): Urban Life. Readings in Urban Anthropology, Illinois 1996, Waveland Press, S. 405-417
184 Knecht, (Hrg.) Von der ‚Kultur der Armut' zu einer ‚Ethnologie der Ausgrenzung', in: Die andere Seite der Stadt. Armut und Ausgrenzung in Berlin, Alltag & Kultur (5), Köln, 1999, S. 326 - 334
185 Ibidem, S. 327/328
186 Ibidem, S. 327/328

Lewis begriff Armut und die damit verbundenen Merkmale als eine Kultur, die eigenen Strukturen und Prinzipien folgt, als Lebensstil, der von einer Generation auf die nächste übertragen wird und in unterschiedlichen nationalen Kontexten wieder zu finden ist. Er versuchte zu zeigen, dass die Verhaltensweisen und Deutungsmuster über bloße situative Strategien hinausgehen.[187]

Lewis hat erstmals den Terminus „Kultur der Armut" im Rahmen seines Feldforschungsberichts über städtische Armut in Mexiko bzw. Puerto Rico gebraucht. Er ist und bleibt in diesem Themenkomplex ein Vorreiter - trotz aller Kritik an seiner Arbeit.[188]

IV. Ergebnis

Zu jeder Zeit gab es eine Vielfalt an Familienformen, die den Lebensverhältnissen der Menschen angepasst waren. Dies war auch im Mittelalter und der Neuzeit so. Die wissenschaftliche Beschäftigung mit dem Thema Familie begann jedoch erst in der zweiten Hälfte des 19. Jahrhunderts. Allerdings hatte sich schon Plato Gedanken über neue Bestimmungen familiärer Rollen gemacht. Seine Vorschläge zur Wegnahme der Kinder aus der eigenen Familie und deren Erziehung durch Dritte unter harten Bedingungen muten in der heutigen Zeit allerdings etwas harsch an.[189]

Da jeder Mensch Familie hat und deshalb die Meinung verbreitet ist, jeder könne beim Thema „Familie" mitreden, hat die Familiensoziologie professionspolitisch an Bedeutung eingebüßt. Im Hinblick auf ihre institutionelle Verankerung an deutschen Universitäten hat sie eher einen geringen Stellenwert. Dabei darf davon ausgegangen werden, dass Juristen, sofern sie den Anwaltsberuf ergreifen, in der Praxis zum großen Teil mit Familien- und Erbrecht befasst sind. Gleichzeitig gibt es viele wissenschaftliche Veröffentlichungen zum Thema Familie, sodass der Eindruck entsteht, als habe es Konjunktur.

In allen Gesellschaften ist Familie durch bestimmte Rollenstrukturen gekennzeichnet, die kulturabhängig sind. In einem wirtschaftlich entwickelten Land wie Deutschland ist es immer noch die Norm, dass Mütter zu Hause bleiben und ihren Beruf für die Familie aufgeben. Die Politik belohnt dies durch Zahlung des Erziehungsgeldes und demnächst wohl auch Betreuungsgeldes. Diejenigen Frauen, die trotz Kind/ern weiter in ihrem Beruf bleiben wollen, haben große Schwierigkeiten, für ihre Kinder in ihrer berufsbedingten Abwesenheit eine gute Betreuung zu fin-

---

187 Gerold, Treasure Hunters, die Werkstoffsammler in Cagayan de Oro, Philippinen, Magisterarbeit an der Universität Freiburg, 2004, S. 19
188 Gerold, Treasure Hunters, Freiburg, 2004, S. 20
189 Erwähnt in Goode, Die Familie als Element der Sozialstruktur, in Seminar Familie und Familienrecht, Bd. 1, herausgegeben von Simitis u. Zenz, Frankfurt/Main, 1975, S. 64/65

den, da es zu wenig Kinderkrippen, Ganztagskindergärten und Ganztagsschulen gibt.[190]

Trotz der Neigung der deutschen Mütter, die Karriere der Mutterschaft zu opfern, hat das Land nur eine Fertilitätsquote von 1,3 und steht damit zusammen mit Portugal am Ende der europäischen Geburtenstatistik. Im Gegensatz dazu steht Frankreich mit einer Fertilität von 2,0 Kindern zusammen mit Irland an der Spitze.[191] Elisabeth Badinter sieht allerdings die Gefahr von Tendenzen, die in Frankreich wieder eine Bewegung anstoßen könnten wie damals in der Zeit von Rousseau, um die Frauen erneut ins Haus zurückzudrängen.[192]

In den USA ist die Fertilitätsquote 2,1, in Neuseeland 2,2.[193] Nach Angaben des Nationalen Statistikinstituts Chiles (Instituto Nacional de Estadística / INE) haben die Frauen in Chile im Durchschnitt 2 Kinder, also genauso viele wie in Frankreich und Irland. Die Geburtenrate ging laut INE in den letzten fünfzig Jahren um 56 % zurück. 60% der Chileninnen sind zu Hause und 15 % der aktiven Bevölkerung arbeitet in Haushalten. Kleinkinder werden in den ärmeren Schichten von der Familie betreut, in gut situierten Verhältnissen von der Hausangestellten (empleada). Es gibt auch Kinderkrippen, Kindergärten und Ganztagsschulen.[194]

Obwohl in Chile seit 1925 die Trennung von Kirche und Staat besteht, ist ein Wiedererstarken kirchlicher Stimmen bei den gegenwärtigen Debatten über die Familie festzustellen. Dies zeigt, dass der Einfluss der katholischen Kirche in der chilenischen Gesellschaft tief verwurzelt ist, da die Chilenen auf die eine oder andere Weise eine katholische Erziehung genossen haben in Verbindung mit einer kulturellen Identität, die die Sphäre der religiösen Gläubigkeit überschreitet und die gesellschaftlichen Beziehungen sinngebend beeinflusst.[195]

Seit Beginn der 1990er Jahre hat in Chile eine Wertdebatte begonnen, bei der sich die konservativsten Kreise der Gesellschaft von der Traditionsseite her besonders einbringen, um die angestrebten Veränderungen in der Gesellschaft zu bremsen. Die Mehrzahl der Chilenen definiert sich über ihre Familie, dennoch ergab eine Studie, dass sechzig Prozent glauben, dass die Familie in der Krise ist und eine Quelle von Problemen darstellt. Es stellt sich daher die drängende Frage, welche gesellschaftlichen Folgen es haben könnte, wenn der Hauptreferenzpunkt im Leben der Chilenen ins Wanken geraten würde.[196]

---

190 Vinken, Die deutsche Mutter, Frankfurt/M., 2007, S. 82
191 Vinken, Die deutsche Mutter, Frankfurt/M., 2007, S. 7
192 Badinter, S. 12/13
193 Ibidem
194 Valdés S., Valdés E., Familia y Vida Privada, Santiago de Chile, 2005, S. 167/168
195 Godoy, Acerca de la Familia Cristiana, Santiago de Chile, 2005, S. 9
196 Valdés S. u. Araujo K., Vida privada. Modernización agraria y modernidad, Santiago de Chile, 1999, S. 31

Bei dem speziell chilenischen Problem der Rückkehrer (Retornados) kommt eine Studie zu dem Schluss, dass eine der wichtigsten durch das Exil eingetretene Veränderung darin zu sehen ist, dass die Männer und Frauen sich anderen Lebensweisen geöffnet und Familie und Kinder viel freier Entscheidungen getroffen haben und die biologische Familie häufig durch die soziale ersetzt wurde.[197] Das Gewicht der Biologie wurde in den neuen Familienbildern geringer, sodass man in diesem Zusammenhang an das Thema „Wahlfamilie" denken könnte.

Chile hat seit März 2010 einen Präsidenten, der einer konservativen Partei angehört. Es wird sich zeigen, wie sich das Thema Familie und das Familienrecht unter der neuen Regierung weiterentwickelt und ob die Frauen in den besonders populären Programmen der Medien weiterhin nur als Dekor und als Körper präsent sein werden. In dem international ausgestrahlten Programm Chiles „24 Stunden" (24 Horas) kam immerhin am 24. Juni 2010 um sechzehn Uhr chilenischer Zeit eine Sendung zum Thema: „Der neue Macho des XXI. Jahrhunderts" (El nuevo macho del siglo XXI).

Sollte sich da ein Hoffnungsschimmer zeigen?

Mit dem Zustand der chilenischen Familie befasst sich eine von Valdés und Valdés im Jahr 2005 veröffentlichte Studie. Hier wird auf deren Entwicklung in der jüngeren Geschichte und Gegenwart eingegangen.[198] Es wird aufgezeigt, dass seit Bestehen der Republik Chile eine Gewichtsverlagerung vom Vorrang der Familieninteressen hin zum Vorrang der Individualinteressen stattgefunden hat. Parallel dazu wird eine Aushöhlung der Autorität des ‚industriellen Vaters' beschrieben,[199] einhergehend mit dem Verlust seiner ökonomischen Bedeutung als Versorger der Familie. Gleichzeitig fand seine juristische Schwächung statt durch die Einführung von Gesetzen wie dem gegen innerfamiliäre Gewalt oder dem neuen Abstammungsgesetz, das die Rechte ehelicher und nichtehelicher Kinder gleich stellte.[200]

Nichteheliche Kinder waren seit Bestehen der Republik ein Thema in Chile. Im Jahr 2003 waren 54 %, 2011 65 % aller Kinder nichtehelich.[201] Aus diesem Grund war die 1998 gesetzlich eingeführte Rechtsgleichheit aller Kinder dringend geboten. Außerdem hat Chile die Konvention der Vereinten Nationen über die Rechte

---

197 Rebolledo G., El impacto del Exilio en la Familia Chilena, Aufsatz veröffentlicht in Familia y Vida Privada, Santiago de Chile, 2005, S. 137
198 Valdés S., Valdés E., Entre la Reinvención y la Tradición Selectiva: Familia, Conyugalidad, Parentalidad y Sujeto en Santiago de Chile, in Familia y Vida Privada, Santiago de Chile, 2005, S. 163-213
199 Ibidem, S. 164
200 Gesetz No. 19.325 vom 27.8.1994 reformiert durch das Gesetz No. 20.066 v. 22.9.2005 und Gesetz No. 19.585 v. 26.10.1998
201 Laut Statistischem Bundesamt gab es in Deutschland im Jahr 2010 einen Anteil von 33, 3 % nichtehelich geborener Kinder; http://de. Statista.com/statistik/daten/studie/200794/umfrage/anteil-der-nichtehelich-ge…,zuletzt aufgerufen am 23.1.2012

des Kindes vom 26. Januar 1990 zusammen mit 57 anderen Ländern unterzeichnet und danach ratifiziert. In Art. 2 der Kinderkonvention ist das Diskriminierungsverbot festgeschrieben. Chile musste daher die eingegangenen Verpflichtungen umsetzen.

Nach einer Statistik aus dem Jahr 2009 sind die Eheschließungen in den zurückliegenden fünfzehn Jahren um mehr als vierzig Prozent zurückgegangen. Die nichtehelichen Lebensgemeinschaften sind weiter angestiegen und damit auch die Anzahl der nichtehelichen Kinder.[202] Eine rechtliche Regelung nichtehelicher Lebensgemeinschaften steht aus.

Im Jahr 2005 wurde von UNICEF die Entwicklung der Lage der chilenischen Kinder für die Zeit ab Ratifizierung der Kinderkonvention der Vereinten Nationen untersucht, d.h. für einen Zeitraum von fünfzehn Jahren. Es kam dabei heraus, dass die Armut seit Rückkehr demokratischer Verhältnisse insgesamt um die Hälfte zurückgegangen war. Am meisten von Armut betroffen waren aber weiterhin Kinder, da Haushalte mit geringem Einkommen proportional mehr Kinder und Heranwachsende haben als solche mit höherem Einkommen. Für das Jahr 2003 wurde ermittelt, dass Kinder und Heranwachsende um 43 % mehr von Armut betroffen waren als der Rest der Bevölkerung.[203] Weiterhin wurde festgestellt, dass zwischen 1996 und 2000 ungefähr 14 % der unter Achtzehnjährigen – annähernd 750.000 Menschen – in Kommunen lebte, die die Grundbedürfnisse für die Entwicklung von Kindern und Jugendlichen nicht erfüllen.[204]

In diesem Zusammenhang ist die Arbeit von Oscar Lewis mit seinen Fallstudien in Mexiko und Puerto Rico zu sehen. Er prägte als erster den Begriff „Kultur der Armut" und wies darauf hin, dass sich Dinge wie das häufige Vorkommen nichtehelicher Lebensgemeinschaften oder der hohe Prozentsatz alleinerziehender Mütter, was man als charakteristisch für die Organisation karibischer Familien gehalten habe, als Merkmale der Kultur der Armut herausgestellt hätten, die man weltweit vorfinden könne. Trotz der Kritik an dem Modell Oscar Lewis haben seine Studien zumindest einen Erklärungswert.

---

202 http://www.separadosdechile.cl/ESTADISTICASGENERALES.htm, zuletzt aufgerufen am 20.4.2011
203 Unicef Chile – Los Derechos en Chile, http.//www.unicef/index.php/Los-Derechos-en-Chile, S. 1, zuletzt aufgerufen am 26.4.2011
204 Unicef Chile – Los Derechos en Chile, http://www.unicef/index.php/Los-Derechos-en-Chile, S. 1, zuletzt aufgerufen am 17.4.2012

Kapitel 2: Die Verfassungen Chiles unter dem Aspekt der Gleichberechtigung der Geschlechter und des Schutzes der Familie

I. Die unabhängige Republik Chile

Am 1. Januar 1818 erklärte sich das Generalkapitanat Chile im Vizekönigtum Peru als Republik für unabhängig von Spanien. Der Unabhängigkeitsprozess fand zwischen 1810 und 1818 statt.[205] In dieser Zeit gab es verschiedene Versuche, das nationale Zusammenleben zu regeln. Man bezeichnet diese Etappe als Periode der Verfassungsversuche oder der Organisierung der Republik. Sie ist geprägt von Übergangsregelungen.[206]

Im September 1810 etablierte sich eine Regierungsjunta; die Zeit von 1810 – 1814 nennt man auch „Patria Vieja".[207] Damals befand sich die spanische Krone wegen der Invasion Napoléons in Bedrängnis. Der spanische König Fernando VII. geriet in Gefangenschaft. 1811 kam es zur Regelung für eine provisorische Exekutive von Chile. Danach gab es ein verfassungsähnliches Reglement von 1812, sodann ein Reglement der provisorischen Regierung von 1814 und eine provisorische Verfassung von 1818.[208]

1. Reglements zwischen 1811 und 1814 sowie die provisorische Verfassung von 1818

Das Reglement von 1811 umfasst 19, das von 1812 27 Artikel. Auch das Reglement von 1814 ist recht kurz. Es besteht aus nur 13 Artikeln und verweist in seinem ersten Artikel darauf, dass man in schwieriger Zeit lebe und daher die Macht der Exekutive auf eine Person zentriert werden müsse, den Obersten Direktor (Director Supremo).

---

205 Bergmann/Ferid, Internationales Ehe- und Kindschaftsrecht, Chile, Stand 31.3.1989, Loseblattsammlung, Frankfurt/M., S. 1
206 La Constitución: Historia Constitucional de Chile, Biblioteca del Congreso Nacional, www.bcn.cl/ecivica/histcons., zuletzt aufgerufen am 9.1.2011
207 Übs.: Altes Vaterland
208 La Constitución: Historia Constitucional de Chile, Biblioteca del Congreso Nacional, www.bcn.cl/ecivica/histcons, zuletzt aufgerufen am 9.1.2011

In den 19 Artikeln des Reglements von 1811 findet sich kein Artikel zum Thema Gleichheit oder Schutz der Familie; im Reglement von 1812 findet sich ein einziger Hinweis auf „Gleichheit" und zwar in Art. 24. Dort steht:

„Jeder Einwohner Chiles hat gleiche Rechte".

Grundsätzlich müssten damit auch die Frauen gemeint sein, da es ja heißt: „Jeder Einwohner". Eine Bestimmung zum Schutz der Familie findet sich nicht im Text von 1812. Das Reglement für die provisorische Regierung von 1814 enthält keine Bestimmung zur Frage „Gleichheit". Es befasst sich nur mit der Art, in der die Macht im Land ausgeübt wird. Die provisorische Verfassung von 1818 besteht aus fünf Titeln (Títulos) mit mehreren Unterkapiteln und innerhalb dieser gibt es etliche Artikel. Im ersten Titel, erstes Kapitel werden die Rechte und Pflichten des Mannes / Menschen („hombre" heißt Mann, kann aber auch mit Mensch übersetzt werden) geregelt.[209] Ein ausdrücklicher Hinweis auf die Frau findet sich hier genauso wenig wie in den Regelungen von 1811, 1812 und 1814. Einen Hinweis auf die „Familie" sucht man in den Verfassungsregelungen zwischen 1811 und 1818 ebenfalls vergeblich.

Die nationale Unabhängigkeit Chiles wurde am 1. Januar 1818 proklamiert; dies wurde im Februar 1818 in Santiago de Chile erneut öffentlich bekräftigt. Nun begann eine neue Ära für Chile. Man nennt sie „Patria Nueva".[210] Diese Zeitspanne dauert von 1817 – 1823. Mit der politischen Verfassung des Staates Chile vom 30. Oktober 1822 wurde die Verfassung von 1818 abgelöst.

2. Garantie der Gleichheit aller Chilenen in der Verfassung von 1822

Die Verfassung von 1822 ist in neun Titel untergliedert und hat insgesamt 248 Artikel. Art. 6, I.Titel, II. Kapitel garantiert die Gleichheit aller Chilenen vor dem Gesetz.[211] Aus der Formulierung „alle Chilenen" (todos los chilenos) könnte man entnehmen, dass auch die Frauen einbezogen sind, da nach den Grundsätzen der spanischen Grammatik die männliche Form dominiert und daher „chilenos" auch durchaus „chilenas" sein könnten.

Im gleichen Titel und Kapitel regelt Art. 9 die Pflichten eines jeden Chilenen, die er gegenüber Gott und den Menschen hat. Dazu gehört auch, ein guter Famili-

---

209 I. Titel, 1. Kap., Art. 1:"Los hombres por su naturaleza gozan de un derecho inajenable e inadmisible a su seguridad individual, honra, hacienda, libertad e igualdad civil" / Die Männer/Menschen haben von Natur aus Anspruch auf das unverzichtbare Recht auf individuelle Sicherheit, Ehre, Wohlstand, Freiheit und zivile Gleichheit.
210 Übersetzt: Neues Vaterland
211 I. Titel, 2. Kap., Art. 6: „Todos los chilenos son iguales ante la ley, sin distinción de rango ni privilegio" / Alle Chilenen sind vor dem Gesetz gleich ohne Unterschied nach Rang oder Privileg.

envater, guter Sohn und eifriger Staatsdiener zu sein.[212] Weitere Regelungen zum Gleichheitsprinzip finden sich in dieser Verfassung nicht wie auch kein weiterer Hinweis auf den Schutz der Familie. Dabei wird ausdrücklich der „gute Familienvater" reklamiert, nicht aber die gute Familienmutter.

3. Die „moralische Verfassung" von 1823

Im Dezember 1823 veröffentlichte der „Oberste Direktor" die „Politische und Dauerhafte Verfassung Chiles". Sie besteht aus XXIV Titeln und insgesamt 277 Artikeln. Man nennt diese Verfassung auch die „moralische Verfassung", weil sie in sehr vielen Normen die Pflichten der Bürger anmahnte.[213] Art. 7, I. Titel garantiert die Gleichheit aller Chilenen vor dem Gesetz; weiter sieht er vor, dass der Staat dem einzelnen Bürger Lasten aufbürden kann und zwar je nach dessen individuellen Möglichkeiten.[214] Aus dem Wortlaut könnte man wiederum herleiten, dass auch die Chileninnen gemeint sind hinsichtlich der Gleichheit vor dem Gesetz. Im II. Titel ist in Art. 11 das Wahlrecht geregelt. Auch da lautet der Text „todo chileno" darf unter näher definierten Voraussetzungen das Wahlrecht ausüben. Da diese Bestimmung sehr nah an Art. 7 steht, und die chilenischen Frauen das kommunale Wahlrecht erst 1934 und das allgemeine 1949 erhielten, spricht allerdings mehr dafür, dass es nur um männliche Chilenen geht.

Die Verfassungskommission unter der Leitung von Juan Egaña[215] hatte die 1823er Verfassung erarbeitet. In diesem Text waren die Grundrechte und die entsprechenden Garantien, die nationale Souveränität und die Gewaltenteilung enthalten. Wegen der Komplexität der vorgesehenen Institutionen und mühseligen Gesetzgebungsverfahren und wegen der übertriebenen Reglementierung und Be-

---

212 I. Titel, 2. Kap., Art. 9: „Todo chileno debe llenar las obligaciones que tiene para Dios y los hombres, siendo virtuoso, honrado, benéfico, buen padre de familia, buen hijo, buen amigo, buen soldado, obediente a la Constitución y a la ley, y funcionario fiel, desinteresado y celoso" / Jeder Chilene muss seine Verpflichtungen, die er gegenüber Gott und den Menschen hat, erfüllen, indem er tugendhaft, ehrenhaft, wohltätig, guter Fa m i l i e n v a t e r, guter S o h n, guter Freund, guter Soldat, verfassungs- und gesetzestreu sowie treuer und eifriger Staatsdiener ist.
213 La Constitución: Hist. Const. de Chile aaO. S. 2
214 I. Titel, Art. 7: „Todo chileno es igual delante de la ley: puede ser llamado a los empleos con las condiciones que ésta exige: todos contribuyen a las cargas del Estado en proporción de sus haberes: todos son sus defensores" / Jeder Chilene ist vor dem Gesetz gleich. Er kann unter gesetzlich vorgesehenen und geforderten Bedingungen zu den Diensten berufen werden. Alle tragen die Lasten des Staates gemäß ihren Möglichkeiten. Alle sind Verteidiger des Staates.
215 1769 – 1836, wird in „Reseñas Parlamentarias" (Parl. Beschreibungen) des Nationalen Kongresses als bedeutender Politiker dargestellt, der zus. mit Camilo Henríquez und Manuel de Salas als „Trío de las Luces" (Trio des Lichts) bezeichnet wurde u. neben seiner politischen Arbeit auch Werke in Dichtung, Theater, Philosophie veröffentlichte.

wertung sogar des privaten Verhaltens der Bürger wurde die Verfassung von 1823 im Juli 1824 außer Kraft gesetzt.[216] 1826 wurden Anstrengungen unternommen, eine neue Verfassung zu entwerfen. Der Entwurf war getragen von den Föderalismus-Ideen des José Miguel Infante.[217] Letztlich kam es aber zu keiner Einigung und der Kongress löste sich selbst auf, was zu politischer Instabilität führte.[218]

4. Die Verfassung von 1828 ohne Regelung zu Familie und Gleichheit

1828 bildete sich ein verfassunggebender Kongress, der eine Kommission mit der Abfassung einer neuen Verfassung beauftragte. Sie wurde geführt von dem Liberalen José Joaquín Mora.[219] Die Konstitution wurde im August 1828 in Kraft gesetzt.

Diese Verfassung ist in XIII Kapitel eingeteilt mit insgesamt 134 Artikeln. Das I. Kapitel befasst sich mit der Nation, das zweite mit der Nationalität und erst im III. Kapitel, Art. 10 bis 21 werden die Individualrechte behandelt. Hier werden zwar Freiheit, Sicherheit, Eigentum etc. garantiert, nicht aber Gleichheit. Auch der Schutz der Familie kommt in dieser Verfassung nicht vor.

Im Mai 1833 wurde eine neue Konstitution verkündet. Die wesentlichen Bestimmungen der Verfassung von 1828 dienten als Grundlage für die 1833er Verfassung. Mit der neuen Carta wollte sich der Staat den sozialen und politischen Erfordernissen der Zeit anpassen. Sie leitet eine Periode der Stabilität ein.[220] Chefideologe dieser Verfassung war Diego Portales.[221] An der Abfassung des Textes

---

216 La Constitución: Historia Constitucional de Chile, S. 3
217 1778 – 1844, nach „Reseñas Parlamentarias" der Bibliothek des Kongresses von Chile Abgeordneter für Santiago von Juli – Dez. 1811 im 1. Nationalen Kongress, später Senator im gesetzgebenden, konservativen Senat 1823; stiess das Gesetz zur Aufhebung der Sklaverei an.
218 La Constituciín: Hist. Const. de Chile, aaO. S. 3
219 1783 – 1864, wurde in Cádiz geboren, kämpfte im Unabhängigkeitskrieg Spaniens, wurde gefangengenommen u. nach Frankreich gebracht. Später kehrte er zurück nach Spanien, das er 1823 wegen seiner liberalen Ideen verlassen musste, ging dann nach London, sodann nach Argentinien und später nach Chile, wo er 1828 den Verfassungstext erarbeitete. 1831 siedelte er nach Peru über, 1834 nach Bolivien, 1840 nach Paris, später wieder in seine Heimat Spanien – s. „Reseñas Parlamentarias" de Chile.
220 La Constitución: Hist. Const. de Chile, aaO. S. 3
221 1793 – 1837; wird in „Reseñas Parlamentarias" des Kongresses von Chile als politischer Führer der konservativen Kräfte bezeichnet, ist Spross einer wohlhabenden Familie der chilenischen „Aristokratie"; er war mehrfach Minister in der chilenischen Regierung und zwar in versch. Ressorts; er fand in der Kathedrale von Santiago de Chile seine letzte Ruhe.

waren der Liberale Miguel José Gandarillas[222] und der Konservative Mariano Egaña[223] beteiligt.

5. Die Verfassung von 1833 mit Garantie der Gleichheit vor dem Gesetz

Diese Verfassung ist in XII Kapitel mit insgesamt 168 Artikeln und einigen Übergangsvorschriften gegliedert. Kapitel V, Art. 12 regelt das öffentliche Recht in diesem einen Artikel, der 7 Unterabschnitte hat. Im ersten Unterabschnitt wird die Gleichheit vor dem Gesetz garantiert unter ausdrücklichem Hinweis darauf, dass es in Chile keine privilegierte Klasse gibt.[224] Weiter gewährt sie in Art. 12, Abs. 2 Gleichheit beim Zugang zu allen öffentlichen Funktionen und Ämtern sowie in Abs. 3 Gleichheit bei der Verteilung der Steuern und Abgaben proportional zum vorhandenen Einkommens-/Besitzstand. Die Familie kommt in dieser Verfassung nicht vor.

In den Jahren 1871 bis 1924 kam es zu einigen Verfassungsreformen, die sich um Fragen wie Wahlrechtsänderungen oder Misstrauens-Recht der Abgeordneten gegenüber den Ministern drehten, nicht aber um Grundrechte wie Gleichheit, Gleichberechtigung der Frau oder um den Schutz der Familie.

1925 kam es unter der Regierung des Präsidenten Arturo Alessandri Palma[225] zu einer neuen Verfassung, die diejenige von 1833 ablöste. Die neue Konstitution wurde in einer Versammlung von Männern aller politischen Parteien sowie Repräsentanten sozialer Organisationen und des Militärs erarbeitet und der Text wurde von José Maza Fernández[226] formuliert. Im Juli 1925 fand ein Plebiszit statt, in dem diese Verfassung angenommen wurde.

---

222 1790 – 1842; von 1831 – 1837 Senator für Santiago de Chile, setzte sich ab Beginn des Loslösungsprozesses für die chilenisch, patriotische Sache ein; s. „Reseñas Parlamentarias" Biblioteca del Congreso Nacional de Chile.
223 1793 – 1846; Sohn von Juan Egaña und Victoria Fabres, Senator der konservativen Partei von 1843 – 1852, s. „Reseñas Parlamentarias", Biblioteca del Congreso Nacional de Chile.
224 V. Kap., Art. 12, No. 1: „La Constitución asegura a todo individuo la igualdad ante la ley. En Chile no hay clase privilegiada" / Die Verfassung garantiert jedem Individuum die Gleichheit vor dem Gesetz. In Chile gibt es keine privilegierte Klasse.
225 La Constitución: Hist. Const. de Chile, aaO., S. 6; Arturo Alessandri Palma, 1868-1950; 1920-1925 und 1932-1938 chilenischer Präsident, setzte die Verf. Von 1925 in Kraft und diktierte das Gesetz über die innere Sicherheit des Staates/Ley de Seguridad Interior del Estado.
226 1889 – 1964; Senator der liberalen Partei von 1945 – 1953, s. „Reseñas Parlamentarias" Biblioteca del Congreso Nacional de Chile.

6. Die Verfassung von 1925 und Verfassungsreformen von 1943 bis 1970

Die Verfassung von 1925 besteht aus X Kapiteln mit insgesamt 110 Artikeln und einigen Übergangsvorschriften. Das I. Kapitel befasst sich mit Staat, Regierung und Souveränität; das zweite mit der Nationalität und Kapitel III. behandelt die Verfassungsgarantien (Garantías Constitucionales). Die Verfassungsgarantien sind in 13 Artikeln geregelt, wobei Art. 10 fünfzehn Unterabschnitte hat. Im ersten Unterabschnitt wird allen Einwohnern der Republik Chile die Gleichheit vor dem Gesetz garantiert. Es soll keine privilegierte Klasse und keine Sklaven geben. Außerdem soll jeder Mensch, der chilenischen Boden betritt, frei sein. Chilenen ist der Sklavenhandel ausdrücklich verboten. Ausländer, die diesen betreiben, können weder in Chile leben, noch die chilenische Staatsangehörigkeit erwerben.[227]

Danach folgen dann weitere Garantien wie Glaubens- und Gewissensfreiheit, Meinungsfreiheit, Versammlungsfreiheit, Schutz des Eigentums etc. Eine Regelung zum Schutz der Familie erscheint nicht in diesem Text. In Art. 10, Abs. 12 ist aber von der Unverletzlichkeit der Wohnung die Rede, worin man zumindest einen äußeren Schutz der Familie sehen kann. Die Verfassung von 1925 galt bis zum Putsch Pinochets am 11. September 1973. Allerdings wurde sie durch einige verfassungsändernde Gesetze reformiert. Die erste Änderung erfolgte im November 1943.[228] Sie setzte der parlamentarischen Initiative neue Grenzen in Bezug auf öffentliche Ausgaben.[229] Im September 1957 wurde die Staatsangehörigkeit,[230] die Amtszeit der Stadträte im März 1959 neu geregelt.[231] Im Oktober 1963 wurden Enteignungen im öffentlichen Interesse bei Zahlung von Entschädigungen eingeführt.[232] Weitere Möglichkeiten der Enteignung von nicht oder schlecht genutztem Land im öffentlichen Interesse wurden ab Januar 1967 eröffnet.[233] Im Oktober 1967 wurde die Anzahl der Senatoren verändert.[234] Im Januar 1970 trat in der Regie-

---

227 Kap. III, Art. 10, Abs. 1: „La Constitución asegura a todos los habitantes de la República la igualdad ante la ley. En Chile no hay clase privilegiada. En Chile no hay esclavos, y el que pise su territorio, queda libre. No puede hacerse este tráfico por chilenos. El extranjero que lo hiciere, no puede habitar en Chile, ni nacionalizarse en la República" / Die Verfassung garantiert allen Einwohnern der Republik: Die Gleichheit vor dem Gesetz. In Chile gibt es keine privilegierte Klasse. In Chile gibt es keine Sklaven, und derjenige, der chilenischen Boden betritt, ist frei. Chilenen dürfen keinen Sklavenhandel betreiben. Der Ausländer, der das tun sollte, kann nicht in Chile leben, noch die chilenische Staatsbürgerschaft erwerben.
228 Gesetz No. 7.727 v. 23.11.1943
229 Pineda Garfias, Las Potestades Constitucionales del Gobierno y el Congreso Nacional en Materia de Gasto Público, in Revista Chilena de Derecho, Bd. 27 No.2, S. 373-395, 2000, hier S. 383
230 Gesetz No. 12.548 v. 30.9.1957
231 Gesetz No. 13.296 v. 2.3.1959
232 Gesetz No. 15.295 v. 8.10.1963
233 Gesetz No. 16.615 v. 20.1.1967
234 Gesetz No. 16.672 v. 2.10.1967

rungszeit des Präsidenten Eduardo Frei Montalva[235] eine weitere Reform in Kraft.[236] Diese Reform stärkte die Position des Präsidenten hinsichtlich der öffentlichen Ausgaben. Jeder Chilene erhielt das Wahlrecht – auch die Analphabeten, die davor ausgeschlossen waren – und das Verfassungsgericht (Tribunal Constitucional) wurde eingeführt.[237]

7. Verfassungsreformen unter der Regierung Allende

In der Regierungszeit des Präsidenten Salvador Allende Gossens vom 4. November 1970 bis zum 11. September 1973 wurden im Jahr 1971 drei verfassungsändernde Gesetze verabschiedet. Zunächst wurde der Katalog der Grundrechte erweitert – allerdings nicht unter dem Aspekt der Gleichheit der Geschlechter, sondern um den Inhalt einer Absprache mit der christdemokratischen Partei zu erfüllen. Vor der Wahl Allendes zum Präsidenten Chiles hatten die Christdemokraten als Preis für ihre Stimmen Bedingungen gestellt. In einer entsprechenden Vereinbarung wurde die Beibehaltung rechtsstaatlicher Verhältnisse in einem demokratischen System festgeschrieben, weil die Christdemokraten ein zweites Kuba in Chile verhindern wollten.[238] Außerdem wurde die Einführung eines kostenlosen nationalen Gesundheitsdienstes [239] sowie das kommunale Wahlrecht für Ausländer unter bestimmten Voraussetzungen vereinbart. [240] Weiter wurde die Enteignung und Verstaatlichung der Kupferminen ermöglicht,[241] wobei drei Eigentumsbereiche begründet wurden: Staatseigentum – gemischtes Eigentum und Privateigentum. Dieses Gesetz war möglicherweise ausschlaggebend für den Putsch Pinochets am 11. September 1973 und den Tod des demokratisch gewählten Präsidenten Allende,[242] da die Enteignung der Kupferminen den Interessen der Vereinigten Staaten zuwider lief. Bis zum Putsch galt die Verfassung von 1925 mit den oben kurz dargestellten Änderungen.

235 1911 – 1982; gründete 1957 die Christdemokr. Partei (Partido Cristiano Demócrata), stand der christlichen Soziallehre nah; von 1964 – 1970 Präsident der Republik Chile; setzte die Agrarreform durch, s. Biografía de Chile, Historia de Chile - Presidentes.
236 Gesetz No. 17.248 v. 23.1.1970
237 Reforma constitucional 1970, Frei u.a., Santiago de Chile, 1970, S. 43
238 http.//www.profesorenlinea.cl/chilehistoria/presidenteschile/AllendeSalvador.htm,zuletzt aufgerufen am 6.5.2011
239 Gesetz No. 17.398 v. 9.1.1971, Reform über Verfassungsgarantieen
240 Gesetz No. 17.420 v. 31.3.1971 Reform des kommunalen Wahlrechts und Einbezug von Ausländern, die volljährig sind und mehr als fünf Jahre in Chile leben.
241 Gesetz No. 17.450 v. 16.7.1971 Gesetz zur Einführung der drei Eigentumsbegriffe / Enteignung der Kupferminen und anderer Großbetriebe.
242 1908 – 1973; Führer der chilenischen und lateinamerikanischen Linken, chilenischer Präsident von 1970 bis 11.9.1973; der Putsch des Militärs unter Pinochet beendete seine Amtszeit und sein Leben; in seiner Amtszeit wurden die Banken und Großbetriebe bei Zahlung von Abfindungen verstaatlicht; s. Biografía de Chile, Historia de Chile – Presidentes.

Die Regierung Allende wurde nicht aktiv hinsichtlich der Gleichberechtigung von Mann und Frau und einer Reform des Familienrechts – was man eigentlich von einer sozialistischen Regierung erwartet hätte. Die nur drei Jahre dauernde Regierungszeit war geprägt vom Kampf um politische und wirtschaftliche Macht.[243] Schon der Amtsantritt Allendes sollte mit allen Mitteln verhindert werden, was sich aus Dokumenten ergibt, die im März 1972 veröffentlicht wurden und zeigten, dass nordamerikanische Konzerne, allen voran ITT, an diesem Plan der Vereitelung arbeiteten.[244] Der Wirtschaftsminister der bis November 1970 amtierenden Regierung Frei veröffentlichte alarmierende Wirtschaftsberichte, die eine Atmosphäre von Chaos und allgemeiner Kapitalflucht schaffen sollten.[245] Schon am 22. Oktober 1970 wurde der damalige Oberkommandierende des Heeres, General René Schneider Opfer einer Verschwörung rechtsgerichteter Militärs und Politiker, die das Ziel hatte, die Streitkräfte zu einem Putsch zu bewegen; General Schneider wurde ermordet, Präsident Frei ernannte daraufhin General Carlos Prats als Nachfolger.[246]

Die Unidad Popular hatte mit dem Präsidentschaftskandidaten Allende am 4. September 1970 36,3 % der Wählerstimmen erhalten, der Rechtskonservative Jorge Alessandri hatte 34,9 % der Stimmen, die Christdemokraten mit Radomiro Tomic 27,8 %. Deren Stimmen waren erforderlich, um für die Wahl Allendes im Kongress die notwendige Mehrheit zu erlangen. Unter dem Druck des damals noch starken linken Flügels der Christdemokraten waren sie gegen Zusicherung der oben erwähnten, in die Verfassung aufzunehmenden Garantien bereit, Allende zu unterstützen.[247]

Schon im September 1971 kam es aber zu erheblichen Spannungen mit den Christdemokraten, weil eine anarchistische Gruppe den Innenminister in der Regierung Frei, Edmundo Pérez Zújovic ermordete und die Führung der Christdemokraten die Regierung Allende für diesen Mord direkt verantwortlich machte.[248] Auf der anderen Seite wurde die Regierung Allende von der Bewegung der revolutionären Linken (MIR) angegriffen und des Reformismus und der Repression beschuldigt.[249]

Die Verstaatlichung der Großunternehmen des Kupferbergbaus, die Enteignung großer Ländereien, die Sozialisierung monopolistischer und strategisch wichtiger Unternehmen, der Aufkauf von Bankaktien, um Kontrolle über das gesamte Bankensystem zu gewinnen, der ab Dezember 1971 von den Frauen der besseren

---

243 Duve, Konterrevolution in Chile, Reinbek bei Hamburg, 1973, S. 191
244 Ibidem, S. 191
245 Ibidem, S. 191
246 Ibidem, S. 191
247 Duve, Konterrevolution in Chile, Reinbek bei Hamburg, 1973, S. 191
248 Ibidem, S. 193
249 Ibidem, S. 193

Wohnviertel (Barrio Alto, wörtl. Übs. Oberstadt) organisierte Marsch der leeren Töpfe (ollas vacías), erforderten die ganze Kraft der Regierung Allende.[250] Darüber hinaus kam es am 12. April 1972 zu einem großen „Marsch der Demokratie", an dem etwa 200 000 Menschen teilnahmen, um gegen die Regierung Allende zu demonstrieren. Die gesamte Linke antwortete darauf am 18. April 1972 mit einem „Marsch des Vaterlandes" mit mehr als 400 000 Teilnehmern.[251]

Die sozialistische Regierung hatte offensichtlich kein ausgeprägtes Interesse an einer Familienrechtsreform, weil ein großer Teil der Wahlklientel der Unidad Popular aus den ärmeren Bevölkerungsschichten kam und ohnehin nicht in ehelichen Verhältnissen lebte. Die nichtehelichen Geburten nahmen ab 1960 zu. Sie beliefen sich 1970 auf 18,5 % und kamen überwiegend in unterprivilegierten Kreisen vor.[252] Außerdem ist auch der Zeitfaktor zu berücksichtigen. Das sozialistische Experiment fand ja nach drei Jahren schon ein jähes Ende durch den Militärputsch Pinochets.

Es gab aber auch andere Gründe, die die Regierung Allende nicht an eine Familienrechtsreform denken ließ. In den Jahren zwischen 1923 und 1973 wurden etliche Sozialgesetze und Arbeitsschutzgesetze auf den Weg gebracht. Man verfolgte eine familienfreundliche Wohlfahrts-Staat-Politik, die dazu führte, dass die meisten chilenischen Frauen mit häuslichen Aufgaben befasst waren wie der Erziehung der Kinder und dem Haushalt. Die Figur des Vaters als Versorger und Verantwortlichem seiner Familie wurde auch von den Gewerkschaften propagiert. Nicht zuletzt die Hygiene-Ärzte unterstützten dieses Familienmodell, da seit den zwanziger Jahren die Kindersterblichkeit aufgrund schlechter Wohnverhältnisse der ärmeren Bevölkerung stark zugenommen hatte und die nicht berufstätige Mutter die Situation mildern sollte.[253] 1970 hatten chilenische Frauen im Durchschnitt 4,86 Kinder.[254]

In Deutschland wurde zu dieser Zeit die große Familienrechtsreform durchgeführt, die zu einer wesentlichen Erleichterung von Ehescheidungen führte und u.a. den Versorgungsausgleich einführte, wodurch Ehepartner an den Rentenanwartschaften desjenigen, der in der Ehezeit die höheren Anwartschaften erworben hatte, im Zuge der Scheidung zur Hälfte beteiligt wurden.[255]

---

250 Ibidem, S. 193,194
251 Ibidem, S. 196
252 Irarrazabal, Valenzuela, La Ilegitimidad en Chile, Estudios Públicos No. 52, Santiago de Chile, 1993, S. 145-190, S. 182
253 Valdés S., Futuro de las Familias y Desafíos para las Políticas Públicas, Santiago de Chile, 2007, S. 6
254 Valdés S., Castelain-Meunier, Palacios, Puertas Adentro, Santiago de Chile, 2006, S. 25
255 Hillermeier, Das Erste Gesetz zur Reform des Ehe- und Familienrechts aus der Sicht der Bundesratsvorschläge, Zeitschrift für das gesamte Familienrecht (FamRZ), 1976, S. 577 ff.

II. Die Verfassung Chiles in der Zeit der Militärdiktatur und danach

Nach dem Putsch Pinochets wurde die 1925er Verfassung in den ersten Jahren der Diktatur nicht formal außer Kraft gesetzt, ihre reale Rechtsgeltung wurde aber durch die Ausnahmegesetzgebung ersetzt, die die Militärmacht angesichts der Notwendigkeit irgendeiner Form von Ordnung und Gesetzlichkeit bei der Führung des Staates nach und nach diktiert hat.[256] Schließlich ernannte die Militärjunta eine Kommission zur Erarbeitung einer neuen Verfassung, die durch Volksentscheid sanktioniert werden sollte. Das Plebiszit fand am 11. September 1980 statt. Nach offiziellen Angaben sollen 67 % der Bevölkerung für die Annahme der Verfassung gestimmt haben.

1. Familie als fundamentaler Kern der Gesellschaft in der Verfassung von 1980

Die Verfassung von 1980 enthielt 29 Übergangsvorschriften. In Ziffer 18 dieser Vorschriften behielt sich die Junta de Gobierno vor, für die in der Verfassung vorgesehene Übergangszeit die legislative Gewalt auszuüben. Im I. Kapitel, Art. 1 ist die Freiheits- und Gleichheitsgarantie enthalten. Außerdem wird die *Familie als fundamentaler Kern der* Gesellschaft bezeichnet.[257] Ein solcher Schutz der Familie ist ein Novum in der chilenischen Verfassungsgeschichte. Er ist wohl auch weitergehender als die in Art. 6, Abs. 1 des deutschen Grundgesetzes verankerte Grundrechtsgarantie, wonach Ehe und Familie unter dem besonderen Schutz der staatlichen Ordnung stehen. Dabei stellt sich noch die Frage, wie insoweit das Gesetz über die Eingetragene Lebenspartnerschaft vom 16. Februar 2001[258] einzuordnen ist.

Kapitel I., Art. 1, Abs. 2 der 1980er Verfassung handelt von der Pflicht des Staates, die nationale Sicherheit zu garantieren, die Bevölkerung und die Familie zu schützen und zu stärken, sowie Chancengleichheit zu gewährleisten.[259] Nach Art. 8 des I. Kapitels ist jede Handlung von Personen oder Gruppen verboten, die

---

256 Quinteros Yañez, Die chilenische Verfasssung von 1980, 1985 Bremen, S. 25
257 1. Kap., Art. 1: „Las personas nacen libres e iguales en dignidad y derechos. La familia es el núcleo de la sociedad" / Die Menschen werden frei und gleich an Würde und Rechten geboren. Die Familie ist der fundamentale Kern der Gesellschaft.
258 Bundesgesetzblatt I, S. 266
259 I. Kap., Art. 1, Abs. 2: „Es deber del Estado resguardar la seguridad nacional, dar protección a la población y a la familia, propender al fortalecimiento de ésta, promover la integración armónica de todos los sectores de la Nación y asegurar el derecho de las personas a participar con igualdad de oportunidades en la vida nacional" / Es ist die Pflicht des Staates, die nationale Sicherheit zu garantieren, der Bevölkerung und der F a m i l i e Schutz zu geben, deren Stärkung zu fördern, die harmonische Integration aller Bereiche der Nation zu gewährleisten und das Recht der Personen sicherzustellen, chancengleich am nationalen Leben teilzunehmen.

darauf gerichtet ist, Lehren zu verbreiten, die gegen die Familie gerichtet sind.[260] Darüber hinaus ist die Verherrlichung von Gewalt sowie eines Gesellschafts- bzw. Staatssystems und einer Rechtsordnung mit totalitärem Charakter bzw. auf Basis von Klassenkampf untersagt, da dies im Widerspruch zur institutionellen Ordnung der Republik steht.[261] Dieser Text klingt besonders zynisch, da er von einem Regime kommt, das durch Gewalt an die Macht kam und sich am Ende der Verfassung von 1980 Übergangsvorschriften gab, mit denen die Legislative ausgeschaltet wurde. (Art. 18)

Art. 15 des II. Kapitels regelt das Wahlrecht. Dieses ist in öffentlichen Abstimmungen persönlich auszuüben, es ist des weiteren g l e i c h und geheim.[262] Im III. Kapitel regelt Art. 19 die persönlichen Rechte. Im 2. Abs. dieses Artikels wird allen Personen Gleichheit vor dem Gesetz garantiert. Wie schon Art. 10 der Verfassung von 1925 beinhaltet Art. 10 der 1980er Verfassung das Verbot der Sklaverei und garantiert jedem, der chilenischen Boden betritt, die Freiheit.[263]

Schon das Reglement von 1812 räumte in Art. 24 jedem Einwohner Chiles gleiche Rechte ein. Die Verfassung von 1822 sah im II. Kapitel, 1. Titel, Art. 6 und 7 die Gleichheit vor dem Gesetz vor; die 1833er Konstitution gewährleistete in Art. 12 dieses Recht wie dies auch die Verfassung von 1925 in Art. 10, 1. Abs. tat. (s. oben) Art. 19, Abs. 3 der 1980er Verfassung garantiert allen Personen gleichen Schutz des Gesetzes bei Ausübung ihrer Rechte, Abs. 4 garantiert Respekt und Schutz des privaten und des öffentlichen Lebens, die Ehre der Person und der Familie, Abs. 5 gewährleistet die Unversehrtheit der Wohnung. Die Verfassung von 1980 sah ein Plebiszit für das Jahr 1988 vor, in dem darüber entschieden werden sollte, ob der Kandidat der Junta bestätigt oder abgelehnt wird. Als die Zeit gekommen war, stellte sich Pinochet dieser Volksabstimmung als einziger Kandidat mit dem Ziel, weitere acht Jahre zu regieren. Nach offiziellen Angaben haben 52 % gegen ihn gestimmt, 47 % für ihn.[264]

---

260 Kap. I, Art. 8: Todo acto de persona o grupo destinado a propagar doctrinas que atenten contra la familia, propugnen la violencia o una concepción de la sociedad, del Estado o del orden jurídico, de carácter totalitario o fundada en la lucha de clases, es ilícito y contrario al ordenamiento institucional de la República.
261 Kap. I, Art. 8
262 II. Kap., Art. 15: En las votaciones populares, el sufragio será personal, igualitario y secreto. Para los ciudadanos será, además, obligatorio" / Öffentliche Abstimmungen sind persönlich, gleich und geheim. Für die Bürger sind sie außerdem obligatorisch.
263 III. Kap., Art. 19, Abs. 2: „La Constitución asegura a todas las personas: La igualdad ante la ley. En Chile no hay persona ni grupo privilegiado. En Chile no hay esclavos y el que pise su territorio queda libre" / Die Verfassung garantiert allen Personen Gleichheit vor dem Gesetsz. In Chile gibt es keine privilegierte Person oder Gruppe. In Chile gibt es keine Sklaven und derjenige, der chilenischen Boden betritt, ist frei.
264 Das Plebiszit fand am 5.10.1988 statt.

2. Verfassungsänderungen ab 1989

Da Pinochet aus dem Plebiszit als Verlierer hervorging, wurde 1989 zwischen der Militärregierung und Vertretern der demokratischen Opposition eine Vereinbarung ausgehandelt, mit der 57 Änderungen an der Verfassung von 1980 vorgenommen wurden.[265] Diese Änderungen wurden in einem Gesetz zusammengefasst, dem sogenannten Verfassungsreformgesetz vom August 1989.[266] Zuvor fand am 30. Juli 1989 ein Referendum über den Inhalt dieses Gesetzes statt. 91,25 % stimmten für die Annahme, 8,74 % lehnten es ab. Die ersten demokratischen Wahlen nach dem Putsch vom 11. September 1973 fanden am 14. Dezember 1989 statt. Aus diesen Wahlen ging der Christdemokrat Patricio Aylwin als Sieger hervor. Er wurde der erste demokratisch gewählte Präsident Chiles nach Pinochet.[267] In der Folgezeit wurden bis heute etliche weitere Teiländerungen an der Verfassung von 1980 vorgenommen. Bis heute wurde aber keine vollständig neue demokratisch legitimierte Verfassung geschaffen.

Eine ganz wichtige Änderung erfolgte im Juni 1999.[268] Hier wurde die juristische Gleichheit von Mann und Frau explizit in die Verfassung geschrieben. Bis dahin stand in Art. 1 der Verfassung, dass die Männer/Menschen (los hombres) frei und gleich an Würde und Rechten geboren werden. Das Wort „los hombres" wurde durch dieses Gesetz ausgetauscht und stattdessen heißt es jetzt die Personen (las personas) bzw. Menschen, also Männer und Frauen). Schließlich hat das Verfassungsreformgesetz vom August 2005 eine Entschlackung der Verfassung gebracht, indem weitere bis dahin noch vorhandene für demokratische Verhältnisse bedenkliche Bestimmungen ersetzt wurden.[269]

Die heute gültige Fassung der 1980er Verfassung besteht aus XV Kapiteln, insgesamt 129 Artikeln und 20 Übergangsvorschriften. In Kapitel I, Art. 1, Abs. 1 steht nach wie vor, dass die Freiheit und Gleichheit garantiert wird und die Familie zum fundamentalen Kern der Gesellschaft erklärt.[270] Art. 4 schreibt fest, dass Chile eine demokratische Republik ist. Auch dies ist eine wichtige Änderung und Art. 5 bringt einen wesentlichen Schritt zur Demokratisierung, indem festgeschrieben wird, dass der Souverän das Volk ist und in Plebisziten und regelmäßig stattfindenden Wahlen dieser Tatsache Rechnung getragen wird. Art. 6 verweist darauf,

---

265 Carillo, Las Hipotecas de la Constitución de Chile, Revista de Estudios Políticos, Nueva Epoca, Santiago de Chile, No. 115, Jan.-März 2002, S. 81-98, hier S. 85
266 Gesetz No. 18.825 v. 17.8.1989
267 http://www.kaosenlared.net/noticia/chile-plebiscito-constitucional-1989-año-concerta..., zuletzt aufgerufen am 23.6.2010
268 Gesetz No. 19.611 v. 16.6.1999
269 Gesetz No. 20.050 v. 26.8.2005
270 1. Kap., Art. 1, Abs. 1: „Las personas nacen libres e iguales en dignidad y derechos. La familia es el núcleo fundamental de la sociedad" / Die Personen werden frei und gleich an Würde und Rechten geboren. Die Familie ist der fundamentale Kern der Gesellschaft.

dass die staatlichen Organe der Verfassungskontrolle unterliegen wie auch die gesetzlichen Normen.

Im VIII. Kapitel, Art. 92 bis 94 sind nun die Aufgaben des Verfassungsgerichts klar geregelt. Art. 93 bestimmt, dass dieses Gericht die ausschließliche Zuständigkeit für die Prüfung der Verfassungsgemäßheit der Rechtsnormen hat. Damit ist das bis 2005 geltende sogenannte „duale System" abgeschafft, das bis dahin für große Rechtsunsicherheit gesorgt hatte, da einerseits das Verfassungsgericht zuständig war, andererseits aber auch die ordentlichen Gerichte, d.h. in letzter Instanz der Oberste Gerichtshof (Corte Suprema). Dieser Dualismus führte zur Anwendung zweier verschiedener Parameter unterschiedlicher Verfassungsgemäßheit, d.h. einerseits diejenige, die das Verfassungsgericht vertrat, andererseits die der Zivilgerichte, d.h. in letzter Instanz des Obersten Gerichtshofs.[271] Nach vielen Veröffentlichungen zu Widersprüchen und Ungereimtheiten der Rechtsprechung der beiden Obergerichte zu Themen der Verfassung kam es im Jahr 2005 zu der gesetzlichen Neuregelung, durch die endlich die bestehenden Unklarheiten und Unsicherheiten beseitigt wurden.

Im Jahr 2002 beklagte Marc Carrillo noch in der Zeitschrift für politische Studien, dass die Verfassungssituation Chiles am besten so zu definieren sei, dass eine Regierungsform mit demokratischem Anspruch unter der Aufsicht der Streitkräfte existiere.[272] Dieser Zustand wurde durch die Verfassungsreform von 2005 beendet. Die persönlichen Rechte wie Gleichheit vor dem Gesetz, Schutz der Familie, Unversehrtheit der Wohnung etc. sind unverändert geblieben,[273] so wie sie schon in der Verfassung von 1980 unter Einbezug der 1989 angebrachten siebenundfünfzig Änderungen festgeschrieben waren. Erst ab 1989 kam mit neuen Gesetzen Bewegung in das Thema der Gleichberechtigung von Mann und Frau - wenn man einmal von dem 1934 bzw. 1949 eingeführten Wahlrecht für Frauen absieht. Dabei ist bemerkenswert, dass man mit der gesetzlichen Neuregelung vom Juni 1989 zunächst die güterrechtliche Situation der Frau verbesserte.[274]

Im September 1994 wurde die Zugewinngemeinschaft eingeführt, die aber nicht die im Gesetz vorgesehene Regel-Güterrechtsform ist, sondern vereinbart werden muss.[275] In dem durch dieses Gesetz geänderten Código Civil steht in Art. 1715, dass vor der Eheschließung die Gütertrennung oder die Zugewinngemeinschaft vereinbart werden kann. Nach Art. 1718 lebt ein Ehepaar in der Errungenschaftsgemeinschaft (Sociedad Conyugal, wörtlich: Ehegesellschaft), wenn nicht aus-

---

271 Nogueira Alcalá, Las Competencias de los Tribunales Constitucionales de América del Sur, Ius et Praxis v. 8 n. 2, Talca, 2002, S. 7
272 Carrillo, Las Hipotecas de la Constitución de Chile, Revista de Estudios Políticos No. 115, Santiago de Chile, 2002, S. 81-98, hier S. 98
273 Artikel 19 mit 26 Untertiteln
274 Gesetz No. 18.802 v. 9.6.1989
275 Gesetz No. 19.335 v. 23.09.1994

drücklich eine anders lautende Vereinbarung getroffen wurde. Die Errungenschaftsgemeinschaft ist damit der Regelfall. Die Abstammung wurde im Oktober 1998 neu geregelt.[276] Die Adoption Minderjähriger und die Zuständigkeit der Vormundschaftsgerichte haben Gesetze vom August 1999 und vom Oktober 2003 neu bestimmt.[277] Familiengerichte wurden im August 2004 eingeführt.[278] Die Ehescheidung ist seit Mai 2005 möglich.[279] Schließlich wurde das Unterhaltsrecht durch Neuregelungen vom Mai 2000 bzw. Januar 2007 reformiert.[280]

III. Ergebnis

In den Verfassungen zwischen 1811 und 1818 findet man keinen Hinweis auf Familie oder Gleichheit von Mann und Frau. Allerdings wurde im Reglement von 1814 festgeschrieben, dass jeder Einwohner Chiles gleiche Rechte hat. In den Verfassungen von 1822, 1833, 1925 wird die Gleichheit aller Chilenen vor dem Gesetz garantiert. Darüber hinaus enthält die 1925er Verfassung die Garantie der Unverletzlichkeit der Wohnung.

In der Regierungszeit von Präsident Allende gab es 1971 drei Verfassungsreform-Gesetze. Die Liste der Grundrechte wurde erweitert, aber nicht unter dem Aspekt der Gleichheit der Geschlechter. Ein staatliches Gesundheitssystem wurde eingeführt, Ausländer konnten unter bestimmten Voraussetzungen an Kommunalwahlen teilnehmen und das Gesetz über die drei Eigentumsbereiche führte zur Nationalisierung der Kupferminen und anderer Großbetriebe. Die Regierung war damals mit wirtschaftlichen Themen des Landes befasst und die Enteignungen, u.a. der Kupferminen, in denen die Nordamerikaner investiert hatten, brachten diese auf den Plan. Die vorherige christdemokratische Regierung hatte schon eine Politik der „Chilenisierung" der Kupferminen betrieben, aber einen langsamen – und teuren - Ausstieg der Nordamerikaner aus diesem Geschäft vereinbart. Daran hielt sich die Regierung Allende nicht, was zu erheblichen Problemen mit den USA führte.[281]

Das von der Opposition immer besser organisierte wirtschaftliche Chaos war eigentlich nicht wirklich überraschend, nachdem der damalige Botschafter der USA in Chile, Edward Korry, schon anlässlich des Wahlsiegs Allendes folgendes erklärt hatte: „Weder eine Schraubenmutter noch ein Bolzen soll Chile unter Al-

---
276 Gesetz No. 19.585 v. 26.10.1998
277 Gesetz No. 19.620 v. 5.8.1999 u. 19.910 v. 28.10.2003
278 Gesetz No. 19.968 v. 30.8.2004
279 Gesetz No. 19.947 v. 17.5.2005
280 Gesetz No. 14.908 v. 30.5.2000 u. 20.152 v. 9.1.2007
281 http://www.profesorenlinea.cl/chilehistoria/presidenteschile/AllendeSalvador.htm,zuletzt aufgerufen am 6.5.2011

lende erreichen. Wenn Allende an die Macht kommt, werden wir alles, was in unserer Macht steht, versuchen, Chile und die Chilenen zu äußerster Entbehrung und Armut zu verurteilen" (Not a nut or bolt shall reach Chile under Allende. Once Allende comes to power we shall do all within our power to condemn Chile and all Chileans to utmost deprivation and poverty).[282] Henry Kissinger hatte sich am 27. Juni 1970 in gleicher Weise geäußert: „Ich sehe nicht ein, dass wir danebenstehen und zuschauen sollen, wenn ein Land wegen der Verantwortungslosigkeit seines eigenen Volkes kommunistisch wird" (I don't see, why we need to stand by and watch a country go communist because of the irresponsibility of its own people).[283] So war es nur konsequent, dass die USA CIA-Agenten nach Chile schickten, die Opposition finanzierten sowie die konservative Tageszeitung „El Mercurio", den USA genehme Informationen streuen ließ und Militärs ausbildete. Begleitet wurden die Aktivitäten des Geheimdienstes durch Wirtschaftsblockaden der US-Regierung. Stefan Rinke, Sozialwissenschaftler der FU Berlin zufolge legt der jetzige Forschungsstand nahe, dass die Destabilisierungsbemühungen der USA ein wichtiges, wenngleich nicht entscheidendes und vor allem keineswegs ausschließliches Element in der Herbeiführung des Putsches waren.[284]

Die Regierung war mit den wirtschaftlichen Problemen und der Vermeidung eines totalen Chaos beschäftigt, da im letzten Regierungsjahr auch Geschäfte einfach innerhalb der normalen Öffnungszeiten schlossen und so ein Verteilungsproblem für alle Waren provozierten.[285] Den gleichen Zweck hatte eine Maßnahme der Transportunternehmer, die ihre Lastwagen mit Fahrern in das sogenannte „Rodado" fahren ließen. Das war eine Ansammlung von vielen Transportfahrzeugen am Strand in der Nähe von Valparaiso. Die Fahrzeuge wurden fahruntüchtig gemacht, die Fahrer blieben vor Ort und passten auf, dass sie niemand wieder fahrtüchtig machte. Die Chauffeure wurden für ihren Aufenthalt am Strand auch bezahlt. Der Wert eines Dollars belief sich damals etwa auf die Höhe eines Mindestlohns für einen Monat Arbeit, (der sogenannte Vital), sodass sich die Kosten für diese Aktion zur Verhinderung der Warenverteilung im Land in überschaubaren Grenzen hielten.[286] Familienpolitik stand demnach nicht ganz oben auf der Agenda der Regierung Allende. Außerdem verfolgten in den Regierungsjahren der Unidad Popular auch die chilenischen Gewerkschaften die Politik eines familienfreundli-

---

282 http://www.neuer-weg.com/politik/diverses/11.september 1973.htm,S. 3, zuletzt aufgerufen am 8.5.2011
283 Ibidem, S. 3
284 Sternthal, (Chile) Der 11. September: Geschichte und Nachlass einer Diktatur, S. 2, http://www.linksunten.indymedia.org/node/10540, zuletzt aufgerufen am 8.5.2011
285 Verf. weiß das aus eigenem Erleben. Der Film „Machuca" stellt die damalige Situation realistisch dar.
286 Verf. hat damals das Rodado besichtigt und mit Fahrern gesprochen.

chen Wohlfahrtsstaates, in dem Frauen überwiegend im Haus blieben und sich um die Erziehung der Kinder und den Haushalt kümmerten.

Nach dem Militärputsch von 1973 konnte daher im Familienrecht alles bleiben wie es war. Der Schutz der Familie wurde erstmals explizit in der Verfassung von 1980 postuliert. In dieser Verfassung wurde im III. Kapitel, Art. 19, Abs. 2 die Gleichheit aller Personen vor dem Gesetz festgelegt. Diese Bestimmung gilt nach den seit 1989 durchgeführten Verfassungsreformen weiter. Das Thema Gleichberechtigung von Mann und Frau wurde aber erst nach 1989 ernsthaft angegangen. Mit der gesetzlichen Neuregelung vom Juni 1999[287] wurde letztlich Art. 1 der Verfassung so klar gefasst, dass eben alle Menschen frei und gleich sind und nicht nur „los hombres". Dies brachte eine Klarstellung in Richtung Gleichberechtigung der Geschlechter. Schließlich wurden in der Verfassungsreform von 2005 etliche demokratisch nicht legitimierte Bastionen geschleift. Allerdings besteht auch noch im Jahr 2012 die Errungenschaftsgemeinschaft (Sociedad Conyugal) als Regelform im ehelichen Güterrecht, was bedeutet, dass der Ehemann immer noch bei der Verwaltung des Ehevermögens privilegiert ist. Dies zeigt, wie schwer man sich in Chile tut, die Gleichberechtigung der Geschlechter umzusetzen.

Die Interamerikanische Kommission für Menschenrechte (Comisión Interamericana de Derechos Humanos) hat in ihrem Bericht vom 27. März 2009 eine substantielle Gleichheit der Geschlechter angemahnt und insbesondere beklagt, dass es in Chile im Vergleich zu allen anderen amerikanischen Ländern die geringste Anzahl Frauen insbesondere in der Legislative gibt. Allerdings hat der Bericht auch das ernste Bemühen der Regierung hervorgehoben. So befindet sich das Land wohl auf einem guten aber steinigen Weg.[288]

---

287 Gesetz No. 19.611 v. 16.6.1999
288 Auf den oben erwähnten Bericht der CIDH wird im Kapitel „Gesetzeslage im chilenischen Familienrecht vor 1989 und Änderungen nach 1989" ausführlicher eingegangen.

Kapitel 3: Frauenwahlrecht in Chile

I. Der lange Weg zum Allgemeinen Wahlrecht für chilenische Frauen

Die chilenischen Frauen erhielten erst im Jahr 1949 das allgemeine Wahlrecht.[289] Das entsprechende Gesetz wurde in der Regierungszeit des Präsidenten Gabriel González Videla (1946 bis 1952) verabschiedet. Dieser gehörte der Radikalen Partei (Partido Radical) an. Zur damaligen Zeit gab es eine große politische Unruhe in Chile, weil die gleiche Regierung im Juli 1948 das „Gesetz zur dauerhaften Verteidigung der Demokratie" verabschiedet hatte, in dem die kommunistische Partei für illegal erklärt wurde. Inmitten einer Zeit großer Kritik an der Regierung wegen undemokratischen Verhaltens wurde das Gesetz veröffentlicht, das den Frauen das Wahlrecht gab, nachdem es schon etwa 10 Jahre vor sich hin geschlummert hatte.[290] Im Jahr 1971 trat González Videla aus seiner Partei aus, weil diese sich an der Regierung des Präsidenten Allende, der Unidad Popular, beteiligte. Unter Pinochet war er Vizepräsident des Staatsrates (Consejo de Estado) und arbeitete an der Verfassung von 1980 mit.[291]

1. Forderung des eingeschränkten Wahlrechts für gebildete Frauen

Das erste dokumentierte politische Zeugnis, das das Thema Wahlrecht für Frauen in Chile behandelt, stellt die Rede dar, die Abdón Cifuentes Espinoza[292] am 16. August 1865 in San Luis hielt. In dieser Rede wird die intellektuelle Gleichheit zwischen Mann und Frau verteidigt. Der Vorschlag bezüglich des Wahlrechts für Frauen lautet: Eingeschränktes Wahlrecht für gebildete Frauen.[293] Die Rede von Cifuentes verfolgt damit ein klares politisches Ziel. Die gebildeten Frauen waren

---

289 Gesetz No. 9.292 vom 14. 1. 1949
290 Errázuriz Tagle, Discursos en torno al sufragio femenino en Chile 1865-1949, S. 1u.2 Universidad Católica de Chile, http://www.scielo.cl/scielo.php?script=sci..., zuletzt aufgerufen am 10.5.2011
291 Biblioteca del Congreso Nacional, Reseñas Parlamentarias, González Videla, http://www.biografías.bcn.cl/wiki/Gabriel-González_Videla, S. 2, zuletzt aufgerufen am 13.5.2011
292 Abdón Cifuentes Espinoza wurde 1837 geboren und starb 1928. Er gehörte der konservativen Partei an, für die er 1867 erstmals zum Abgeordneten gewählt wurde. 1984 wurde er Senator, s. Reseñas biográficas de parlamentarios de Chile, Biblioteca del Congreso Nacional, http://www.biografías.bcn.cl/wiki/Abd%C3%B3n_Cifuentes_Espinoza, zuletzt aufgerufen am 11.5.2011
293 Errazuriz Tagle, S. 9

in jener Zeit in ihrer Mehrzahl katholisch, gehörten der Oberschicht an und standen der Konservativen Partei nahe. Als Antwort auf die Rede von Cifuentes Espinoza trat 1865 erstmals in Chile eine nur aus Frauen bestehende Gruppierung an die Öffentlichkeit. Man gründete dafür eine Zeitung mit dem Namen „Das Echo der Damen von Santiago" (El Eco de las Señoras de Santiago). Die Zeitung brachte es allerdings nur auf 12 Nummern. Die Herausgeberinnen reagierten sehr positiv auf den Vorschlag von Cifuentes und griffen die Idee auf, wonach der Wirkungskreis der Frau nicht auf die Privatsphäre beschränkt bleiben sollte.[294]

In Bezug auf das thematisierte Wahlrecht für Frauen, erklärten sie, dass sie diese Frage nicht unter dem Aspekt eines ihnen zustehenden Rechtes betrachten würden, sondern ausschließlich von der christlichen und rationalen Seite her. Sie stellten klar, dass sie am öffentlichen Leben teilnehmen, sich als Bürger fühlen und die Interessen des Vaterlandes verteidigen wollten, dafür aber nicht unbedingt das Wahlrecht benötigten. Sie hatten vielmehr die Absicht, in ihrer Zeitung ihren katholischen Glauben und die katholische Kirche als die allein selig machende zu verteidigen.[295] Nach 1865 standen andere Themen an oberster Stelle der politischen Agenda. Erst 1875 kam das Thema Wahlrecht für Frauen wieder auf die Tagesordnung.

2. Garreton de Soffia's Eintragung in Wählerlisten / Verweigerung der Ausübung des Wahlrechts

Der „Mercurio", die damals und heute führende Tageszeitung Chiles veröffentlichte in der Ausgabe für Valparaiso am 18. November 1875, dass Clotilde Garreton de Soffia in Casablanca in die Wählerlisten eingetragen worden sei.[296] Eine Gruppe von Frauen versuchte dieses Ziel in San Felipe, eine weitere in La Serena zu erreichen. Dabei verwiesen sie auf den Text der Verfassung, der „allen Chilenen" (todos los chilenos) Wahlrecht gab, sofern sie lesen und schreiben konnten. Aus Sicht der Grammatik kann man unter „chilenos" durchaus auch „chilenas", also die weibliche Form meinen, da in der spanischen Grammatik das männliche Prinzip Vorrang hat. Clotilde Garretón de Soffia kam allerdings über die Eintragung in die Wählerliste nicht hinaus – ebenso die Frauen in San Felipe und La Serena. Findige Juristen hatten nämlich mittlerweile argumentiert, dass die Verfassung zwar nicht ausdrücklich das Wahlrecht der Frauen verbiete, es aber gegen den Geist der Verfassung von 1833 verstoße.[297] Die politische Klasse jener Zeit

---

294 Ibidem, S. 6
295 Ibidem,. S. 6
296 Ibidem, S. 10
297 Errazuriz Tagle, ibidem, S. 7

hatte offensichtlich nicht das geringste Interesse daran, Frauen wählen zu lassen. 1874 war das Wahlrecht für Männer auf alle über 21Jährigen, die lesen und schreiben konnten, erweitert worden. Am Wahlrecht für Frauen bestand immer noch kein Interesse der politischen Klasse.[298]

3. Zulassung von Frauen zu Universitätsstudium

Mit dem sogenannten Dekret Amunátegui wurde den Frauen in Chile schon im Jahr 1877 in der Regierungszeit des Präsidenten Aníbal Pinto erlaubt, an Universitäten zu studieren.[299] Das entsprechende Dekret wurde nach dem damaligen Erziehungsminister Miguel Luis Amunátegui benannt. Frauen hatten von da an Zugang zu allen Universitäts-Karrieren. Der Text des Dekrets verweist ausdrücklich darauf, dass die Frauen zu ernsthaftem und solidem Studium angeregt werden sollen, damit sie auch wissenschaftliche Berufe ausüben könnten.[300] Sie sollten in den Stand gesetzt werden, die Mittel zu erarbeiten, die es ihnen ermöglichten, sich selbst zu ernähren. Den Frauen wurde die Teilnahme an Universitäts-Examina erlaubt, um akademische Titel zu erlangen, wobei sie sich den gleichen Regeln zu unterwerfen hatten, die auch für die männlichen Kandidaten galten.[301]

Mit dem Recht auf gleiche Erziehung von Mann und Frau wurde eine der Forderungen erfüllt, die feministische Gruppen Ende des 19. Jahrhunderts in Chile gestellt hatten. Sie hatten damals das Recht auf politische Teilhabe in Verbindung mit der intellektuellen Emanzipation reklamiert. Sie wollten für sich selbst denken und handeln. Dabei hatten sie nicht nur den Wunsch, zu wählen und damit Einfluss auf die Geschicke des Landes zu nehmen, sondern sie wollten insbesondere ihr eigenes Schicksal in die Hand nehmen. Für diese Ziele hatten sich schon Mitte des 19. Jahrhunderts Frauen wie Martina Barros eingesetzt, die 1873 den Text von John Stuart Mill „Die Unterwerfung der Frauen" (The Subjection of Women) ins spanische übersetzte.[302] Zur gleichen Zeit forderten die Erzieherinnen Isabel Le-Brun und Antonia Tarragó eine vollständig gleiche Erziehung für Frauen und Männer anstatt der bis dahin üblichen geschlechtsspezifischen Ausbildung.[303]

298 Ibidem, S. 6
299 Ibidem, S. 6
300 Castillo, La República masculina y la Promesa igualitaria, Santiago de Chile, 2005, S. 22/23 wo der Text des Dekrets wörtlich zitiert wird wie folgt: Conviene estimular a las mujeres a que hagan estudios serios y sólidos; que ellas puedan ejercer con ventaja algunas de las profesiones denominadas científicas; que importa facilitarles los medios de que puedan ganar la subsistencia por sí mismas. Se declara que las mujeres deben ser admitidas a rendir exámenes válidos para obtener títulos profesionales, con tal que ellas se sometan para ello a las mismas disposiciones a que están sujetos los hombres.
301 Ibidem, S. 22/23
302 Ibidem, S. 22
303 Ibidem, S. 22

Die Erfüllung der Forderung auf politische Teilhabe der Frauen nahm etwas mehr Zeit in Anspruch. 1917 präsentierte der konservative Abgeordnete Luis Undurraga dem Kongress einen Gesetzentwurf mit dem Thema „Wahlrecht für Frauen". Er äußerte sich wie folgt:

> „Mehr als die Hälfte unserer Mitbürger, die physisch und moralisch geeigneter sind, als diejenigen, die das Wahlrecht haben, werden durch ein – nach meiner Meinung – ungerechtes Gesetz davon abgehalten, ein klar determiniertes Recht auszuüben, nämlich Einfluss auf die Regierung der Republik zu nehmen. Das vorrangigste Recht in einem demokratischen Staat ist aber: Das Wahlrecht des Bürgers".[304]

Mit diesem Gesetzesentwurf zielte Undurraga offensichtlich auf die katholischen und kirchentreuen Frauen der Oberschicht.

II. Kommunales Wahlrecht für Frauen

Bis die chilenischen Frauen schließlich das kommunale Wahlrecht[305] erlangten, vergingen nach der Gesetzesinitiative Undurragas noch einige Jahre. 1934 war es dann so weit und nach vorangegangenen heftigen Diskussionen und Kampagnen bekamen die Frauen das kommunale Wahlrecht. Das schlagende Argument dafür war, dass eine Kommune einem großen Haushalt doch sehr ähnlich sei. Die Frauen trugen ihren ersten Sieg auf dem Weg der Eroberung der politischen Rechte davon und die Männer konnten von da an genau beobachten, in welcher Weise die Frauen von ihrem Wahlrecht Gebrauch machten.[306]

1. Erste Kommunalwahlen unter Beteiligung weiblicher Wähler

Die erste Kommunalwahl, an der Frauen teilnehmen konnten, fand 1935 statt. Sie brachte allerdings keine massenhaften Eintragungen von Frauen in die Wählerregister. Von 850.000 potentiellen Neuwählern schrieben sich nur 76.049 ein, d.h. nur 9 % der wahlberechtigten Frauen machten von ihrem Recht Gebrauch.[307] Die konservative Partei konnte fast die Hälfte der abgegebenen weiblichen Stimmen für sich verbuchen. Dadurch wurde diese die stärkste Partei des Landes. Von den 98 weiblichen Kandidaten wurden 25 gewählt, 16 davon gehörten der konservati-

---

304 Undurraga, Boletín de Sesiones Extraordinarias, Cámara de Diputados, 1917-1918, S. 56
305 Das Kommunale Wahlrecht ist im Gesetz No. 5.357 vom 15.1.1934 geregelt.
306 Errazuriz Tagle, ibidem, S. 8
307 Gaviola u. a., Queremos votar en las próximas elecciones, Coedición Centro de análisis y difusión de la condición de la mujer, „La Morada", Fempress, Ilet, Isis, Librería Iia, Pemci, Centro de Estudios de la Mujer, Santiago de Chile, 1986, S. 61 und Maza, Erika Catolicismo, anticlericalismo y la extensión del sufragio a la mujer en Chile, Estudios Públicos, No. 58, Santiago de Chile, 1995, S. 174

ven Partei an. Durch dieses Wahlergebnis wurden die Ängste der liberalen und linken Parlamentarier bestätigt. Sie setzten daher das erweiterte Frauenwahlrecht auf die Warteliste.[308]

Der Chef der Radikalen Partei, Pedro Aguirre Cerda wurde 1935 in einem Interview mit der Zeitung „Acción Femenina" nach dem erweiterten Frauenwahlrecht befragt. Er gab zur Antwort, dass die Radikale Partei weiterhin dem erweiterten Frauenwahlrecht positiv gegenüberstehe, dass es aber gewisse Tendenzen gebe, es zu verschieben, um es dann einzuführen, wenn es angebracht sei.[309] Das Wahlergebnis von 1935 hatte weniger damit zu tun, dass die wählenden Frauen überwiegend in katholischen Schulen erzogen worden wären. Damals gab es schon gute laizistische Schulen in Chile – auch für die Mittel- und untere Mittelklasse. Die konservative Partei hatte aber 1935 eine direkt auf die Frauen zielende Wahlkampagne geführt, während die Radikale Partei und die linken Parteien kaum Frauen auf ihre Kandidatenlisten gesetzt hatten, sodass von der Radikalen Partei nur zwei weibliche Kandidaten gewählt wurden. Edda Gaviola resümiert, dass in diesen Wahlen letztlich die weibliche Indifferenz gesiegt habe und die Frauen nicht an diesem Ereignis teilgenommen haben, weil sie durch ihre Hausmutterrolle konditioniert waren.[310]

2. Gründung der Bewegung für die Emanzipation der chilenischen Frau (Movimiento pro Emancipación de la Mujer Chilena / MEMCH)

Nach den Kommunalwahlen von 1935 öffneten die politischen Parteien ihre Tore für die Frauen und gründeten weibliche Abteilungen. Nur die Linksparteien taten sich noch etwas schwer, zogen dann aber auf Grund der Arbeit der Emanzipationsbewegung der chilenischen Frauen später nach. Diese Bewegung wurde 1935 von Elena Caffarena gegründet und hatte eine starke Tendenz nach links.[311] MEMCH hatte eine eigene Zeitschrift, die „Die neue Frau" (La Mujer Nueva) hieß. In einem Interview mit Georgina Durand erklärte Elena Caffarena auf die Frage nach dem, was für die Frauen am wichtigsten sei:

> „Es ist das Wahlrecht. Nicht weil es an sich das Wichtigste wäre, sondern weil ich es für ein Instrument halte, den Schlüssel, um alles andere zu erlangen. Das Wahlrecht wird den Frauen erlauben, im Gesetzeslabor präsent zu sein, um Einfluss zu nehmen

---

308 Errazuriz Tagle, Discursos en torno al sufragio femenino en Chile, 1865-1949, S. 14
309 Ibidem, S. 19
310 Gaviola u. a., Queremos votar en las próximas elecciones, Santiago de Chile, 1986, S. 61
311 Errazuriz Tagle, ibidem, S. 18

und die Gesetze zu ändern, die unsere Rechte beschneiden oder unsere Möglichkeiten eingrenzen."[312]

MEMCH schloss sich schnell mit der Volksfront (Frente Popular) zusammen, als sich diese 1936 gründete und unterstützte alle Kandidaten der Radikalen Partei.

3. Gesetzentwurf für erweitertes Frauenwahlrecht

Bei den Kommunalwahlen im Jahr 1941 gaben weibliche Wähler der Radikalen Partei ebenso viele Stimmen wie der Konservativen Partei. Es schien daher das „geeignete" Jahr zu sein für das erweiterte Frauenwahlrecht. Präsident Aguirre Cerda brachte in diesem Jahr einen Gesetzesentwurf im Kongress ein, den Elena Caffarena verfasst hatte. Aguirre Cerda stellte diesen Entwurf vor als Akt der Gerechtigkeit im Geiste der Verfassung. Außerdem beurteilte er die Arbeit der Frauen in den Kommunalparlamenten als positiv. Sie sei von großer bürgerlicher Kultur geprägt und die Frauen, die Ämter in den Kommunen übernommen hätten, hätten sich durch hingebungsvolle und intelligente Arbeit ausgezeichnet.[313]

Dennoch ließ die Verabschiedung des Gesetzes noch acht Jahre auf sich warten. Obwohl 1941 angeblich alle politischen Parteien das Frauenwahlrecht unterstützten, versank der Gesetzesentwurf nach dem plötzlichen Tod des Präsidenten Aguirre Cerda wieder in der Versenkung, um erst 1945 wieder ans Tageslicht zu kommen. Dieses Mal wurde die Notwendigkeit der Einführung des Frauenwahlrechts nicht nur auf das Gleichheits- und Gerechtigkeitsprinzip gestützt, sondern auch auf Argumente zur Demokratisierung und die Einhaltung internationaler Abkommen.

Chile hatte schon 1924 die Empfehlungen zu den politischen Rechten der Frau akzeptiert, die auf der V. Panamerikanischen Konferenz in Santiago de Chile beschlossen worden waren. Auf der VIII. Panamerikanischen Konferenz 1938 in Lima gehörte Chile der Interamerikanischen Frauenkommission an. Diese Kommission war 1928 gegründet worden und hatte das Ziel, die vollen bürgerlichen und politischen Rechte der Frau auf dem Kontinent durchzusetzen. Die Empfehlungen, die auch Chile offiziell mit trug, stammten aus den zwanziger Jahren, sie wurden offensichtlich aber erst in den vierziger Jahren richtig gelesen.[314]

Im Dezember 1946 kündigte die Kommission für Verfassung, Gesetzgebung und Rechtsprechung an, dass das Frauenwahlrecht ab 1. Januar 1948 gelten und obligatorisch sein solle, um absolute Gleichheit mit dem Mann herzustellen. Durch

---

312 Covarrubias O., Movimiento Feminista Chileno: 1915-1949, Instituto de Sociología de la Pontificia Universidad Católica de Chile, Santiago de Chile, 1974, S. 36
313 Boletín de Sesiones Extraordinarias, Senado, 8.1.1941, S. 1745
314 Errazuriz Tagle, ibidem, S. 20

diese aufschiebende Frist hätten die Frauen ein Jahr Zeit, um sich auf die neue Bürgerpflicht vorzubereiten.[315]

III. Allgemeine Erklärung der Menschenrechte der UNO (AEMR) / Allgemeines Wahlrecht für chilenische Frauen

Am 10. Dezember 1948 verabschiedete die Generalversammlung der Vereinten Nationen die Allgemeine Erklärung der Menschenrechte. Chile stimmte für die Annahme. Die politische Klasse in Chile wusste nun, dass man ohne Gesichtsverlust den Frauen das allgemeine Wahlrecht nicht mehr länger vorenthalten können würde. Der Gesetzesentwurf zur Einführung des allgemeinen Wahlrechts für Frauen wurde am 15. Dezember 1948 in außerordentlicher Sitzung im Parlament eingebracht, nachdem dies schon einmal 1945 geschehen war, er aber seither in der Kommission für Verfassung, Gesetzgebung und Justiz geschlummert hatte. Er wurde mit einigen Änderungswünschen der Abgeordnetenkammer an den Senat zurückverwiesen. Dort wurde am 21. Dezember 1948 der geänderte Entwurf gebilligt und zwar mit 25 Ja-Stimmen und 6 Ablehnungen.[316]

Der Präsident der Republik unterzeichnete am 8. Januar 1949 das Gesetz, das die No. 9.292 trägt. Im Stadttheater von Santiago de Chile (Teatro Municipal) wurde ein feierlicher Akt anberaumt, zu dem der chilenische Staatspräsident, Gabriel González Videla, geladen hatte. Die Minister seiner Regierung und der Senatspräsident waren ebenfalls anwesend.[317] Die Zuschauertribünen des Theaters waren voll besetzt mit Frauen. Vertreter aller Parteien wurden nicht müde, zu erklären, wie sehr sie sich um das Frauenwahlrecht gemüht hatten. Niemand fand aber eine plausible Erklärung dafür, warum es so lange gedauert hatte. Die Frauen auf den Tribünen konnten staunend zuhören, wie die Parlamentarier aller Parteien sich für das Frauenwahlrecht aussprachen und begeisterten und die Leistungen und Fähigkeiten der Frauen lobten und die Ungerechtigkeit tadelten, die die lange Vorenthaltung dieses Rechts darstelle.[318]

Die Frauen hatten lange Zeit um dieses Wahlrecht gekämpft. Es war mehr als 20 Jahre ein öffentliches Thema. Am 21. Dezember 1948 wurde es im Senat in außerordentlicher Sitzung diskutiert und endlich angenommen, sodass das Gesetz am 14. Januar 1949 im Offiziellen Blatt der Republik Chile (Diario Oficial de la República de Chile, vergleichbar mit dem Bundesgesetzblatt) veröffentlicht wer-

---

315 Boletín de Sesiones Extraordinarias, Senado, 3.12.1946, S. 135
316 Memoria Histórica – Cámara de Diputados, http://www.camara.cl/memoria/hito.aspx?prm-HITOID=21, S. 2
317 A Sesenta Años del derecho a voto de las mujeres: La lucha continua, http://www.observatorioyliderazgo.cl/blog/ßp=350, S. 1
318 Errazuriz Tagle, ibidem, S. 14

den konnte.[319] Da das Gesetz aber erst 120 Tage nach seiner Publizierung in Kraft treten sollte, wurde damit verhindert, dass die Frauen an den Parlamentswahlen im März 1949 teilnehmen konnten.[320]

1. Frauenwahlrecht als Ergebnis der Einhaltung internationaler Verpflichtungen

Der zeitliche Zusammenhang zwischen der Allgemeinen Erklärung der Menschenrechte der UNO am 10. Dezember 1948 und der Billigung des Gesetzentwurfs zur Einführung des allgemeinen Wahlrechts in Chile am 15. Dezember 1948 ist nicht zu übersehen. So darf man wohl davon ausgehen, dass der Druck von außen auf die männlichen Politiker so stark wurde, dass sie an dem Frauenwahlrecht nicht mehr vorbeikamen, wenn sie nicht gegenüber anderen Staaten, mit denen zusammen sie internationale Verpflichtungen unterzeichnet hatten, jedwede Glaubwürdigkeit verlieren wollten.

2. Erklärung der „Männerrechte" oder „Menschenrechte"

Bei der Veröffentlichung der Allgemeinen Erklärung der Menschenrechte ist noch eine pikante Anmerkung zu machen. Ursprünglich sollte der Titel nämlich lauten: Allgemeine Erklärung der Rechte des Mannes (hombre). In der Frauenkommission (Commission on the Status of Women/CSW), war man mit diesem Titel nicht einverstanden. Streitbare Frauen wie die Dominikanerin Minerva Bernardino, die Brasilianerin Bertha Lutz, die Nordamerikanerin Virginia Gildersleeves und die Chinesin Wu Yi-Fang waren Mitglieder dieser Kommission. Diese vier Frauen haben auch als weibliche Delegierte ihres Landes neben 156 männlichen Unterzeichnern die UN Charter unterschrieben.[321] Dieses Quartett verfasste einen flammenden Brief, in dem die Rechte der Frauen eingefordert wurden und ihre Berücksichtigung bei Besetzung politischer Ämter innerhalb der UNO und erreichte in Zusammenarbeit mit Eleanor Roosevelt auch die Umbenennung der Deklaration.[322] Die Tatsache, dass in den Artikeln 1(3), 55, 68 und 76 der UN Charter klargestellt wird, dass die Menschenrechte und fundamentalen Freiheiten ohne Unterschied von ethnischer Zugehörigkeit, Geschlecht, Sprache oder Religion gelten,

---

319 Ibidem, S. 21
320 Errazuriz Tagle, ibidem S. 14
321 Pietilä, Engendering the Global Agenda, Development Dossier UN non-Governmental Liaison Service, New York und Genf, 2002, S. 10
322 Rioseco Ortega, Veröffentlichung von Textauszügen zum Thema Menschenrechte, Santiago de Chile, 2003, S. 8

verleiht dem Titel Nachdruck.[323] Minerva Bernadino sagte 1992 im Alter von 85 Jahren in einem Interview, dass sie sehr stolz darauf sei, an der Umbenennung der UN Charter aktiv beteiligt gewesen zu sein. Sie merkte an, dass sich die damals am Namensgebungsprozess beteiligten Frauen bewusst waren, dass sie eine Revolution machten.[324]

IV. Ergebnis

Die chilenischen Frauen erhielten im Vergleich zu Australien, Nordamerika und einigen Ländern Europas (mit Ausnahme der Schweiz) das Wahlrecht sehr spät. In Deutschland konnten die Frauen erstmals bei der Wahl zur Nationalversammlung am 19. Januar 1919 auf nationaler Ebene das Wahlrecht ausüben. Ende des 19. und Anfang des 20. Jahrhunderts begannen die Frauen, sich in der sozialen Frage zu organisieren. Die katholischen Frauen gründeten Wohltätigkeitsvereine, die nicht kirchlich gebundenen liberale Organisationen, die Arbeiterfrauen Arbeitervereine.

Als die Chileninnen 1949 in der Regierungszeit des Präsidenten González Videla das allgemeine Wahlrecht bekamen, geschah dies in einer Zeit großer politischer Unruhen im Land, weil dieselbe Regierung die kommunistische Partei verbot. In diesem Kontext könnte man auf die Idee kommen, dass die Einführung des Frauen-Wahlrechts einerseits als Ablenkungsmanöver missbraucht andererseits wegen eingegangener internationaler Verpflichtungen unumgänglich wurde.

Man muss aber auch einräumen, dass die Frauen selbst nicht so laut das Wahlrecht reklamierten wie in anderen Ländern, beispielsweise die Sufragetten in England, sodass die Entwicklung eben entsprechend länger dauerte. Allerdings ist zu beachten, dass die enormen sozialen und wirtschaftlichen Umwälzungen am Ende des 18. Jahrhunderts verursacht durch die industrielle Revolution in Frankreich und England die Voraussetzungen für Frauenrechtsbewegungen geschaffen haben.[325] Eine vergleichbare industrielle Revolution fand in Chile nicht statt, sodass es keinen Motor für eine vehement agierende Frauenbewegung gab.

Die Allgemeine Erklärung der Menschenrechte vom 10. Dezember 1948 steht in engem zeitlichem Zusammenhang mit dem Gesetz No. 9.292, das am 8. Januar 1949 vom chilenischen Staatspräsidenten unterzeichnet wurde und den chilenischen Frauen das Wahlrecht gewährte. In diesem Kontext ist auch ein Blick auf das Abstimmungsverhalten anderer westlicher Länder in Bezug auf die AEMR zu

---

323 Pietilä, The Unfinished Story of Women and die United Nations, Development Dossier UN Non-Governmental Liaison Service, New York und Genf, 2007, S. 10
324 Pietilä, Engendering the Global Agenda, New York und Genf, 2002, S. 18
325 Biographie Emmeline Pankhurst, http://www.hh.schule.de/gybu/fachbereiche/geschichte/ frauen/Suffragetten/Suffragette, zuletzt aufgerufen am 15.9.2009

werfen. Man kann dann sehen, dass der Westen keineswegs überdurchschnittlich präsent war.

Aus Europa nahmen an der abschließenden Sitzung zur AEMR 1948 nur 16 Staaten teil. Aus Asien und Ozeanien 17, aus den U.S.A. und Südamerika 22 und aus Afrika 4. Die meisten Enthaltungen bei der endgültigen Abstimmung kamen von europäischen Staaten wie Polen, UdSSR, Jugoslawien, Tschechoslowakei, Ukraine, Weißrussland. Faschistische und postfaschistische Staaten wie Spanien, Deutschland und Italien waren erst gar nicht beteiligt. Im Gegensatz dazu setzten sich die bevölkerungsreichsten Staaten Asiens – Indien und China – aktiv für die AEMR ein. Lateinamerika übernahm im gesamten Prozess eine besonders aktive Rolle und ist die Region mit flächendeckender Zustimmung zur AEMR. In Afrika sprachen sich Äthiopien, Ägypten und Liberia für die AEMR aus, das Apartheitsregime Südafrika enthielt sich der Stimme.[326]

Die Tatsache, dass die chilenischen Frauen erst 1949 das allgemeine Wahlrecht erhielten, ist schwer verständlich, wenn man bedenkt, dass ihnen schon ab 1877 alle Universitäts-Karrieren offen standen. Positiven Einfluss auf die Gewährung des Wahlrechts für Frauen könnte die Tatsache ausgeübt haben, dass der chilenischen Dichterin Gabriela Mistral im Jahr 1945 der Literaturnobelpreis verliehen wurde und dies der erste Literaturnobelpreis überhaupt in Lateinamerika war. Im Jahr 1946 wurde die Chilenische Frauenpartei (Partido Femenino Chileno) gegründet, was wohl auch in Zusammenhang mit der hohen Ehre für Mistral zu sehen ist. Schließlich wurde im Jahr 1947 eine Hausfrauenvereinigung (Asociación de Dueñas de Casa) ins Leben gerufen.[327]

Der Zugang zu einem Universitätsstudium war chilenischen Frauen viel früher möglich als beispielsweise deutschen. Hier gab es erstmals im Großherzogtum Baden ab 1900 diese Möglichkeit, die durch einen entsprechenden Erlass vom 28. Februar 1900 eröffnet wurde. Von da an konnten Frauen an den beiden badischen Universitäten in Heidelberg und Freiburg ein Studium aufnehmen. Preußen hingegen ließ sich für die Zulassung der ersten weiblichen Studentin zur Immatrikulation noch Zeit bis 1908. Ab diesem Zeitpunkt war das Frauenstudium in allen deutschen Staaten möglich.[328] Chile hatte den Frauen dieses wichtige Recht einunddreißig Jahre früher gewährt; andererseits erhielten die deutschen Frauen dreißig Jahre früher als die Chileninnen das allgemeine Wahlrecht.

---

326 Kalny, Ein Produkt interkultureller Kooperation, Die Allgemeine Erklärung der Menschenrechte, in Frauensolidarität, 2008, S. 7, http://www.frauensolidaritaet.org/zeitschrift/fs_105kalny.pdf, zuletzt aufgerufen am 13.5.2011
327 Gaviola u.a., Queremos votar en las Próximas Elecciones, Historia del Movimiento Sufragista Chileno, Santiago de Chile, 2007, S. 154
328 Vor einhundert Jahren Beginn des Frauenstudiums an der Universität Freiburg, http.//www.uni-protokolle.de/nachrichten/id756589/zuletzt aufgerufen am 12.4.2011

In Chile zog Inés Enriquez Frödden aus Concepción im Jahr 1949 als erste Frau für die Radikale Partei (Partido Radical) ins Parlament ein.[329] Sie blieb bis 1969 ununterbrochen Mitglied des Parlaments.[330] Die erste chilenische Ministerin war Adriana Olguín de Baltra, die 1952 Justizministerin wurde.[331] Chile hatte in der Zeit von März 2006 bis März 2010 die erste weibliche Staatspräsidentin, Michelle Bachelet; Deutschland hat seit November 2005 die erste weibliche Bundeskanzlerin, Frau Merkel. In der Regierungszeit von Bachelet wurden einige gesetzliche Regelungen auf den Weg gebracht, die die Rechte der Frauen stärken, so beispielsweise die Neuregelung des Unterhaltsrechts.[332]

Der Nationale Dienst der Frau (Servicio Nacional de la Mujer / SERNAM) hat seit seiner Gründung im Jahr 1991, d.h. nach Wiedereinführung demokratischer Verhältnisse in Chile, an der politischen und gesellschaftlichen Beteiligung der Frauen gearbeitet. Themen wie Zugang zu qualifizierter Ausbildung für Frauen, bezahlte Arbeit und die Gleichheit innerhalb der Familie und einer Paarbeziehung wurden als Themen in die Gesellschaft Chiles getragen. Die Institution verdankt ihre Gründung insbesondere der Ratifizierung der Konvention der Vereinten Nationen über die Eliminierung jeder Art von Diskriminierung der Frau (CEDAW) sowie anderer internationaler Abkommen über die Frauenrechte. SERNAM hat die Aufgabe, in Zusammenarbeit mit der Exekutive Vorschläge zur rechtlichen Gleichstellung der Frauen zu machen einschließlich einer adäquaten Projektion auf die familiären Beziehungen.[333]

Auch unter der neuen Chefin, Carolina Schmidt, die 2010 von der konservativen Regierung des Präsidenten Piñera ernannt wurde, hat SERNAM weiter an den oben genannten Zielen gearbeitet. Frau Schmidt gab der größten Tageszeitung Chiles, „El Mercurio" ein Interview, das am 8. März 2011 in einer Beilage der Zeitung erschien. Hier erklärte sie, dass es sie wütend mache, wenn irgendjemand behaupte, dass die Errungenschaftsgemeinschaft (Sociedad Conyugal) einen Schutz der Frau darstelle. Mit diesem Rechtsinstitut würde die Frau wie eine Behinderte, wie ein Kind behandelt, das nicht wisse, welche Entscheidungen zu treffen seien. In gleicher Weise erregte sie sich über Art. 203 des Arbeitsgesetzbuches (Código de Trabajo), der Unternehmen ab zwanzig weiblichen Mitarbeitern die Kosten für den Kindergarten auferlege, als ob die Männer nichts mit diesem Thema zu tun hätten. Am meisten echauffierte sie sich aber über den deutschen Nachrichtendienst DPA,

---

329 Pietilä, Engendering the Global Agenda, New York und Genf, 2002, S. 6
330 Reseñas Biográficas Parlamentarias, Inés Leonor Enríquez Frödden, http://www.historia-politica.bcn.cl/resenas_parlamentarias, zuletzt aufgerufen am 2.5.2012
331 Worldwide Guide of Women in Leadership, http://.www.guide2womenleaders.com/Chile.htm, zuletzt aufgerufen am 12.5.2011
332 Insoweit wird auf das folgende Kapitel verwiesen, das u.a. die gesetzlichen Neuregelungen behandelt.
333 Qué es el Sernam, http://www.sernam.cl/portal/index.php/about-sernam, S. 1, zuletzt aufgerufen am 12.4.2011

der anfangs 2011 veröffentlicht habe, SERNAM sei eine der Säulen des Konservatismus und sie selbst gehöre Opus Dei an. Sie lege Wert auf die Klarstellung, dass die Vorurteile gegenüber der konservativen Regierung in der Frauenfrage völlig überflüssig seien und niemand die Absicht habe, die Frauen wieder ins Haus zu schicken, sondern weiterhin deren Entwicklung vorangetrieben werden solle.[334] Eines ihrer Ziele für die kommenden Jahre sei es, Mechanismen zu finden, um mehr Frauen in die Politik zu bringen und vor allem die Frauen diskriminierenden Regelungen aus bestehenden Gesetzen zu eliminieren.[335] So besteht berechtigte Hoffnung, dass SERNAM und das Land Chile den 1989 in der Frauenfrage eingeschlagenen Weg fortsetzen.

Immerhin konnte die neue Leiterin von SERNAM insofern einen Erfolg verbuchen, als es im Oktober 2011 unter ihrer Ägide zu einer neuen gesetzlichen Regelung für Eltern nach der Geburt eines Kindes kam. Das entsprechende Gesetz wurde vom Staatspräsidenten verkündet und am 17. Oktober 2011 im Offiziellen Blatt der Republik Chile veröffentlicht und werdenden Müttern einen Mutterschutz von sechs Wochen vor der Geburt und zwölf Wochen nach der Geburt garantiert. Dem Vater des Kindes wird ein bezahlter Sonderurlaub von fünf Tagen gewährt.[336]

---

334 Schmidt, La política tiene costos muy grandes, Beilage von "El Mercurio" vom 8.3.2011, S. 28
335 Ibidem
336 Gesetz No. 20.545 vom 17.10.2011

Kapitel 4: Gesetzeslage im chilenischen Familienrecht vor 1989 und Änderungen nach 1989

I. Vor 1989

Auf Grund der Entdeckung und Eroberung Chiles durch die Spanier wurde das Land in die westliche Zivilisation eingereiht.[337] Solange Chile zur spanischen Krone gehörte, galt das kanonische Recht und das spanische Zivilrecht. Das Eherecht war während der gesamten spanischen Periode durch das kanonische Recht geregelt. Mit anderen Worten hieß dies, dass ausschließlich die religiöse Ehe als solche akzeptiert war.[338] Die normativen Quellen des kanonischen Rechts lagen einerseits im sogenannten Codex Iuris Canonici und in den Kirchengesetzen des Konzils von Trient, d.h. im universellen kanonischen Recht.[339] Weiterhin gab es ein spezielles kanonisches Recht, das die Bistümer von Santiago de Chile und Concepción betraf.[340]

Als Ausgangspunkt für die im vorliegenden Kapitel anstehenden Untersuchungen dient das katholisch geprägte chilenische Familienrecht, wie es sich seit der Gründung der Republik Chile am 1. Januar 1818 bis in die 1980er Jahre entwickelt hat. Die juristische Ausgangslage Ende der 1980er Jahre wird anhand der einschlägigen Regelungen zum Familienrecht im Código Civil, im Ehegesetz, weiteren Gesetzen zum Familienrecht sowie der Verfassung vor dem Änderungsgesetz zur Neuregelung der güterrechtlichen Situation der Frau[341] und der Eherechtsreform[342] dargestellt.[343]

1. Eherecht bis Mitte des 19. Jahrhunderts durch das kanonische Recht geregelt

Während der ganzen spanischen Periode war die Ehe in Chile durch das kanonische Recht geregelt. Mit anderen Worten, die einzig rechtlich relevante Ehe war die

---

[337] Salinas Araneda, El Matrimonio religioso ante el derecho chileno, Valparaíso, 2009, S. 7
[338] Ibidem, S. 7
[339] Pincheira Barrios, Influjo del derecho canónico en la Ley de Matrimonio Civil, http://www.dudalegal.cl/influjo-derecho-canonico-matrimonio-civil.html, S. 1, zuletzt aufgerufen am 2.9.2011
[340] Ibidem, S. 1
[341] Gesetz No. 18.802 vom 9.6.1989
[342] Gesetz No. 19.947 vom 17.5.2005
[343] Weiter wird auf die Ausführungen im Kapitel „Die Verfassungen Chiles unter dem Aspekt der Gleichberechtigung der Geschlechter und des Schutzes der Familie" verwiesen.

religiöse.[344] Daran änderte sich auch nichts nach der Gründung der Republik Chile bis weit in die Mitte des 19. Jahrhunderts, da Art. 117 des 1855 veröffentlichten Código Civil lautete:

> „Die Ehe zwischen Katholiken wird nach den von der Kirche vorgesehenen Regeln vollzogen und die kirchlichen Autoritäten wachen über die Einhaltung derselben".[345]

1844 kam es allerdings zu dem Gesetz über die „Ehe zwischen Nichtkatholiken, ihre Ausfertigung und Wirkungen". Dies war wohl der Tatsache geschuldet, dass nach der Unabhängigkeit Chiles auch Einwanderer ins Land kamen, die nicht katholischen Glaubens waren, sodass sie nicht nach katholischem Ritus heiraten konnten. Das Gesetz erlaubte Nichtkatholiken, die Ehe ohne Einhaltung der Erfordernisse des katholischen Kirchenrechts zu schließen, aber gleichwohl mit denselben rechtlichen Wirkungen in facie ecclesiae.[346] Dies bedeutete, dass nicht katholische Paare vor einem katholischen Pfarrer im Beisein von zwei Zeugen erklärten, die Ehe schließen zu wollen. Der Priester musste dann diese Eheschließung in die von der katholischen Kirche geführten Heiratsregister eintragen wie auch die Kinder, die aus der Verbindung hervorgingen. Ein katholisches Heiratsritual gab es in diesen Fällen nicht. Die nicht kirchliche Eheschließung wurde aber von der katholischen Kirche anerkannt, was insbesondere für konfessionelle Mischehen von großer Bedeutung war.[347]

Als der Entwurf des Código Civil dem Nationalen Kongress zugeleitet wurde, fügte der damalige Präsident der Republik Chile, Manuel Montt, ein Begleitschreiben bei, in dem unter Paragraph VIII ausdrücklich stand, dass die katholische Kirche weiterhin das Entscheidungsrecht über die Gültigkeit einer Ehe behalten solle wie auch über die Ehehindernisse. Wörtlich lautete die Mitteilung des Präsidenten:

> „Die Ehe, die in den Augen der Kirche gültig ist, ist es auch vor dem zivilen Gesetz."[348]

---

344 Salinas Araneda, El Matrimonio Religioso ante el Derecho Chileno, Valparaíso, 2009, S. 7
345 Ibidem, S. 7
346 Ibidem, S. 1
347 Venegas P., Matrimonio Divorcio Separación y Nulidad en la Legislación chilena, 2007, http://www.matridinul.blogspot.com/2007_01_03_archive.html, zuletzt aufgerufen am 7.9.2011; Millar Carvacho, René, Aspectos de la religiosidad porteña, Valparaíso 1830-1930, Historia, Santiago de Chile, Vol. 33, 2000, http://www.scielo.cl/scielo.php?script=sci_arttext&pid=SO717-71942000003300007, zuletzt aufgerufen am 7.9.2011;Turner, Susan, Die ‚ökonomische Kompensation' im Scheidungsfolgenrecht von Chile und die ‚ehelichen Lebensverhältnisse' beim nachehelichen Unterhalt im deutschen Recht, Dissertation Universität Göttingen, 2006, S. 1
348 Mensaje del Ejecutivo al Congreso proponiendo la Aprobación del Código Civil, „El matrimonio que es válido a los ojos de la Iglesia, lo es también ante la ley civil." S. 2, http://www.nuestroabogado.cl/codcivil.htm, zuletzt aufgerufen am 5.9.2011

Der Código Civil hat also in jener Zeit das Eherecht des kanonischen Rechts in die rechtliche Ordnung des Staates Chile integriert.[349] Zur Zeit der Schaffung des chilenischen Código Civil im Jahr 1855 war die Verfassung von 1833 in Kraft. Diese legte in Art. 5 fest, dass die Religion der Republik Chile katholisch ist; die öffentliche Ausübung anderer Religionen war ausgeschlossen.[350] Der chilenische Staat erklärte sich damit konfessionell für katholisch, was auch mit der damaligen gesellschaftlichen Situation in Einklang stand, da nur eine relativ geringe Zahl von nach der Staatsgründung eingewanderten Menschen nicht katholisch war.[351]

Im kanonischen Recht wird die Ehe als lebenslange Verbindung zwischen einem Mann und einer Frau zum Wohle der Eheleute, zur Fortpflanzung und Erziehung der Kinder als christliches Sakrament zwischen getauften Christen definiert.[352] Die Zuständigkeit für Prozesse, die die Ehe unter Getauften betrafen, lag beim kirchlichen Gericht.[353] Auch in der heutigen Fassung des Codex Iuris Canonici hat sich weder an der Definition des Ehebundes noch an der Zuständigkeit der Kirchengerichte in Ehesachen von Katholiken etwas geändert.[354] Nach Carlos Salinas Araneda ist die Grundlage dieses Rechts die von Christus gegründete Kirche; es habe gleichzeitig eine göttliche und eine menschliche Dimension: Einerseits der mystische Corpus Christi anderseits der Ausspruch des Petrus über das Volk Gottes.[355] In diesem Rahmen sah die Kirche die Notwendigkeit, als menschliche Gesellschaft in ihrer hierarchischen Struktur und den zwischenmenschlichen Beziehungen Regeln zu errichten nach dem alten Prinzip *ubi societas ibi ius*. Auf diesem Hintergrund hat die Kirche eine rechtliche Ordnung mit dem Anspruch der Autonomie gegenüber den säkularen Rechtsordnungen im kanonischen Recht geschaf-

---

349 Pincheira Barrios, Influjo del derecho canónico en la Ley de Matrimonio Civil, S. 2, http://www.dudalegal.cl/influjo-derecho-canonico-matrimonio-civil.html, zuletzt aufgerufen am 2.9.2011
350 Art. 5 der Verfassung von 1833: „La Religion de la República de Chile es la Católica Apostólica Romana, con exclusión del ejercicio público de cualquiera otra."
351 Salinas Araneda, El influjo del Derecho Canónico en el Código Civil de la República de Chile, Valparaíso, 2006, S. 21
352 Die einschlägigen Regelungen finden sich im Código de Derecho Canónico, I. Teil, 4. Buch, Titel VII, Kap. I-X, § 1055 lautet: „La alianza matrimonial, por la que el varón y la mujer constituyen entre sí un consorcio de toda la vida, ordenado por su misma índole natural al bien de los cónyuges y a la generación y educación de la prole, fue elevada por Cristo Señor a la dignidad de sacramento entre bautizados."
353 VII. Buch, II. Teil, I. Titel, I. Kapitel, § 1671: "Las causas matrimoniales de los bautizados corresponden al juez eclesiástico por derecho propio."
354 Codex Iuris Canonici in der Fassung vom 26.10.2009, Canon 1055, § 1: „Der Ehebund, durch den ein Mann und eine Frau unter sich die Gemeinschaft des ganzen Lebens begründen, welche durch ihre natürliche Eigenart auf das Wohl der Ehegatten und auf die Zeugung und die Erziehung von Nachkommenschaft hingeordnet ist, wurde zwischen Getauften von Christus dem Herrn zur Würde eines Sakraments erhoben"; die Zuständigkeit für Ehenichtigkeitssachen oder Verfahren zur Auflösung einer Ehe ist in Canon 1432 geregelt und liegt bei den jeweils zuständigen Kirchengerichten.
355 Salinas Araneda, Una Aproximación al Derecho Canónico en Perspectiva Histórica, Revista de Estudios Histórico-Jurídicos 18, Santiago de Chile, 1996 S. 289-360, hier S. 289

fen.[356] Die Kirchengerichte hatten für die Aufhebung und Trennung einer Ehe die ausschließliche Zuständigkeit. Die staatlichen Gerichte waren für die Regelung der zivilrechtlichen Wirkungen dieser kirchengerichtlichen Entscheidungen zuständig.[357]

Das Inkrafttreten des Código Civil am 1. Januar 1857 hat keine Änderung des Eherechtssystems gebracht. Kirchliche Entscheidungen über die Gültigkeit einer Ehe blieben wirksam und Ehehindernisse, die die katholische Kirche als solche erkannte, wurden anerkannt. Eine Ehe, die die Kirche für rechtmäßig erklärte, hatte auch nach dem Zivilrecht Bestand. Das Entscheidungsrecht über die Gültigkeit einer Ehe blieb bei der Kirche. Der Código Civil von 1857 berief sich im Eherecht auf das kanonische Recht und bezog diesen Teil des Kirchenrechts in die Rechtsordnung des Staates Chile ein.[358] Im Grunde hat der Gesetzgeber das kanonische Eherecht nur in die Laien-Sprache übersetzt.[359] Eherechtliche Angelegenheiten wurden im ersten Buch des Código Civil geregelt, das die Überschrift: „Über die Personen" (De las Personas) trägt und unter Titel III in den Art. 98 bis 178 die entsprechenden Rechtsvorschriften enthält. Diese wurden fast wörtlich von den im kanonischen Recht vorhandenen entsprechenden Regelungen übernommen. Es gab nur eine einzige Abweichung vom kanonischen Recht und zwar in den Regeln über die Eheschließung Minderjähriger, die nach dem Código Civil nur mit Zustimmung oder Erlaubnis ihrer Eltern oder ihres Vormundes heiraten konnten.[360]

Art. 102 Código Civil definiert klar die Sicht des chilenischen Gesetzgebers auf die Ehe:

> „Die Eheschließung ist ein feierlicher Vertrag, durch den ein Mann und eine Frau sich endgültig und unauflöslich für das ganze Leben zusammenschließen, um zusammenzuleben, sich fortzupflanzen und sich gegenseitig zu unterstützen."[361]

Der Text dieser Vorschrift ist vom Inhalt her identisch mit der im Codex Iuris Canonici enthaltenen Definition des Ehebundes, nur die Wortwahl weicht geringfügig ab.[362]

Salinas Araneda veröffentlichte 1998 eine Studie mit dem Titel: "Das Konzept der Ehe im chilenischen Zivilgesetzbuch: Eine kanonische Lektüre". Diese Arbeit

---

356 Ibidem, S. 155
357 García Cantero, Marriage and Divorce in Chile, in The International Survey of Family Law, Edition 2005, published on behalf of the International Society of Family Law, General Edition Dr. Andrew Bainham, S. 1
358 Pincheira Barrios, Influjo del derecho canónico en la Ley de Matrimonio Civil, S. 1, http://www.dudalegal.cl/influjo-derecho-canonico-matrimonio-civil.html, zuletzt aufgerufen am 22.5.2011
359 Ibidem, S. 2
360 García Cantero, ibidem S. 156
361 Bergmann/Ferid/Henrich, Internationales Ehe- und Kindschaftsrecht, Chile, Stand 31.3.1989, S. 16
362 S. Codex Iuris Canonici, Fassung 26.10.2009, Canon 1055, § 1

ist ein weiterer Hinweis auf die fast wörtliche Übernahme der eherechtlichen Vorschriften des kanonischen Rechts in den Código Civil Chiles.[363]

2. Ehegesetz von 1884 und eherechtliche Regelungen im Código Civil

Erst am 10. Januar 1884 kam es zur Verkündung des ersten Ehegesetzes (Ley de Matrimonio Civil). Dieses Gesetz war eins der sogenannten „Laiengesetze", die zwischen 1883 und 1884 in der Zeit des Präsidenten Santa María González entstanden sind als Ausdruck der Krise des konfessionellen Staates. Man nennt diese Gesetze so, weil der Staat damals die Führung der Personenstandsregister von der Kirche übernahm und Vorschriften für Beerdigungen erließ. Mit diesem Ehegesetz änderte sich die Situation drastisch, da von da an die einzige vom Staat anerkannte Ehe die vor einem staatlichen Standesbeamten geschlossene war.[364] Die offizielle Trennung von katholischer Kirche und Staat erfolgte im Jahr 1925.[365]

Das Ehegesetz von 1884 regelte die Gesamtheit des Eherechts und erkannte nur derjenigen Ehe zivilrechtliche Wirkungen zu, die nach seinen Vorschriften geschlossen wurde. (Art. 1) Es ersetzte die kirchliche Eheschließung durch die bürgerliche und schaffte die kirchliche Gerichtsbarkeit in Ehesachen ab.[366] Als sich der Gesetzgeber im 19. Jahrhundert veranlasst sah, das erste Gesetz über die Zivilehe zu schaffen, orientierte er sich am kanonischen Recht seiner Zeit, das mit den spanischen Eroberern nach Chile gekommen war. Da der katholischen Kirche in Spanien mehr als zehn Jahrhunderte die juristische Regelung der Ehe überlassen worden war, ging man davon aus, dass die Kirche auf diesem Rechtsgebiet so viel Erfahrung gesammelt hatte, dass man auf diese rekurrieren könne.[367] Im Ehegesetz von 1884 wurde wie im kanonischen Recht die Scheidung als Beendigungsgrund des Ehebundes nicht anerkannt; die Ehe war unauflösbar. Es gab zwei Möglichkeiten, durch das Gericht aus der Ehe entlassen zu werden. Zum einen die Erklärung der Nichtigkeit der Ehe (sentencia de nulidad del matrimonio), zum anderen ein Verfahren, das zwar als Scheidung (divorcio) bezeichnet wurde, tatsächlich aber keine war. Das sogenannte Scheidungsurteil berührte nämlich den Ehebund nicht,

---

363 Salinas Araneda, El Matrimonio Religioso ante el Derecho Chileno, mit Hinweis auf: El concepto de matrimonio en el Código Civil de Chile: una lectura canónica, Valparaíso, 2009, S. 8
364 Ibidem, S. 7
365 Pacheco Gómez, La separación de la Iglesia y el Estado en Chile y la diplomacia vaticana, con la colaboración de Muñoz Sandoval y García Huidobro Becerra, Santiago de Chile, 2004, S. 205
366 Bergmann/Ferid/Henrich, Internationales Ehe-und Kindschaftsrecht, Frankfurt a.M., Chile, Stand 31.3.1989, S. 1
367 Pincheira Barrios, Influjo del Derecho Canónico en la Ley de Matrimonio Civil, S. 1, http://www.dudalegal.cl/influjo–derecho-canonico-matrimonio-civil.html, zuletzt aufgerufen am 22.5.2011

d.h. die Ehe blieb erhalten, die Ehegatten durften aber getrennt leben, was bedeutete, dass es sich eigentlich um eine gesetzliche Trennung von Tisch und Bett (separación legal) handelte. Die entsprechenden Regelungen standen in den Art. 19 bis 28 des Ehegesetzes von 1884. Dabei stellte Art. 19 eindeutig klar, dass die Ehe nicht aufgelöst wurde, sondern nur die eheliche Lebensgemeinschaft der Eheleute.[368]

3. Möglichkeiten der Auflösung der Ehe

Eine Regelung „nachehelicher" Verhältnisse schloss sich bei dieser Konstruktion aus. Wie im kanonischen Recht wurde eine Ehe durch den Tod eines Ehegatten beendet.[369] Bei Nichtigerklärung der Ehe wurde diese ex tunc aufgelöst.[370] Bei der sogenannten Scheidung wie auch bei der Nichtigerklärung gab es schon aus Gründen der Logik keine normierte Regelung der nachehelichen Verhältnisse der Eheleute. Die „Scheidung" löste die Ehe nicht wirklich auf und bei Nichtigkeit hatte die Ehe einfach vor der Rechtsordnung nie existiert.[371] Dieses als Ehescheidung bezeichnete Verfahren wurde in der Praxis nur dazu benutzt,[372] die wirtschaftliche Gemeinschaft der Eheleute aufzulösen, wenn die Lebensgemeinschaft schon beendet war.[373]

Die praktische Handhabung des Ehenichtigkeitsverfahrens hatte sich seit den zwanziger Jahren des letzten Jahrhunderts verdeckt zu einem einvernehmlichen Scheidungsverfahren de facto entwickelt. Dies war findigen Anwälten zu verdanken, die unter Duldung der Gerichte eine dritte Variante der Eheauflösung im Verborgenen schufen. Da die Ehenichtigkeit keine gesetzlichen Auflösungsfolgen haben konnte, wurde sie mit den Rechtsfolgen einer wirklichen Scheidung versehen, was nur im Einvernehmen beider Eheleute möglich war.[374]

---

368 Art. 19: „Die Trennung löst die Ehe nicht auf, sondern hebt nur die eheliche Gemeinschaft der Eheleute auf", Bergmann/Ferid, Internationales Ehe- und Kindschaftsrecht, Frankfurt a.M., Chile, Stand 31.3.1989, S. 39
369 Código Canónico, Titel VII, Kapitel IX, Art. 1, No. 1141. „El matrimonio rato y consumado no puede ser disuelto por ningún poder humano, ni por ninguna causa fuera de la muerte." Im Ehegesetz von 1884 lautete Art. 37 wie folgt: "Die Ehe wird aufgelöst: 1. Durch den natürlichen Tod eines Ehegatten, 2. Durch die von der zuständigen Behörde ausgesprochene Nichtigkeit. S. Bergmann/Ferid/Henrich, Chile, Stand 31.3.1989, S. 41
370 Das Nichtigkeitsverfahren (nulidad) ist im Código Canónico im III. Teil, Titel I, Kapitel I, Art. 1, No. 1671 ff. geregelt.
371 Turner, Die ‚ökonomische Kompensation' im Scheidungsfolgenrecht von Chile und die ‚ehelichen Lebensverhältnisse' beim nachehelichen Unterhalt im deutschen Recht, Dissertation Universität Göttingen, 2006, S. 2 u. 3
372 Art. 1764 Código Civil, alte Fassung
373 Ibidem, S. 2
374 Ibidem, S. 3

Die Nichtigkeit der Ehe war im Ehegesetz von 1884 in den Art. 29 bis 33 geregelt. Eine Voraussetzung war zweifelhafter als die andere. So konnte man die Nichtigkeit gemäß Art. 31 dadurch erlangen, dass man behauptete, die Ehe sei nicht vor dem für den Wohnsitz zuständigen Standesbeamten geschlossen worden oder die in Art. 16 bestimmte Anzahl der Trauzeugen habe nicht vorgelegen.[375] In der Praxis reichte es aus, vorzutragen, dass ein Ehegatte oder beide nicht an dem bei der Eheschließung angegebenen Ort wohnhaft gewesen seien oder einer der Trauzeugen oder beide hätten einen anderen als den bei Eheschließung angegebenen Wohnsitz gehabt oder es sei nur einer statt zwei Trauzeugen anwesend gewesen.

4. Eheliches Güterrecht im Código Civil

Das allgemein geltende Güterrecht im Código Civil in der alten Fassung ist das der Errungenschaftsgemeinschaft (Sociedad Conyugal)[376] unter Verwaltung des Ehemannes und eingeschränkter Geschäftsfähigkeit der Frau.[377] Allein durch die Tatsache der Eheschließung griff diese gesetzliche Regelung.[378] Eine weitere Möglichkeit war die Gütertrennung, die zunächst von den Eheleuten nur vor Eheschließung vereinbart werden konnte, nach einer Änderung des Art. 1723 Código Civil[379] wurde diese Möglichkeit auch während Bestehens der Ehe eingeräumt.[380] Nur in Ausnahmefällen konnte die Ehefrau eine gerichtliche Gütertrennung beantragen, wenn beispielsweise der Ehemann in Insolvenz geriet oder wenn er der betrügerischen Verwaltung bezichtigt werden konnte und seiner Unterhaltspflicht

---

375 Art. 31: "Gleichermaßen ist eine Ehe nichtig, welche nicht vor dem zuständigen Zivilstandsbeamten oder vor der in Art. 16 bestimmten Anzahl von Zeugen geschlossen worden ist." Art. 16: „Die Ehe wird vor dem Zivilstandsbeamten und in dessen Amtsraum oder in der Wohnung der Eheschließenden vor zwei Zeugen, welche Verwandte oder Freunde sein können, geschlossen." S. Bergmann/Ferid/Henrich, Internationales Ehe- und Kindschaftsrecht, Chile, Stand 31.3.1989, S. 39/40
376 Wörtliche Übersetzung: Eheliche Gesellschaft, in Bergmann/Ferid, Internationales Ehe-und Kindschaftsrecht wird Sociedad Conyugal in der Ausgabe vom 31.3.1989 manchmal als Gütergemeinschaft, manchmal als Errungenschaftsgemeinschaft, in der vom 1.7.2007 ausschließlich als Errungenschaftsgemeinschaft bezeichnet. Chile, Stand 31.3.1989, S. 19 und Stand 1.7.2007, S. 58
377 Bergmann/Ferid, Internationales Ehe-und Kindschaftsrecht, Chile, Stand 31.3.1989, S. 8
378 Art. 135 Código Civil, alte Fassung: „Durch die Eheschließung wird zwischen den Ehegatten die Gütergemeinschaft begründet und erhält der Mann die Verwaltung des Vermögens der Frau gemäß den Bestimmungen in dem Titel über die eheliche Gemeinschaft", Bergmann/Ferid, Chile, Stand 31.3.1989, S. 19
379 Mit Gesetz No. 10.271 vom 2.4.1952 wurde Art. 1723 CC geändert
380 Ibidem, S. 9

trotz Zwangsmaßnahmen nicht entsprochen hatte.[381] Die eingeschränkte Geschäftsfähigkeit (incapacidad relativa) der Frau ergab sich aus Art. 1447, Abs. 3 des Código Civil in alter Fassung. Der Ehemann war der gesetzliche Vertreter der Ehefrau. Die Situation der Abhängigkeit und Unterordnung der Ehefrau wurde in Art. 132 bekräftigt, wo die eheliche Gewalt (potestad marital) folgendermaßen definiert ist:

„Die eheliche Gewalt ist die Summe der Rechte, welche die Gesetze dem Mann über die Person und das Vermögen der Ehefrau verleihen".[382]

Ein repräsentatives Zeugnis des klassischen chilenischen Familienrechtsdenkens stellt auch folgender Text aus dem Código Civil, alte Fassung, dar:[383]

„Die Ehegatten sind verpflichtet, einander Treue zu bewahren, sich zu helfen und in allen Lebenslagen zu unterstützen. Der Ehemann muss seine Frau schützen, die Frau muss dem Mann gehorchen."[384]

So resümiert Paulina Veloso die Situation der Ehefrau im Código Civil, alte Fassung, wie folgt:

„Die Unterschiede, die der Gesetzgeber zwischen Mann und Frau sanktionierte, sei es, dass die Frau dem Ehegatten Respekt und Gehorsam schuldete, dass sie ihm folgen muss, wohin auch immer er seinen Wohnsitz verlegt und die dem Ehegatten die Verwaltung ihres Vermögens zu übertragen hat, was ihr einen relativ eingeschränkten Status verleiht, werden für legitim gehalten, weil sie sich als familientypische Merkmale darstellen."

Veloso sieht in diesem Gesetzestext eine mehr schlecht als recht kaschierte Diskriminierung der Frau.[385]

Mit der Säkularisierung der Ehe durch das Ehegesetz vom 10. Januar 1884 wurden die Weichen für spätere Gesetzesänderungen zugunsten der Ehefrau gestellt. Die erste große Reform der Errungenschaftsgemeinschaft erfolgte in dem Gesetzesdekret (Decreto Ley) No. 328 vom 12. März 1925. Ein solches Gesetzesdekret hat einen Inhalt, der normalerweise mit einem Gesetz geregelt wird. Nicht demokratisch legitimierte Regierungen wenden es an. So regierte die Militärjunta ab

---

381 Dominguez Hidalgo, La Situación de la Mujer casada en el regimen patrimonial chileno: Mito y Realidad, Revista Chilena de Derecho, Santiago de Chile, 1999, Bd. 26, No. 1, S. 87-103, hier S. 88; Art. 155 des Código Civil in alter Fassung; Bergmann/Ferid, Chile, Stand 31.3.1989, S. 19
382 Ibidem, S. 88 und Bergmann/Ferid/Henrich, Chile, Stand 31.3.1989, S. 19
383 Im Código Civil, alte Fassung, sind die Rechte und Pflichten der Ehegatten im IV., V. und VI. Titel geregelt.
384 VI. Titel, § 1, Art. 131; Bergmann/Ferid/Henrich, Chile, Stand 31.3.1989, S. 19
385 Veloso, Igualdad y Relaciones Familiares, Facultad de Derecho, Universidad de Chile, Santiago de Chile, 2003, S. 12

1973 mit Gesetzesdekreten. Auch in der Sozialistischen Republik Chile in den 1930er Jahren war das so.[386]

Das Gesetzesdekret No. 328 ermöglichte der Ehefrau, ein Sondervermögen aus Einkünften ihrer Berufstätigkeit zu bilden. Dieses Vermögen bestand unabhängig von dem durch den Ehemann verwalteten der Errungenschaftsgemeinschaft und stand allein in der Verfügungsgewalt der Ehefrau. Allerdings war der Inhalt dieses Gesetzesdekrets mehr theoretischer Natur, da die Ehefrau ja nicht ohne Erlaubnis ihres Gatten einen Beruf oder ein Gewerbe ausüben konnte. Da gleiches für die Veräußerung oder Belastung von Immobilien galt, blieb es letztlich dabei, dass die Ehefrau ohne Autorisierung durch ihren Mann keine Geschäfte im Rahmen dieses Sondervermögens allein abwickeln konnte.

5. Geringfügige Gesetzeskorrekturen am Güterrecht und Abstammungsrecht / nicht reformierte Vorschriften für Zweitehe

Eine weitere gesetzliche Änderung zugunsten der Ehefrau erfolgte 1934.[387] In Abänderung des Gesetzesdekretes No. 328 wurde die Situation des Sondervermögens der Ehefrau verbessert und das Interventionsrecht des Ehemanns abgeschafft.[388] Eine Gesetzesänderung des Jahres 1943[389] gab den Eheleuten das Recht, die Errungenschaftsgemeinschaft durch die Gütertrennung zu ersetzen. Schließlich kam es 1952 zu umfangreicheren Reformen im Familienrecht.[390] Im Zuge dieser Neuerung wurde der Ehefrau bei der Verwaltung der Errungenschaftsgemeinschaft durch den Ehemann ein Recht auf Intervention eingeräumt. Allerdings hielten sich die Möglichkeiten des Eingriffs in Grenzen, da der Ehemann lediglich Immobilien aus dem Gemeinschaftsgut nicht mehr ohne Zustimmung seiner Ehefrau veräußern

---

386 Im Zuge der Weltwirtschaftskrise gab es soziale Bewegungen, die 1932 in Chile in der Ausrufung einer kurzlebigen sozialistischen Republik gipfelten. Von 1938-1941 kam es unter dem Präsidenten Pedro Aguirre Cerda (1879-1941) zur Etablierung einer Volksfrontregierung. An ihr beteiligten sich unter der Führung der bürgerlichen Radikalen Partei sowohl die Kommunistische als auch die Sozialistische Partei. Damit konnten Reformen umgesetzt und zugleich das Potenzial sozialer Bewegungen gebändigt werden. S. Geschichte Lateinamerikas im 19. und 20. Jahrhundert, Kaller-Dietrich und Mayer, Institut für Geschichte der Universität Wien, http://www.lateinamerika-studien.at/content/geschichtepolitik/gesc..., zuletzt aufgerufen am 3.6.2011
387 Gesetz No. 5.521 vom 19.12.1934
388 Ramos Pazos, Derecho de Familia, Santiago de Chile, 2007, Bd. I, S. 19; das Gesetzesdekret No. 328 vom 12.3.1925 gab die Möglichkeit, in Eheverträgen Gütertrennung zu vereinbaren. Es wurde am 19.12.1934 durch das Gesetz No. 5.521 geändert.
389 Gesetz No. 7.612 vom 21.10.1943 änderte einige familienrechtliche Normen des Código Civil, insbesondere Art. 1723. Damit konnte die Errungenschaftsgemeinschaft durch die vollständige Gütertrennung ersetzt werden. S. Ramos Pazos, Derecho de Familia, Santiago de Chile, 2007, S. 22
390 Gesetz No. 10.271 vom 2.4.1952 setzte dem Ehemann Grenzen bei der Verwaltung des Gemeinschaftsgutes.

oder belasten und sie nicht länger als fünf bzw. acht Jahre vermieten bzw. verpachten konnte, je nachdem ob es sich um ein städtisches oder ländliches Objekt handelte.[391]

Für nichteheliche Kinder kam es mit dem Gesetzesdekret No. 328 von 1925 sowie Gesetzeskorrekturen in den Jahren 1934 und 1952 zu Veränderungen.[392] 1925 wurde den Müttern die elterliche Sorge über bei ihnen lebende Kinder zugestanden, wenn deren Vater ausfiel.[393] 1935 wurde ein Gesetz verabschiedet, das erstmals der nichtehelichen Mutter Nachforschungen über den Vater ihres Kindes erlaubte und die zwangsweise Feststellung der Vaterschaft zur Verfolgung von Unterhaltsansprüchen ermöglichte.[394] Die Situation der nichtehelichen Kinder wurde durch ein weiteres Gesetz 1952 verbessert,[395] die Position des Nasciturus gestärkt.[396] Die Unterhalts- und Erbansprüche wurden geändert. Bis dahin waren nur eheliche Kinder erstrangige Erben, die nichtehelichen erbten nichts – es sei denn durch Testament.[397] Die nichtehelichen Kinder avancierten zu Erben erster Ordnung, allerdings mit geringeren Quoten als die ehelichen. Bis zu diesem Zeitpunkt favorisierte der Código Civil eindeutig die eheliche Abstammung. Er folgte dem Prinzip, dass die Nachforschung hinsichtlich der Abstammung des nichtehelichen Kindes untersagt war.[398] Dieses Prinzip war aus dem Code Napoléon übernommen worden und entsprach der Denkweise des 19. Jahrhunderts. Der Code Civil galt auch in den linksrheinischen Territorien Preußens, die ihm auf dem Wiener Kongress zugesprochen worden waren bis zum Inkrafttreten des deutschen BGB am 1. Januar 1900.[399]

Im deutschen Recht sind Statusunterschiede von ehelichen und nichtehelichen Kindern beseitigt. Mit der Weiterverwendung des Ausdrucks „nichtehelich" ist keine Diskriminierung mehr verbunden. § 1697 a BGB stellt ausdrücklich und ausschließlich auf das Kindeswohlprinzip ab.[400]

---

391 Domínguez Hidalgo, La Situación de la Mujer casada en el Regímen patrimonial chileno: Mito o Realidad, Revista Chilena de Derecho, Santiago de Chile, 1999, Vol. 26 No. 1, S. 87-103, hier S. 91
392 Gesetz No. 5.521 vom 19.12.1934 und Gesetz No. 10.271 vom 2.4.1952
393 Giordano, La ampliación de los derechos civiles de las mujeres en Chile (1925) y Argentina (1926), Mora (Buenos Aires), Bd. 16, No. 2, 2010, S. 1-13, hier S. 6
394 Ramos Pazos, Derecho de Familia, Bd. I, Santiago de Chile, 2007, S. 20, Gesetz No. 5.750 vom 2.12.1935
395 Gesetz No. 10.271 vom 2.4.1952
396 Rodríguez Pinto, Una relectura de la patria potestad como función tuitiva sobre la persona y bienes de los hijos, Ius et Praxis, Bd. 16, No. 1, S. 55-84, Talca, 2010, hier S. 66
397 Ramos Pazos, Derecho de Familia, Bd. I, Santiago de Chile, 2007, S. 20
398 S. auch Kapitel „Elterliche Gewalt / Elterliche Sorge, Rechte des Kindes / Sozialgeschichtliche Entwicklung"
399 Bors, Politik und Recht – Recht und Politik, forum historiae juris v. 25.10.2001, S. 5, http://www.rewi.huberlin.de/online/fhi/articles/0110bors.htm, zuletzt aufgerufen am 11.8.2010
400 Palandt, 71. Auflage, 2012, Einführung zu § 1626, Anm. 1

Aus der Mitte des 19. Jahrhunderts stammt auch die Vorschrift des Art. 128 Código Civil. Er verbietet einer schwangeren Frau, deren Ehe aufgelöst wurde, vor der Geburt ihres Kindes erneut zu heiraten bzw. wenn sie nicht schwanger ist, nicht vor Ablauf von 270 Tagen nach der Auflösung der Ehe. Diese Frist kann um die Tage vor Eheauflösung verkürzt werden, für die nachgewiesen wird, dass es dem Ehemann absolut unmöglich war, Kontakt mit seiner Frau zu haben.[401] Diese gesetzliche Regelung wurde bis heute nicht geändert. Sie stellt eine Diskriminierung der Frau dar – einmal abgesehen von den technischen Möglichkeiten, die es mittlerweile über DNA Analysen gibt, wenn man daran denkt, den früheren Ehemann vor einer Kindesunterhaltspflicht zu schützen.

6. Keine Reformen im Familienrecht vor 1989: Weder in der Regierungszeit Allende noch unter der Militärregierung

Die oben dargelegten gesetzlichen Regelungen galten in der ganzen Zeit vor 1989, d.h. auch in der gesamten Regierungszeit des sozialistischen Präsidenten Allende. Die Gesetzgebung unter der Regierung Allende vom 4. November 1970 bis 11. September 1973 hat den Schwerpunkt auf Eigentums- und Sozialgesetzgebung gelegt. Die Gründe, weshalb sich die sozialistische Regierung nicht auch der Familienrechtsreform, wie aus europäischer Sicht zu erwarten gewesen wäre, zugewendet hat, sind unter mehreren Gesichtspunkten zu sehen:

Einerseits stand die soziale Frage ganz im Vordergrund, andererseits spielte das Familienrecht für die unteren sozialen Schichten, denen sich die Regierung besonders verpflichtet fühlte, eine nachrangige Rolle, da die Mehrzahl des Präkariats nicht in ehelichen Verhältnissen lebte.[402] Weiterhin war die sozialistische Regierung auf die Duldung oder Unterstützung der Christdemokraten angewiesen, die in der Familienpolitik auf dem Boden des katholischen Familienbildes standen. Schließlich ist auch der Zeitfaktor zu berücksichtigen, da schon nach drei Jahren dem sozialistischen Experiment durch den Militärputsch des General Pinochet am 11. September 1973 ein gewaltsames und jähes Ende bereitet wurde.

Vor diesem Hintergrund konnte in der Pinochet-Ära von 1973–1989 im Familienrecht alles beim Alten belassen werden. Nach dem Militärputsch wurden die

---

401 Art. 128: "Cuando un matrimonio haya sido disuelto o declarado nulo, la mujer que está embarazada no podrá pasar a otras nupcias antes del parto, o (no habiendo señales de prenez) antes de cumplirse los doscientos setenta días subsiguientes a la disolución o declaración de nulidad. Pero se podrán rebajar de este plazo todos los días que hayan precedido inmediatamente a dicha disolución o declaración, y en los cuales haya sido absolutamente imposible el acceso del marido a la mujer."
402 Insoweit wird auf das Kapitel „Elterliche Gewalt / Elterliche Sorge, Rechte des Kindes / Sozialgeschichtliche Entwicklung" verwiesen sowie auf die dort angegebenen Zahlen aus Veröffentlichungen zur Statistik.

Grundrechte der bis dahin geltenden Verfassung von 1925 suspendiert, die Verfassung aber nicht förmlich außer Kraft gesetzt.[403] Der Nationale Kongress wurde aufgelöst. Das Wesen des diktatorischen Systems war die Repression. Mehr als dreitausend Personen starben oder verschwanden, die meisten davon in den ersten zwei Jahren der Militärdiktatur und Hunderttausende gingen außer Landes ins Exil. In Santiago de Chile und in den Provinzen gab es Gefängnisse und Folterzentren.[404] Die Wirtschaftspolitik der Militärdiktatur war auf Privatisierung der in der Regierungszeit der Unidad Popular verstaatlichten Betriebe gerichtet, das Gesundheitssystem und die Erziehung wurden privatisiert, was u.a. zur Gründung unzähliger privater Universitäten führte und als Spätfolge zu den 2011 einsetzenden massiven Studentenunruhen. Vorher enteignetes Land wurde teilweise an die früheren Eigentümer zurückgegeben, zum Teil aber auch versteigert, was zu einer großen Zahl neuer Agrarunternehmer führte. Bis zum Jahr 1981 galt die Wirtschaftspolitik der Militärs als erfolgreich. Zwischen 1982 und 1985 brach eine ernste Wirtschaftskrise aus, die zu einer Arbeitslosigkeit von 20 % führte. Diese Situation machte der Opposition Mut.[405]

Es kam zu massiven Demonstrationen gegen die Diktatur. Pinochet sah sich gezwungen, Zugeständnisse zu machen. Er erlaubte die Rückkehr einiger Exil-Chilenen und ließ ein paar oppositionelle Zeitschriften zu.[406] Die katholische Kirche unterstützte mehrheitlich die Demokratiebestrebungen, vor allem der Kardinal von Santiago de Chile, Raúl Silva Henríquez, kritisierte öffentlich die Exzesse des Regimes. Ab den 1980er Jahren änderte Washington seine Politik gegenüber Diktaturen, sodass auch von dort ein Regierungswechsel gefordert wurde. 1986 organisierte die Kommunistische Partei Chiles eine bewaffnete Gruppe, die versuchte, Pinochet umzubringen. Das Attentat misslang.[407]

Nach der Machtübernahme Pinochets am 11. September 1973 regierten die Militärs mit Gesetzesdekreten, da es kein Parlament mehr gab. Schließlich setzte Pinochet eine Kommission ein, die eine neue Verfassung erarbeitete. Über den Verfassungsentwurf wurde am 11. September 1980 abgestimmt; am 21. Oktober 1980 wurde die neue Verfassung veröffentlicht. Sie stärkte insbesondere die Grundrechte in den Bereichen Wirtschaft und Recht auf Eigentum.[408] Die Verfassung von 1980

---

403 Breve Historia constitucional de Chile, Biblioteca del Congreso, http://www.bcn.cl/lc/cpotitica/resena-const, S. 4, zuletzt aufgerufen am 25.5.2011
404 Historia de Chile, La Dictadura, 1973-1990, http://www.er.uqam.ca/nobel/r27020/id27.htm, S. 12, zuletzt aufgerufen am 25.5.2011
405 Ibidem, S. 12
406 Historia de Chile, http://www.er.uqam.ca/nobel/r27020/id27.htm, S. 12, zuletzt aufgerufen am 24.5.2011
407 Historia de Chile, http.//www.er.uqam.ca/nobel/r27020/id27.htm, S. 12, zuletzt aufgerufen am 24.5.2011
408 Breve Historia Constitucional de Chile – Biblioteca del Congreso, S. 5 http://www.bcn.cl/cpolitica/resena_const, zuletzt aufgerufen am 24.5.2011

benennt zwar ausdrücklich die Familie als Kern der Gesellschaft.[409] Das Familienrecht wurde jedoch in den siebzehn Jahren Diktatur nicht verändert. Das Eherecht von 1884 blieb unberührt. Man konnte aber auch nicht wirklich damit rechnen, dass sich die Militärs für die Emanzipation der Frau und die Themen Gleichberechtigung oder Gleichstellung der Frau stark machen würden.[410] So blieb das Familienrecht völlig unverändert bis zur Rückkehr demokratischer Verhältnisse nach 1989.

II. Nach 1989

Erst nach dem Plebiszit vom 5. Oktober 1988, das – nach offiziellen Angaben – mit 52 % gegen Pinochet ausging, kam es zu dem Verfassungsreformgesetz von 1989.[411] Nach Durchführung der ersten demokratischen Wahlen am 14. Dezember 1989 hat die neue demokratisch legitimierte Regierung begonnen, auch das Familienrecht zu reformieren. Nach 1989 wurden einige Gesetze auf den Weg gebracht, die einen Wandel einleiteten unter Berücksichtigung der Menschenrechte und der von Chile ratifizierten internationalen Verträge und damit eine ganz allmähliche Annäherung des Gesetzgebers an demokratische Verhältnisse brachten. Folgende Verträge hat die Republik Chile unterzeichnet:
- Internationales UN-Abkommen über die zivilen und politischen Rechte, 1966
- Internationales UN-Abkommen über wirtschaftliche, soziale und kulturelle Rechte, 1966
- Amerikanisches Abkommen über Menschenrechte, Pakt von San José de Costa Rica, 1969
- UN-Abkommen zur Beseitigung jeder Form von Diskriminierung der Frau, 1989 (CEDAW)
- UN-Abkommen über die Rechte der Kinder, 1989
- Haager Abkommen über den Schutz von Kindern und die Zusammenarbeit auf dem Gebiet der internationalen Adoption, 1993
- Interamerikanisches Abkommen zur Verhütung und Ausmerzung von Gewalt gegen Frauen, 1996
- Verträge von Montevideo, verabschiedet auf den Konferenzen über das Internationale Privatrecht von 1888 bis 1889 und 1939 bis 1940
- Abkommen über das Internationale Privatrecht von Havanna, 1928, einschließlich des Gesetzbuches über das Internationale Privatrecht oder besser bekannt als „Código Bustamante". Dieses umfassende Gesetzeswerk wurde in Chile Gesetz, jedoch unter der Beachtung des folgenden Vorbehalts: Gegenüber dem chilenischen Recht und in Bezug auf die Konflikte, die sich zwischen der chilenischen und irgendeiner ausländischen Gesetzgebung ergeben könnten, gehen die Vorschriften der gegen-

---

409 S. Kapitel „Die Verfassungen Chiles unter dem Aspekt der Gleichberechtigung der Geschlechter und des Schutzes der Familie"
410 Anmerkung d. Verf.
411 Gesetz No. 18.825 vom 17.8.1989, s. Kapitel "Die Verfassungen Chiles unter dem Aspekt der Gleichberechtigung der Geschlechter und des Schutzes der Familie"

wärtigen oder künftigen chilenischen Gesetzgebung diesem Gesetzbuch im Falle von Unvereinbarkeit zwischen der einen mit der anderen, vor.[412]

Das UN-Abkommen zur Beseitigung jeder Form von Diskriminierung der Frau vom Dezember 1989 postuliert in Art. 1 die absolute Gleichbehandlung der Frau auf politischer, wirtschaftlicher, kultureller, ziviler und jeder anderen Ebene. Mit Eingehung dieser vertraglichen Verpflichtung war es für die demokratischen Regierungen nach 1989 unumgänglich, u.a. auf dem Gebiet des Familienrechts den Inhalt des Vertrags in Chile auf der Ebene der nationalen Gesetzgebung umzusetzen. Da Art. 5 Abs. 2 der heute gültigen Verfassung Chiles besagt,[413] dass die Ausübung der Souveränität da ihre Grenzen findet, wo wesentliche Rechte der Menschen tangiert werden und es Aufgabe der staatlichen Organe ist, solche Rechte zu respektieren und zu unterstützen, gleich ob sie sich aus einer Verfassungsgarantie oder aus rechtswirksamen, internationalen, von Chile ratifizierten Abkommen ergeben, ist davon auszugehen, dass internationale Verträge – so weit sie das Thema Menschenrechte behandeln und in Chile in Kraft sind – Verfassungsrang haben.[414]

Die wichtigsten Neuerungen erfolgten durch die nachfolgend aufgeführten Gesetze:

1. Neuregelung der güterrechtlichen Situation der Frau unter Abänderung der Verfassung von 1980

Das Gesetz No. 18.802[415] änderte die güterrechtliche Situation der verheirateten Frau. Es brachte außerdem tiefgreifende Veränderungen im chilenischen Recht, da es einige Bestimmungen der politischen Verfassung von 1980 modifizierte und die Situation der verheirateten Frau innerhalb der Familie neu regelte. Während der Código Civil, alte Fassung, beispielsweise in dem oben zitierten Art. 131 explizite Ansagen zur Situation der Ehefrau machte, fehlt demgegenüber eine ähnlich explizite Aussage zur Gleichberechtigung von Mann und Frau. Diese kann nur aus dem allgemeinen Gleichheitssatz abgeleitet werden, der mit folgendem Wortlaut in Art. 1 der derzeit gültigen 1989 und 2005 umfassend reformierten Verfassung von 1980 steht:

---

412 Rieck, Ausländisches Familienrecht, Chile, Stand April 2009, München, 2011, S. 23
413 Art. 5, Abs. 2: „El ejercicio de la soberanía reconoce como limitación el respeto a los derechos esenciales que emanan de la naturaleza humana. Es deber de los órganos del Estado respetar y promover tales derechos, garantizados por esta Constitución, así como los tratados internacionales ratificados por Chile y que se encuentran vigentes."
414 Gómez, Ortiz, Landa, Nash, La Incorporación de los Tratados Internacionales de Derechos Humanos en el ámbito nacional. La experiencia chilena en: La Aplicación judicial de los tratados internacionales, Instituto Latinoamericano de Servicios Legales Alternativos, Colombia, 2006, S. 149-183, hier S. 162/163
415 Gesetz No. 18.802 vom 9.6.1989

„A l l e Menschen sind frei und gleich an Würde und Rechten geboren."
Art. 19 Abs. 2 lautet:
„Die Verfassung garantiert a l l e n Menschen Gleichheit vor dem Gesetz."

Das Gesetz über die Neuregelung des Güterrechts[416] verleiht der chilenischen Frau innerhalb der Ehe zwar die volle Geschäftsfähigkeit (plena capacidad), aber der Ehemann verwaltet weiterhin das Eigentum der Ehefrau. Dieses Prinzip gilt bis heute. Die bis dahin in der Errungenschaftsgemeinschaft vorgegebene beschränkte Geschäftsfähigkeit (capacidad relativa) der Ehefrau wurde abgeschafft. Die Errungenschaftsgemeinschaft an sich wurde jedoch aufrechterhalten, was eher ein Hindernis der vollen Rechtsfähigkeit der verheirateten Frau darstellt. In Bezug auf den Código Civil alter Fassung, in dem die verheiratete Frau als beschränkt geschäftsfähig bezeichnet wurde, wurde hinsichtlich dieser Regelung erklärt, dass die Ehefrau nicht wegen ihres Geschlechts oder weil sie geheiratet habe beschränkt geschäftsfähig sei, sondern einfach weil sie in der Errungenschaftsgemeinschaft lebe.[417] In der von Jürgen Rieck herausgegebenen Loseblattsammlung zum Ausländischen Familienrecht wird die Sociedad Conyugal als eingeschränkte Gütergemeinschaft bezeichnet. Er sieht in ihren Grundzügen eine Entsprechung der ehemaligen in den §§ 1519-1546 BGB geregelten deutschen beschränkten Gütergemeinschaft in der Form der sogenannten Errungenschaftsgemeinschaft. Wörtlich übersetzt heißt Sociedad Conyugal eheliche Gesellschaft. Im Internationalen Ehe- und Kindschaftsrecht von Bergmann/Ferid wird in der Ausgabe für Chile vom 31. März 1989 manchmal die Bezeichnung Gütergemeinschaft, manchmal Errungenschaftsgemeinschaft benutzt, in der Ausgabe vom 1. Juli 2007 ausschließlich Errungenschaftsgemeinschaft. Diese Begriffsbestimmung wird in der vorliegenden Arbeit übernommen.

Der Código Civil gibt keine Definition der Errungenschaftsgemeinschaft (Sociedad Conyugal). Ramos Pazos gab folgende Erklärung:

> „Die Errungenschaftsgemeinschaft (Sociedad Conyugal) ist jenes Güterrecht, in dem alle Güter, die die Ehegatten in die Ehe einbringen, d.h. was sie im Augenblick der Eheschließung besitzen, sowie das, was sie während der Ehe erwerben, zu einer gemeinsamen Masse oder zu einem gemeinsamen Fond wird, der beiden Ehegatten gehört und unter ihnen aufgeteilt wird, wenn die Gemeinschaft endet."[418]

Weiter führt Ramos Pazos folgendes aus:

> „Man hat über die Rechtsnatur der Errungenschaftgemeinschaft (Sociedad Conyugal) gestritten und verschiedene Erklärungen gegeben. Man wollte sie mit einem Gesellschaftsvertrag, einer Gemeinschaft oder einer juristischen Person vergleichen. Sie ist aber nichts davon. Sie ist weder Gesellschaft, noch Gemeinschaft noch juristische Person. Gesellschaft kann sie nicht sein, da notwendigerweise unterschiedliche Geschlech-

---

416 Gesetz No. 18.802 vom 9.6.1989
417 Ramos Pazos, Derecho de Familia, Santiago de Chile, 2007, Bd. 1, S. 19
418 Ramos Pazos, Derecho de Familia, Santiago de Chile, 2007, Bd. I, S. 155 ff.

ter beteiligt sind. Es besteht auch nicht die Verpflichtung, Vermögen einzubringen. In einer Gesellschaft kann jeder Gesellschafter oder ein Dritter die Verwaltung übernehmen, während dies in der Errungenschaftsgemeinschaft stets der Ehemann tut. Die Gewinne werden hälftig geteilt und nicht nach der Quote des eingebrachten Vermögens. Auch wird die Errungenschaftsgemeinschaft nicht auf eine bestimmte Zeit vereinbart.[419] Gemeinschaft kann die Errungenschaftsgemeinschaft nicht sein, weil die Ehefrau kein Recht an den Gemeinschaftsgütern hat, solange die Errungenschaftsgemeinschaft dauert."[420]

Art. 1750 des Código Civil lautet:

„Der Ehemann ist Dritten gegenüber Eigentümer des Vermögens der Errungenschaftsgemeinschaft, als ob dieses und sein eigenes Vermögen ein einziges Vermögen bildeten mit der Folge, dass die Gläubiger des Ehemannes sowohl das Vermögen des Ehemannes als auch das Vermögen der Errungenschaftsgemeinschaft in Anspruch nehmen können; dies gilt unbeschadet der Zahlungen und Entschädigungen, die der Ehemann in diesem Fall an die Errungenschaftsgemeinschaft leisten muss".[421]

Art. 1752 Código Civil ist noch deutlicher:

„Die Ehefrau allein hat kein Recht im Hinblick auf das Vermögen der Errungenschaftsgemeinschaft, solange diese besteht. Ausgenommen sind die Fälle des Art. 145 Código Civil."[422]

Da die Nummerierung der Artikel mit dem Gesetz No. 19.335 geändert wurde, müsste es eigentlich heißen: Mit den Ausnahmen des Art. 138 Código Civil, der vorsieht, dass für bestimmte Fälle eine Willenserklärung des Ehemannes richterlich ersetzt werden kann.[423]

Eine Juristische Person ist die Errungenschaftsgemeinschaft nicht, weil nach außen ja nur der Ehemann existiert, man kann sie auch nicht verklagen, selbst wenn sie letztendlich Schuldner ist. So muss der Ehemann nicht als Repräsentant der Errungenschaftsgemeinschaft verklagt werden, sondern als Person.[424] Daher kommt Ramos Pazos zu dem Schluss, dass es sich um eine Institution sui generis handelt mit spezifischen Merkmalen und vielleicht am meisten einem für einen bestimmten Zweck zugewiesenen Vermögen ähnlich sei – zur Befriedigung der wirtschaftlichen Bedürfnisse der Familie – mit eigenen Aktiva und Passiva.[425]

---

419 Ibidem, S. 155/156
420 Ibidem, S. 156
421 Bergmann/Ferid/Henrich, Internationales Ehe- und Kindschaftsrecht, Chile, Stand 31.3.1989 und Stand 1.7.2007, S. 64
422 Ibidem, S. 64
423 Art. 138 CC: „Wenn der Ehemann unberechtigterweise die Vornahme eines Rechtsgeschäfts oder den Abschluss eines Vertrags bezüglich eines Vermögensteils der Ehefrau ablehnt, kann der Richter ihr gestatten, den Rechtsakt selbst vorzunehmen nach vorheriger Anhörung des Ehemannes." Bergmann/Ferid/Henrich, Chile, Stand 1.7.2007, S. 29
424 Ibidem, S. 155 ff.
425 Ramos Pazos, Derecho de Familia, Bd. I, Santiago de Chile, 2007, S. 155 ff.

Das Gesetz über die Neuregelung des Güterrechts[426] gestand der Frau die volle Geschäftsfähigkeit zu, beließ aber ihre güterrechtliche Situation fast so eingeschränkt wie davor, da sie als beschränkt Geschäftsfähige (relativamente incapaz) rechtliche Angelegenheiten genau so wenig regeln konnte wie nun als Geschäftsfähige. Die Errungenschaftsgemeinschaft würde bei tatsächlicher Rechtsfähigkeit der Frau nachgerade denaturiert.[427] So bleibt bei der Errungenschaftsgemeinschaft das Gleichheitsprinzip zwischen Mann und Frau verletzt, was einen Verstoß gegen Art. 1 der chilenischen Verfassung in der heute gültigen reformierten Fassung darstellt, wonach alle Menschen frei und gleich an Würde und Rechten geboren werden. Der Wortlaut entspricht Art. 1 der Allgemeinen Erklärung der Menschenrechte, die von der UNO im Jahr 1948 verkündet wurde. Die Errungenschaftsgemeinschaft entspricht aber nicht dem Gleichheitsgrundsatz, da sie keine Gleichbehandlung zwischen Mann und Frau vorsieht.

In Art. 1749, 1. Abs. Código Civil steht:

> „Der Ehemann ist der Vorsteher der Errungenschaftsgemeinschaft. Als solcher verwaltet er das Vermögen der Errungenschaftsgemeinschaft und das Vermögen der Frau."[428]

Daraus ergibt sich, dass die Erklärung der vollen Rechtsfähigkeit der Frau nur rein formalen Charakter hat. Trotz aller Bedenken und berechtigten Vorbehalte kommt Ramos Pazos zu dem Schluss, dass mit Einführung der gesetzlichen Neuregelung des Güterrechts ein Modernisierungsprozess in der familienrechtlichen Gesetzgebung in Gang kam.[429] Es war das erste Gesetz auf dem Weg der Familienrechtsreformen, die nach und nach große Veränderungen am bis dahin geltenden Familienrecht bewirkten. Unter anderem wurde auch der oben zitierte Art. 131 des Código Civil mit diesem Gesetz reformiert. Der Text lautet nun:

> „Die Ehegatten sind verpflichtet, sich in allen Lebenslagen gegenseitig zu helfen und zu unterstützen. Der Ehemann und die Ehefrau schulden sich gegenseitig Respekt und Schutz."[430]

An die Stelle des bis dahin von der Ehefrau geforderten Gehorsams gegenüber dem Ehemann ist nun der gegenseitige Respekt getreten. Weiter wurde Art. 150 des Código Civil neu gefasst; eine verheiratete Frau jeden Alters kann nun eigenständig

---

426 Gesetz No. 18.802 vom 17.8.1989
427 Bustamante Salazar, Plena Capacidad de la Mujer Casada en Sociedad Conyugal en Chile, Sentido y Alcance de la Ley No. 18.802, Anuario de la Universidad Internacional SEK, No. 3/1997, S. 149-159, hier S. 159
428 Bergmann/Ferid/Henrich, Chile, Stand 1.7.2007, S. 63
429 Ramos Pazos, Bd. I, S. 7
430 Art. 131: Los cónyuges están obligados a guardarse fe, a socorrerse y ayudarse mutuamente en todas las circunstancias de la vida. El marido y la mujer se deben respeto y protección recíprocos.

eine Berufstätigkeit als Selbständige oder Angestellte ausüben.[431] Bezüglich dieser Aktivitäten und der Einnahmen hieraus gilt die verheiratete Frau, die unabhängig von ihrem Ehemann einer Beschäftigung nachgeht, insoweit als in Gütertrennung lebend.[432] Der Reform-Prozess setzte sich im Jahr 1994 mit dem Gesetz über das Güterrecht, die Einführung von Zugewinnausgleich bzw. Gütertrennung[433] fort. Dieses Gesetz führte u.a. die Institution der Familiengüter (bienes familiares) ein und ermöglicht den Zugewinnausgleich (participación en los ganaciales) im Güterrecht und damit die Beteiligung am gemeinsamen in der Ehezeit erworbenen Zugewinn. Durch dieses Gesetz wird der Código Civil und das Ehegesetz (Ley de Matrimonio Civil) geändert. Nach Art. 1 dieses Gesetzes können die Ehegatten die Zugewinngemeinschaft vereinbaren. Sie können die Errungenschaftsgemeinschaft (Sociedad Conyugal) und die Gütertrennung (Separación de Bienes) durch die Zugewinngemeinschaft ersetzen. Wenn die Zugewinngemeinschaft vereinbart ist, hat für die Zeit des Bestehens derselben jeder Ehegatte sein eigenes Vermögen, das er frei verwaltet. Bei Beendigung muss der Ehegatte, der einen höheren Zugewinn hat, einen Ausgleich vornehmen gegenüber dem anderen, der einen geringeren Zugewinn erwirtschaftet hat. Der Zugewinn wird zu gleichen Teilen aufgeteilt ohne zu berücksichtigen, wer was in den gemeinsamen Topf eingebracht hat. René Ramos Pazos steht der Zugewinngemeinschaft insoweit kritisch gegenüber, als er es für ungerecht hält, wenn der weniger arbeitsame Ehegatte einen Ausgleich vom fleißigeren erhält.[434] Er hält auf der anderen Seite dieses Ungemach dadurch für ausgeglichen, dass man in der Zeit der Ehe eine große finanzielle Bewegungsfreiheit hat.[435]

Für Enrique Barros[436] hat die Zugewinnregelung den Vorteil, dass sie einfach zu handhaben ist, da jeder Ehegatte sein Vermögen frei verwalten kann. Er verweist darauf, dass sie Dritten Schutz gibt, da Sicherheit besteht hinsichtlich der eingegangenen Verpflichtungen eines Ehegatten. Sie setze das in der Verfassung postulierte Prinzip der Gleichheit vor dem Gesetz um und entspreche in adäquater Form der Lebensgemeinschaft und dem Interesse, das die Ehe postuliere. Es sei eine flexible Regelung, die sich den verschiedenen Realitäten der Familie anpasse.[437]

Ursprünglich sollte die Zugewinngemeinschaft als allgemein geltende güterrechtliche Regelung eingeführt werden. Sie sollte die Errungenschaftsgemein-

---

[431] Art. 150 CC: La mujer casada de cualquiera edad podrá dedicarse libremente al ejercicio de un empleo, oficio, profesión o industria.
[432] Ibidem, S. 31
[433] Gesetz No. 19.335 vom 23.9.1994
[434] Ramos Pazos, Bd. I, S. 152
[435] Ramos Pazos, Bd. I, S. 153
[436] Barros, Por un nuevo régimen de bienes en el matrimonio, Revista Estudios Públicos No. 43, 1991, S. 139-155, hier S. 146/147
[437] Ibidem

schaft ersetzen und das chilenische Zivilrecht an verschiedene internationale Verträge anpassen, die Chile unterzeichnet hatte,[438] insbesondere die Konvention über die Beseitigung aller Formen der Diskriminierung der Frau, die am 18. Dezember 1979 in der Generalversammlung der Vereinten Nationen angenommen wurde und in Chile mit dem Obersten Dekret No. 789 (Decreto Supremo) vom 9. Dezember 1989 übernommen wurde.[439] Nachträglich legte der Präsident der Republik eine Ersatzlösung vor, wonach es alternative güterrechtliche Regelungen geben konnte. Dies geschah wohl im Hinblick darauf, dass man sich ursprünglich nicht darüber im klaren war, *wieviele* Änderungen in der Verfassung erforderlich wären, um dem Inhalt der Konvention der UNO Rechnung zu tragen.[440]

Per Dekret mit Gesetzeskraft (Decreto Fuerza Ley)[441] des Präsidenten der Republik wurde die Zugewinngemeinschaft 1996 unter einem neuen Untertitel[442] in den Código Civil aufgenommen.[443] Die Verwaltung des Vermögens der Eheleute regelt Art. 1792-5. Der Gesetzestext lautet:

> „Bei Auflösung der Zugewinngemeinschaft bleiben die Vermögen der Ehegatten getrennt. Diese oder die Rechtsnachfolger behalten das ungeschmälerte Recht, ihre Vermögen zu verwalten und darüber zu verfügen."[444]

Den Zugewinn definiert das Gesetz als Differenz zwischen dem Anfangsvermögen und dem Endvermögen eines jeden Ehegatten. Als Anfangsvermögen wird das Vermögen im Zeitpunkt des Beginns der Zugewinngemeinschaft bezeichnet, das Endvermögen ist das Vermögen, das am Ende des Güterstandes vorhanden ist.[445] Anfangsvermögen sind diejenigen Vermögensgegenstände, die zu Beginn des Güterstandes vorhanden waren abzüglich der vorhandenen Verbindlichkeiten. Wenn der Wert der Verbindlichkeiten den Wert des Vermögens übersteigt, ist das An-

---

438 Ramos Pazos, Bd. I, S. 309
439 Decreto Supremo/Oberstes Dekret No. 789 für auswärtige Angelegenheiten vom 9.12.1989; ein Decreto Supremo ist eine Art Verwaltungsakt, der von der Exekutive ausgeht. Es hat keinen Gesetzesrang und wird in Situationen großer Dringlichkeit angewandt; es ist eine schriftliche Anordnung des Staatspräsidenten, die im Rahmen seiner Kompetenzen ergeht und mit seiner oder der Unterschrift des zuständigen Ministers, in dessen Arbeitsbereich es gehört, versehen. Ausnahmsweise kann es auch nur die Unterschrift des zuständigen Fachministers tragen mit dem Vermerk „auf Anordnung des Präsidenten" und in Übereinstimmung mit den jeweiligen Gesetzen.
440 Ramos Pazos, Bd. I, S. 309
441 Decreto Fuerza Ley ist ein Dekret mit Gesetzeskraft, das auf Grund ausdrücklicher Autorisierung durch ein Gesetz vom Präsidenten der Republik über eine Materie, die der gesetzlichen Regelung bedarf, erlassen wird. Diese Befugnis des Präsidenten ist in der heute gültigen Verfassung in Art. 32, Abs. 3 geregelt.
442 Untertitel XXII A des Código Civil; die Art. 1792-1 bis 1792-27 befassen sich nun mit der Zugewinngemeinschaft. § 1, Art. 1792-1 u. 1792-2 enthält die allgemeinen Regeln, § 2, Art. 1792-3 bis 1792-5 regelt die Verwaltung des Vermögens der Eheleute.
443 Decreto Fuerza Ley No. 2-95 vom 26.12.1996
444 Bergmann/Ferid/Henrich, Internationales Ehe- und Kindschaftsrecht, Frankfurt a. M., Chile, Stand 1.7.2007, S. 69
445 Código Civil Art. 1792-6; Bergmann/Ferid/Henrich, Chile, Stand 1.7.2007, S. 69

fangsvermögen null.[446] Das Endvermögen wird zu dem Zeitpunkt bewertet, zu dem der Güterstand endet. Wenn ein Ehegatte beispielsweise durch betrügerische Maßnahmen, unwiderrufliche Schenkungen, Verheimlichung oder Beiseiteschaffen von Vermögensgegenständen oder Vortäuschen von Verpflichtungen sein Endvermögen vermindert hat, wird jeweils der doppelte Wert hinzugerechnet.[447] Die Beendigung der Zugewinngemeinschaft tritt nach den Vorschriften über Beginn und Ende der Existenz von Personen gemäß Buch I, Titel II. Código Civil ein und zwar:

> Durch den Tod bzw. die Todesvermutung bezüglich eines Ehegatten, die Erklärung der Nichtigkeit der Ehe, Ehescheidungsurteil, gerichtliche Trennung der Ehegatten, Gerichtsurteil, das die Gütertrennung anordnet sowie durch Vertrag über Gütertrennung[448]

Eheverträge als Vereinbarungen vermögensrechtlicher Art können die Eheleute vor der Eheschließung oder bei der Eheschließung abschließen.[449] Wenn die Eheschließenden keinen Ehevertrag schließen, gilt durch die bloße Tatsache der Heirat die Errungenschaftsgemeinschaft.[450] Diese ist also der Regelfall. Im deutschen Recht ist nach § 1363 BGB die Zugewinngemeinschaft der Regelfall.

2. Neuregelung der Abstammung, der Adoption Minderjähriger und der Zuständigkeit der Vormundschaftsgerichte

Das Gesetz zur Neuregelung der Abstammung[451] änderte die entsprechenden bestehenden Rechtsvorschriften und stellte die Rechte aller Kinder gleich, d.h. ehelicher und nichtehelicher, beendete damit die Diskriminierung von Kindern und verbesserte das Erbrecht des überlebenden Ehegatten erheblich. Das Gesetz passt das nationale Recht an international eingegangene Verträge und an die reformierte Verfassung Chiles, d.h. den Inhalt des Art. 1, Abs. 1 an.[452] Die zentralen Ideen für die gesetzliche Neuregelung sind in dem Recht jeder Person zu sehen, die eigene Herkunft zu kennen, die Gleichbehandlung aller Kinder zu gewährleisten und den Interessen Minderjähriger Priorität zu verleihen.[453] Daraus ergibt sich das Recht jedes Menschen zu erfahren, wer seine Eltern sind. Dies wird auch ausdrücklich in

---

446 Código Civil Art. 1792-7; Bergmann/Ferid/Henrich, Chile, Stand 1.7.2007, S. 69
447 Código Civil Art. 1792-15, 17,18; Bergmann/Ferid/Henrich, Chile, Stand 1.7.2007, S. 70 u. 71
448 Código Civil Art. 1792-27; Bergmann/Ferid/Henrich, Chile, Stand 1.7.2007, S. 72
449 Código Civil Art. 1715; Bergmann/Ferid/Henrich, Chile, Stand 1.7.2007, S. 57
450 Código Civil Art. 1718: "A falta de pacto en contrario se entenderá, por el mero hecho del matrimonio, contraída la sociedad conyugal con arreglo a las disposiciones de este título". S. auch Bergmann/Ferid/Henrich, Chile, Stand 1.7.2007, S. 57
451 Gesetz No. 19.585 vom 26.10.1998
452 Ramos Pazos, Derecho de Familia, Santiago de Chile, 2007, Bd. II, S. 391
453 Ramos Pazos, Derecho de Familia, Santiago de Chile, 2007, Bd. II, S. 391

der UN-Konvention über die Rechte des Kindes vom 20. November 1989 (Convención sobre los Derechos del Niño) festgelegt. Dort steht in Art. 7, Abs. 1 folgender Text:

„Das Kind ist unverzüglich nach seiner Geburt in ein Register einzutragen und hat das Recht auf einen Namen von Geburt an, das Recht, eine Staatsangehörigkeit zu erwerben, und soweit möglich das Recht, seine Eltern zu kennen und von ihnen betreut zu werden."[454]

Um dieses Recht zu gewährleisten garantiert das Gesetz zur Neuregelung der Abstammung eine weitgehende Nachforschungsmöglichkeit hinsichtlich Vater- und Mutterschaft und setzt im Hinblick auf die Gleichbehandlung aller Kinder den Inhalt von Art. 1, Abs. 1 der derzeit gültigen Verfassung um.[455] Danach ist es auch die Pflicht des Staates, das Recht der Menschen zu gewährleisten, bei gleichen Chancen am nationalen Leben teilzunehmen. Ziel des Gesetzes über die Neuregelung der Abstammung ist, das Mandat der Verfassung umzusetzen und einige von Chile ratifizierte internationale Verträge zu erfüllen. So musste der Vertrag von San José (Pacto de San José) umgesetzt werden, der in Art. 17 No. 5 vorsieht, dass das Gesetz gleiche Rechte für alle Kinder anzuerkennen hat, d.h. eheliche und nichteheliche.[456] Weiterhin war das nationale Recht an die oben erwähnte von Chile ratifizierte UN-Konvention über die Rechte des Kindes anzupassen.

Die Priorität des Kindesinteresses bzw. Kindeswohls ergibt sich u.a. aus der „Deklaration der Rechte des Kindes" der Vereinten Nationen von 1959. Dort wird darauf verwiesen, dass das Kindeswohl bei denjenigen, die die Verantwortung für das Kind haben – in erster Linie die Eltern – das Hauptziel für Erziehung und Orientierung sein muss. Die Reform versucht dem insbesondere in Art. 222 Abs. 2 Código Civil Rechnung zu tragen, wo die grundsätzliche Verantwortung der Eltern für das vorrangige Interesse des Kindes festgeschrieben und klargestellt wird, dass das Kindeswohl oberstes Gebot ist.[457]

---

[454] UN-Konvention über die Rechte des Kindes, http://www.unis.univienna.org/.../library_2004kinderkonvention.html, zuletzt aufgerufen am 3.6.2011
[455] Art. 1, Abs. 1: „Las personas nacen libres e iguales en dignidad y derechos."
[456] Convención americana sobre derechos humanos suscrita en la conferencia especializada interamericana sobre derechos humanos de San José, Costa Rica, 7 al 22 de noviembre de 1969/Amerikanische Konvention über die Menschenrechte, niedergeschrieben auf der speziellen, interamerikanischen Konferenz über die Menschenrechte vom 7. – 22. November 1969 in San José, Costa Rica. S. Ramos Pazos, Derecho de Familia, Santiago de Chile, 2007, Bd. II, S. 391
[457] Art. 222, Abs. 2: "Die grundsätzliche Sorge der Eltern ist das vorrangige Interesse des Kindes. Daher verschaffen sie diesem in erster Linie im Rahmen des Möglichen geistiges und materielles Wohlergehen. Sie weisen dem Kind den Weg bei der Ausübung der grundlegenden Rechte, die sich aus der menschlichen Natur ergeben, gemäß der Entwicklung seiner Fähigkeiten." Bergmann/Ferid/Henrich, Chile, Stand 1.7.2007, S. 39; s. auch Ramos Pazos, Bd. II, S. 391/392

Mit den Gesetzen No. 19.620 und No. 19.910[458] wurde eine Neuregelung der Adoption Minderjähriger vorgenommen sowie die Zuständigkeit der Vormundschafts-Gerichte neu bestimmt. Das Gesetz über die Neuregelung der Adoption Minderjähriger trat zusammen mit dem Gesetz über die Neuregelung der Abstammung[459] in Kraft.[460] Neben der Reform der Rechte zwischen Adoptierendem und Adoptiertem regelt es auch die Situation der Personen, die bei Inkrafttreten des Gesetzes schon die Eigenschaft des Adoptierenden und Adoptierten besaßen.[461] Der Adoptierte erlangt die Stellung eines Kindes des Adoptierenden unter folgenden Voraussetzungen:

> Die Adoption erfolgt mit öffentlicher Urkunde und muss vom Adoptierenden und Adoptierten, bzw. einem Pfleger unterzeichnet sein.
> Der Adoptionsvertrag muss vom zuständigen Gericht genehmigt werden.
> Die öffentliche Urkunde und der entsprechende richterliche Beschluss muss dem zuständigen Einwohnermeldeamt und Passamt zugeleitet werden, damit die entsprechenden Eintragungen geändert werden.

Die Adoption ist unwiderruflich; allerdings hat der Adoptierte ein Anfechtungsrecht, wenn die Adoption durch unerlaubte oder betrügerische Maßnahmen erlangt wurde. Nach Art. 8 des Gesetzes No. 19.620 können nur Minderjährige unter 18 Jahren adoptiert werden.[462] Das Gesetz No. 19.910 modifiziert das Gesetz No. 19.620 hinsichtlich der Zuständigkeit der Gerichte für Minderjährige.[463] In Bezug auf die Adoption brachte es insoweit eine Neuerung als alleinstehende Personen, Geschiedene und Witwen auch dann eine Adoption durchführen konnten, wenn sie die chilenische Staatsangehörigkeit nicht besitzen. Jetzt reicht der dauernde Aufenthalt in Chile bei Aufrechterhaltung der übrigen Voraussetzungen der Adoption aus, d.h. Mindestalter des Adoptierenden von 25 Jahren, Höchstalter 60, Altersunterschied zwischen Adoptierendem und Adoptiertem mindestens 20 Jahre. Während das Gesetz No. 19.620 in seinem Art. 20 nur die Adoption durch chilenische oder ausländische Ehepaare vorsah, hat das Gesetz No. 19.910 in Art. 21 bestimmt, dass auch Alleinstehenden, Geschiedenen und Witwen mit Daueraufenthalt im Land erlaubt ist, eine Adoption durchzuführen – allerdings immer nur dann, wenn für die Adoption eines Minderjährigen kein interessiertes Ehepaar zur Verfügung steht. Hier stellt sich einmal mehr die Frage nach der Gleichbehandlung der Menschen, die doch Art. 1, Abs. 1 der chilenischen Verfassung in Übereinstimmung mit der Allgemeinen Erklärung der Menschenrechte der Vereinten Nationen pos-

---

458 Gesetz No. 19.620 vom 5.8.1999 und Gesetz No. 19.910 vom 28.10.2003
459 Gesetz No. 19.585 vom 26.10.1998
460 Beide Gesetze traten am 27.10.1999 in Kraft; s. Art. 47 des Gesetzes No. 19.620
461 Bei Einführung des Gesetzes No. 19.620 wurden gemäß Art. 45 dieses Gesetzes die bis dahin maßgeblichen Gesetze No. 7.613 und 18.703 abgeschafft.
462 Ramos Pazos, Derecho de Familia, Santiago de Chile, 2007, Bd. II, S. 479
463 Juzgados de Menores, was man auch mit Vormundschaftsgericht übersetzen könnte.

tuliert. Im deutschen Recht sieht § 1741 BGB die Adoption eines Kindes durch Ehepaare oder Alleinstehende vor. Die Annahme als Kind ist zulässig, wenn sie dem Wohl des Kindes dient. (§ 1741 Abs. 1 BGB)

Außer in Art. 1, Abs. 1 des derzeit gültigen chilenischen Verfassungstextes finden sich Regelungen zur Frage der Gleichbehandlung in den Art. 15, 18 und insbesondere 19. Art. 15 befasst sich mit Wahlen, die gleich und geheim sein sollen; Art. 18 garantiert die volle Gleichheit zwischen Unabhängigen und Mitgliedern von politischen Parteien bei Wahlvorgängen und Art. 19 garantiert allen Personen Gleichheit vor dem Gesetz und dann in 26 Unterziffern gleiche Rechte in den verschiedensten Lebensbereichen. Da die Unterziffer 26 garantiert, dass kein Recht in seinem Wesen tangiert und seine freie Ausübung nicht behindert werden darf, wird sie auch häufig als „Garantie der Garantien"[464] bezeichnet.[465]

3. Neuregelung der Rechte minderjähriger Kinder und des Umgangsrechts

Das Gesetz No. 16.618[466] bringt eine Neuregelung der Rechte minderjähriger Kinder. Im Zusammenhang mit diesem Gesetz wurde eine Spezial-Abteilung der Polizei für diese Personengruppe gegründet. Die Aufgaben dieser Polizei sind in Art. 15 definiert. So sind Minderjährige aus gefährlichen Situationen, in denen sie Hilfe benötigen, zu befreien. Für Jugendliche gefährliche Plätze werden in Absprache mit dem Nationalen Dienst für Minderjährige kontrolliert. Öffentliche Veranstaltungen, Vergnügungszentren und sonstige öffentliche Orte werden auf ihre Geeignetheit für minderjährige Kinder überprüft; der Besuch von für sie nicht geeigneten Veranstaltungen soll unterbunden werden. Umstände, die unter die Strafvorschrift von Art. 62 des gleichen Gesetzes fallen, sind zur Anzeige zu bringen.[467] Weiter ist die Spezial-Abteilung der Polizei zum Eingreifen verpflichtet, wenn es der Schutz von Minderjährigen bei Vorliegen einer akuten Gefahr für Leib und Leben gebietet. Art. 30 des Gesetzes überträgt den Familiengerichten die Aufgabe, geeignete Maßnahmen zum Schutz von Minderjährigen anzuordnen, wenn diese in ihren Rechten ernsthaft verletzt oder bedroht sind.

---

464 Nogueira Alcalá, Aspectos de una Teoría de los Derechos Fundamentales: La Delimitación, Regulación, Garantías y Limitaciones de los Derechos Fundamentales, Ius et Praxis, versión On-line, V. 11, No. 2, Talca, 2005, S. 1-28, hier S. 10
465 Ergänzend wird hinsichtlich der Gesetze No. 19.585, 19.620 und 19.910 auf die Ausführungen im Kapitel „Elterliche Gewalt / Elterliche Sorge, Rechte des Kindes / Sozialgeschichtliche Entwicklung" verwiesen.
466 Gesetz No. 16.618 vom 30.5.2000
467 In Art. 62 geht es um die Bestrafung von Arbeitgebern, die Personen unter achtzehn Jahren beschäftigen, sie verpflichten, in Bordellen oder ähnlichen Institutionen zu arbeiten. Weiter werden Arbeitgeber bestraft, die in öffentlichen Veranstaltungen Minderjährige wegen ihrer Behändigkeit oder Kraft zur Schau stellen oder wer sie zwischen 22.00 Uhr und 7.00 in Nachtarbeit beschäftigt.

Im Jahr 2001 wurde das Umgangsrecht mit dem Elternteil, der nicht die elterliche Sorge innehat, neu geregelt.[468] Das Gesetz verfolgt das Ziel, das Recht der Kinder auf eine direkte und regelmäßige Beziehung mit dem Elternteil, bei dem es nach der Trennung der Eltern nicht lebt, aufrecht zu erhalten. Für den Fall, dass die Eltern keine Einigung finden können, muss das Gericht diesen Kontakt herstellen, eventuell abändern, aussetzen oder begleitende Maßnahmen ergreifen, falls dies erforderlich ist.[469] Dabei hat das Kindeswohl im Vordergrund zu stehen. Das Gesetz verpflichtet die Familiengerichte, ein vorläufiges Umgangsrecht zu gewähren, es sei denn dies würde das Kindeswohl gefährden und der allein Sorgeberechtigte würde daher das Umgangsrecht aus gutem Grund verweigern.[470]

Das gleiche Gesetz ordnet die Abänderung des Art. 229 des Código Civil an, der nun lautet:

„Der Vater oder die Mutter, die nicht die Personensorge ausüben, verlieren nicht das Recht und sind auch nicht frei von der Pflicht, eine direkte und stetige Beziehung mit dem Kind zu haben. Diese wird regelmäßig und frei nach Absprache mit demjenigen, der das Amt (der Personensorge) ausübt, praktiziert, andernfalls in der Weise, die der Richter für das Kind für zweckmäßig hält.
Die Ausübung des Rechts wird untersagt oder eingeschränkt, wenn dies offensichtlich das Wohlergehen des Kindes beeinträchtigt; dies ist vom Gericht zu begründen."[471]

4. Neuregelung des Ehegesetzes, Einführung der Ehescheidung und der Familiengerichte

Das neue Ehegesetz[472] löste im Jahr 2005 das Gesetz von 1884 ab. Der Gesetzentwurf wurde 1995 eingebracht, was bedeutet, dass es zehn Jahre brauchte, um dieses Gesetz zu verabschieden. In diesen Jahren hat sich die rechtspolitische Diskussion auf die Frage konzentriert, ob die Ehe auflösbar werden oder unauflöslich bleiben sollte, d.h. man diskutierte vornehmlich über die Anerkennung eines materiellen Scheidungsrechts. Die Diskussion hatte also die Regelung der Ehescheidungsgründe, Trennungsfristen etc. im Fokus. Die Regelungen der Rechtsverhältnisse nach der Scheidung spielten in der öffentlichen Diskussion kaum eine Rolle, obwohl der Gesetzesentwurf auch insoweit Bestimmungen vorsah.[473] In der langen

---

468 Gesetz No. 19.711 vom 18.1.2001
469 Servicio Nacional de la Mujer, Departamento de Reformas Legales, Area Familia, Leyes Aprobadas 1995-2008, Santiago de Chile, 2008, S. 1
470 Ibidem S. 1
471 Bergmann/Ferid/Henrich, Internationales Ehe- und Kindschaftsrecht, Chile, Stand 1.7.2007, S. 40
472 Gesetz No. 19.947 vom 17.5.2005
473 Turner, Die „ökonomische Kompensation" im Scheidungsfolgenrecht von Chile und die „ehelichen Lebensverhältnisse" beim nachehelichen Unterhalt im deutschen Recht, Göttingen, 2006, S. 2

Vorlaufzeit dieses Gesetzes wurde viel über die geplante Einführung der Ehescheidung geschrieben. Enrique Barros Bourie äußerte sich vor Einführung des neuen Gesetzes dazu wie folgt:

> „Es ist schwer, die rationalen Grenzen, die zwischen moralischen und religiösen Überzeugungen und dem Zivilrecht bestehen, auszumachen und zu akzeptieren. Deswegen bedroht ein Verdacht der Zusammenhanglosigkeit denjenigen, der einerseits die Ansicht vertritt, dass die Ehe eine Institution ist, die zur Vervollkommnung der Ehegatten, der Familie und der menschlichen Gesellschaft beiträgt und gleichzeitig die legale Anerkennung der Scheidung bejaht."[474]

Barros Bourie verweist weiter darauf, dass die Ehe in einer pluralistischen Gesellschaft kein Sakrament sein könne, wie dies das kanonische Recht tradiert habe, sondern es sei zwischen der Moral und dem Gesetz zu unterscheiden.[475] Die allgemein desolate Realität anlässlich des Bruchs in einer Ehe verlange nach gerechten und wirksamen Normen, die die Folgen dieser Situation regeln, so die elterliche Sorge über die Kinder, die wirtschaftlichen Pflichten der getrennten Eheleute und die Bildung neuer ehelicher Verbindungen, die auf Dauer angelegt sein sollen.[476]

Die Ehe war im Ehegesetz aus dem Jahr 1884 in Art. 102 definiert wie folgt:

> „Die Ehe ist ein feierlicher Vertrag, durch den ein Mann und eine Frau sich endgültig und unlöslich für das ganze Leben vereinigen, um zusammenzuleben, sich fortzupflanzen und sich gegenseitig zu unterstützen."

Im reformierten Ehegesetz aus dem Jahr 2004 lautet der Text nun im II. Kapitel, § 1, Art. 4 folgendermaßen:

> „Die Eheschließung setzt voraus, dass beide Vertragschließenden geschäftsfähig sind, dass sie nach ihrem freien Willen die Ehe schließen wollen und die übrigen gesetzlichen Voraussetzungen vorliegen. Diese sind in den Art. 5 ff. geregelt."

Die lange Vorlaufzeit für das neue Ehegesetz schlägt sich auch in der Geschichte des Gesetzes (Historia de la Ley) No. 19.947 nieder. Sie ist in der Bibliothek des Nationalen Kongresses Chiles (Biblioteca del Congreso Nacional de Chile) einzusehen oder im Netz abzurufen und umfasst 2549 Seiten. Der Dokumentationsumfang spricht für sich. Das Gesetz war von den Abgeordneten Isabel Allende Bussi, Mariana Aylwin Oyarzún, Carlos Cantero Ojeda, Sergio Elgueta Barrientos, Victor Jeame Barrueto, Eugenio Munizaga Rodríguez, Maria Antonieta Saa, José Antonio Viera-Gallo Quesney und Ignacio Walker Prieto am 28. November 1995 in der Abgeordnetenkammer eingebracht worden.

In der Einleitung des Gesetzesentwurfs wird ausgeführt, dass Länder wie Chile in einer Zeit des politischen, ökonomischen, gesellschaftlichen und kulturellen

---

[474] Barros Bourie, La Ley Civil ante las Rupturas Matrimoniales, Estudios Públicos 85, Santiago de Chile, 2002, S. 5-15, hier S. 5
[475] Ibidem S. 7
[476] Ibidem S. 9

Wandels fortwährend der Herausforderung gegenüber stehen, dem einen Sinn zu geben in Übereinstimmung mit dem für die Gesellschaft angestrebten Gemeinwohl. In diesem Kontext stellt die persönliche Autonomie, die die Modernisierung mit sich bringt, die Organisationsform der traditionellen Institutionen in Frage, wenn die soziale Bewertung des Individuums in den Vordergrund tritt.[477] Die wachsende persönliche Autonomie mit der Stabilität in Einklang zu bringen, wird als Aufgabe der Politik gesehen, wobei das Recht die schwierige Synthese zwischen dem Respekt vor der persönlichen Freiheit und dem Zugehörigkeitsgefühl zu der Gemeinschaft schaffen müsse. Die Familie als sozialer Verband zwischen einem Mann, einer Frau und deren Kindern, wird als zentraler Ort im Leben jedes einzelnen beschrieben.[478] In ihr werden die Menschen geboren, dort leben sie und entwickeln sich. Es wird darauf verwiesen, dass Wandlungsprozesse weder vor der Familie noch der Ehe und auch nicht vor allgemein anerkannten kulturellen Mustern Halt machen. Die Familie als zentraler und entscheidender Ort in der menschlichen Erfahrung wird in Verbindung gebracht mit der Entwicklung der Identität und mit den Gefühlen von Glück und Unglück der Menschen. Hierin wird ein privilegiertes Instrument der Sozialisierung neuer Generationen gesehen. Die Familie wird als Vermittler von Glauben, Werten, Sitten und Gebräuchen beschrieben. Die große Bedeutung, die Familie für alle Menschen hat, führe oft dazu, dass Diskussionen über ihre Entwicklung leidenschaftliche Debatten hervorriefen.[479] In der modernen Gesellschaft treten die Frauen aus dem häuslichen Leben heraus und fordern eine gleiche Verteilung der familiären Verantwortungen. Die Ehegatten üben häufig Arbeiten aus, die es erschweren, ständig ein gemeinsames Domizil zu haben. Die Kinder emanzipieren sich früh. Die frei eingegangenen affektiven Bindungen bekommen eine zentrale Rolle zwischen den Paaren. Der profunde Wandel der Familie wird erklärt durch die Übertreibung des Wettbewerbs, die steigende Lebenserwartung und die Möglichkeit der Menschen, bewusst über die Anzahl ihrer Kinder zu bestimmen. Einerseits wird die Familie als die letzte Zuflucht in einer gleichgültigen und feindseligen Gesellschaft, in der der Gemeinsinn abhanden gekommen ist, bezeichnet, andererseits als sichere Basis, um die Zukunft zu meistern.[480] Die Anerkennung der neuen Realität und die Einleitung geeigneter Maßnahmen, um dieser Rechnung zu tragen, wird als Aufgabe des Rechts dargestellt. Wenn die Realität über die Normen hinausgeht, kann dies zu einer gefährlichen Trennung zwischen den Werten und Grundsätzen des Gesetzes und der gesellschaftlichen Praxis führen.[481] Nach dem Census von 1992 beläuft sich die Bevöl-

---

477 Historia de la Ley No. 19.947, Biblioteca del Congreso Nacional de Chile, Santiago de Chile, 17.5.2004, S. 5
478 Ibidem, S. 5
479 Ibidem, S. 5
480 Ibidem S. 6
481 Ibidem, S. 6

kerungszahl der über 14jährigen in Chile auf 9.660.387 Millionen, die sich nach ihrem Zivilstand folgendermaßen aufteilen: 3.373.885 Ledige, 4.699.720 Verheiratete, 537.444 Personen, die zusammenleben, 324.926 tatsächlich Getrennte und 30.656 Annullierte. Die Zahl der Personen, die durch eine familiäre Situation tangiert sind, die nicht mit der Ehe oder einer Ehekrise zu tun haben, beträgt 893.026.[482] Die obigen Ausführungen sehen die den Ehegesetz-Entwurf einbringenden Abgeordneten vollständig im Einklang mit der von der Nationalen Kommission der Familie getroffenen Schlussfolgerung, wonach bei den historischen Prozessen zur Unterscheidung zwischen privat und öffentlich, modern und traditionell in den letzten Jahren andere Faktoren, die die Regeln des soziodemographischen Verhaltens der Bevölkerung verändert hätten, hinzugekommen seien wie auch neue Unterscheidungsfaktoren der Familiendifferenzierung."[483]

Nach jahrelangem Kampf, in dem sich vor allem die katholische Kirche und konservative Kreise der Gesellschaft exponierten, ergab es sich, dass die Ehescheidung im neuen Recht auf Grund der politischen Mehrheiten unvermeidbar wurde. Die Unterzeichner des Gesetzentwurfs haben in der Einleitung desselben auf die Gefahr des Auseinanderklaffens von gesetzlicher Regelung und gängiger Praxis hingewiesen, auf die institutionalisierte Lüge. Man wusste schließlich, wie man unter Umgehung der Gesetzesnorm zu einer faktischen, einvernehmlichen Ehescheidung kommen konnte. Die gesetzliche Neuregelung und offizielle Einführung der Ehescheidung sollte der seit langem geübten gesellschaftlichen Praxis endlich eine Norm geben. Dabei haben sich die Autoren des Gesetzesentwurfs sehr bemüht, die große Bedeutung, die Familie in Chile hat, herauszuarbeiten und zu unterstreichen. Sie weisen fast beschwörend auf die allgemein eingetretenen Änderungen in der Medizin und der Arbeitswelt hin wie auch auf den Druck der statistischen Zahlen. Es soll ganz klar gemacht werden, dass man es sich nicht leicht gemacht hat, dem katholischen Land Chile die Möglichkeit der Ehescheidung zu geben. Da in den langen Jahren der Diskussionen um das neue Ehegesetz der Fokus stets auf der Scheidung lag, wird das Gesetz auch meist als „Scheidungsgesetz" bezeichnet. Bis zur Verabschiedung dieses Gesetzes war Chile das einzige lateinamerikanische Land, in dem eine Ehescheidung nicht möglich war.[484]

Das neue Ehegesetz behandelt die Ehescheidung in den Art. 53 bis 55.

---

482 Ibidem, S. 6
483 Ibidem, S. 6; Informe Comisión Nacional de la Familia, Kap. IV, „La Realidad de las Familias Chilenas Hoy", Santiago de Chile, 1994, S. 140
484 García Cantero, Marriage and Divorce in Chile, The International Survey of Family Law, 2005, S. 155

Art. 53 lautet:

> „Die Scheidung beendet die Ehe. Die bereits bestehende Abstammung wird in keiner Weise berührt, ebensowenig die Rechte und Verpflichtungen, die sich daraus ergeben".[485]

Gemäß Art. 54 wird die Ehe bei Vorliegen von Verschuldensgründen einer Partei geschieden. Als Grund für eine Scheidung werden u.a. folgende Sachverhalte bezeichnet: Anschlag auf das Leben oder schwere physische oder psychische Misshandlung des Ehegatten oder eines Kindes, schwere und wiederholte Überschreitung der Pflichten, die sich aus dem Zusammenleben, der besonderen aus der Ehe resultierenden Pflicht zur Hilfeleistung und Treue ergeben, Verurteilung wegen Begehens eines Verbrechens oder eines einfachen Delikts gegen die familiäre Ordnung und die öffentliche Moral oder gegen Personen, die im 2. Buch unter den Titeln VII und VIII des Strafgesetzbuches aufgeführt werden, wenn dies zu einem ernsten Bruch der ehelichen Harmonie führt.[486] Scheidungsgrund ist auch das Vorliegen von Homosexualität eines Ehepartners. Weitere Gründe sind Alkoholismus und Drogenabhängigkeit als schweres Hindernis für ein harmonisches Zusammenleben zwischen den Ehepartnern oder zwischen diesen und den Kindern, sowie der Versuch, den anderen Ehegatten oder die Kinder zu prostituieren.

Art. 55 regelt das Ehescheidungsverfahren, wenn beide Parteien es übereinstimmend beantragen und mehr als ein Jahr getrennt leben. In diesen Fällen müssen sie über die notwendig zu regelnden Folgesachen eine Vereinbarung vorlegen. Weiterhin ist die Scheidung bei dreijähriger Trennung möglich, wenn der Antragsgegner in der Zeit des Getrenntlebens seine Unterhaltspflicht gegenüber dem Ehegatten und gemeinsamen Kindern vernachlässigt hat, obwohl er leistungsfähig gewesen wäre. Neben dem Ehescheidungsverfahren blieb in dem neuen Gesetz weiterhin die Möglichkeit der Annullierung bzw. Nichtigkeit (nulidad) erhalten, wie auch die gesetzliche Trennung (separación legal).[487] Sie setzt nach Art. 26 die schwerwiegende Verletzung ehelicher Pflichten oder Verpflichtungen gegenüber den Kindern voraus, die ein gemeinsames Leben unerträglich machen. Hernán Corral vertritt insoweit die Ansicht, dass es sich bei der gesetzlichen Trennung um eine echte Alternative zur Ehescheidung handle, da ja ausdrücklich das Eheband aufrecht erhalten bleibe und man nachher keine Scheidung verlangen könne, da

---

485 Bergmann/Ferid/Henrich, Chile, Stand 1.7.2007, S. 80
486 Im 2. Buch des Strafgesetzbuchs (Código Penal) werden unter Titel VII Verbrechen und einfache Straftaten gegen die familiäre Ordnung und die öffentliche Moral behandelt; unter Titel VIII Verbrechen und einfache Straftaten gegen Personen.
487 Die gesetzliche Trennung (Separación legal) ist nun in § 2, Art. 26-41 Ehegesetz geregelt

man dann gegen seine eigene Entscheidung vorginge.[488] Ramos Pazos teilt diese Rechtsansicht nicht.[489]

Die Folgen der gesetzlichen Trennung treten mit dem entsprechenden Richterspruch ein.[490] Um Rechtswirkungen nach außen herbeizuführen, muss die Trennung im Heiratsregister eingetragen werden.[491] Im Übrigen bleiben alle Rechte und Pflichten zwischen den Eheleuten erhalten mit Ausnahme derjenigen, die mit dem Getrenntleben unvereinbar wären, wie Beiwohnung und Treue.[492] Mit der gesetzlichen Trennung endet die Errungenschaftsgemeinschaft oder die Zugewinngemeinschaft zwischen den Eheleuten.[493] Gemäß Art. 35 des Ehegesetzes tangiert die gesetzliche Trennung nicht das Erbrecht der Eheleute – es sei denn derjenige würde erben, durch dessen Verschulden es zur Trennung kam. In diesem Fall müsste ein Richter entscheiden.[494] Durch die Trennung der Eltern ändert sich an der Abstammung der Kinder nichts.[495] Wenn die Eheleute nach einer Trennung wieder zusammenleben, gelten sie wieder als Verheiratete wie zuvor.[496] Den Eintrag im Eheregister müssen sie dann ergänzen.

Die Folgen der nichtigen Ehe ergeben sich aus Art. 51 und 52 des Ehegesetzes. Außerdem finden verschiedene Vorschriften des Código Civil Anwendung,[497] die sich allgemein mit nichtigen Rechtsgeschäften befassen – soweit sie nicht mit den

---

488 Corral Talciani, Una ley de paradojas. Comentario de la nueva Ley de Matrimonio Civil, Revista Chilena de Derecho Privado, Santiago de Chile, 2004 No. 2, S. 259-272, hier S. 272
489 Ramos Pazos, Derecho de Familia, Bd. I, Santiago de Chile, 2007, S. 72
490 Die Folgen der Trennung sind in § 2, Art. 32-41 Ehegesetz geregelt
491 Art. 32 im Wortlaut: Die gerichtliche Trennung wird wirksam in dem Zeitpunkt, in dem das erlassene Urteil rechtskräftig wird. Ungeachtet dessen muss das rechtskräftige Urteil, das die gerichtliche Trennung anordnet, durch Randvermerk im betreffenden Eheregister vermerkt werden. Sobald der Randvermerk eingetragen ist, ist das Urteil Dritten gegenüber maßgeblich. Die Eheleute gelten als getrennt lebend. Sie dürfen keine neue Ehe schließen. S. Bergmann/Ferid/Henrich, Chile, Stand 1.7.2007, S. 77/78
492 Art. 33 im Wortlaut: Bei der gerichtlichen Trennung bleiben die persönlichen Rechte und Pflichten zwischen den Eheleuten bestehen, jedoch mit Ausnahme derjenigen Rechte und Pflichten, die mit dem Getrenntleben nicht vereinbar sind, wie die Pflicht zum Geschlechtsverkehr und zur Treue; diese entfallen. S. Bergmann/Ferid/Henrich, Chile, Stand 1.7.2007, S. 78
493 Dies ergibt sich aus Art. 1764, Abs. 3, 1792-27, Abs. 5 und 158 Código Civil
494 Die unterhaltsrechtlichen Folgen der Trennung sind im Código Civil, § 5, VI. Titel, I. Buch geregelt
495 Art. 36 Ehegesetz im Wortlaut: Die schon feststehende Abstammung ändert sich nicht, ebensowenig ändern sich die Pflichten und die Verantwortlichkeit der getrennten Eltern im Verhältnis zu ihren Kindern. Der Richter ordnet alle Maßnahmen an, um die negativen Auswirkungen zu mildern, die für die Kinder mit der Trennung der Eltern verbunden sein können. S. Bergmann/Ferid/Henrich, Chile, Stand 1.7.2007, S. 78
496 Art. 38 Ehegesetz im Wortlaut: Die Wiederaufnahme des Zusammenlebens der Eheleute führt, wenn der Wille zur dauerhaften Fortsetzung vorhanden ist, zur Aufhebung des Verfahrens, das auf das Trennungsurteil gerichtet ist oder das bereits durch Urteil beendet war. Im letzteren Fall führt das zur Wiederherstellung des Status als Verheiratete. S. Bergmann/Ferid/Henrich, Chile, Stand 1.7.2007, S. 78
497 Código Civil, IV. Buch, Titel XX, Art. 1681 ff.

Bestimmungen des Ehegesetzes inkompatibel sind. Eine nichtige Ehe, die vor einem Standesbeamten geschlossen wurde, hat für denjenigen Ehegatten, der bei der Eheschließung gutgläubig war oder sich in einem berechtigten Irrtum befand, dieselben Wirkungen wie eine wirksame Ehe.[498] Ein derart gutgläubiger Mensch kann auch wählen, ob er die güterrechtliche Regelung, die für die Ehe gelten sollte, auflösen möchte oder sich den allgemeinen Regeln der Gemeinschaft unterwerfen will. Geschenke darf man bei Gutgläubigkeit ebenfalls behalten. Die Gutgläubigkeit wird vermutet – es sei denn das Eheaufhebungsverfahren würde etwas anderes ergeben.[499] Abschließend ist anzumerken, dass Homosexualität als Scheidungsgrund[500] einen Verstoß gegen den Gleichheitsgrundsatz darstellen könnte. In Deutschland und anderen westlichen Ländern sind auch eingetragene Lebenspartnerschaften unter Gleichgeschlechtlichen möglich.

Seit 1. Oktober 2005 gibt es in Chile Familiengerichte.[501] Durch die Einführung dieser spezialisierten Gerichte soll eine Beschleunigung der familiengerichtlichen Verfahren erreicht werden. Ansonsten ist die Masse der Verfahren in Chile recht langwierig. Die in den Familiengerichten tätigen Richter sind auf das Familienrecht spezialisiert und sollen oder sollten zumindest eine höhere Kompetenz zur Lösung schwieriger zwischenmenschlicher Probleme mitbringen. Eine Vollzugsabteilung ist in die Familiengerichte eingebunden, um die möglichst rasche Durchsetzung der richterlichen Entscheidungen zu gewährleisten, wie beispielsweise Urteile oder einstweilige Anordnungen auf Zahlung von Kindes- oder Ehegattenunterhalt.[502]

Gemäß Art. 1 des Gesetzes zur Einführung der Familiengerichte wurden diese Gerichte für eine spezielle Rechtsprechung geschaffen. Soweit das Gesetz keine Regelungen vorsieht, findet das Gerichtsverfassungs-Gesetzbuch (Código Orgánico de Tribunales) Anwendung. Die Einführung der Familiengerichte bedeutet für viele einen riesigen Schritt in Richtung Modernisierung der chilenischen Justiz. So wünscht sich beispielsweise Rodrigo Silva Montes, dass nun weitere Reformen folgen müssten, wie die immer dringlicher werdende Zivilprozessreform. Dabei

---

498 Gesetz No. 19.947 vom 17.5.2005, Art. 51
499 Gesetz No. 19.947 vom 17.5.2005, Art. 52 im Wortlaut: Es wird vermutet, dass die Ehegatten die Ehe gutgläubig oder in einem entschuldbaren Irrtum geschlossen haben, es sei denn, in dem Prozess wird das Gegenteil bewiesen und in dem Urteil verlautbart; Bergmann/Ferid/Henrich, Chile, Stand 1.7.2007, S. 80
500 Art. 54 Abs. 4 Ehegesetz: Die Scheidung kann durch einen der Ehegatten beantragt werden aufgrund einer schuldhaften Verfehlung durch den anderen Ehegatten ihm gegenüber, vorausgesetzt, dass eine grobe Verletzung der Pflichten und Verpflichtungen, die ihnen durch die Ehe auferlegt, vorliegt oder eine grobe Verletzung der Pflichten und Verpflichtungen gegenüber den Kindern gegeben ist, die das Zusammenleben unerträglich macht. Ein solcher Grund liegt unter anderem vor, wenn einer der nachfolgenden Tatbestände erfüllt ist: Ziff. 4 homosexuelles Verhalten. S. Bergmann/Ferid/Henrich, Chile Stand 1.7.2007, S. 80/81
501 Gesetz No. 19.968 vom 30.8.2004
502 Silva Montes, Manual de Tribunales de Familia, Colección Manuales Jurídicos, Santiago de Chile, 2005, S. 9

sollten nach seiner Auffassung die Familiengerichte und deren Art der Prozessführung dem Gesetzgeber als Quell der Anregung dienen für weitere Änderungen.[503]

Die sachliche Zuständigkeit der Familiengerichte[504] liegt vor bei Streitigkeiten über die elterliche Sorge, das Umgangsrecht, Ehetrennung, Ehescheidung, Aufhebung der Ehe, Unterhaltsrecht, Güterrecht, innerfamiliäre Gewalt etc. Im **Anhang 3** befindet sich eine detaillierte Auflistung über die Angelegenheiten, die in die **Zuständigkeit der Familiengerichte** fallen. Im Gesetz zur Einführung der Familiengerichte ist auch die Mediation verankert.[505] Voraussetzung zur Eintragung in das Register für Mediatoren ist nur eine „geeignete" berufliche Ausbildung, die staatlich anerkannt ist.[506] Außerdem darf man nicht vorbestraft sein.[507] Mediation ist bei Angelegenheiten, die den Personenstand betreffen, ausgeschlossen – außer denjenigen, die das Ehegesetz regelt - sowie bei Verboten, Fällen von Kindesmisshandlung und den in den im reformierten Adoptionsgesetz vorgesehenen Fällen.[508] Bei Interesse einer Partei an einer Mediation bezüglich der rechtshängigen Verfahren kann ein im entsprechenden Register eingetragener Mediator eingeschaltet werden.[509] Der zuständige Familienrichter ist zu informieren und die Gegenseite wird von ihm unterrichtet. Sie hat dann innerhalb von zehn Tagen Zustimmung oder Ablehnung zur Mediation zu bekunden. Danach schlagen die Parteien einen eingeschriebenen Mediator vor. Wenn sie sich über diese Person nicht einigen können, wird der Richter einen Mediator nach dem Zufallsprinzip auswählen. Es besteht auch die Möglichkeit, nach Einleitung des gerichtlichen Verfahrens bis fünf Tage vor der mündlichen Verhandlung auf Antrag beider Parteien die Mediation anzuordnen. Gegen eine solche richterliche Verfügung gibt es kein Rechtsmittel. Sodann wird das Verfahren ausgesetzt. Scheitert die Mediation, wird das Verfahren vom Richter wieder aufgenommen.

Nach den gesetzlich formulierten Grundsätzen der Mediation[510] muss sich der Mediator vergewissern, dass zwischen den Parteien als Voraussetzung für eine Vereinbarung gleiche Bedingungen herrschen. Dabei stellt sich die Frage, w i e sich der Mediator insoweit vergewissert. Weiter verlangt das Gesetz, dass er bei Ungleichheit der Bedingungen die notwendigen Maßnahmen ergreifen wird, um Gleichheit herzustellen. Sollte dies nicht möglich sein, wird die Mediation für ge-

---

503 Ibidem, S. 9
504 Art. 8 des II. Titels des Gesetzes No. 19.968 vom 30.8.2004 über die Einführung der Familiengerichte regelt die sachliche Zuständigkeit.
505 V. Abteilung, Art. 103-114
506 Art. 111 des Gesetzes zur Einführung der Familiengerichte
507 Art. 103 des Gesetzes zur Einführung der Familiengerichte
508 Art. 104 des Gesetzes zur Einführung der Familiengerichte; Gesetz No. 19.620 vom 5.8.1999
509 Art. 105 des Gesetzes zur Einführung der Familiengerichte
510 Art. 106 des Gesetzes zur Einführung der Familiengerichte

scheitert erklärt.[511] Nicht erwähnt wird im Gesetzestext, wie der Mediator es denn anstellen soll, Waffengleichheit herzustellen, wo doch gerade in familienrechtlichen Auseinandersetzungen der ökonomisch Stärkere in der Regel am längeren Hebel sitzt.[512] Die Dauer der Mediation wird begrenzt auf sechzig Tage ab deren Beginn. Auf gemeinsamen Antrag der Parteien kann diese Frist um weitere sechzig Tage verlängert werden.[513] Kommt es bei der Mediation zu einer Einigung, wird ein entsprechendes Protokoll erstellt, von allen Beteiligten unterzeichnet und dem Richter zur Genehmigung vorgelegt. Wenn er genehmigt, erlangt es den Status eines rechtskräftigen Titels.

5. Neuregelung des Unterhaltsrechts und verfassungsändernde Gesetze zur Gleichstellung von Mann und Frau bzw. Demokratisierung des Systems

Das Unterhaltsrecht ist im Código Civil geregelt[514] sowie im Gesetz über die Trennung von der Familie und Zahlung von Unterhalt (Ley sobre abandono de familia y pago de pensiones)[515] in der durch zwei Änderungsgesetze aus den Jahren 2001 und 2007 gegebenen Fassung.[516] Unterhaltsberechtigt sind Ehegatten, Abkömmlinge, Verwandte in aufsteigender Linie, Geschwister, diejenigen, die eine bedeutende Schenkung machten, sofern sie weder angefochten noch widerrufen wurde.[517] Der Gesetzgeber hat nicht definiert, was Unterhalt ist, aber er hat in Art. 323 Código Civil festgeschrieben:

> „Der Unterhalt muss den Unterhaltsberechtigten in die Lage versetzen, entsprechend *seiner* sozialen Stellung bescheiden zu leben."[518]

Er umfasst bei einem unter 21 Jahre alten Unterhaltsberechtigten die Verpflichtung, den Grundschulunterricht und die Ausbildung zu einem Gewerbe oder Handwerk zu gewährleisten.[519] Die in Art. 323 Código Civil alter Fassung getroffene Unterscheidung zwischen angemessenem und notdürftigem Unterhalt ist mit dem Gesetz

---

511 Art. 106 des Gesetzes zur Einführung der Familiengerichte
512 Anmerkung der Verf.
513 Art. 108 des Gesetzes zur Einführung der Familiengerichte
514 Código Civil Art. 232 und Art. 321-337
515 Gesetz No. 14.908 vom 30.5.2000
516 Gesetz No. 19.741 vom 24.7.2001 und Gesetz No. 20.152 vom 9.1.2007
517 Art. 321 Código Civil im Wortlaut: Unterhalt wird geschuldet: 1. dem Ehegatten, 2. den Abkömmlingen, 3. den Verwandten in aufsteigender Linie, 4. den Geschwistern, 5. demjenigen, der eine bedeutende Schenkung gemacht hatte, die weder gekündigt noch widerrufen wurde. S. Bergmann/Ferid/Henrich, Internationales Ehe- und Kindschaftsrecht, Chile, Stand 1.7.2007, S. 47
518 Bergmann/Ferid/Henrich, Internationales Ehe- und Kindschaftsrecht, Chile, Stand 1.7.2007, S. 47
519 Bergmann/Ferid/Henrich, Internationales Ehe- u. Kindschaftsrecht, Stand 1.7.2007, S. 35 und Ramos Pazos, Bd. II, S. 525 ff.

No. 19.585 über die Neuregelung der Abstammung[520] aufgehoben worden. Der Código Civil regelt ausschließlich die gesetzlichen Unterhaltspflichten.[521] Daneben gibt es freiwillige Unterhaltszahlungen, worauf Art. 337 Código Civil verweist:

> „Die Vorschriften dieses Titels gelten nicht bei Unterhaltszuwendungen, die freiwillig durch Testament oder durch Schenkung unter Lebenden erfolgen; dabei muss sich der Zuwendungswille auf dasjenige beziehen, worüber der Testator oder der Schenker frei verfügen kann."[522]

Wenn ein Unterhaltspflichtiger verstirbt, belastet die Unterhaltspflicht den Nachlass, es sei denn der Erblasser hätte einem seiner Rechtsnachfolger allein diese Zahlungsverpflichtung auferlegt. Der Código Civil unterscheidet zwischen einstweiligen und dauerhaften Unterhaltspflichten.[523] Der Richter kann während eines Unterhaltsverfahrens vorläufige bzw. einstweilige Zahlungsanordnungen erlassen. Falls der Beklagte im Endurteil nicht zu Unterhaltszahlungen verurteilt wird, sind erhaltene Zahlungen zurückzugewähren, es sei denn, der Kläger war gutgläubig und hat die Klage mit einer einigermaßen plausiblen Begründung erhoben.[524] Dauerhafte Unterhaltsverpflichtungen ergeben sich aus einem Endurteil.

Das Unterhalts-Abänderungsgesetz[525] hat hinsichtlich vorläufiger bzw. einstweiliger Unterhaltsverpflichtungen wichtige Änderungen gebracht. Bis dahin gab es einstweilige Zahlungsanordnungen nur für minderjährige Kinder des Unterhaltspflichtigen. Die vorläufige bzw. einstweilige Zahlungsanordnung durfte nur innerhalb einer Frist von zehn Tagen ausgesprochen werden. Auch diese Einschränkung entfiel mit dem Unterhalts-Abänderungsgesetz.[526] Der Richter hat nun in Unterhaltsprozessen eine Entscheidung über vorläufige Unterhaltszahlungen zu treffen, sobald die Klage zugelassen wird. Die Entscheidung erfolgt nach Aktenlage, d.h. auf der Basis der bei Gericht eingereichten Unterlagen und Urkunden. Der Beklagte hat eine Frist von fünf Tagen, um der Höhe der vorläufig angeordneten Unterhaltszahlungen zu widersprechen. Eine entsprechende Belehrung muss mit der Anordnung erteilt werden. Bei Widerspruch muss der Richter entscheiden,

---

520 Gesetz No. 19.585 vom 26.10.1998; Titel X, Abs. 5/35
521 Código Civil Art. 321
522 Bergmann/Ferid/Henrich, Internationales Ehe- und Kindschaftsrecht, Chile, Stand 1.7.2007, S. 49
523 Art. 327 im Wortlaut: Bei der Frage der Festsetzung der Unterhaltsleistungen entscheidet der Richter vorläufig auf der Grundlage der eingereichten Urkunden und Unterlagen, unbeschadet der Möglichkeit der Rückerstattung, wenn die zahlungspflichtige Person ein freisprechendes Urteil erwirkt. S. Bergmann/Ferid/Henrich, Internationales Ehe- und Kindschaftsrecht, Chile, Stand 1.7.2007, S. 48; diese Regelung wurde mit dem Abänderungsgesetz No. 20.152 vom 9.1.2007 eingeführt
524 Ramos Pazos, Bd. II, S. 527 ff.
525 Gesetz No. 20.152 vom 9.1.2007
526 Die modifizierte Regelung ist Art. 4 des Gesetzes No. 14.908 vom 30.5.2000 über die Trennung von der Familie und Zahlung von Unterhalt zu entnehmen. S. Ramos Pazos, Derecho de Familia, Bd. II, S. 528

ob er eine mündliche Verhandlung anberaumt. Diese muss innerhalb der folgenden zehn Tage stattfinden. Wird nicht fristgemäß Widerspruch eingelegt, wird die einstweilige Anordnung vollstreckbar.

Das Gericht kann auch einem Antrag auf einstweilige Erhöhung, Reduzierung oder Wegfall eines Unterhaltsanspruchs stattgeben, wenn es die eingereichten Unterlagen für ausreichend hält, eine solche Entscheidung zu rechtfertigen. Die Entscheidung, die vorläufige Unterhaltszahlungen oder die vorläufige Erhöhung, Herabsetzung oder den Wegfall des Unterhalts anordnet, ist der Wiedereinsetzung in den vorigen Stand zugänglich, die mit dem Ziel der Rückerstattung gewährt werden kann.[527] Hält der Richter vorstehendes Procedere nicht ein, kann die beschwerte Partei gemäß Art. 536 des Gerichtsverfassungs-Gesetzbuches (Código Orgánico de Tribunales) vorgehen. Das bedeutet, dass eine Prozesspartei sich beim Berufungsgericht über den Richter wegen Missbrauchs bei Amtsausübung beschweren kann. Nach Anhörung des betroffenen Richters wird alsbald über geeignete Maßnahmen entschieden, die den Ursprung der Beschwerde beseitigen sollen.

Voraussetzung für das Recht auf Unterhalt ist gemäß Art. 330 Código Civil die Bedürftigkeit des Unterhaltsberechtigten. Der Gesetzestext wurde geändert und lautet heute wie folgt:[528]

„Unterhalt wird nur geschuldet bis zu der Höhe, die für den Lebensunterhalt des Unterhaltsberechtigten gemäß seiner sozialen Stellung notwendig ist."[529]

Aus dieser Formulierung ergibt sich eindeutig, dass auch ein ganz wohlhabender Unterhaltspflichtiger dann keinen Unterhalt zahlen muss, wenn der Unterhaltsberechtigte so gestellt ist, dass er mit dem, was er hat, auskommen kann – gemäß s e i n e r sozialen Stellung. In Bezug auf diese Unterhaltsvoraussetzung wurde per Urteil entschieden, dass für den Fall, dass der Unterhaltsberechtigte behauptet, es mangele ihm an Mitteln, der Unterhaltspflichtige das Gegenteil beweisen muss.[530]

Diese Entscheidung steht im Widerspruch zu Art. 1698 Código Civil:

„Derjenige, der Verpflichtungen oder deren Tilgung behauptet, muss es beweisen."

Danach würde es dem Unterhaltsberechtigten obliegen, seine Bedürftigkeit unter Beweis zu stellen und nicht dem Unterhaltspflichtigen. Das oben erwähnte Urteil ist in der Literatur sehr umstritten.[531]

---

527 Familia, Legislación y Jurisprudencia, Ley No. 14.908 S. 79/80
528 Änderung durch das Gesetz 19.585 vom 26.10.1998
529 Bergmann/Ferid/Henrich, Internationales Ehe- und Kindschaftsrecht, Chile, Stand 1.7.2007, S. 48
530 Gaceta Jurídica No. 84, Sentencia 3a, S. 50
531 Ramos Pazos, Derecho de Familia, Santiago de Chile, 2007, Bd.II, S. 529

Die Höhe des geschuldeten Unterhalts regelt Art. 3 des Gesetzes No. 14.908. Art. 3, Abs. 2:

> „Der Mindestunterhaltsbetrag, der einem minderjährigen Unterhaltsberechtigten zugesprochen wird, kann nicht unter 40 % des Mindestlohnes[532] liegen, der dem Unterhaltspflichtigen auf Grund seines Alters zusteht."

Art. 3, Abs. 2 nimmt Bezug auf Art. 7 des Gesetzes No. 14.908:

> „Das Gericht kann keinen Unterhaltsbetrag festsetzen, der 50 % des Einkommens des Unterhaltspflichtigen übersteigt."[533]

Das Gesetz über die Trennung von der Familie und Zahlung von Unterhalt[534] wurde teilweise abgeändert und insbesondere im Hinblick auf Sanktionen gegenüber säumigen Unterhaltsschuldnern und Durchsetzung von Unterhaltstiteln verschärft.[535] So kann bei einem zu Unterhaltszahlungen verurteilten nicht-selbständigen Arbeitnehmer die Zahlung des Unterhalts in Form eines teilweisen Einbehalts des Lohnes des Arbeitnehmers durch den Arbeitgeber erfolgen.[536] Das Gesetz No. 20.152 änderte das Gesetz No. 14.908 in der Weise, dass nun derjenige, der auf Grund gerichtlicher Anordnung den Lohn des Unterhaltsschuldners teilweise einzubehalten hat, d.h. der Arbeitgeber, eine Strafe in Höhe der doppelten Summe des Betrages, den er einbehalten sollte, zahlen muss, wenn er sich nicht an die gerichtliche Weisung hält.[537] Weiterhin ist der Arbeitgeber verpflichtet, dem Gericht die Beendigung des Arbeitsverhältnisses des Unterhaltspflichtigen mitzuteilen.[538]

Bei Verlust des Arbeitsplatzes und Zahlung einer Abfindung muss der Arbeitgeber die Unterhaltssumme für den auf die Beendigung des Arbeitsverhältnisses folgenden Monat einbehalten und an den Unterhaltsberechtigten abführen.[539] Außerdem kann ein Unterhaltsschuldner nun auch mit einer Strafe belegt werden.[540] Falls der ausgeurteilte Unterhalt nicht gezahlt wird, kann dieser auf Antrag des

---

532 Der gesetzliche Mindestlohn wird jedes Jahr zum 1. Juli neu bestimmt. Das letzte entsprechende Gesetz No. 20.449 vom 3.7.2010 setzte den Betrag auf 172.000 CLP für Arbeitnehmer zwischen 18 und 65 Jahren fest, für über 65- und unter 18Jährige wurde er auf 128.402 CLP bestimmt, für alle Hausangestellten wurde er für die Zeit ab 1. März 2011 ebenfalls auf 172.000 CLP festgesetzt. S. Veröffentlichung der Dirección de Trabajo, http://www.dt.gob.cl/consultas/1613/w3-article-60141.html, zuletzt aufgerufen am 24.6.2011
533 Vodanovic H., Leyes de Derecho de Familia y de Menores, Santiago de Chile, 2005, S. 161 u. 162
534 Gesetz No. 14.908 vom 30.5.2000
535 Änderung durch die Gesetze No. 19.741 vom 24.7.2001 und insbesondere Art. 8 ff. des Gesetzes No. 20.152 vom 9.1.2007
536 Art. 8 des Gesetzes No. 20.152 vom 9.1.2007
537 Das Gesetz No. 20.152 vom 9.1.2007 änderte Art. 13 Abs. 1 des Gesetzes No. 14.908 vom 30.5.2000
538 Art. 13 Abs. 3 des Gesetzes No. 20.152
539 Art. 13, Abs. 4 des Gesetzes No. 20.152 vom 9.1.2007
540 Art. 14 und 16 des Gesetzes No. 20.152 vom 9.1.2007

Ehegatten, der Eltern, der Kinder oder des Adoptierten in Nachtarrest kommen, der um 22.00 Uhr beginnt und um 6.00 Uhr des folgenden Tages endet und dies bis zu vierzehn Tagen. Die Maßnahme kann wiederholt werden, bis die Zahlung erfolgt ist. Nach der gleichen Vorschrift kann eine Hausdurchsuchung angeordnet und der Schuldner bei der Polizei vorgeführt werden,[541] die den Schuldner festnehmen kann, wo auch immer er sich befindet.[542] Diese Zwangsmaßnahmen gelten allerdings nicht bei Unterhaltspflichten gegenüber Geschwistern und Großeltern. Das Gesetz No. 20.152 hat im Vergleich zu dem Vorgänger-Gesetz No. 14.908 die Sanktionen gegenüber Unterhaltsschuldnern erheblich verschärft.[543] So kann nun auch ein Dritter, der beim Verbergen des Aufenthaltsortes eines Unterhaltsschuldners behilflich ist, zwischen 22.00 Uhr abends und 6.00 Uhr morgens in Nachtarrest kommen – und dies bis zu vierzehn Tagen.

Die Geschichte des Unterhaltsreformgesetzes No. 20.152 (Historia de la Ley No. 20.152), die die Bibliothek des Nationalen Kongresses von Chile veröffentlicht hat, umfasst 315 Seiten.[544] Die Debatte im Plenarsaal des Parlaments fand am Internationalen Tag der Frau statt. Der Gesetzesentwurf wurde von den Abgeordneten Pía Guzman, María Angélica Cristi und Aldo Cornejo y Orpis am 12. Oktober 2000 eingebracht. Im einleitenden Text wird darauf hingewiesen, dass derzeit eines der brennendsten Probleme die Durchsetzung titulierter Unterhaltsansprüche von minderjährigen ehelichen und nichtehelichen Kindern ist.[545] Dabei wird betont, dass die im Gesetz No. 14.908 über das Verlassen der Familie und Zahlung von Unterhalt vorgesehenen Mechanismen zur Vollstreckung der Unterhaltsansprüche nicht ausreichend sind. Im Hinblick auf die Findigkeit der Unterhaltsschuldner, sich der Zahlungsverpflichtung zu entziehen, wird die dort vorgesehene Möglichkeit der Lohnpfändung oder des Embargos für völlig ungenügend gehalten.[546]

In diesem Zusammenhang wird der Bericht der nationalen Kommission der Familie in der Regierungszeit des Präsidenten Aylwin[547] erwähnt, der schon damals zur Erkenntnis gekommen war, dass bei den Zwangsbeitreibungsmöglichkeiten von Unterhaltsansprüchen überwiegend Maßnahmen möglich seien, die bei Menschen angezeigt sind, die in wirtschaftlichen Verhältnissen leben, die beim größten Teil der Bevölkerung nicht vorliegen, wie z.B. die Eintragung eines Nießbrauchs

---

541 Art. 14 No. 3 des Gesetzes No. 20.152 vom 9.1.2007
542 Abs. 4 der gleichen Vorschrift
543 Die Art. 18 und 19 des Gesetzes No. 14.908 wurden durch das Gesetz No. 20.152 geändert und erheblich verschärft.
544 Historia de la Ley No. 20.152 vom 9.1.2007, Biblioteca del Congreso Nacional de Chile, Santiago de Chile, 2007, S. 7
545 Ibidem, S. 7
546 Ibidem, S. 7
547 Erster demokratisch gewählter Präsident nach Pinochet im Jahr 1989

oder einer Zwangshypothek.[548] In diesem Kontext wird auf die wenigen verfügbaren empirischen Studien über gerichtliche Verfahren verwiesen, die ergeben, dass in der Zeit von 1982 bis 1987 60 % der Unterhaltsverfahren bei den Zivilgerichten Kindes-Unterhaltsprozesse waren[549]. In einem Bericht von Unicef aus dem Jahr 1991 haben die Wissenschaftler Mónica Muñoz, Carmen Reyes, Paz Covarrubias und Emilio Osorio, in einer in Santiago de Chile erstellten soziodemographischen Analyse mit dem Titel „Chile in der Familie" erwähnt, dass diese Zahlen einen Mangel an Verantwortung des Vaters für seine Kinder zeigen, da dieser sich nicht nur im affektiven Bereich von ihnen entferne, sondern auch im materiellen.[550]

Die Politiker wollten deshalb in dem neuen Gesetz härtere Maßnahmen zur Eintreibung von Unterhaltsforderungen einführen. Sie rekurrierten dabei auf eine Möglichkeit, die im Wirtschaftsleben Chiles schon länger besteht, und zwar die Veröffentlichung von Schuldnern in einem Wirtschaftsbulletin der Handelskammer, wo dann auch Unterhaltsschuldner veröffentlicht werden sollen.[551] Bei der Diskussion im Plenum des Abgeordnetenhauses wies der Abgeordnete Errázuriz darauf hin, dass er die Tatsache, dass nach dem neuen Gesetz der Familienrichter innerhalb von zehn Tagen eine Entscheidung treffen muss, sehr begrüße und vor allem die Einführung der Einstweiligen Anordnung, da viele Verfahren schon seit Jahren anhängig seien. Hinsichtlich der Veröffentlichung von Unterhaltsschuldnern im Wirtschaftsbulletin äußerte er Bedenken, da dies eine wirksame Sanktion für Leute in guten wirtschaftlichen Verhältnissen sei, für einen Menschen mit knappen Ressourcen aber bedeuten könne, dass er nirgendwo mehr einen Arbeitsplatz finden könne.[552] Aus der Geschichte des reformierten Unterhaltsgesetzes ergibt sich, dass die Parlamentarier die Beitreibung von Unterhaltsschulden als großes Problem in Chile begreifen. Es wurde immer wieder auf Bemühungen der Unterhaltsschuldner zur Vermeidung der Zahlung verwiesen, denen man mit der Gesetzesreform begegnen wollte.

Ein Unterhaltsberechtigter hat grundsätzlich einen lebenslangen Unterhaltsanspruch und zwar so lange die Voraussetzungen vorliegen, die die Forderung recht-

---

548 Historia de la Ley No. 20.152 vom 9.1.2007, Biblioteca del Congreso Nacional, Santiago de Chile, 2007, S. 7
549 Ibidem, S. 8
550 Ibidem, S. 7
551 Decreto Supremo des Wirtschaftsministeriums No. 950 von 1928
552 Historia de la Ley No. 20.152 vom 9.1.2007, Biblioteca del Congreso Nacional de Chile, Santiago de Chile, 2007, S. 60

fertigten.⁵⁵³ Auf keinen Fall besteht die Unterhaltspflicht über den Tod des Berechtigten hinaus. Die Unterhaltsberechtigung ist nicht übertragbar.⁵⁵⁴ Wie im deutschen Recht auch liegt Verzug vor ab Aufforderung zur Zahlung und der Unterhalt ist jeweils monatlich im Voraus zu zahlen.⁵⁵⁵

Wie groß das Interesse an der Neuregelung des Unterhaltsrechts ist, ist beispielsweise an dem Blog zu sehen, den der Senator Jovina Novoa Vásquez zum geänderten Unterhaltsrecht ins Netz gestellt hat. Mitte April 2008 hatten dort Ratsuchende schon einhundert Seiten mit Anfragen vollgeschrieben, auf die der Senator antwortete.⁵⁵⁶ Das Unterhaltsreformgesetz aus dem Jahr 2007 schlägt nach wie vor hohe Wellen. In einer Internetzeitung wurde am 27. Juli 2007 ausführlich über die Neuerungen im Unterhaltsrecht, die durch dieses Gesetz eingetreten sind, berichtet.⁵⁵⁷ In der Veröffentlichung wurde ausführlich über einen Vortrag von Marco Antonio Redón, dem Leiter der Rechtsabteilung des Nationalen Dienstes der Frau (SERNAM) berichtet. Rendón sprach von einer Veränderung der Kultur, die durch die Einführung der möglichen Sanktionen gegenüber dem Unterhaltsschuldner eingetreten sei. Er verwies darauf, dass das Gesetz dem Unterhaltspflichtigen aufgebe, Auskunft über sein Einkommen und seine Vermögenssituation zu erteilen, wobei ihm bei falschen Angaben der nächtliche Einschluss, der Entzug der Fahrerlaubnis oder gar Gefängnis drohe. Die zuständige Behörde habe zum damaligen Zeitpunkt bereits fünf Anträge pro Woche auf Entzug der Fahrerlaubnis erhalten. Das Finanzamt habe schon in achtzig Fällen Steuererstattungsbeträge einbehalten und bei den Familiengerichten seien allein im Jahr 2006 150.000 Verfahren auf Zahlung von Unterhalt eingegangen. Wenn man dies mit der Zahl der jährlichen Geburten in Höhe von 240.000 in Beziehung setze, sei offenkundig, dass Chile hier ein gravierendes soziales Problem habe.⁵⁵⁸ Sofía Villalobos, die dama-

---

553 Art. 332 Código Civil: Der gesetzliche Unterhaltsanspruch bezieht sich auf das ganze Leben des Unterhaltsberechtigten, wenn die Voraussetzungen für den Unterhaltsanspruch unverändert bleiben. Gleichwohl fallen die Unterhaltsleistungen zugunsten von Abkömmlingen und der Geschwister nur bis zur Vollendung des 21. Lebensjahres an, es sei denn, sie studieren für einen Beruf oder ein Amt; in diesem Falle entfallen die Unterhaltsleistungen mit Vollendung des 28. Lebensjahres. Das Gleiche gilt, wenn sie physisch oder geistig nicht in der Lage sind, sich selbst zu unterhalten oder wenn der Richter auf Grund besonderer Umstände der Meinung ist, dass die Unterhaltsleistung für den Lebensunterhalt unerlässlich ist. S. Bergmann/Ferid/Henrich, Chile Stand 1.7.2007, S. 48
554 Art. 334 Código Civil: Das Recht auf Unterhalt kann weder vererbt noch verkauft noch sonstwie abgetreten werden; darauf kann auch nicht verzichtet werden. S. Bergmann/Ferid/Henrich, Chile Stand 1.7.2007, S. 481
555 Art. 331 Código Civil: Der Unterhalt wird geschuldet ab der ersten Aufforderung; er ist monatlich im Voraus zu leisten. Die Rückzahlung ist ausgeschlossen für im Voraus erhaltenen Unterhalt, der auf die Zeit nach dem Tod entfällt. S. Bergmann/Ferid/Henrich, Chile Stand 1.7.2007, S. 48
556 http://www.senado.cl/blog/jnovoa/?p=127, zuletzt aufgerufen am 13.8.2009
557 http://www.elmorrocotudo.cl/admin/render/noticia/11231, zuletzt aufgerufen am 18.6.2011
558 Ibidem

lige Leiterin von SERNAM, wird im gleichen Artikel insoweit zitiert, als sie darauf verwies, dass von zwei in Chile geborenen Kindern eines gezwungen sei, seinen Unterhalt einzufordern.[559]

In einem Internetportal zum Thema Verlassen der Familie und Zahlung von Unterhalt, wird unter dem Datum 21. Oktober 2009 der Inhalt des Unterhaltsreformgesetzes No. 20.152 erläutert. Außerdem werden Anfragen zum Thema veröffentlicht.[560] Weibliche Ratsuchende haben sich hier sehr positiv über die neuen Möglichkeiten im Unterhaltsrecht geäußert. Ein Mann hat sich jedoch beklagt, dass seine geschiedene Ehefrau für das bei ihm lebende gemeinsame Kind keinen Unterhalt zahle und trotz ihrer Jugend nicht berufstätig sei, da sie von einem neuen Lebenspartner unterhalten werde. Er verwies darauf, dass das Gesetz doch auf alle Anwendung finden müsste und nicht nur auf männliche Unterhaltsschuldner. Dabei äußerte er den Verdacht, dass seine geschiedene Frau über das neue Gesetz einfach nur lache.[561] Den Veröffentlichungen ist zu entnehmen, dass die chilenische Öffentlichkeit teils erfreut, teils erbost über die Neuregelungen und die lange Liste der Sanktionen bei Verletzung der Unterhaltspflicht ist, wobei Ursprung der Freude oder des Grolls davon abhängig ist, auf welcher Seite man steht, d.h. ob man Berechtigter oder Verpflichteter ist. Bei gerichtlichen Entscheidungen zum Unterhaltsrecht wird man darauf schauen müssen, ob unter Beachtung der Gleichbehandlung der Geschlechter zum Beispiel die Unterhaltspflicht für ein beim Vater lebendes Kind genauso behandelt wird wie die für ein bei der Mutter lebendes.

Mit den Gesetzen No. 19.611 und No. 20.050[562] wurden weitere einschneidende Änderungen an der Verfassung vorgenommen. Das Gesetz No. 19.611 fasste Art. 1 der Verfassung so, dass explizit „Personen" (las personas) und damit Männer und Frauen frei und gleich sind und nicht nur „Männer" (los hombres) wie der Text bis zum Eintritt dieser Änderung lautete. Das Gesetz No. 20.050 hat bis dahin noch vorhandene für demokratische Verhältnisse bedenkliche Bestimmungen ersetzt.[563]

6. Gesetzgebung zu innerfamiliärer Gewalt

In Chile wurde erstmals 1994 ein Gesetz gegen innerfamiliäre Gewalt verabschiedet.[564] Dieses Gesetz wurde in der Folge einige Male reformiert, zuletzt im Jahr

---

559 Ibidem
560 http://www.noticias.unab.cl/sabias-que/abandono-de-familia-y-pago-de-..., zuletzt aufgerufen am 18.6.2011
561 Ibidem
562 Gesetz No. 19.611 vom 16.6.1999 und Gesetz No. 20.050 vom 26.8.2005
563 S. Kapitel "Die Verfassungen Chiles unter dem Aspekt der Gleichberechtigung der Geschlechter und des Schutzes der Familie", II, 2. Verfassungsänderungen ab 1989.
564 Gesetz No. 19.325 vom 27.8.1994

2010. Schon in der ersten Fassung wurde in Art. 1 festgeschrieben, dass jede Art von Misshandlung, die die physische oder psychische Gesundheit eines Menschen berührt, ein Akt innerfamiliärer Gewalt ist.[565] In Deutschland gab es erst ab 1. Januar 2002 ein Gewaltschutzgesetz.[566] Es wird bei Gewalttaten, Nachstellungen und zur Erleichterung einer Ehewohnungszuweisung angewandt und dient in der Praxis meist dazu, die Zuweisung der Wohnung an denjenigen durchzusetzen, von dem keine Gewalt ausging und den Aggressor einige Zeit auf Abstand zum Opfer zu halten.[567] Die seelische Unversehrtheit ist im Gegensatz zum chilenischen Recht kein ausdrücklich geschütztes Rechtsgut.[568] Chile hat mit dem kontinuierlich verschärften Gewaltschutzgesetz[569] das Vorgehen gegen Diskriminierung innerhalb eines Familienverbandes ermöglicht. Im Hinblick auf die hohe Zahl von Todesfällen innerhalb einer Beziehung war sich auch die Regierung von Präsident Piñera bewusst, dass Handlungsbedarf bestand. So erfolgte die jüngste Gesetzesnovellierung im Dezember 2010. Die Vorschriften im Strafgesetzbuch zu Mord und Totschlag von Vater, Mutter, Kind wurden insoweit ergänzt als nun auch die Ehefrau bzw. Lebensgefährtin ausdrücklich in Art. 390 des Strafgesetzbuches aufgenommen wurde.[570] Mit dieser Gesetzesänderung erfüllte Chile seine Verpflichtungen aus der Interamerikanischen Konvention zur Vermeidung, Sanktionierung und Beseitigung von Gewalt gegen Frauen (Convención Interamericana para prevenir, sancionar y erradicar la violencia contra la mujer) sowie auch aus Gründen eines bestehenden Verfassungsmandats, da es konstitutionell gesicherte Pflicht des Staates ist, die Familie zu schützen wie auch das Recht auf Leben, die physische und moralische Integrität und das Recht, keine Folter oder unmenschliche und de-

---

565 Art. 1 des Gesetzes No. 19.325 vom 27.8.1994. „Se entenderá por acto de violencia intrafamiliar, todo maltrato que afecte la salud física o psíquica."
566 BGBl. I S. 3513
567 S. Palandt, Kommentar zum BGB, 71. Auflage, 2012, S. 3002 ff.
568 Ibidem, S. 3002 ff.
569 Das 1. Gesetz zum Gewaltschutz No. 19.325 vom 27.8.1994 wurde durch das Gesetz No. 20.066 vom 7.10.2005, das Gesetz No. 20.286 vom 15.9.2008 und das Gesetz No. 20.480 vom 18.12.2010 reformiert und jeweils verschärft. Durch die Novelle von 2010 wurde in das Strafgesetzbuch in Art. 390 neben Verwandten- und Gattenmord ausdrücklich der Frauenmord aufgenommen.
570 Art. 390 Código Penal lautet nun: „El que conociendo las relaciones que los ligan, mate a su padre, madre o hijo, a cualquier otro de sus ascendientes o descendientes o a quien es o ha sido su cónyuge o su conviviente, será castigado, como parricida, con la pena de presidio mayor en su grado máximo a presidio perpetuo calificado. Si la víctima del delito descrito en el inciso precedente es o ha sido la cónyuge o la conviviente de su autor, el delito descrito tendrá el nombre de femicidio." Derjenige, der in Kenntnis der bestehenden familiären Beziehungen seinen Vater, seine Mutter oder sein Kind oder irgendeinen anderen Verwandten auf- oder absteigender Linie oder eine Frau tötet, mit der er verheiratet war oder zusammengelebt hat, wird wie ein Vater- Mutter- oder Kindesmörder mit lebenslangem Zuchthaus in seiner schärfsten Form bestraft. Wenn das Verbrechensopfer gemäß vorstehendem Absatz die Ehefrau oder Lebensgefährtin des Täters war, wird das Delikt als Frauenmord bezeichnet.

gradierende Behandlung zu erleiden.[571] Mit der jüngsten Reform des Gesetzes gegen innerfamiliäre Gewalt wurden Rechtsvorschriften im Strafgesetzbuch und im Gesetz über die Familiengerichte geändert. Das Strafmaß wurde dem der Tötung des Gatten bzw. der Eltern angepaßt[572] und damit ein weiterer Schritt auf dem Weg zur Gleichbehandlung der Geschlechter gemacht.

7. Gesetzesvorhaben

Die Regierung Bachelet[573] hatte noch einige Gesetzesvorhaben zur Gleichberechtigung von Mann und Frau auf den Weg gebracht. Im Bereich des Arbeitsrechts sollten Männer und Frauen bei gleichwertiger Arbeit auch gleich entlohnt werden.[574] Im Familienrecht sollten die Rechtsvorschriften über die Errungenschaftsgemeinschaft geändert und dem Inhalt des Art. 1 Abs. 1 der Verfassung angepasst werden. Der Schutz der Familiengüter sollte verstärkt, die Verwaltung gewisser Güter der Ehefrau durch den Ehemann abgeschafft werden. Die bestehende diskriminierende Regelung sollte beseitigt und eine für Männer und Frauen gleiche Handhabung im Güterrecht eingeführt werden.[575] Im Bereich des internationalen Rechts sollte die Konvention zur Abschaffung aller Arten von Diskriminierung der Frau (CEDAW) Gesetzeskraft erlangen.[576] Zum Thema Gewalt gegen die Frau innerhalb der Familie sollten Verschärfungen eingeführt werden und zwar bei Anwendung physischer und sexueller Gewalt wie auch bei Gewalt in Bezug auf Vermögensfragen.[577] Auch eheähnliche Beziehungen sollten bei Vorliegen gewohnheitsmäßiger Misshandlungen geschützt und die vorhandenen Gesetze entsprechend geändert werden.[578] Die innerfamiliäre Gewalt sollte allgemein mit höheren Geldstrafen belegt werden können und die nichtehelichen Beziehungen sollten insoweit gleich behandelt werden wie Ehen.[579]

Die Interamerikanische Kommission für Menschenrechte (Comisión Interamericana de Derechos Humanos) – im folgenden CIDH – hat auf Einladung der chilenischen Staatspräsidentin Bachelet im September 2007 einen Arbeitsbesuch in Chile unter der Leitung von Victor Abramovich gemacht. Ziel war, die Situation

---

571 Biblioteca del Congreso Nacional, Principales Leyes aprobadas en el Año Legislativo 2010, S. 4, http://www.bcn.cl/carpeta-temas_profundidad/leyes-aprobadas-2010, zuletzt aufgerufen am 25.9.2011
572 Ibidem, S. 3
573 2006-2010
574 Bulletin No. 4356-13
575 Bulletin No. 1707-18 / s. Kapitel "Die Rolle der Rechtsprechung / Regelungskonkretisierung", Fall Arce Esparza
576 Bulletin No. 2667-10
577 Bulletin No. 4937-18 und 5308-18
578 Bulletin No. 4886-07
579 Bulletin No. 5212-07

der Rechte der Frau in Chile in Bezug auf Gleichheit und Diskriminierung und die insoweit eingeleiteten staatlichen Maßnahmen zu untersuchen. Das Ergebnis der Untersuchung wurde am 27. März 2009 unter dem Titel: „Bericht über die Rechte der Frauen in Chile: Gleichheit in der Familie, am Arbeitsplatz und in der Politik" veröffentlicht.[580] In dem Bericht wurde zwar hervorgehoben, dass Chile große Anstrengungen auf diesem Gebiet unternommen habe, allerdings auch noch viel zu tun sei. So wurde insbesondere gerügt, dass im Zivilgesetzbuch nach wie vor die Errungenschaftsgemeinschaft als Regelfall zu finden ist, wobei dem Ehemann die Verwaltung der Familiengüter obliegt. Der Bericht der Interamerikanischen Kommission für Menschenrechte ermahnte den chilenischen Staat erneut, die notwendigen Maßnahmen zu ergreifen, um den Gesetzgebungsprozess zu beschleunigen. Der bei der CIHD gelandete Fall der chilenischen Staatsangehörigen Sonia Arce Esparza wurde in diesem Zusammenhang ausdrücklich erwähnt.[581] Sie hatte anläßlich einer Erbschaft im Jahr 1993 bzw. 1994 das Problem, dass sie mit ihrem Ehemann in der Errungenschaftsgemeinschaft lebte, dieser aber schon seit Jahren unbekannten Aufenthalts war und sie als verheiratete Frau allein keine Verfügungen über den Nachlass ihrer Eltern treffen konnte. Das Verfahren vor der Interamerikanischen Kommission für Menschenrechte wurde vergleichsweise beendet, indem die Republik Chile sich verpflichtete, die Frauen diskriminierenden Vorschriften zur Errungenschaftsgemeinschaft außer Kraft zu setzen und zu reformieren.[582] Auch Oxfam beklagte im Regionalbericht 2008 die Situation in Chile in Bezug auf die Gleichheit der Geschlechter. Zwar habe man in die politische Verfassung das Prinzip der Gleichheit als Kriterium für die Verteilung der Rechte aufgenommen, aber die Nichterfüllung bestätigender Handlungen oder sogar die Inexistenz derselben verhindere, dass die faktischen Ungleichheiten in Sachen Geschlechterbeziehungen überwunden würden und sich somit das Gleichheitsprinzip in eine einfache Formalität verwandele.[583]

Ein Gesetzentwurf zur Änderung der Vorschriften über die Errungenschaftsgemeinschaft wurde erstmals im Jahr 1995 eingebracht.[584] Dieser sah gleiche Rechte und Pflichten für beide Ehepartner vor sowie die Abschaffung der Errungenschaftsgemeinschaft und Einführung der Zugewinngemeinschaft als Regelfall. Die erste Hürde auf dem Gesetzgebungsweg nahm er 2005. Seit Oktober 2005 lag er der Kommission für Verfassung, Gesetzgebung und Justiz des Senats vor. Der

---

580 Informe sobre los derechos de las Mujeres en Chile, http://www.cidh.org/countryrep/ChileMujer2009sp,Chilemujer09i-ii..., S. 3, zuletzt aufgerufen am 16.1.2012
581 Fall vor der Interamerikanischen Kommission für Menschenrechte, (Comisión Interamericana de Derechos Humanos – CIDH) No. 12.433, Arce Esparza versus República de Chile, s. Kapitel: „Regelungskonkretisierung – Rolle der Rechtsprechung in Chile".
582 Ibidem
583 Oxfam, Oxford Committee for Femine Relief, Informe Regional de Derechos Humanos y Justicia de Género, 2008, S. 17
584 Boletín 1707-18 vom 4.10.1995

Entwurf wurde im Lauf der Jahre geändert. In der letzten Version sollte die Errungenschaftsgemeinschaft erhalten bleiben, die Ehegatten aber bei Eheschließung bestimmen, wer Verwalter des Vermögens sein solle. Der nicht mit der Verwaltung betraute Ehegatte sollte ein Sondervermögen erhalten.[585] In der sogenannten gütlichen Vereinbarung zwischen Arce Esparza und der Republik Chile vom April 2007 versprach Chile die dringliche Behandlung des Gesetzentwurfs. Aus dem Entwurf wurde aber kein Gesetz.

Deshalb hat nach dem Regierungswechsel im März 2010 die neue Leitung des Nationalen Dienstes für die Frau (Servicio Nacional de la Mujer – SERNAM) einen neuen Gesetzentwurf angekündigt,[586] den die konservative Regierung des Präsidenten Piñera im April 2011 vorlegte. Dieser Entwurf sieht ebenfalls vor, dass bei Eingehung der Ehe der Vermögensverwalter bestimmt und für den jeweils anderen ein Sondervermögen gebildet wird; allerdings ist für den Fall, dass die Eheleute keine Anordnung treffen, die gemeinsame Verwaltung des Vermögens vorgesehen.[587] Sollte diese Kompromisslösung in den Gesetzgebungsorganen die erforderlichen Mehrheiten finden, wäre endlich das von der Republik Chile im Fall Arce Esparza gegebene Versprechen eingelöst.

Der Bericht der Interamerikanischen Kommission für Menschenrechte über die Rechte der Frauen in Chile von 2009 hat außerdem festgestellt, dass in der Legislative eine unterdurchschnittliche Zahl von Frauen tätig ist. Dabei liegt Chile im Vergleich zu den anderen amerikanischen Ländern wie auch zu denen der übrigen Welt weit unter dem Durchschnitt. Als weiteres großes Problem geißelt der Bericht die häusliche Gewalt. Jede Woche wird in Chile eine Frau durch ihren Ehemann oder Lebensgefährten getötet.[588]

Die bis März 2010 amtierende chilenische Staatspräsidentin Bachelet erklärte in ihrer Antrittsrede vor dem Kongress am 21. Mai 2006, dass es in der täglichen Erfahrung Diskriminierungen und Absonderungen gebe. Ihre Regierung stehe entschieden dafür ein, dass die Rechte der Frau wirksam unterstützt würden. So solle die Benachteiligung im Arbeitsleben abgeschafft und gleicher Lohn bei gleicher Arbeit gefördert werden. Außerdem werde die Regierung unermüdlich gegen die häusliche Gewalt kämpfen.

Nachdem der Oberste Gerichtshof im Jahr 2004 einer geschiedenen Frau die elterliche Sorge wegen ihrer sexuellen Orientierung entzog[589], diese sich an die

---

585 Gatica R., El destino de la sociedad conyugal, Anuario de Derechos Humanos de la Universidad de Chile, No. 7, Santiago de Chile, 2011, S. 169-178, hier S. 176
586 El Mercurio, führende Tageszeitung Chiles, vom 25.10.2010, Santiago de Chile
587 Gatica R., El destino de la sociedad conyugal, Anuario de Derechos Humanos de la Universidad de Chile, No. 7, Santiago de Chile, 2011, S. 169-178, hier S. 177
588 Informe sobre los derechos de las Mujeres en Chile, http.//www.cidh.org/countryrep/ChileMujer2009sp,Chilemujer09i-ii..., S. 3, zuletzt aufgerufen am 16.1.2012
589 Corte Suprema, Az.: No. 1193, Urteil vom 5.4.2004 in Sachen Lopez Allende vs. Lopez Atala

Interamerikanische Kommission für Menschenrechte wandte, wo eine gütliche Einigung scheiterte und die Kommission deshalb den Fall am 17. September 2010 dem Interamerikanischen Gerichtshof für Menschenrechte übergab und dieser Fall in der chilenischen Öffentlichkeit großes Aufsehen erregte,[590] hatte der derzeitige konservative chilenische Präsident Piñera in seinem Wahlprogramm einen Punkt aufgenommen zum Thema „Vereinbarung über das gemeinsame Leben, als Paar" (Acuerdo de Vida en común, en Pareja). Nach seiner Einführung als Präsident Chiles hat in Erfüllung dieses Programmpunktes Senator Andrés Allamand von der konservativen Nationalen Erneuerung (Renovación Nacional – RN) im Juni 2010 einen Gesetzentwurf eingebracht, der sich derzeit in der Verfassungskommission des Senats (Comisión de Constitución del Senado) befindet und demnächst dem Kongress zugeleitet werden soll. Bei der Vorstellung des Entwurfs verwies Präsident Piñera darauf, dass seine Überzeugung, wonach die Ehe eine Verbindung zwischen einem Mann und einer Frau ist, ihn nicht daran hindert, zur Kenntnis zu nehmen, dass es auch andere Formen affektiver Beziehungen gebe einschließlich der gleichgeschlechtlichen. Auch diese seien zu respektieren und der Staat habe die Verpflichtung, bei dem Streben nach dem allgemeinen Wohl auch diese Verbindungen zu schützen.[591] Sobald das Projekt Gesetzeskraft erlangt, wird man klären müssen, ob auch homosexuelle Paare Kinder adoptieren dürfen. Argentinien hat diese Möglichkeit als erstes lateinamerikanisches Land im Jahr 2010 eröffnet.[592] Der Interamerikanische Gerichtshof für Menschenrechte hat am 20. März 2012 in Sachen Atala vs. Republik Chile ein Urteil zugunsten von Atala gefällt.[593] Möglicherweise wird dadurch das bereits eingeleitete Gesetzgebungsverfahren beschleunigt.

Das deutsche Recht kennt seit 2001 das Gesetz über die Eingetragene Lebenspartnerschaft. Danach können zwei Personen gleichen Geschlechts eine Partnerschaft auf Lebenszeit vereinbaren.[594] Das Lebenspartnerschaftsgesetz begründete ein eigenes familienrechtliches Institut, das weitgehend der Ehe angeglichen ist und sich an Personen wendet, die wegen ihrer gleichgeschlechtlichen sexuellen Orientierung keine Ehe miteinander eingehen können.[595]

Im Hinblick auf die enorm lange Dauer der Zivilrechtsverfahren vor den chilenischen Gerichten hat die Regierung Piñera im März 2012 einen Gesetzentwurf zur

---

590 S. Kapitel 6, I, 4
591 Biblioteca-del-Congreso-Nacional-de-Chile,http://www.bcn.cl/carpeta-temas_profundidad/acuerdo-de-vida-en-pareja-union-homo…, zuletzt aufgerufen am 26.10.2011
592 Das entsprechende Gesetz wurde am 15.7.2010 verabschiedet; Art. 172 des argentinischen Código Civil wurde in der Weise geändert, dass es nicht mehr heißt, Ehe zwischen Mann und Frau, sondern zwischen Vertragschließenden (contrayentes), http://www.elmundo.es/america/20100715/argentina/1279178537.html, zuletzt aufgerufen am 29.1.2012
593 S. Kapitel 6, I, 4
594 § 1 LPartG vom 16.2.2001
595 Palandt, Kommentar zum Bürgerlichen Gesetzbuch, München, 2012, S. 2989

Reform der Zivilprozessordnung eingebracht. Bislang ziehen sich Zivilrechtsprozesse im Durchschnitt 821 Tage hin. Durch die angestrebte Reform soll eine Reduzierung auf 170 Tage erreicht werden.[596]

III. Ergebnis

Erst seit Wiedereinzug demokratischer Verhältnisse im Jahr 1989 kam Bewegung ins Familienrecht. Weder in der Regierungszeit des sozialistischen Präsidenten Allende noch in der Zeit der Diktatur unter Pinochet wurden im Familienrecht Änderungen vorgenommen. Nach Rückkehr demokratischer Verhältnisse brauchte es zehn Jahre, bis das neue Ehegesetz[597] 2005 in Kraft treten und das bis dahin geltende von 1884 ablösen konnte. Die Ehescheidung wurde damit in Chile als letztem lateinamerikanischem Land möglich. Man darf daher nicht damit rechnen, dass die derzeit bereits eingebrachten Gesetzesinitiativen ganz schnell verabschiedet werden. So wird Chile noch eine Weile in der Diskrepanz zwischen in internationalen Verträgen eingegangenen Verpflichtungen und der Gesetzeslage im Land leben müssen.

Die Tatsache, dass Chile 121 Jahre lang ohne die Möglichkeit einer ausdrücklich gesetzlich geregelten Ehescheidung auskam, wirft ein Licht auf die im Lande gegebene Familienkultur. Anstelle einer klaren gesetzlichen Regelung behalf man sich mit verdeckten Verfahren, die am Ende das gleiche Ergebnis wie eine Scheidung, aber eben einen anderen Namen hatten. So gab es ab 1884 einerseits ein sogenanntes Verfahren auf Scheidung (divorcio), das aber den Ehebund nicht auflöste, sondern nur die eheliche Lebensgemeinschaft der Eheleute. Insoweit hätte man eigentlich von einer gesetzlichen Trennung sprechen müssen. Außerdem bestand die Möglichkeit des Verfahrens auf Feststellung der Nichtigkeit der Ehe (nulidad del matrimonio). Bei diesem Verfahren handelte es sich um eine ausgesprochen zweifelhafte Angelegenheit. Wer sich endgültig trennen wollte, musste mit dem anderen Ehepartner eine Regelung über die Angelegenheiten finden, die man eigentlich als Ehescheidungsfolgesachen bezeichnen würde. Die Nichtigkeit der Ehe konnte man mit reiner Erfindungsgabe erreichen, indem man beispielsweise behauptete, ein Ehegatte oder ein Trauzeuge hätten bei Eheschließung einen falschen Wohnsitz angegeben. Schwierig wurde es, wenn die Ehepartner kein Einvernehmen über das Nichtigkeitsverfahren und die zu regelnden Folgesachen wie Unterhalt, Vermögensauseinandersetzung etc. finden konnten. In Deutschland wurde bis zur Verabschiedung des 1. Eherechtreformgesetzes vom 14. Juni 1976,

---

596 Nuevo Código Procesal Civil buscará reducir de 821 a 170 los días que dura un juicio, El Mercurio (chilenische Tageszeitung), 11.3.2012, C 10
597 No. 19.947 vom 17.5.2005

das am 1. Juli 1977 in Kraft trat, de facto – gesetzwidrig – die einverständliche Scheidung praktiziert. Im Übrigen gab es weit überwiegend die „Verschuldensscheidung" oder als Ausnahmetatbestand nach § 44 EheG a.F. die Scheidung wegen Zerrüttung der Ehe. Erst mit der Abschaffung von Schuldtatbeständen als besondere Scheidungsgründe und Einführung des r e i n e n Zerrüttungsprinzips im Jahr 1977 wurde es möglich, nach einer gesetzlich geregelten Frist der Trennung geschieden zu werden.[598]

Die Chilenen räumen einerseits der Familie einen zentralen Ort in ihrem Leben ein und die Mehrzahl der Chilenen identifiziert sich über ihre Familie[599], andererseits ist der Geschichte des Unterhaltsreformgesetzes (Historia de la Ley No. 20.152) zu entnehmen, dass die regelmäßige Zahlung von Unterhalt – insbesondere für minderjährige Kinder – ein großes Problem darstellt und deshalb enorm verschärfte Sanktionen gegenüber Unterhaltsschuldnern durch das vorerwähnte Unterhaltsabänderungsgesetz eingeführt wurden.[600] In diesem Zusammenhang sprach der Leiter der Rechtsabteilung von SERNAM, Marco Antonio Rendón von der Notwendigkeit eines Wechsels der Kultur (cambio de cultura). Diese Äußerung kann eigentlich nur so verstanden werden, dass man mit Einführung dieses Gesetzes glaubt, nun endlich über die notwendigen Instrumente zu verfügen, die zahlungsunwilligen Unterhaltsschuldner mehr oder weniger zwangsweise zur Zahlung veranlassen zu können. Im Umkehrschluss bedeutet dies, dass es wenig Verantwortungsbewusstsein der Unterhaltspflichtigen nach dem Scheitern einer Beziehung gibt und man vor Einführung dieses Gesetzes nicht konsequent genug gegen säumige Unterhaltsschuldner vorgegangen ist.

Der Bericht der Interamerikanischen Kommission für Menschenrechte über die Rechte der Frauen in Chile in Familie, am Arbeitsplatz und in der Politik rügt ausdrücklich die auch heute noch gegebene Rechtslage der verheirateten Frau, die in der Errungenschaftsgemeinschaft lebt. Das Familienvermögen wird nach wie vor auf Grund gesetzlicher Regelung vom Ehemann verwaltet. Es muss nachdenklich stimmen, dass Anforderungen für Gesetzesreformen von dritter Seite, d.h. von außen notwendig waren, um die chilenischen Politiker tätig werden zu lassen. Da sich aus dem Bericht auch ergibt, dass die meisten Politiker in Chile männlichen Geschlechts sind, ist das vielleicht eine Erklärung für die jahrelange Untätigkeit in dieser Angelegenheit. Dabei steht doch in der heute gültigen Verfassung an exponierter Stelle, dass die Familie als fundamentaler Kern der Gesellschaft gesehen wird. Es fragt sich allerdings, welche Familienstruktur die politische Klasse Chiles wünscht.

---

598 Bosch, Die Neuordnung des Eherechts ab 1. Juli 1977, FamRZ 1977, S. 569 ff., hier 573/574
599 Valdés S., Valdés E., Familia y Vida Privada, Santiago de Chile, 2005, S. 167 u. 168
600 Historia de la Ley No. 20.152 vom 9.1.2007, Biblioteca del Congreso Nacional de Chile, Santiago de Chile, 2007, S. 7

Wenn man das Thema Errungenschaftsgemeinschaft über die Jahre verfolgt, scheint sie eher zur Aufrechterhaltung männlicher Dominanz zu neigen als zur konsequenten Umsetzung von Verfassungsgarantien wie beispielsweise das Gleichheitsgebot. Auch die katholische Kirche dürfte Emanzipationsprozesse nicht gerade beflügeln. Eine über das Entwicklungsprogramm der Vereinten Nationen[601] erarbeitete Studie von 2002 hat unter anderem ergeben, dass die Katholische Kirche im 20. Jahrhundert ihre Position und ihren Einfluss auf das öffentliche Leben in Chile nicht verloren hat, sondern das individuelle religiöse Bewusstsein der Mehrheit der Chilenen von der Kirche geprägt ist. So hat man einerseits männliche Dominanz in den Gesetzgebungsorganen und andererseits großen Einfluss einer eher konservativ ausgerichteten katholischen Kirche auf die Gesellschaft als mögliche Faktoren für die schleppende Behandlung emanzipatorischer Themen. Die Studie der Vereinten Nationen aus dem Jahr 2002 ergab außerdem, dass die Familie den Hauptreferenzpunkt der Chilenen darstellt. In diesem Zusammenhang drängt sich die Frage auf, wie sich das mit der schlechten Zahlungsmoral der chilenischen Unterhaltsschuldner – insbesondere gegenüber ihren Kindern vereinbart. Möglicherweise erklärt sich diese Kultur aus der eingeübten Verhaltensweise der doppelten Moral, wie sie Sonia Montecino Aguirre in „Madres y Huachos" beschreibt.[602]

Positiv anzumerken ist, dass seit 1989 tatsächlich viel geschehen ist und das Familienrecht weitgehend an internationale Standards herangeführt wurde. Auch das Thema Gleichbehandlung der Geschlechter wurde zum Teil erfolgreich bearbeitet. Dies räumt auch der oben erwähnte Bericht der Interamerikanischen Kommission für Menschenrechte ein, der auf die von Chile insoweit unternommenen großen Anstrengungen verweist. Geblieben sind noch einige Baustellen, von denen eine besonders exponierte die rechtliche Situation der verheirateten Frau in der Errungenschaftsgemeinschaft darstellt.

---

601 PNUD Programa de las Naciones Unidas para el Desarrollo
602 Montecino Aguirre, Madres y Huachos, Santiago de Chile, 2007, S. 45 ff.; im Kapitel "Elterliche Gewalt / Elterliche Sorge / Rechte des Kindes / Sozialgeschichtliche Entwicklung" wird hierauf noch ausführlicher eingegangen werden.

Kapitel 5: Historische und rechtliche Entwicklung der Situation der Kinder in Chile

I. Historische Entwicklung der Situation der Kinder Chiles

Illegitime Geburten waren in Chile immer ein Thema. Sie gehen zurück auf die Zeit der Eroberung, als der Mestize häufig Kind eines abwesenden Vaters war. Man nannte diese Kinder „huachos".[603] Das Wort kommt aus dem Quechua „Huachuy", was bedeutet „Ehebruch begehen". Die Eroberung Amerikas war zu Beginn eine Unternehmung ausschließlich von Männern, die gewaltsam oder liebevoll die Körper der eingeborenen Frauen genossen und mit ihnen Kinder – Mestizen – zeugten.[604] Diese Kinder wurden auch „cholos" genannt. Das Wort bedeutet Kreuzung eines Rasse-Hundes mit einem Straßenköter und damit eine nicht definierbare Ethnie. Die Verbindungen zwischen Spaniern und eingeborenen Frauen endeten höchst selten mit einer Eheschließung. Der Normalfall war vielmehr der, dass das Kind – der huacho bzw. die huacha – mit der Mutter allein blieb. Sie wurden vom Vater verlassen und mussten sehen, wie sie über die Runden kamen. Der spanische Vater war abwesend.[605]

Sonia Montecino erwähnt eine populäre Figur Mittelamerikas „La Llorona" (die Weinende), um die Komplexität des Mutter/Sohn Modells verständlich zu machen. Die Llorona ist ein Indianer-Mädchen, das von einem weißen Mann ein Kind hat. Dieser verlässt sie und in ihrem Schmerz beschließt sie, das Kind in einen Fluss zu werfen. Als sie dies tat, sagte sie: „Meine Mutter hat mir gesagt, dass sich das Blut der Henker nicht mit dem der Sklaven vermischt." Als das Kind ins Wasser fiel, schrie es: „Ay Mama...ay Mama...ay Mama!" In diesem Augenblick sprang das junge Mädchen ins Wasser, um das Kind zu retten. Zu spät. Das Mädchen wurde wahnsinnig und lief seither schreiend herum. Sein Geist irrt weiter umher und gibt in der Nacht Schreie von sich.[606] Die einsame Frau mit ihrem halbwaisen Sprössling, die bei dem Schrei des Kindes „Ay Mama!" ihre Identität wiederfindet und eine Art „Menschlichkeit", sei die große Figur des kollektiven chilenischen Gedächtnisses.[607]

---

603 Irarrazabal, Valenzuela, La Ilegitimidad en Chile, Estudios Públicos, 52, Santiago de Chile, 1993, S. 145-190, hier: S. 182
604 Montecino Aguirre, Madres y Huachos, Santiago de Chile, 2007, S. 48
605 Ibidem, S. 48
606 Ibidem, S. 49
607 Ibidem S. 49

1. Wesentliche Rolle der Illegitimität in der Entwicklung der chilenischen Gesellschaft

Nach Montecino hat die Illegitimität eine wesentliche Rolle bei der Entwicklung der chilenischen Gesellschaft gespielt. Das Siegel der Illegitimität spiele auf die besondere Verfassung der Familie in Chile an und auf die Rolle der außerehelichen Beziehungen, die zu einer enormen Masse an „Bastarden" geführt habe.[608] Sie verweist darauf, dass „Institutionen" wie das Leben in wilder Ehe und die sogenannte „barrangania" (der Ausdruck kommt von barrangana und bedeutet, dass die Konkubine im Haus des Mannes wohnte, mit dem sie in wilder Ehe lebte) die Verbreitung der Illegitimität befördert hat.[609]

Das Zusammenleben von Mann und Frau in wilder Ehe ohne Legalisierung der Verbindung vor der Kirche hatte nach Jorge Pinto mehrere Ursachen; und zwar die soziale Schichtung in der Kolonialzeit, eine demographische Komponente (höherer Bevölkerungsanteil an Frauen als an Männern) und gesetzliche Hürden wie beispielsweise die hohen Gebühren, die der Klerus für die religiöse Hochzeitszeremonie nahm. Die Konsequenz sei gewesen, dass die Mehrzahl der Bevölkerung ein Eheleben ohne Eheschließung führte und die Gatten nach Lust und Laune ausgewechselt wurden.[610]

2. Polygame Familienstrukturen in der Kolonialzeit und traditionell polygame Familienstrukturen bei den Ureinwohnern

Die „barrangania" ist nach Francisco Encina in dem Augenblick entstanden, als sich die Conquistadoren mit ihren europäischen oder Mestizen-Frauen als, „Ideal" der christlich-westlich geprägten Familie niederließen. Gleichzeitig hielten sie aber das Konkubinat nach innen aufrecht, was manchmal in den gleichen Räumen stattfand, in denen die „legale" Familie lebte.

Francisco Encina schreibt in der „Geschichte Chiles" (Historia de Chile):

> „Jeder spanische Mann im zeugungsfähigen Alter hatte neben seiner Ehefrau eine oder mehrere indianische oder Mestizen-Konkubinen einfacher Herkunft. Die Kinder aus diesen Verbindungen lebten oft in der Familie des Erzeugers, wenngleich mit einem untergeordneten Rang. Häufig blieben sie dort als Verwalter oder Angestellte des Vertrauens. Sie bildeten eine Art ‚Unterfamilie', die in bescheideneren Verhältnissen als die legitime lebte."[611]

---

608 Ibidem S. 50
609 Pinto, La violencia en el corregimiento de Coquimbo durante el siglo XVIII, en Cuadernos de Historia, Departamento de Ciencias Históricas, Universidad de Chile, Santiago de Chile, 12/1988, S. 87
610 Montecino Aguirre, Madres y Huachos, S. 51
611 Encina, Historia de Chile, Santiago de Chile, 1983, Bd. 3, S. 175

Man könne daher sagen, dass die Familie der Kolonialzeit in Chile polygam war. Dieses Phänomen erklärt sich nach Encina durch die ungleiche Zahl der Geschlechter und auch durch die Tatsache, dass die eingeboren Frauen aus einer polygamen Gesellschaft kamen. Außerdem sei die „barrangania" dadurch gefördert worden, dass die

> „eingeborene Frau immer heftiger durch den dunklen Instinkt der Spezies angetrieben, einen Mann höherer Rasse suchte und dies sogar dann, wenn sie mit einem Indio verheiratet war."[612]

Nach Montecino ist die „barrangania" eine Kluft im Universum des Mestizen. In diesem Fall ist es die eindeutigste Manifestierung des Bruches zwischen Wort und Tat, zwischen der Sehnsucht nach dem „blanqueamiento" (bleichen, weiß machen) und der Realität des Mestizentums. Die wilde Ehe und die „barrangania" geben Zeugnis von einer eigentümlichen Übereinstimmung bei den Banden zwischen den Geschlechtern, die die Entwicklung des Horizonts der Mestizen begünstigte, die in der Spannung einer nicht öffentlichen Gesellschaft lebten, die einerseits die nachdenklichen europäischen Kategorien der gesellschaftlichen Definition benutzte, aber auf der anderen Seite eine neue Art von Beziehungen lebte und praktizierte. Die „barrangania" ist das schlagendste Beispiel für diese Spannung und ihre Auflösung. Sie zeigt die Möglichkeit, ein weißes Gesicht anzunehmen (Begründung einer legitimen Familie) und ein nicht-weißes (die Polygamie, die wilde Ehe, die ledige Mutter, das nichteheliche Kind). Diese Erfahrung ist wie ein Stempel im Dasein des Mestizen geblieben und hat beispielsweise Werte begünstigt, wie den Kult der Erscheinung nach außen, des Anscheins (Culto a la Apariencia).[613]

Guadalupe Santa Cruz stellt die Vermutung auf, dass für Chile das Spiel der Masken, das die Unterschiede organisiert, als Achse die einerseits ersehnte andererseits abstoßende Institutionalität hatte. Bei der Beurteilung des Mestizentums geht sie unter Bezugnahme auf die Kategorie weiß bzw. nicht weiß davon aus, dass die Institutionalität eher als Raum und Symbol des „Weiß-Machens" (blanqueamiento), der Brüche und Unordnung auftritt, als Lösungen zu bieten für eine legitime Mediation der großen und kleinen Unterschiede jeder Art, die den sozialen Körper des Landes zerreißen.[614]

---

612 Encina, Historia de Chile, Santiago de Chile, 1983, Bd. 4, S. 162
613 Montecino Aguirre, Madres y Huachos, S. 52
614 Santa Cruz, Nombres, Nombradías, Nombramientos en América Latina, publicado en Congreso Latinoamericano sobre Filosofía y Democracia, UNESCO, Santiago de Chile, 1997, S. 5

3. Kult des Anscheins

Nach Montecino setzt sich dieser Kult fort. Vielleicht unter anderen Vorzeichen als den historischen, aber doch ähnlich, und zwar in dem Kult des Anscheins (Ladinismo oder Culto a la Apariencia), der die Realität als etwas erscheinen lasse, was sie nicht sei. Deswegen sei die Vorspiegelung von Verhältnissen eine evidente Haltung der Verfassung des Mestizen. So sei es beispielsweise in Familien der Mittel- und Oberschicht durchaus gebräuchlich, dass Kinder, die aus vorehelichen Beziehungen geboren wurden, vor allem von minderjährigen Töchtern, als Kinder der Großeltern ausgegeben würden. Auf diese Weise würde die Ehre der Familie geschützt und die moralische Überschreitung vermieden, die eine Abtreibung darstellen würde.[615]

4. Ursachen der Reproduktion einer Vielzahl nichtehelicher Kinder

Die Reproduktion einer Vielzahl nichtehelicher Kinder sei auch durch die wirtschaftlichen Verhältnisse geprägt worden. So durch die Land- und Viehwirtschaft und die Minen. Im Norden Chiles bildete sich ein Typus Mann heraus, der ein Galan war (Lacho[616] genannt wurde) und nichteheliches Kind (Huacho), das nicht mehr an seinem Geburtsort lebte und eine bzw. viele Frauen „beschützte". Montecino verweist auf ein Dokument aus 1756, in dem dieser sogenannte Lachismo erwähnt wurde, den man als Pseudokontrakt zwischen einem Mann und einer Frau bezeichnen könnte, wodurch der Mann der Frau Schutz bot und dafür von ihr unterhalten wurde.[617] Sie beschreibt den mestizischen Huacho als einen Menschen, der geprägt ist durch das Verlassen-sein, das Herum-schweifen des Vaters, dem er nacheifert. Der Vater ist zwar in einer existierenden Kategorie vorhanden, aber in der Familie nicht präsent. Er zeugt mit einer Frau Kinder und setzt dann seinen Weg fort. Die Frau bleibt alleine und hofft vielleicht, dass ein anderer kommt, der den Platz einnimmt, den der Mann innehatte, der sich verabschiedete. Das Modell der auf die Mutter zentrierten Familie herrschte in der Kolonialzeit in allen sozialen Schichten vor. In dem 300 Jahre dauernden Krieg gegen die Ureinwohner zogen ständig Soldaten von einem Ort zum anderen, die Land- und Viehwirtschaft und die Minen begünstigten eine permanente Migration der Männer.[618]

Die Frauen blieben Monate oder manchmal Jahre alleine und kümmerten sich um ihre Kinder und die Höfe. Jede Mutter, Mestizin, Indianerin oder Spanierin,

---

615 Montecino Aguirre, Madres y Huachos, S. 52
616 Das Wort "lacho" könnte von lascivo – unzüchtig kommen.
617 Montecino Aguirre, Madres y Huachos, S. 53
618 Ibidem, S. 54

leitete ihr Heim und arbeitete an einem Ethos, in dem ihr Bild allmachtsvoll erschien. Die lateinamerikanische Mestizenkultur ermöglichte ein Familienmodell, bei dem die Identität der Geschlechter nicht mehr der Eingeborenen-Struktur entsprach und auch nicht der europäischen, da die Kernfamilie aus einer Mutter und ihren Kindern bestand.[619] In diesem Zusammenhang fragt sich, wie das männliche nichteheliche Kind, dessen Vater ein Abwesender war, seine männliche Identität bildete und wie sich die Identität des weiblichen nichtehelichen Mestizenkindes gegenüber einer präsenten Mutter entwickelte, der einzigen Säule des familiären Lebens.[620] Montecino geht davon aus, dass die Frau dadurch ihre Identität als Mutter im Spiegel ihrer eigenen Mutter und der Großmutter und der gesamten weiblichen Verwandtschaft prägte und das männliche Kind nicht ein Mann werden konnte, sondern stets nur der Sohn einer Mutter blieb. Die Figur des Vaters, der immer unterwegs ist, wurde auch als Bild der Macht erlebt, eine männliche, weit entfernte Herrschaft, die in den Räumen außerhalb des Hauses stattfindet. Innerhalb des Hauses ist es die Mutter, die die Macht ausübt.[621] Auch Guadalupe Santa Cruz geht davon aus, dass der Huacho als erwachsener Mann das Verlassen-Werden, von dem seine Mutter betroffen war, wiederholt, wobei er seinen eigenen unvollständigen Namen[622] durch eine neue Flucht repariert. Die Frau hat ihn als ihren Sohn symbolisch getauft und damit nach innen ein Reich von kurzer Dauer begründet.[623]

Die Mestizen-Kultur hat nach Montecino die einzigartige Eigenschaft, eine neue Ordnung von neuen Subjekten geschaffen zu haben, die weder Indios noch Europäer sind, sondern Bastarde, Kreuzungen, deren Geburt tatsächlich und symbolisch durch die Illegitimität geprägt war. Die Hypothese geht davon aus, dass die Mestizen-Kultur sich als Original-Szene in der Zeit ihrer Gründung installiert hat und sich nun wieder neu artikuliert und ihre Sichtweise den gegenwärtigen Geschlechter-Identifizierungen als Stempel aufdrückt.[624] Die historische Metapher der Vereinigung – gewaltsam oder liebevoll – der indianischen Frau und des spanischen Mannes in einer illegitimen Beziehung – vom Standpunkt anderer aus gesehen – hat zur Folge, dass Sprösslinge geboren wurden, deren Abstammung väterlicherseits unbekannt war. Die Mestizen hatten als einzige Referenz ihrer Herkunft ihre

---

619 Ibidem, S. 54
620 Ibidem, S. 54
621 Montecino Aguirre, Madres y Huachos, S. 54
622 Nachnamen in Chile bestehen immer aus dem des Vaters und der Mutter; nichteheliche Kinder hatten nur den Namen ihrer Mutter, den man daher als „unvollständig" bezeichnen kann
623 Montecino Aguirre, Madres y Huachos, S. 54
624 Ibidem, S. 54

Mutter, die auch in vielen Fällen die einzige „Reproduzentin" im wirtschaftlichen und sozialen Sinn dieser neuen Familienwelt war.[625]

Im 19. Jahrhundert kam ein Prozess in Gang, bei dem die Oberschicht dem christlichen, westlich orientierten, monogamen und auf dem Gesetz des Vaters beruhenden System zu entsprechen versuchte, während die Mittel- und Unterschicht an der auf die Mutter zentrierten Familie mit einem abwesenden Vater festhielt.[626] Dennoch setzten sich in den ersten Jahrzehnten des 20. Jahrhunderts auch in der herrschenden Schicht, die an dem Prozess des Weiß-Machens (blanqueamiento) teilnahm, quasi „unterirdisch" die illegitimen Verbindungen und die Saat der Vielzahl nichtehelicher Kinder (huacharaje) fort. Die auch heute noch bestehende Institution der Hausangestellten (empleada) in der Stadt, der sogenannten Chinesin (china),[627] die aber eine Indianerin bzw. Mestizin ist, die bei der Aufzucht der Kinder die leibliche Mutter ersetzt und auf dem Land die Struktur der Landgüter (Haciendas) zeigt, wie sehr diese Beziehungen in der Gegenwart verhaftet sind.[628]

Goicovic Donoso beschreibt in der Zeitschrift für Geschichte die traditionelle chilenische Unterschicht des 18. und 19. Jahrhunderts als sozio-ökonomischen und kulturellen Komplex großer Diversität, die in den Minen, in der Land- und Viehwirtschaft und in Betrieben der seit 1860 beginnenden Industrialisierung arbeiteten, während bis Mitte des 18. Jahrhunderts überwiegend bäuerliche Sozialstrukturen gegeben waren.[629] Das Leben der Männer aus der Unterschicht wird wie folgt beschrieben:

> „Mit 10 Jahren waren sie erwachsen, mit 20 ein reifer Mann, mit 30 fast ein Greis, mit 35 Kadaver. Man wurde arm geboren und starb auch so."[630]

Die Frauen der Unterschicht waren genau so arm und aus Überlebensgründen gezwungen, ständig das koloniale weibliche Idealbild zu verletzen. So ernährten sie sich überwiegend durch Teilnahme an Festivitäten und populären Vergnügungen, wo sie in Ausschänken (sogenannten pulperías, chinganas, bodegones, tabernas) alkoholische Getränke anboten.[631] Das Zusammentreffen der Geschlechter in diesem Milieu von Alkohol kombiniert mit dem Spiel endete nicht selten in gewalttätigen Auseinandersetzungen unter Betrunkenen. Das zügellose Zusammentreffen der Geschlechter war der lokalen Obrigkeit ein Dorn im Auge. Hier manifestierte

---

625 Montecino Aguirre, Palabra Dicho, escritos sobre género, identidades, mestizajes, Colección de Libros Electrónicos, Facultad de Ciencias Sociales, Universidad de Chile, Santiago de Chile, 1997, S. 53
626 Montecino Aguirre, Madres y Huachos, S. 54
627 Das Wort „china" wird einerseits als Beleidigung benutzt, andererseits als Kosenamen zwischen Liebenden; „china de mierda" = Scheißchinesin und „mi chinita" als Kosenamen
628 Montecino Aguirre, Madres y Huachos, S. 55
629 Goicovic Donoso, Ambitos de sociabilidad y conflictividad social en Chile tradicional, Siglos XVIII y XIX, Revista – Escuela de Historia, Salta, 1/2005, S. 1 und 2
630 Ibidem, S. 11, wo auf Jorge Pinto als Autor dieser Beschreibung Bezug genommen wird
631 Ibidem, S. 13

sich die Vorstellung der Elite von den Frauen, die sie für willensschwach hielten mit Neigung zur Sünde.[632]

Ab 1860 fanden viele „verlassene" Frauen Arbeit in den nun entstehenden Industriebetrieben; meist als zu Hause oder in einer Fabrik-Barracke arbeitende Näherinnen. Dabei tauschten sie ihre Häuschen auf dem Land gegen ärmliche städtische Behausungen und damit ihre skandalöse Unabhängigkeit gegen eine krank machende Anständigkeit. Für ihre Kinder bedeutete das, in einem verpesteten Kerker zu leben und irreversibel krank zu werden.[633]

Im Hinblick auf die vielen nichtehelichen Geburten gab es von Beginn der Kolonialisierung bis in die Zeit der Republik viele ausgesetzte und verlassene Kinder, die dann in Waisenhäusern aufgenommen wurden, die es im ganzen Land gab. Vielleicht waren sie Ausdruck eines privaten und paternalistischen Wohltätigkeitsprinzips, wohl aber auch eine Unterstützung für die herrschende Ethik, die die Tötung und den Abort eines Kindes verurteilte und die Folgen dieser Ethik durch solche Institutionen abfederte.[634]

In einer Veröffentlichung von Manuel Delgado Valderrama über die ausgesetzten Kinder in der Zeit von 1770-1930 steht einleitend folgender Text:

„Empfängnis...Geburt...Aussetzung...Tod...trauriger, einfacher und tragischer Weg, den eine Vielzahl Neugeborener erwartete; tragische Erbschaft des 19. Jahrhunderts und teilweise aus dem davor liegenden als Konsequenz des Übergangs einer traditionellen Agrargesellschaft in eine urbane und halb industrialisierte. Tatsächlich brachte besagter Übergang das soziale Verhalten und die moralischen Werte in Acht und Bann. Die illegitime Geburt und das Aussetzen von Kindern nahm Jahr um Jahr zu als Ausdruck eines in der Gesellschaft liegenden Widerspruchs mit starkem Einfluss der Religion und rigiden sozialen, familiären und sexuellen Verhaltensnormen."[635]

Delgado Valderrama beschreibt den Zusammenhang zwischen Verelendung – illegitimer Geburt – ausgesetzt werden. In der von ihm bearbeiteten Zeitspanne gab es allein in Santiago de Chile 60.479 registrierte ausgesetzte Kinder, was er in einem Land mit niedrigem Wachstum, geringer Bevölkerungsdichte und großen praktisch menschenleeren geographischen Zonen als demographische Verschwendung bezeichnet.[636]

---

632 Ibidem, S. 13
633 Salazar V., Ser Niño ‚Huacho' en la Historia de Chile (Siglo XIX), Proposiciones ‚Chile Historia y Bajo Pueblo', 1990, S. 55-83, hier: S. 66
634 Montecino Aguirre, Madres y Huachos, S. 56
635 Delgado Valderrama, La Infancia Abandonada en Chile. 1770-1930, Revista de Historia Social y de las mentalidades, No. 5, 2001, S. 101-126, hier: S. 101
636 Ibidem, S. 101

5. Faktische Familien ohne Rechtsregeln in Vergangenheit und Gegenwart

Im 20. Jahrhundert haben die Geburten außerhalb einer Ehe ab 1960 zugenommen. 1970 wurden 46.000 nichteheliche Kinder geboren, 1990 105.000; was bedeutet, dass 1970 18,5 % aller Kinder außerehelich geboren wurden, 1990 34,3 %.[637] Dabei ergab sich, dass 1990 53 % der nichtehelichen Kinder Erst-geborene waren, 24 % Zweit-geborene. Die Zweit-geborenen können aus der gleichen Verbindung hervorgegangen sein oder aus einer neuen.[638] Die größte Wahrscheinlichkeit für eine außereheliche Geburt lag bei heranwachsenden Frauen gefolgt von denjenigen im Alter von 20 bis 24 Jahren. Zwischen 1960 und 1990 hat sich die Zahl der außerehelichen Geburten jedoch in allen Alters-Kohorten verdoppelt und nicht nur bei den besonders jungen Frauen.[639]

Nach Irarrazabal Valenzuela zeigt sich die Illegitimität als permanente Bedingung in der sozialen Situation Chiles. Sie sei Produkt kultureller Elemente, die aus dem Zusammentreffen der Kultur des spanischen Eroberers und des amerikanischen Eingeborenen resultiere. Ab 1975 zeige sich das Problem in einer neuen Situation, die über die Grundzüge der Mestizen-Kultur Chiles hinausgehe.[640] Die Entwicklung der Illegitimität in den letzten Jahren begründen Irarrazabal/Valenzuela mit dem Wandel der Gewohnheiten bei der Gründung einer Familie in Chile; sie beruhe nicht mehr auf einem Mangel an Erziehung oder kulturellem Rückstand.[641]

Die Geburt von Kindern sei heute nicht mehr notwendigerweise mit der Gründung einer Familie in Zusammenhang zu bringen. Viele Mütter nichtehelicher Kinder würden nicht heiraten und ihre Kinder durch Ehe legitimieren wie dies in der Vergangenheit üblicherweise geschah. Daraus ergebe sich ein neues Konzept von Vater- und Mutterschaft, die nicht notwendigerweise eine stabile Beziehung zwischen den Erzeugern voraussetze. Dieser sehr wichtige Wandel suggeriere ein neues Konzept der Familie, das noch nicht gänzlich geklärt ist und bei dem sich eine Tendenz zur Bildung der faktischen Familie anstelle der gesetzlich reglementierten zeige.[642]

---

637 Irarrazabal, Valenzuela, La Ilegitimidad en Chile, S. 182
638 Ibidem
639 Ibidem
640 Ibidem, S. 184
641 Ibidem, S. 185
642 Irarrazabal, Valenzuela, La Ilegitimidad en Chile, S. 185

II. Reale Situation der Kinder Chiles

Die **Wirklichkeit** für die Kinder Chiles sieht so aus:
Vier von zehn Kindern leben unter der Armutsgrenze. Mit dem Index über die Kindheit (Indice de la Infancia) wurden in Chile auf nationaler, regionaler und kommunaler Ebene vier grundlegende Bereiche evaluiert: Gesundheit, Erziehung, Wohnverhältnisse und Einkommen. Auf Basis verschiedener Indikatoren wurde das niedrigste Niveau mit 0 das höchste mit 1 bewertet. Dabei hat sich herausgestellt, dass die 6 wohlhabendsten Kommunen, d.h. die höher gelegenen Viertel Santiagos (das sogenannte barrio alto), mit einem Index über 0,9 das beste Landesergebnis erlangten. Keine der übrigen Gemeinden des Landes hat einen über 0,8 liegenden Index erreicht. Der mittlere Wert von 0,6 wird in Bezug auf Wohnverhältnisse in 80,7 % der Kommunen erlangt, 62,1 % bezüglich Gesundheit, 23,5 % in der Erziehung und 4,5 % hinsichtlich des Einkommens. Die niedrigsten Werte wurden in der VII. Region (Maule), der IX. (Araucanía) und der X. (Los Lagos) ermittelt.[643]

1. Wirtschaftliche Ungleichheit / Benachteiligung im Bildungssystem / Schüler- und Studentenproteste ab 2011

Die Schulergebnisse wurden ins Verhältnis zu den Einkünften der Eltern gesetzt. Dabei ergab sich, dass von den Kindern aus Familien mit Einkünften zwischen 300.000 und 800.000 Pesos pro Monat 20 % weniger als 450 Punkte erreichten, 60 % zwischen 450 und 600 und nur 3 % mehr als 700. Von den Kindern aus Familien mit mehr als 800.000 Pesos Einkommen pro Monat haben nur 10 % unter 450 Punkte erreicht, 46 % zwischen 450 und 600, 34 % zwischen 600 und 700 und 10 % mehr als 700. Die Kinder aus Familien mit mehr als 1.500.000 Pesos Monatseinkommen schnitten folgendermaßen ab: 16 % mehr als 700 Punkte, 44 % zwischen 600 und 700, 5 % weniger als 450.[644]

An den Ergebnissen, die die Schüler in der oben dargestellten Weise erzielten, zeigt sich, dass sich die wirtschaftliche Ungleichheit im Erziehungssystem sehr deutlich niederschlägt. Dabei ist anzumerken, dass Chile zu den zehn Ländern der Welt gehört, in denen das nationale Einkommen besonders ungleich verteilt ist.[645] Neben der Diskriminierung der Kinder auf Grund des Einkommens ihrer Eltern gibt es sie auch aus Gründen der Geschlechtszugehörigkeit; so bei den min-

---

643 OMCT, Derechos de los Niños en Chile, Genf, 2007, S. 29
644 Ibidem, S. 30, s. auch „La Nación" (chilenische Tageszeitung) vom 8.1.2007, „Se mantiene la brecha de puntajes entre ricos y pobres" (Die Kluft zwischen den Schulnoten armer und reicher Kinder bleibt).
645 Ibidem S. 28 u. 29

derjährigen schwangeren Mädchen, denen wegen der bestehenden Schwangerschaft der Zugang zu Ausbildungsstätten verwehrt wurde. Durch das Dekret No. 79 aus dem Jahr 2005[646] wurde die Diskriminierung Minderjähriger wegen Schwangerschaft oder Mutterschaft verboten.

Die Studentenunruhen, die im Mai 2011 begonnen haben, nähren sich aus der wirtschaftlichen Ungleichheit und daraus resultierenden Benachteiligung im Bildungssystem. In den 1980er Jahren hat Pinochet Chile ein Erziehungssystem auferlegt, das die höhere Schulbildung privatisierte und zur Gründung einer Vielzahl privater Universitäten führte. Die ca. 60 derzeit bestehenden Privatuniversitäten bilden heute mehr als 60 % der Studenten aus. In diesen Privatuniversitäten hat die Forschung einen minimalen Stellenwert, es gibt keine akademischen Karrieren und keine Demokratie nach innen. Das Hauptziel ist – genau wie in anderen Wirtschaftsunternehmen – die Gewinne zu maximieren und die Ausgaben zu minimieren.[647] Außerdem gibt es die staatliche Universität von Chile (Universidad de Chile) und die Katholische Universität (Universidad Católica). Patricio Meller hat in einem im September 2011 erschienenen Buch die aktuellen Zahlen zusammengetragen. Dort ist zu lesen, dass die Kosten für den Besuch einer chilenischen Universität bezogen auf das Bruttoinlandsprodukt pro Kopf die höchsten auf unserem Planeten sind, die Gebühren sich in 12 Jahren um 60 % erhöht haben und ein Student mehr als 40 % des Familieneinkommens der drei unteren Einkommens-Fünftel kostet, der öffentliche Zuschuss der geringste der Welt ist und die chilenischen Universitätsabsolventen die höchste Verschuldung der Welt haben.[648] Nach Chile finden sich in der Kostenstatistik für das Studium Südkorea, U.S.A., Japan und dann weit abgeschlagen die europäischen Länder.[649] Chilenische Studierende, deren Eltern nicht die hohen Studiengebühren zahlen können, studieren auf Basis von Krediten, was bedeutet, dass sie am Ende des Studiums hoch verschuldet sind und – falls sie einen adäquat bezahlten Arbeitsplatz finden – über Jahre diese Kredite mühsam zurückführen müssen. Wenn sie keine gut dotierte Arbeit finden oder das Studium abbrechen, befinden sie sich in einem Teufelskreis. Die Studenten fordern deshalb eine Verfassungsänderung, damit dann allen Lernenden eine kostenfreie und qualitativ angemessene Ausbildung garantiert wird. Der Kompromissvorschlag der konservativen Regierung vom September 2011, wonach 40 % der Schüler und Studenten aus ärmsten Schichten mit Stipendien gefördert werden sollen, so dass sie „fast kostenlos" lernen können, wurde von den Studenten abge-

---

646 Dekret No. 79 vom 24.3.2005
647 Le Monde Diplomatique, chilenische Ausgabe, No. 123, 10/2011, Educación 2013, S. 8
648 Meller, Universitarios !el problema no es el lucro, es el mercado!, Santiago de Chile, 2011, S. 11
649 Ibidem, S. 22

lehnt.[650] Die Bewegung erfährt breite Unterstützung in der Bevölkerung.[651] Da die Schüler und Studenten eine umfassende Veränderung des gesamten Erziehungssystems anstreben, werden sie sich kaum durch kleine Reformen wie die angekündigte Evaluation der Lehrer und deren Bezahlung nach Leistung anstatt nach Alter ruhig stellen lassen.[652] Sie fordern, die Erziehung nicht als Ware zu behandeln und das Ende der gewinnorientierten Ausbildung. Der am meisten gerufene Spruch während der Studentendemonstrationen lautete: „Und es wird fallen, und es wird fallen, das Erziehungssystem von Pinochet!" (Y va a caer, y va a caer, la educación de Pinochet).[653] Der Ausgang der Studenten-Unruhen bleibt auf jeden Fall spannend.

2. Doppelte Benachteiligung behinderter Kinder

Doppelt benachteiligt sind behinderte Kinder in Chile. Einerseits durch ihr Handicap, andererseits durch den erschwerten Zugang zu Ausbildungsstätten. So hat der Vater des damals fünfjährigen Martín Barros versucht, sein behindertes Kind einzuschulen. Von 25 Schulen wurde er abgelehnt. Zugang zu einer Schule erhielt er erst, als die Presse eingeschaltet wurde.[654] Daran sieht man, dass es noch viel zu tun gibt. Man sollte dabei aber nicht übersehen, dass die chilenische Gesellschaft eine Übergangsgesellschaft ist und viel unternommen wird, demokratische Verhältnisse zu schaffen und diskriminierende Situationen zu beseitigen bzw. zu vermeiden.

III. Entwicklung der rechtlichen Situation der Kinder Chiles: Von der ausschließlichen elterlichen Gewalt des ehelichen Vaters zur elterlichen Gewalt beider Elternteile

Bis 1998 fand sich im Código Civil im IX. Titel unter der Überschrift: „Rechte und Pflichten zwischen Eltern und *ehelichen* Kindern in Art. 219 folgender Text:

---

650 FAZ Sonntagszeitung vom 10.9.2011, Der Protest der chilenischen Jeanne d'Arc, http://www.faz.net/-gmh-6mud4
651 Le Monde Diplomatique, chilenische Ausgabe, No. 123, 10/2011, La Democracia está más viva que nunca, S. 5
652 Mayor reforma docente de los últimos 20 años establece evaluaciones y sueldos por mérito, La Tercera (chilenische Tageszeitung), 2.3.2012, S. 8
653 De la Fuente, Otro Chile es posible, Santiago de Chile, 2011, S. 6
654 OMCT, Derechos de los Niños en Chile, Genf, 2007, S. 31

> „Die ehelichen Kinder schulden ihrem Vater und ihrer Mutter Achtung und Gehorsam; sie sind vor allem ihrem Vater unterworfen."[655]

Der Text des Art. 223, Titel IX lautete:

> „Der getrennten Mutter, gleichgültig ob sie einen Grund zur Scheidung gegeben hat oder nicht, steht die persönliche Sorge für die Kinder unter 14 Jahren ohne Rücksicht auf das Geschlecht und für die Töchter jeden Alters zu. Jedoch ist ihr die Sorge für die Kinder jeden Alters und Geschlechts nicht anzuvertrauen, wenn wegen der Sittenlosigkeit der Mutter zu befürchten ist, dass die Kinder verdorben werden."[656]

Weiter hieß es, dass in diesen Fällen die Personensorge für alle Kinder beiderlei Geschlechts dem Vater übertragen werden kann.

In Art. 223 ging dann der Text weiter wie folgt:

> „In diesen Fällen, oder wenn sie aus anderen Gründen ungeeignet ist, kann die Sorge für die Person der Kinder beiderlei Geschlechts dem Vater übertragen werden. Der Umstand, dass die Ehe wegen Ehebruchs der Mutter getrennt worden ist, ist von dem Richter als ein wichtiger Umstand bei der Entscheidung über die Ungeeignetheit zu beachten."[657]

1. Änderung der Rechtslage 1998: Gleichstellung ehelicher und nichtehelicher Kinder

Vorstehende Regelungen aus der alten Fassung des Código Civil galten bis zur Einführung des Gesetzes zur Gleichstellung ehelicher und nichtehelicher Kinder im Jahr 1998.[658] Dieses Gesetz führte zu einer Neuregelung der Vorschriften der Abstammung. Die große Neuerung dieses Gesetzes besteht darin, dass die elterliche Gewalt sowohl dem Vater als auch der Mutter übertragen werden kann ohne Unterscheidung zwischen ehelichen und nichtehelichen Kindern.[659] Bis dahin waren nur die ehelichen Kinder der elterlichen Gewalt unterworfen. So konnten auch nur die ehelichen Väter die minderjährigen Kinder gesetzlich vertreten. Die nichtehelichen Väter hatten dieses Recht nicht. Das nichteheliche Kind konnte nur von einem Vormund vertreten werden. Dies führte u.a. dazu, dass Immobilien-Eigentum des nichtehelichen Kindes nur in öffentlicher Versteigerung veräußert werden konnte. (Art. 394 des Código Civil, alte Fassung)[660]

---

655 Bergmann/Ferid/Henrich, Internationales Ehe- und Kindschaftsrecht, Chile, Stand 31.3.1989, S. 26
656 Ibidem
657 Ibidem
658 Gesetz No. 19.585 vom 26.10.1998
659 Ramos Pazos, Derecho de Familia, Bd. II, Santiago de Chile, 2007, S. 455
660 Ibidem, S. 455

Vor Einführung des Gesetzes zur Neuregelung der Abstammung[661] stand die elterliche Gewalt ausschließlich dem ehelichen Vater zu. Nur wenn es ihn nicht mehr gab, hatte sie die Mutter. (Art. 240 Abs. 4 des Código Civil in alter Fassung) Als große Errungenschaft wird erachtet, dass nun die elterliche Gewalt von Vater o d e r Mutter oder von beiden zusammen ausgeübt werden kann – je nachdem, wie sich die Eltern einigen. Finden sie jedoch keine Einigung, dann übt der Vater die elterliche Gewalt alleine aus.[662] An dieser Regelung zeigt sich, dass die chilenische Gesetzgebung durchaus noch einige Baustellen hat, wenn das Gebot der Gleichheit der Geschlechter der heute gültigen Verfassung umgesetzt werden soll. In Kapitel I, Art. 1, Abs. 1 steht ja, dass die Menschen frei und gleich an Würde und Rechten geboren werden. Art. 19, Abs. 2 garantiert die Gleichheit vor dem Gesetz. Unter diesen Umständen sind Zweifel an der Verfassungsgemäßheit des Art. 244, Abs. 2 des Código Civil angebracht.[663]

Das Gesetz zur Neuregelung der Abstammung führte zur Änderung des IX. und X. Titels des Código Civil; die Beziehungen zwischen Eltern und Kindern sind jetzt in den Art. 222 bis 273 geregelt. Von den Rechten und Pflichten zwischen Eltern und Kindern handeln die Art. 222 bis 242; die Art. 243 bis 249 geben die allgemeinen Regeln vor, die Art. 250 bis 259 behandeln das gesetzliche Nießbrauchrecht am Kindesvermögen und dessen Verwaltung, Art. 260 bis 266 die gesetzliche Vertretung des Kindes, 267 und 268 die Entziehung der elterlichen Gewalt und Art. 269 bis 273 die Emanzipation als Befreiung von der elterlichen Gewalt und deren Rechtsfolgen.[664] Insoweit wird auf den **Anhang 4** verwiesen, wo sich die wichtigsten Vorschriften im Wortlaut in deutscher und spanischer Sprache finden.

Nach deutschem Recht erhalten miteinander verheiratete Eltern mit der Geburt des Kindes automatisch die gemeinsame elterliche Sorge. Sind sie es bei Geburt ihres Kindes nicht, so hängt ihr gemeinsames Sorgerecht davon ab, dass sie einander heiraten oder eine entsprechende Sorgeerklärung abgeben. Durch die Entscheidung des Bundesverfassungsgerichts, veröffentlicht in FamRZ 10/1403, ist als dritte Möglichkeit hinzugekommen, dass die gemeinsame Sorge insbesondere oder teilweise dem Kindeswohl entspricht. Kommt es zu keiner der drei Möglichkeiten, steht die elterliche Sorge der Mutter allein zu.[665]

---

661 No. 19.585 vom 26.10.1998
662 Art. 244, Abs. 2 des reformierten CC, Ramos Pazos, Derecho de Familia, Bd. II, Santiago de Chile, 2007, S. 455
663 Eigene Meinung der Verfasserin
664 Bergmann/Ferid/Henrich, Internationales Ehe- und Kindschaftsrecht, Frankfurt/M. Chile, Stand 1.7.2007, S. 45
665 Palandt, 71. Auflage, 2012, § 1626 a BGB, Anm. 6

2. Kritische Stellungnahmen zur Rechtsänderung

Die Interamerikanische Kommission für Menschenrechte (Comisión Interamericana de Derechos Humanos) hat Chile besucht und unter der Leitung von Dr. Victor Abramovich ein Protokoll errichtet zum Thema „Rechte der Frau in Chile: Gleichheit in der Familie, am Arbeitsplatz und in der Politik". Diese Arbeit wurde am 27. März 2009 veröffentlicht.[666] Neben anderen Defiziten wurde vor allem gerügt, dass in Chile immer noch viel zu wenig Frauen in der Legislative zu finden sind, d.h. insbesondere im Parlament.[667] Kritik gibt es auch von anderer Seite. So hat Nelson Zicavo Martínez 1999 eine Arbeit geschrieben mit dem Titel: „Väter für gleiche Elternrechte – Thesen über das gewaltsame Entfernen des Vaters" (padrectomía). In dieser Arbeit wird die nachteilige Position des Mannes gegenüber der Frau in Bezug auf die gemeinsamen Kinder beklagt.[668] Zicavo verweist auf die große Menge von Veröffentlichungen, die die negativen Folgen einer Scheidung für die Kinder beschreiben wie auch diejenigen, die bei der Mutter eintreten. Über die schädliche Wirkung, die beim Vater auftritt, gibt es wenige Publikationen. Er erwähnt in diesem Zusammenhang den Kinderarzt Robert E. Fay. der 1989 das Wort „padrectomia" als „Syndrom des zerstörten Vaters" geprägt hat. Dieses Phänomen tritt durch die Trennung von den Kindern beim Vater auf, der nach der Trennung des Paares in der Regel nur noch eine Beziehung mit den Kindern unter Vermittlung der Mutter aufrecht erhalten kann.[669] Zicavo bezeichnet dies als Scheidung von den Kindern. Für diese sind Vater und Mutter zwei häufig untrennbare Konzepte, die ein Gefühl von Zuwendung und beschützt sein beinhalten, auch dann, wenn die Trennung von den Kindern als notwendiger Ausweg aus der täglichen Krise erlebt wird.[670] Als erlerntes und von der Gesellschaft gefordertes Verhalten begreift er die Verpflichtung des Mannes, vor einer Scheidung aus dem Haus zu verschwinden und auf diese Weise die Stabilität seiner Kinder zu gewährleisten.

Die Kinder sche,,inen natürliches Eigentum der Mutter zu sein. Ihrer Allmacht solle es überlassen bleiben, dem Vater zu erlauben, weiterhin Vater zu sein oder sich in einen Besuch für seine Kinder zu verwandeln. Damit gehe die Aufhebung der väterlichen Autorität einher, die zur Annullierung der Vaterrolle führe.[671] Bei der Trennung eines Paares sieht Zicavo die elterliche Sorge in der Regel bei der Mutter. Im sozio-kulturellen Bereich drücke sich die Überlegenheit der Mutter im

---

666 Zum Inhalt im einzelnen wird auf das Kapitel „Gesetzeslage im chilenischen Familienrecht vor 1989 und Änderungen nach 1989" verwiesen.
667 Comisión Interamericana de Derechos Humanos, Informe sobre los Derechos de las Mujeres en Chile: Igualdad en la Familia, el Trabajo y en la Política, 27.3.2009, S. 4
668 Zicavo Martínez, Padres por la igualdad parental, tesis sobre la padrectomia, Universität Bio-Bio, Concepción, 1999, S. 1
669 Ibidem, S. 2
670 Ibidem, S. 9
671 Ibidem, S. 4

Nach-Scheidungs-Prozess darin aus, dass sie niemals das Gefühl eines Verlustes habe.[672] Dabei möchte er nicht auf eine Rivalität zwischen den Geschlechtern abheben, sondern er verweist darauf, dass es die Ergänzung beider Geschlechter sei, die das Leben lebenswert mache und nicht der Kampf der Geschlechter.[673] Er schließt mit dem Bemerken, dass auch die Väter leiden und man diesen Schmerz anlässlich der Trennung von den Kindern nicht unterschätzen sollte.[674]

Einer kritischen Analyse unterzieht auch Carmen Domínguez Hidalgo das chilenische Familienrecht in seiner reformierten Fassung. Sie hält die Reform für überstürzt und oberflächlich. Alarmierend sei dabei, dass sie nicht einer tiefen und umfassenden Überlegung entsprungen und auch nach ihrer Durchführung keiner ernsthaften Analyse unterzogen worden sei.[675] Sie rügt, dass die familienrechtlichen Änderungen ohne Blick auf das gesamte chilenische Rechtssystem vorgenommen worden seien und nur eine Reproduktion vergleichbaren kontinentalen und lateinamerikanischen Rechts darstelle. So seien die nach und nach im Familienrecht eingeführten Änderungen weder originell noch große Neuheiten, sondern die Wiederholung von Änderungen anderer Rechtssysteme wie beispielsweise des französischen, spanischen oder argentinischen, da Argentinien dem europäischen Recht am nächsten stünde. Dort habe man allmählich eine Fülle von Reformen durchgeführt und die klassischen Pfeiler des Familienrechts modifiziert, da sie nicht mehr den Familien entsprachen, die in den westlichen Gesellschaften der Gegenwart existieren. Häufig habe man dabei eine weit verstreute Familienrechts-Gesetzgebung betrieben, dabei Lücken gelassen und manchmal auch Widersprüche, die das Risiko beinhalten, die angestrebten Prinzipien zu stören, die sie eigentlich verfolgen sollten.[676] In der Vergangenheit habe das im chilenischen Código Civil geregelte Familienrecht ausschließlich die dem Vater vorbehaltene „väterliche Gewalt" (patria potestad) gekannt, die ihm absolute Macht verlieh. Weiterhin habe man die „legitime Abstammung" (filiación legítima), d.h. die eheliche, stark favorisiert.[677]

Mit dem Gesetz zur Neuregelung der Abstammung[678] habe man die Gleichheit zwischen den ehelichen und nichtehelichen Kindern herbeigeführt, nachdem schon in der Vergangenheit mit dem Gesetz über die Erleichterung der Situation nichtehelicher Kinder[679] aus dem Jahr 1935 erstmals die Nachforschung der illegitimen

---

672 Ibidem, S. 16
673 Ibidem, S. 9
674 Zicavo Martínez, S. 17
675 Domínguez Hidalgo, Los Principios que informan el Derecho de Familia Chileno: Su Formulación clásica y su Revisión moderna, Revista Chilena de Derecho, Bd. 32 No. 2, S. 205 – 218, Santiago de Chile, 2005, S. 206
676 Ibidem, S. 206
677 Ibidem, S. 207
678 Gesetz No. 19.585 vom 26.10.1998
679 No. 5.750 vom 2.12.1935

Vater- und Mutterschaft – allerdings nur zum Zwecke der Erlangung von Unterhalt
- erlaubt worden sei und mit dem Abstammungsreformgesetz[680] aus dem Jahr 1952
die Rechte des nichtehelichen Kindes gestärkt worden seien, indem die zwangsweise Anerkennung der Abstammung ermöglicht wurde, die dann auch zu Rechten
in der Erbfolge führte – allerdings nicht zu gleichen Rechten wie sie ehelichen
Kindern zustanden.[681] Für beklagenswert hält Carmen Domínguez Hidalgo, dass
nach wie vor eine gesetzliche Regelung der nichtehelichen Lebensgemeinschaften
fehlt und somit die juristische Anerkennung dieser tatsächlich bestehende Familien
(familias de hecho).[682]

Im Hinblick auf die Geburtenzahl der nichtehelichen Kinder, die überwiegend
in sogenannten nichtehelichen Lebensgemeinschaften leben, wäre eine Regelung
wohl dringend erforderlich. Nach einer von der Wirtschaftskommission für Lateinamerika (Comisión Económica para América Latina/CEPAL) der Vereinten
Nationen veröffentlichten Statistik wurden im Jahr 1900 30 % aller Kinder nichtehelich geboren, 1930 waren es 40 %, 1960 16 %, im Jahr 2000 fast die Hälfte aller
lebend geborenen Kinder, 2003 54% und 2011 65 %.[683] In der Zeit von 1960
bis 2000 entwickelte sich die Geburtenzahl pro Frau in Chile wie folgt: 1960 4,34
Kinder pro Frau, 1970 4,34, 2000 2,39.[684]

Aus einer sozio-ökonomischen Untersuchung ergab sich, dass Frauen mit 0–2
Jahren Schulbesuch 1970 5,72 Kinder im Durchschnitt zur Welt brachten (Gruppe
1), Frauen mit 3–5 Jahren Schulbesuch 4,82 (Gruppe 2), Frauen mit 6–8 Jahren
Schulbesuch 3,68 (Gruppe 3), Frauen mit 9 und mehr Jahren Schulbesuch 3,14
(Gruppe 4). Nach der gleichen Gruppeneinteilung ergab sich im Jahr 2000 folgendes Bild: Gruppe 1 /2,88, Gruppe 2 /2,61, Gruppe 3 /2,24, Gruppe 4 /1,91 Geburten.[685] Zwischen 1960 und 2003 reduzierte sich die Anzahl der Kinder pro Frau
auf die Hälfte, während die Geburten außerhalb von Ehen im gleichen Zeitraum
von 15,6 % auf 53,8 % anstiegen.[686]

Ein Bericht der Weltweiten Organisation gegen Folter (Organización Mundial
contra la Tortura / OMCT) von Januar 2007 über die Rechte der Kinder und die
Anwendung der Konvention der Vereinten Nationen über die Rechte des Kindes
vom 26. Januar 1990 stellt fest, dass derzeit in Chile Normen, Kriterien, Institutionen und Mechanismen aus der Zeit **vor** wie auch **nach** der Konvention über die
Rechte des Kindes bestehen ohne dass es gelungen wäre, den Schutzgedanken der

---

680 Gesetz No. 10.271 vom 2.4.1952
681 Ibidem, S. 208
682 Domínguez Hidalgo, ibidem, S. 209; s. auch Kapitel 4, II, 7
683 Valdés S., Futuro de las Familias y Desafios para las Políticas Públicas, Naciones Unidas, CEPAL, Santiago de Chile, 2007, S. 5 und 6
684 Larrañaga, Fertilidad en Chile 1960-2003, Departamento de Economía, Universidad de Chile, Santiago de Chile, 2003, S. 3
685 Ibidem, S. 13
686 Ibidem, S. 1

Konvention korrekt umzusetzen. Das derzeitige Modell wird als „Bastard" bezeichnet, wobei darauf verwiesen wird, dass das Land sich in einer Übergangsphase befinde, die noch viele tiefgreifende Anpassungen und Reformen benötige, um einem echten Schutzsystem in Bezug auf die Rechte des Kindes nahe zu kommen.[687]

So seien auch 16 Jahre nach der Ratifizierung der Konvention der Rechte des Kindes die traditionell gegebenen Bevormundungs-Tendenzen noch nicht beseitigt und damit das von der UNO verfolgte System des integralen Schutzes von Rechten nicht erfüllt. Das Gesetz No. 16.618 über die Rechte minderjähriger Kinder aus dem Jahr 1967, das aber eigentlich schon aus dem Jahr 1928 stamme, sei nach wie vor in Kraft. Zwar seien im Lauf der Jahre Änderungen daran vorgenommen worden – zuletzt am 30.5.2000 -, aber es sei nie neu konzipiert worden.[688] Auch sei das Schicksal eines Nachfolge-Gesetzes, das im Jahr 2004 eingebracht wurde und den Schutz der Rechte der Kinder in Anlehnung an die UNO Konvention beinhaltet, immer noch ungewiss, da es blockiert sei. Außerdem sei auch dieser Gesetzesentwurf nicht geeignet, alles Notwendige zu regeln, um den Inhalt der Konvention in Landesrecht umzusetzen.[689]

Die einschlägige Gesetzgebung für Minderjährige findet sich in den Gesetzen No. 19.585[690] zur Neuregelung der Abstammung und 19.620[691] über die Adoption Minderjähriger. Im Gesetz No. 19.585 wird die Gleichstellung von ehelichen und nichtehelichen Kindern vollzogen. Das Gesetz No. 19.910[692] bestimmt die Zuständigkeit der Vormundschaftsgerichte neu und reformiert insoweit das Gesetz No. 19.620. Die vorstehend benannten Rechtsnormen sind richtungweisend.[693] Weitere Gesetze, die Kinder und Jugendliche betreffen, finden sich in der Liste der relevanten chilenischen Gesetze.

Der in Art. 2 der UN-Konvention über die Rechte des Kindes vom 26. Januar 1990 formulierte *Anspruch* lautet:

> „Die Vertragsstaaten treffen alle geeigneten Maßnahmen, um sicherzustellen, dass das Kind vor allen Formen der Diskriminierung oder Bestrafung wegen des Status, der Tätigkeiten, der Meinungsäußerung oder der Weltanschauung seiner Eltern, seines Vormundes oder seiner Familienangehörigen geschützt wird."

Das Diskriminierungsverbot stellt nach der Vorstellung des Komitees für die Rechte des Kindes eines der zentralen Prinzipien dieses Vertrages dar.[694] Die chilenische

---

687 OMCT, Derechos de los Niños en Chile, 44. Sitzungsperiode, Genf, 2007, S. 9
688 Die letzte Änderung am Gesetz No. 16.618 erfolgte am 30.5.2000 per Decreto Fuerza Ley
689 Ibidem, S. 9
690 Gesetz No. 19.585 vom 26.10.1998
691 Gesetz No. 19.620 vom 26.10.1998
692 Gesetz No. 19.910 vom 28.10.2003
693 Insoweit wird auf die Ausführungen im Kapitel „Gesetze im chilenischen Familienrecht vor 1989 und Änderungen nach 1989" verwiesen.
694 OMCT, Derechos de los Niños en Chile, Genf, 2007, S. 26

Verfassung enthält in Art. 19 Abs. 2 und 3 ein Diskriminierungsverbot, indem die Gleichheit aller vor dem Gesetz wie auch die Gleichheit von Mann und Frau garantiert wird und Art. 1. Abs. 1 schreibt fest, dass alle Menschen frei und gleich an Rechten und Menschenwürde geboren werden. Ricardo Lagos Escobar, chilenischer Staatspräsident von 2000 bis 2006, hat am 14. März 2005 einen Gesetzentwurf in die Abgeordnetenkammer eingebracht, der Maßnahmen gegen Diskriminierung vorsieht. Dieser Entwurf wurde jedoch bislang nicht als Gesetz verabschiedet.[695]

IV. Ergebnis

Schon vor der Gründung des Staates Chile und auch danach bis heute war und ist das nichteheliche Kind ein Thema. Die aus Mutter und Kindern bestehende Familie hat eine lange Tradition im Land. Begünstigt wurde diese Situation einerseits durch die Bräuche der Ureinwohner, die polygam lebten, andererseits durch die Jahrhunderte dauernden Kriege der spanischen Eroberer gegen die Mapuchen. In der Kolonialzeit gab es die auf die Mutter zentrierte Familie in allen sozialen Klassen. Landarbeiter, Soldaten, Mestizen und Indios veränderten ständig ihre Aufenthaltsorte.[696] Der langdauernde araukanische Krieg, die Minen und die Landwirtschaft favorisierten eine ständige Migration der Männer.[697] Die Frauen blieben derweil Monate oder Jahre alleine, mussten sich um die wirtschaftliche Existenz der Familie kümmern und die Kinder zusammen mit Hausmädchen oder weiblichen Anverwandten aufziehen.[698]

Die Kolonialperiode war durch die wilde Ehe in den Räumen der legalen Familie (barraganía) und die aus Mutter mit Kindern bestehende Familie als allgemeingültiges Familienmodell geprägt. Seit Beginn der Republik Chile hat zumindest nach dem Anspruch der herrschenden Schicht und hinsichtlich der gesellschaftlichen Restriktionen eine Veränderung stattgefunden. Schließlich wollten die Befürworter der Unabhängigkeit Chiles Anschluss an die „Zivilisation" bekommen.[699] Von nun an wurden nicht durch die Ehe legitimierte Verbindungen, das Konkubinat und die ledige Mutter als Produkt einer Gesellschaft gesehen, die den Fortschritt verpasst hatte; als eine Gesellschaft, in der die Last der Tradition der Eingeborenen in den Mestizen fortlebte und den Zugang zu einer heiß ersehnten Zivilisation verhinderte.[700] Folglich musste die Sexualität eingeschränkt und damit

---

695 Ibidem, S. 27
696 Montecino Aguirre, Madres y Huachos, Santiago de Chile, 2007, S. 54
697 Ibidem
698 Ibidem
699 Ibidem, S. 55
700 Ibidem, S. 54

„die Freiheit" der Frauen – in Bezug auf ihren Körper – sanktioniert werden.[701] Der Prozess, der in Chile im 19. Jahrhundert in Gang kam, hat in der chilenischen Oberschicht ein christlich-westlich orientiertes Familienmodell als Vorbild genommen, monogam und durch das Gesetz des Vaters geschaffen. Die Mittel- und Unterschicht blieb hingegen bei dem bisherigen Modell von Familie, das heißt auf die Mutter zentriert und mit einem abwesenden Vater.[702] Montecino Aguirre merkt in diesem Zusammenhang an, dass die herrschenden Klassen in Chile auch im 20. Jahrhundert an dem christlich-westlich geprägten Familienideal nach außen hin festhielten, aber insgeheim die illegitimen Verbindungen beibehielten, was zu einer Vielzahl nichtehelicher Kinder (huachos) führte. Sie sieht die Institution der Hausangestellten in der Stadt (empleada doméstica), die die Mutter bei der Aufzucht der Kinder ersetzte und die Großgrundbesitz-Strukturen auf dem Land als Fortsetzung der im Verborgenen gepflegten illegitimen Beziehungen.[703] Die sogenannte Chinesin (china), die Mestizin, oder einfach das mittellose Hausmädchen blieb das „dunkle Objekt der Begierde" für die Männer. Sie war es, die die Söhne der Familie in das Sexualleben einweihte, sie war es aber auch, die als Kindermädchen (nana) die Mutter ersetzte.[704] In diesem Zusammenhang ist noch einmal darauf hinzuweisen, dass heute noch 15% der aktiven Bevölkerung in Chile in Haushalten arbeitet.[705]

Mit den Spaniern war die katholische Kirche und der christliche Glaube ins Land gekommen. Nach Francisco Encina entstand das christliche Familienideal in Chile, als sich die Konquistadoren mit ihren europäischen oder Mestizen-Frauen niederließen und die christlich-westlich geprägte Vorstellung von Familie pflegten. Gleichzeitig wurde aber das Konkubinat nach innen aufrechterhalten, zum Teil in den gleichen Räumen, in denen auch die legale Familie lebte.[706] Die Diskrepanz zwischen Wort und Tat, wie Montecino Aguirre es nennt, oder Sein und Schein, führte zum Kult des Anscheins, der die Verhältnisse nach außen ganz anders präsentiert, als sie nach innen tatsächlich gegeben sind. So verweist auch Ximena Valdés S. darauf, dass seit Gründung der Republik Chile bis heute eine Konstante der chilenischen Gesellschaft darin zu sehen sei, dass eine große Distanz zwischen dem geschriebenen Recht und den gesellschaftlichen Verhaltensweisen vorherrsche.[707]

---

701 Ibidem, S. 54
702 Ibidem, S. 55
703 Ibidem, S. 55
704 Ibidem, S. 55
705 Valdés S., Valdés E., Familia y Vida Privada, Santiago de Chile, 2005, S. 167/168
706 Encina, Historia de Chile, Santiago de Chile, 1983, S. 175
707 Valdés S., Notas sobre la metamorphosis de la Familia en Chile, CEPAL, Santiago de Chile, 2007, S. 43

Es entwickelte sich eine zweigleisige Familienkultur, die einerseits die nachdenklichen europäischen Kategorien der gesellschaftlichen Definition benutzte, aber auf der anderen Seite eine neue Art von Beziehungen lebte und praktizierte. Dies war teilweise der Tatsache geschuldet, dass es kriegsbedingt eine ungleiche Zahl der Geschlechter gab sowie der sozialen Schichtung in der Kolonialzeit und der einzigen Möglichkeit sozialen Aufstiegs der eingeborenen Frauen durch die Eingehung einer Verbindung mit einem weißen Mann. Das nach Montecino auf das Gesetz des Vaters begründete Familienrecht blieb auch in der Regierungszeit der Unidad Popular unter Präsident Allende unverändert. Verständlicherweise hatte auch die Militärjunta kein Interesse an einer Reform des Familienrechts. Erst nach Wiedereinführung der demokratischen Verhältnisse kam Bewegung in die Sache und mit dem Gesetz über die Neuregelung der Abstammung wurden endlich im Jahr 1998 eheliche und nichteheliche Kinder gleichgestellt. Als große Neuerung wurde die Möglichkeit eingeräumt, dass die elterliche Gewalt, die auch im aktuell gültigen Código Civil noch immer so heißt (potestad paternal), sowohl dem Vater als auch der Mutter übertragen werden kann ohne Unterscheidung zwischen ehelichen und nichtehelichen Kindern. Mit dieser Gleichbehandlung ehelicher und nichtehelicher Kinder ist ein Stück Gerechtigkeit eingezogen, nachdem man bis dahin in Kenntnis des hohen Anteils nichtehelicher Kinder an der Gesamtgeburtenzahl in Chile dieses Thema nicht angegangen war.

Die Zahl der Eheschließungen hat in den letzten zwanzig Jahren in Chile abgenommen. Gleichzeitig sind die Annullierungen gestiegen. Die letzten insoweit vorliegenden Zahlen datieren aus dem Jahr 1998. Zwischen 1980 und 1998 dauerten die annullierten Ehen durchschnittlich elf bis zwölf Jahre. Das Durchschnittsalter bei Eingehung der Ehe war im Jahr 1980 bei Männern 27, bei Frauen 24 Jahre, im Jahr 1998 bei Männern 29, bei Frauen 26 Jahre. In absoluten Zahlen gab es 1980 86.000 Eheschließungen und 3.000 Annullierungen, 1998 ca. 73.000 Eheschließungen und 6.000 Annullierungen. Nach der strikt gesetzlichen Definition werden die Personen in drei Kategorien eingeteilt und zwar in Ledige, Verheiratete, Verwitwete. Tatsächlich gibt es aber auch getrennt Lebende, Annullierte und Geschiedene, daneben die sogenannten außer gesetzlichen bzw. faktischen, freien Verbindungen.[708]

Die Kinder Chiles, d.h. Schüler und Studenten fordern nun seit Mai 2011 das Recht auf kostenlose Erziehung ein, die Abschaffung des Gewinnstrebens in den Privatschulen und Universitäten, mehr Gerechtigkeit und Chancengleichheit. Sie wollen die von Pinochet auferlegte Bildungsreform rückgängig machen, die zu den heutigen Verhältnissen geführt hat. Die Generation, die jetzt die Studentenunruhen organisiert, ist überwiegend nach der Diktatur geboren und in einem Chile aufge-

---

708 Enfoques Estadísticos, Matrimonio, Boletín informativo del Instituto Nacional de Estadísticas, Santiago de Chile, 19.7.2000, S. 1 u. 2

wachsen, das nach und nach zu demokratischen Verhältnissen zurückfand. Große Teile der Bevölkerung unterstützen die studentischen Forderungen. Der für Erziehung zuständige Minister Lavín Infante wurde etwa zwei Monate nach Beginn der Unruhen gegen den jetzigen Erziehungsminister Bulnes ausgetauscht. Für die derzeitige konservative Regierung wird es wohl nicht einfach werden, eine Lösung der drängenden Probleme zu finden.

Kapitel 6: Die Rolle der Rechtsprechung / Regelungskonkretisierung

I. Gerichtsentscheidungen nach 1989

Bei der Materialsuche wurde der Focus auf Rechtsprechung nach 1989 gerichtet. Da das Familienrecht weder in der Regierungszeit des Präsidenten Allende noch in der Zeit der Militärdiktatur eine herausragende Rolle spielte,[709] wurden nur gerichtliche Entscheidungen ab 1989 in die vorliegende Untersuchung einbezogen. Außerdem hat sich die Legislative erst nach 1989 dem Familienrecht und den Themen Gender-Gerechtigkeit, Gleichbehandlung der Geschlechter bzw. Diskriminierung zugewandt. Die nachfolgend wiedergegebenen gerichtlichen Entscheidungen stammen sämtlich aus der Zeit nach dem Ende der Militärdiktatur. Sie wurden unter dem Aspekt der Gleichbehandlung der Geschlechter und danach ausgewählt, dass alle möglichen Aspekte des Familienrechts abgedeckt werden, d.h. Ehescheidung nebst Folgesachen wie Güterrecht, elterliche Sorge, Umgangsrecht, innerfamiliäre Gewalt, Unterhaltsrecht. Außerdem wurde nach der Resonanz in der chilenischen Gesellschaft und danach ausgewählt, dass die Entscheidungen neueren Datums sind.[710] Zur Frage des Zugangs zu gerichtlichen Entscheidungen wird auf **Anhang 1/I** verwiesen.

1. Hindernisse beim Eingehen einer zweiten Ehe

Im nachfolgend geschilderten Fall wollte eine rechtskräftig geschiedene Frau eine neue Ehe eingehen. Sie war schwanger und stellte daher beim Familiengericht in Santiago de Chile einen Antrag auf Erlaubnis zur Eingehung einer zweiten Ehe nach Art. 128 Código Civil.[711] Diese Rechtsvorschrift wurde bereits im Kapitel über die Gesetzeslage erwähnt. Danach kann eine geschiedene, schwangere Frau erst nach der Geburt oder wenn es keine Anzeichen von Schwangerschaft gibt, frühestens 270 Tage nach Rechtskraft der Scheidung oder Annullierung der Vorehe wieder heiraten – wobei diese Frist um die Tage verkürzt wird, für die nachgewiesen wird, dass der Ehemann keine Möglichkeit hatte, mit der Ehefrau Kontakt zu

---

709 S. Kapitel 4, „Gesetzeslage im chilenischen Familienrecht vor 1989 und Änderungen nach 1989", I, Ziff. 5
710 Zur Frage des Zugangs zu gerichtlichen Entscheidungen wird auf die Ausführungen in der Vorbemerkung verwiesen.
711 Revista Chilena de Derecho de Familia, Santiago de Chile, Dezember 2009, S. 181

haben.[712] Das angerufene Familiengericht wies den Antrag der Geschiedenen ab. In zweiter Instanz bekam sie recht.[713] Das Gericht berief sich unter Ziff. 4° seiner Entscheidung insbesondere auf den zweiten Teil des Art. 128 Código Civil. Es führte folgendes aus: Im Rahmen der durchgeführten Ehescheidung wurde bewiesen, dass die Parteien schon mehr als zehn Jahre getrennt gelebt hatten und damit die Frist von 270 Tagen weit überschritten war.[714] Außerdem verwies es darauf, dass diese Vorschrift aus der Mitte des 19. Jahrhunderts mit Einschränkungen versehen werden müsse, Anfang des 21. Jahrhunderts eine andere Kultur gelebt würde und die Interessen der Frau und ihr Recht auf Reproduktion nicht auf die Ehe oder *einen* Ehegatten begrenzt werden könne. Unter Ziff. 5° des Urteils wurde folgendes ausgeführt: „Unter Bezugnahme auf die Art. 1 und 19 Abs. 7[715] der Verfassung der Republik sowie auf die Art. 2, 5, 16 a, b, c und d der Konvention über die Eliminierung aller Formen von Diskriminierung der Frau[716] und die Art. 3.1, 7

---

712 Art. 128 Código Civil: „Cuando un matrimonio haya sido disuelto o declarado nulo, la mujer que está embarazada no podrá pasar a otras nupcias antes del parto, o (no habiendo señales de preñez) antes de cumplirse los doscientos setenta días subsiguientes a la disolución o declaración de nulidad. Pero se podrán rebajar de este plazo todos los días que hayan precedido inmediatamente a dicha disolución o declaración, y en los cuales haya sido absolutamente imposible el acceso del marido a la mujer." Übersetzung: Wenn eine Ehe aufgelöst oder annulliert wird, kann die Frau vor der Geburt des Kindes keine neue Ehe eingehen, oder falls es keine Anzeichen einer Schwangerschaft gibt erst 270 Tage nach Auflösung oder Annullierung der Ehe. Von dieser Frist sind alle Tage abzuziehen, die unmittelbar vor der Auflösung oder Annullierung liegen, an denen der Kontakt des Ehemannes zu der Ehefrau absolut ausgeschlossen war.
713 Appellationsgericht (Corte de Apelaciones de Santiago), Urteil vom 9.4.2009, Rol No. 136-2009, Legal Publishing No. 42.300, veröffentlicht in Revista Chilena de Derecho de Familia, Santiago de Chile, Dez. 2009, S. 181
714 "Sobre la base del referido artículo, la cuestión discutida que se planteó ante el tribunal de alzada fue la de la interpretación que había de darse a la expresion 'absolutamente imposible el acceso del marido a la mujer', porque, habiéndose acreditado que la mujer se hallaba embarazada y que aún no se enteraba el término prefijado por la ley, se había probado que la convivencia entre la mujer y su marido había cesado hacía más de diez años, según comprobó el proceso de divorcio."
715 Art. 1 der Verfassung besagt, dass alle Menschen frei und gleich an Würde und Rechten geboren werden und die Familie der fundamentale Kern der Gesellschaft ist, Art. 19 Abs. 7 garantiert das Recht auf persönliche Freiheit und individuelle Sicherheit.
716 Gemäß Art. 2 dieser Konvention verurteilen die Unterzeichnerstaaten die Diskriminierung der Frau in allen möglichen Formen und versprechen, geeignete Maßnahmen zu ergreifen, dies zu ändern. Unter Buchstabe a – g werden die Versprechen konkretisiert; in Art. 5 werden geeignete Maßnahmen versprochen, die zur Änderung überkommener Verhaltensmuster von Mann und Frau führen und Vorurteile beseitigen; Art. 16 a – h verpflichtet die Unterzeichnerstaaten zur Beseitigung von Diskriminierung der Frau in Ehe- und Familienangelegenheiten bei Einhaltung des Gleichheitsgebotes zwischen Mann und Frau und hebt in Art. 16 d die Interessen des Kindeswohls hervor.

und 8[717] der Konvention über die Rechte des Kindes[718] wird das Urteil des 3. Familiengerichts von Santiago de Chile vom 15. Dezember 2008 aufgehoben und in der Weise geändert, dass die zweite Eheschließung erlaubt wird." Damit hat das Appellationsgericht den Art. 128 des Código Civil in den Kontext der freien Entfaltung der Persönlichkeit, der persönlichen Freiheit und der Diskriminierung der Frau gestellt und dadurch die Lesart an das 21. Jahrhundert angepasst.[719]

2. Diskriminierung der Frau durch die gesetzliche Vorschrift der Errungenschaftsgemeinschaft (Sociedad Conyugal) / Gerichtliche Ersetzung der Zustimmung der Ehefrau in der Errungenschaftsgemeinschaft

Im nachfolgend geschilderten Fall geht es um das Güterrecht, speziell die Diskriminierung der Frauen in der Errungenschaftsgemeinschaft (Sociedad Conyugal), die nach wie vor im Código Civil in der Weise geregelt ist, wie es sich aus dem Fall der Sonia Arce Esparza ergibt.[720] Die Klägerin hat – vertreten durch die Korporation de la Morada[721] - bei der Interamerikanischen Kommission für Menschenrechte Klage gegen die Republik Chile erhoben.

Sonia Arce Esparza hatte am 28. Februar 1976 Patricio Arce Salinas geheiratet. Mit der Eheschließung unterwarf sie sich den Regelungen des Código Civil über die Verwaltung des Vermögens von Ehepaaren. 1993 verstarb ihr Vater, 1994 ihre Mutter. Sie erbte zusammen mit ihren Geschwistern einige Immobilien, die veräußert werden sollten. Da sie mit ihrem Ehemann in der Errungenschaftsgemeinschaft lebte, die an anderer Stelle schon ausführlich erläutert wurde, weigerte sich der mit dem Verkauf beauftragte Immobilienmakler, die Transaktion durchzuführen,[722] weil der Ehemann in der Errungenschaftsgemeinschaft alleiniger Verwalter

---

717 Art. 3.1 schreibt das vorrangige Interesse des Kindes fest; Art. 7 garantiert dem Kind das Recht auf seinen Namen, seine Nationalität und möglichst die Kenntnis seiner Eltern und Betreuung durch diese; gem. Art. 8 versprechen die Staaten, das Recht des Kindes auf seine eigene Identität zu respektieren einschließlich seines Namens, Nationalität und seiner familiären Verhältnisse.
718 Appellationsgericht Santiago de Chile, Urteil vom 9.4.2009, Rol No. 136-2009, Legal Publishing No. 42.300, in Revista Chilena de Derecho de Familia, Santiago de Chile, 12/2009, S. 182
719 Appellationsgericht Santiago de Chile, Urteil vom 9.4.2009, Rol No. 136-2009, Revista Chilena de Derecho de Familia, Santiago de Chile, Dez. 2009, S. 183
720 Fall vor der Interamerikanischen Kommission der Menschenrechte (Comisión Interamericana de Derechos Humanos / CIDH) No. 12.433, Arce Esparza versus República de Chile
721 Diese Korporation ist ein regionales Zentrum für Menschenrechte und Geschlechter-Gerechtigkeit mit Sitz in Santiago de Chile. Inzwischen nennt sie sich „Humanas".
722 Zur gesetzlichen Regelung der Errungenschaftsgemeinschaft s. Kapitel 4, „Gesetzeslage im chilenischen Familienrecht vor 1989 und Änderungen nach 1989"

des Vermögens des Ehepaares sowie desjenigen der Ehefrau ist.[723] Arce Esparza lebte zum Zeitpunkt des Erbfalls schon jahrelang von ihrem Mann getrennt und er war unbekannten Aufenthalts.

Sie wandte sich an die Interamerikanische Kommission für Menschenrechte. Um deren Zuständigkeit herbeizuführen, müssen die Rechtsmittel im Inland erschöpft sein.[724] Insoweit hätte es in Chile zwei Möglichkeiten gegeben, und zwar ein sogenanntes Schutzverfahren (recurso de protección)[725] und ein Verfahren auf Nicht-Anwendbarkeit (recurso de inaplicabilidad)[726]. Die Interamerikanische Kommission für Menschenrechte kam zu dem Schluss, dass beide Rechtswege die Klägerin nicht in den Stand gesetzt hätten, direkt gegen die Vorschriften des Código Civil zur Errungenschaftsgemeinschaft vorzugehen, da ihre Rechte durch die bloße Existenz dieser Normen verletzt würden.

Die Interamerikanische Kommission für Menschenrechte hielt daher beide Verfahren für inadäquat und sah von der Zulassungsvoraussetzung ab, wonach alle möglichen inländischen Rechtswege erschöpft sein müssten. Zu diesem Schluss kam die Kommission auch deshalb, weil für die Einleitung der beiden aufgezeigten Rechtswege die Anrufung eines nachrangigen Gerichts Voraussetzung ist, wo das angegriffene nicht verfassungsgemäße Gesetz erst einmal Anwendung findet. Arce Esparza hätte demnach erst ein Gericht anrufen und beantragen müssen, ihr eigenes Vermögen selbst verwalten zu dürfen. Erst wenn insoweit eine Ablehnung erfolgt wäre, hätte sie die beiden oben genannten Rechtswege einschlagen können.[727] Die Kommission folgte der Argumentation Arces, wonach es nicht zumutbar sei, dass sie sich genau der diskriminierenden Rechtsvorschrift unterwerfe, die sie angreife und weshalb sie das Verfahren überhaupt betreibe. Fürsorglich trug Arce Esparza vor, dass sie das Appellationsgericht in Santiago mit dem Schutzverfahren (recurso de protección) angerufen habe, dieses aber am 6. August 2001 zurückgewiesen worden sei. Das Gericht habe ausgeführt, dass die vorgetragenen Tatsachen nicht zur Durchführung dieses Rechtsmittels berechtigten.[728]

Letztendlich hat sich Arce Esparza mit der Republik Chile gütlich geeinigt und mit dem chilenischen Staat eine Vereinbarung getroffen, in der die Republik Chile

---

723 Insoweit wird auch auf die Ausführungen zu den Gesetzen No. 18.802 und No. 19.335 im Kapitel „Gesetzeslage im chilenischen Familienrecht vor 1989 und Änderungen nach 1989" verwiesen.
724 Art. 46 Amerikanischen Konvention über die Menschenrechte vom 22.11.1969, (Convención Americana sobre los Derechos Humanos), „Para que una petición o comunicación presentada conforme a los artículos 44 ò 45 sea admitida por la Comisión, se requerirá: que se hayan interpuesto y agotado los recursos de jurisdicción interna, conforme a los principios del Derecho Internacional generalmente reconocidos."
725 Dieses Verfahren ist in Art. 20 der chilenischen Verfassung geregelt.
726 Dieses Verfahren ist in Art. 80 i. Verb. m. Art. 6 der chilenischen Verfassung vorgesehen.
727 Human Rights Library, Arce Esparza vs. Chile, Case 71/01, Report No. 59/03, Inter-Am.C.H.R., OEA/Ser.L/V/II.118 Doc. 70 rev. 2 at 213, 2003, S. 3 ff.
728 Human Rights Library, Arce Esparza, Case 71/01, Report No. 59/03, S. 4

erklärte, dass die derzeit gültige Regelung der Errungenschaftsgemeinschaft die Rechte der Frauen hinsichtlich der Vermögensverwaltung in der Ehe verletzt und deshalb die Normen außer Kraft gesetzt werden, die eine Diskriminierung der Frauen innerhalb der Errungenschaftsgemeinschaft darstellen.[729] In der vergleichsweisen Regelung vom April 2007 kam man auch überein, dass der seit langem vorliegende Gesetzesentwurf zur Reform der gerügten Gesetzesvorschriften als dringlich behandelt würde.[730]

Um die Verfügung eines Ehemannes über eine Immobilie bei bestehender Errungenschaftsgemeinschaft ging es in einem Urteil des Obersten Gerichtshof aus dem Jahr 2010.[731] Das Gericht der ersten Instanz ersetzte die Zustimmung der getrennt lebenden Ehefrau zu dem Geschäft durch entsprechendes Urteil. Es begründete die Entscheidung damit, dass die Ehefrau nicht zu finden sei und Schaden entstünde, wenn das Geschäft mangels Zustimmung der Ehefrau nicht zustande käme. Danach wurde der Eigentumswechsel ins Grundbuch eingetragen. Nachträglich erfuhr die Ehefrau von der Sache und klagte auf Nichtigkeit des Kaufvertrages, weil Art. 1749 Código Civil, der die Verwaltung der Güter in der Errungenschaftsgemeinschaft regelt, verletzt sei. Zwar sei nach dieser Rechtsvorschrift die Ersetzung der Zustimmung möglich, im vorliegenden Fall habe das Gericht jedoch seine Kompetenzen überschritten, da sie zwar getrennt lebe, der Ehemann aber immer ihren Aufenthaltsort gekannt habe, zumal sie in dem Objekt wohne, das er veräußert habe. Die Frau wurde in allen drei Instanzen abgewiesen. Dabei wurde ausgeführt, dass die gesetzlichen Vorschriften eingehalten worden seien und es dem Ehemann als Chef der Errungenschaftsgemeinschaft[732] möglich sei, die Zustimmung der Frau gerichtlich ersetzen zu lassen.[733] Im Gegensatz zu dem Verfahren der Sonia Arce Esparza konnte der Ehemann ganz leicht die Zustimmung der Ehefrau gerichtlich ersetzen lassen, ohne dass man auch nur den Versuch unternommen hätte, die Anschrift der Frau herauszufinden. Erschwerend kommt hinzu, dass den obersten Richtern der Republik Chile bekannt sein muss, dass an einem neuen Gesetz zur Errungenschaftsgemeinschaft gearbeitet wird. Vielleicht hätte man das Verfahren bis zur gesetzlichen Neuregelung aussetzen können. Jedenfalls bestätigt dieses Urteil die eklatante Diskriminierung der Frau in der Errungen-

---

729 Comisión Interamericana de Derechos Humanos, Informe sobre los Derechos de las Mujeres en Chile: La Igualdad en la Familia, el Trabajo y la Política, 27.3.2009, S. 2
730 S. Kapitel 4, "Gesetzeslage im chilenischen Familienrecht vor 1989 und Änderungen nach 1989"
731 Urteil vom 17.3.2010, Rol 5838-2008, Legal Publishing No. 43502, in Revista Chilena de Derecho de Familia, Santiago de Chile, 6/2010, S. 173
732 Art. 1749, Abs. 1 Código Civil: El marido es el jefe de la sociedad conyugal, y como tal administra los bienes sociales y los de la mujer / Der Ehemann ist der Chef der Errungenschaftsgemeinschaft und als solcher verwaltet er die Güter der Gemeinschaft und diejenigen der Ehefrau.
733 Urteil vom 17.3.2010, Rol 5838-2008, Legal Publishing No. 43502, in Revista Chilena de Derecho de Familia, Santiago de Chile, 6/2010, S. 175

schaftsgemeinschaft und zeigt darüber hinaus auch noch, wie einfach es für den Ehemann war, die Zustimmung der Ehefrau gerichtlich ersetzen zu lassen – ganz im Gegensatz zu dem Fall Arce Esparza.

3. Annullierung von Verfügungen über Vermögenswerte zugunsten der Lebensgefährtin / Vermögensausgleich zwischen unverheirateten Paaren

Unter dem Stichwort Auflösung der Errungenschaftsgemeinschaft (Sociedad Conyugal) wird auch der nachfolgend geschilderte Fall geführt, den der Oberste Gerichtshof am 23. März 2009 entschieden hat.[734] Es geht hier darum, dass sich das Ehepaar Stange / Osorio getrennt hatte und im Jahr 1991 die Ehe, aus der drei Kinder hervorgegangen waren, annullieren ließ. Im Zuge dieses Verfahrens wurde die bis dahin bestehende Errungenschaftsgemeinschaft auseinandergesetzt. Die Rudi Friedegord Stange Dietz verbleibenden Vermögenswerte standen danach in seinem Alleineigentum. Er verstarb am 5. Dezember 2003 ohne ein Testament zu hinterlassen. Bis dahin hatte er viele Jahre unverheiratet mit einer Frau zusammen gelebt, mit der er zwei weitere Kinder hatte.[735]

Der Sachverhalt wurde vom erstinstanzlichen Gericht in seinem Urteil vom 30. April 2007 folgendermaßen geschildert:

Nach dem Ableben von Stange Dietz prozessierten seine drei ehelichen Kinder gegen die Lebensgefährtin ihres Vaters. Sie behaupteten Scheingeschäfte und Schein-Willenserklärungen, hilfsweise beantragten sie die Aufhebung der zwischen dem mittlerweile Verstorbenen und dessen Lebensgefährtin vereinbarten Rechtsgeschäfte wegen gravierender Mängel mehrerer notariell beglaubigter Verfügungen, die sämtlich einen ähnlichen Inhalt hatten. In diesen Notarurkunden waren die Lebensgefährtin María Eliana García Guichamán und Rudi Friedegord Stange Dietz als Vertragsparteien aufgetreten. Mit übereinstimmenden Willenserklärungen hätten beide Parteien unentgeltlich über Vermögenswerte des Stange Dietz verfügt, dabei aber verborgen, dass es sich ausschließlich um Schenkungen gehandelt habe, wobei sie ihre wahren Absichten mit List kaschiert und nach außen vertragsmäßige Schein-Absprachen in einer Kette von Urkunden getroffen hätten, die alle in Bezug zueinander standen und in der die Anerkennung einer Schuld aus einer Übertragung enthalten war, wonach die Gläubigerin García eine im Eigentum des Schuldners Stange stehende Immobilie erhielt.[736]

---

734 Legal Publishing No. 41822
735 Oberster Gerichtshof (Corte Suprema), Santiago de Chile, Urteil vom 23.3.2009, Az.: 6890-2007, Legal Publishing: 41822
736 Oberster Gerichtshof (Corte Suprema), Santiago de Chile, Urteil vom 23.3.2009, Az.: 6890-2007, Ziff. I, 1

Außerdem erklärte García Guichamán in einer der Urkunden, dass sie die Immobilie für einen Dritten bekam, den damals zwölf Jahre alten jüngeren nichtehelichen Sohn der beiden. Durch Zahlung einer Scheinschuld sei es dazu gekommen, dass diese Immobilie nicht mehr als Teil der Erbschaft auftauchte. Damit sei dieses im Übrigen wertvollste Vermögensteil des Erblassers den drei ehelichen Kindern im Nachlass vorenthalten worden, wo sich nur noch geringer wertige Objekte befunden hätten, die sie außerdem mit ihren beiden Halbgeschwistern aus der nichtehelichen Lebensgemeinschaft des Vaters teilen müssten.[737]

Das Erstgericht erklärte die notariellen Verträge für nichtig, da es sich um Scheingeschäfte gehandelt habe. Die zweite Instanz entschied am 27. Oktober 2007 ebenfalls, dass die notariellen Urkunden nichtig seien, gab aber der Widerklage der beklagten Lebensgefährtin insoweit statt, als diese gemäß einem ‚Quasi-Vertrag' zur Hälfte an den Gütern der Gemeinschaft beteiligt sei, die sie mit dem Verstorbenen über viele Jahre gehabt habe. Allerdings zählten dazu nur Güter, die in den Jahren des Zusammenlebens erwirtschaftet wurden, nicht aber diejenigen Vermögensgegenstände, die der Verstorbene bei Auflösung der Errungenschaftsgemeinschaft im Jahr 1991 aus seiner aufgelösten Ehe zu Alleineigentum erhalten hatte und die ca. 90 % seines Nachlasses ausmachten.[738]

Der Oberste Gerichtshof folgte dem Berufungsgericht insoweit, als er die Güter ausschloss, die der Erblasser bei Auflösung der Errungenschaftsgemeinschaft zu Alleineigentum bekommen hatte. Er schloss sich aber nicht der Argumentation der Entscheidung in 2. Instanz an, soweit eine faktische Gesellschaft konstruiert wurde, an der die Lebensgefährtin zu 50 % beteiligt sei, zumindest hinsichtlich derjenigen Vermögenswerte, die nicht aus der Auseinandersetzung der im Rahmen des Annullierungsverfahrens der Ehe aufgelösten Errungenschaftsgemeinschaft resultierten.[739]

In dieser Konstruktion sieht der Oberste Gerichtshof einen offenen Gesetzesverstoß, insbesondere in Bezug auf die allgemeinen Vorschriften über die Gesellschaft im Código Civil.[740] Danach sind allumfassende Gesellschaften (toda sociedad a título universal)[741] verboten und deshalb liege ein Verstoß gegen ein übergeordnetes Rechtsprinzip, nämlich die Unteilbarkeit und Einheit persönlichen Vermögens vor.[742] Weiter verweist der Oberste Gerichtshof darauf, dass die Konkubine im chilenischen Recht nicht erbberechtigt ist. In der zweiten Instanz hätten die Richter in ihrer Entscheidung auch gegen das Erbrecht verstoßen, indem sie

---

737 Ibidem, Ziff. I, 2
738 Oberster Gerichtshof (Corte Suprema), Urteil vom 23.3.2009, Az.: 6890-2007, Legal Publishing: 41822, Ziff. III, 11
739 Ibidem, Ziff. I, 2
740 Art. 2056, 2068, 2069 Código Civil
741 Art. 2056 Código Civil
742 Ibidem, Ziff. III, 8

sich ins Gesellschaftsrecht gerettet und dieses falsch angewandt hätten.[743] Dadurch hätten die Richter einer derart atypischen Gesellschafterin eine Quote zukommen lassen, die ihr nicht zugestanden habe.[744] Da dem Urteil der Vorinstanz auch nicht zu entnehmen sei, welche Fakten bzw. Vorgänge eine Beteiligung der Lebensgefährtin am Vermögen des Erblassers in Höhe von 50 % rechtfertige und in welcher Weise eine gemeinsame Anstrengung des nicht verheirateten Paares vorgelegen habe, um Vermögen zu bilden, könne dem nicht gefolgt werden.[745] Abschließend wird ausgeführt, dass ein Konkubinat eine juristische Tatsache darstelle, die nach dem Gesetz nicht verboten sei. Allerdings entstünde nicht durch die einfache Tatsache des Zusammenlebens eines unverheirateten Paares quasi automatisch eine Gesellschaft. Wenn aber entsprechende Tatsachen vorgetragen würden, die die Bildung einer Gesellschaft nahe legten, dann könne man diese unterstellen und die Vorschriften des Código Civil anwenden, die die faktischen Vertragsverhältnisse als Quasi-Verträge (cuasicontratos) bezeichnen und die Rechtsfolgen regeln.[746] Danach seien aber solche Verträge nur dann möglich, wenn deren Inhalt einen erlaubten Zweck verfolge.[747]

Die vorstehend beschriebene Entscheidung des Obersten Gerichtshofs ist in vielerlei Hinsicht bemerkenswert. Die erste Frau war zwar Ehefrau, da aber die Ehe durch ein Nichtigkeitsverfahren aufgehoben wurde, konnte sie nicht mehr als verheiratet gelten. Nur die rechtliche Stellung der Kinder aus der annullierten Ehe wird nach chilenischem Recht nicht tangiert, d.h. sie gelten weiterhin als ehelich. Der Lebensgefährtin wurden alle ihr übertragenen Vermögenswerte entzogen, um sie in den Nachlass einzubeziehen und die drei Kinder aus der ersten Ehe erbrechtlich zu beteiligen. Sie erbten dadurch aus dem Gesamtvermögen des Erblassers nach Aufhebung der notariellen Verfügungen mit den beiden nichtehelichen Kindern desselben zu gleichen Teilen, die Lebensgefährtin ging leer aus. Man kann sich des Eindrucks nicht erwehren, dass das Urteil eine Stigmatisierung der Konkubine enthält, die offensichtlich auch heute noch nicht in das katholisch geprägte Weltbild der obersten Richter passt. Dabei hat die wilde Ehe oder wie es heute heißt die

---

743 Art. 2068 und 2069 Código Civil
744 Die Art. 2065 ff. des Código Civil regeln den Gesellschaftsvertrag. In Art. 2069 heißt es: „Wenn einer der Gesellschafter nur seine Dienste oder Arbeit einbringt und dafür keine Anteilsquote festgelegt ist, wird der Richter diese Quote festsetzen, falls erforderlich."
745 Oberster Gerichtshof (Corte Suprema), Urteil vom 23.3.2009, Az.: 6890-2007, Legal Publishing 41822, Ziff. II.7
746 Art. 2284 Código Civil
747 Art. 2284 CC: "Las obligaciones que se contraen sin convención, nacen o de la ley, o del hecho voluntario de una de las partes. Las que nacen de la ley se expresan en ella. Si el hecho de que nacen es lícito, constituye un cuasicontrato." Übersetzung: Verpflichtungen, die ohne Vertragsgrundlage eingegangen werden, entstehen entweder auf Grund eines Gesetzes oder der freiwilligen Verpflichtung eines Vertragsteils. Diejenigen, die aus dem Gesetz herrühren, werden durch dieses definiert. Wenn das verfolgte Ziel ein erlaubtes ist, entsteht ein Quasi-Vertrag.

faktische Verbindung eine lange Tradition in Chile. Schließlich waren schon im Jahr 2003 54 % aller geborenen Kinder nichtehelich.[748] So enthält die Gerichtsentscheidung vom 23. März 2009 wohl eine Diskriminierung der nicht verheirateten Lebensgefährtin des Erblassers. Die in einer faktischen Familie lebende Partnerin des Stange Dietz wurde im Vergleich zu der ursprünglich verheirateten, nachher aber wegen Annullierung der Ehe nicht mehr verehelichten Frau nicht mit gleichem Maß gemessen. Es wurde akribisch nach plausiblen Argumenten gesucht, um ihre Ansprüche in vollem Umfang abweisen zu können.

In einem anderen Verfahren, bei dem eine 25 Jahre andauernde nichteheliche Lebensgemeinschaft, aus der auch zwei Kinder hervorgegangen waren, aufgehoben wurde, traf der Oberste Gerichtshof eine Entscheidung zugunsten der Konkubine. Der Mann überließ seiner Ex-Lebensgefährtin eine Immobilie zur Nutzung, damit sie das Ende der Lebensgemeinschaft wirtschaftlich besser meistern könne.[749] Nach einigen Jahren der kostenlosen Nutzung verlangte der Mann das Objekt gerichtlich heraus. Dabei berief er sich darauf, dass man bei der Trennung und Übergabe der Immobilie einen mündlichen Vertrag geschlossen habe, wonach er jederzeit die Herausgabe verlangen könne. Die Frau beantragte Abweisung der Klage. Sie trug vor, dass man in dieser Immobilie 25 Jahre zusammen gelebt habe und die Nutzung durch sie und die gemeinsamen Kinder einen faktischen Nießbrauch darstelle.[750] Die beiden Vorgerichte gaben dem Herausgabeanspruch statt. Der Oberste Gerichtshof lehnte ihn ab. Unter Ziff. 5 der Begründung wurde ausgeführt, dass es zwar nicht ausreiche, zusammen gelebt zu haben, um Ansprüche auf Vermögenswerte stellen zu können, die in dieser Zeit erworben wurden. Dabei könne ein Ausgleichsanspruch auf keinen Fall nur auf die Tatsache des Konkubinats gestützt werden, sondern nur darauf, dass etwas gemeinsam erarbeitet wurde.[751] Im vorliegenden Fall sei aber der Ex-Lebensgefährte schon vor Beginn der Beziehung Eigentümer der Immobilie gewesen. Allerdings habe er bei der Überlassung des Objekts an die Benutzerin keinen Termin für die Rückgabe festgesetzt. Im Hinblick auf die 25 Jahre andauernde Beziehung der Parteien handle es sich bei der Überlassung des Hauses um eine Art von faktischem Nießbrauch. Die Beklagte könne daher die Immobilie weiter nutzen.[752]

Im folgenden Fall lehnte das Appellationsgericht von Coyhaique die Ansprüche des nicht verheirateten Lebensgefährten auf Vermögensausgleich ab.[753] Die Par-

---

748 Insoweit wird auf das Kapitel "Elterliche Gewalt / Elterliche Sorge / Rechte des Kindes / Sozialgeschichtliche Entwicklung" verwiesen.
749 Oberster Gerichtshof (Corte Suprema), Urteil vom 10.11.2009, in Revista Chilena de Derecho de Familia, Santiago de Chile, 6/2010, S. 193
750 Ibidem, S. 194
751 Ibidem, S. 195
752 Ibidem, S. 195
753 Urteil vom 12.8.2010, Rol No. 63-2010, in Revista Chilena de Derecho de Familia, Santiago de Chile, 12/2010, S. 220

teien hatten ca. elf Jahre zusammengelebt und in dieser Zeit wurde eine Immobilie angeschafft, in der beide zusammen wohnten. Nach Beendigung der Beziehung verlangte der Mann einen Ausgleich in Höhe von 50 % der Immobilie. Er wurde in erster und zweiter Instanz abgewiesen.[754] Die Entscheidung wurde damit begründet, dass es dem Kläger einerseits nicht gelungen war, nachzuweisen, dass er finanzielle Mittel für den Hauserwerb beigetragen hatte, andererseits auch nicht seine Behauptung beweisen konnte, er sei beim Kauf Vertragspartei gewesen. Das Gericht führte aus, dass derjenige, der die Existenz einer Gemeinschaft oder faktischen Gesellschaft behauptet, nachweisen muss, dass er in gleicher Weise einen Beitrag geleistet hat, wie die andere Partei oder dass ein gemeinsamer Betrieb bestand oder eine andere Aktivität gemeinsam ausgeübt wurde, was zur Annahme einer Gemeinschaft führen könnte.[755] Es reiche jedenfalls nicht aus, im Konkubinat gelebt zu haben, um Ansprüche auf Güter stellen zu können, die in dieser Zeit angeschafft wurden. Nur dann gebe es einen Vermögensausgleich, wenn fest stehe, dass die Vermögensgegenstände auf Grund gemeinsamer Arbeit entstanden seien. Beweispflichtig insoweit sei allein der Anspruchsteller. Da die erforderlichen Beweise aber nicht erbracht worden seien, wurde die Klage in vollem Umfang abgewiesen.[756]

4. Entzug der elterlichen Sorge wegen Homosexualität der Mutter

Der Fall Karen Atala und Kinder hat in Chile große Publizität erfahren. In dieser Sache geht es vordergründig um elterliche Sorge, hintergründig um die Diskriminierung gleichgeschlechtlicher Partnerschaften. Diesen Fall hat der Oberste Gerichtshof am 5. April 2004 entschieden.[757] Karen Atala ist von Beruf Richterin. Sie hat sich von ihrem Mann getrennt. Aus der Ehe sind drei Kinder hervorgegangen, die im Trennungszeitpunkt vier, sechs und zehn Jahre alt waren. Die Parteien hatten vereinbart, dass die drei Kinder nach der Trennung bei der Mutter Aufenthalt haben sollten. Als Karen Atala sich zu ihrer homosexuellen Neigung bekannte und mit einer anderen Frau zusammen zog, beanspruchte der Vater die Kinder und nahm zur Durchsetzung seiner Interessen gerichtliche Hilfe in Anspruch. In erster Instanz hat das Gericht in Villarrica der Mutter die elterliche Sorge übertragen.[758] In zweiter

---

754 Urteil vom 12.8.2010, Rol No. 63-2010, in Revista Chilena de Derecho de Familia, Santiago de Chile, 12/2010, S. 221
755 Ibidem, S. 221
756 Urteil vom 12.8.2010, Rol No. 63-2010, in Revista Chilena de Derecho de Familia, Santiago de Chile, 12/2010, S. 222
757 Oberster Gerichtshof (Corte Suprema), Santiago de Chile, Az: No. 1.193-03
758 Gericht von Villarrica (Tribunal de Villarrica), Az: Rol No. 9.485

Instanz wurde diese Entscheidung vom Berufungsgericht in Temuco bestätigt.[759] Der Vater wandte sich sodann an den Obersten Gerichtshof mit der Behauptung, die vorinstanzlichen Gerichte hätten das bestehende Recht nicht korrekt angewandt und sonach contra legem entschieden. Mit dieser Behauptung hatte er letztlich Erfolg. Am Ende wurde ihm in der Entscheidung des Obersten Gerichtshofes vom 5.4.2004 die elterliche Sorge übertragen. Um zu diesem Ergebnis zu kommen, holte das Gericht weit aus.

Es verwies darauf, dass nach Art. 225 Abs. 1 des Código Civil die elterliche Sorge grundsätzlich der Mutter übertragen wird, wenn die Eheleute sich trennen. Nach Art. 225 Abs. 2 *könne* dem anderen Elternteil die elterliche Sorge dann übertragen werden, wenn das Kindeswohl dies erfordere. Außerdem lasse Art. 226 Código Civil Ausnahmen zu, wonach die elterliche Sorge auch auf eine oder mehrere andere Personen übertragen werden könne, wenn beide Elternteile auf Grund physischer oder moralischer Unfähigkeit nicht in Betracht kämen.[760] Auch das Minderjährigen Gesetz (Ley de Menores)[761] verweise auf Art. 226 Código Civil bei moralischer oder materieller Gefahr für den Minderjährigen.[762] Auf jeden Fall sei das Interesse des Kindes absolut vorrangig, dies auch im Hinblick auf die Anwendung der Konvention über die Rechte des Kindes.[763]

Die Entscheidung, die elterliche Sorge unter Aufhebung der beiden vorinstanzlichen Entscheidungen auf den Vater zu übertragen, begründete das Gericht wie folgt: Der Vater der Kinder habe die moralische Unfähigkeit der Mutter hinsichtlich der Sorge gerügt. Da die im Verfahren einbezogenen Psychologen und Sozialarbeiter sie aber als völlig normale Person beschrieben hätten, könne dieses Argument nicht greifen. Allerdings könnten die Kinder auf Grund der Tatsache, dass ihre Mutter mit ihrer homosexuellen Partnerin im gleichen Haus lebe wie die drei Kinder der Parteien Gegenstand einer sozialen Diskriminierung sein. Es stehe fest, dass Besuche von Freunden der Kinder bei diesen zu Hause innerhalb eines Jahres praktisch aufgehört hätten und nach Angaben von den Kindern sehr nahe stehenden Personen hätten diese auch beim Spielen gezeigt, dass es bei ihnen Irritationen angesichts der mütterlichen Sexualität gebe.[764] Die Mutter habe durch das Veröffentlichen ihrer homosexuellen Neigung ihre persönlichen Interessen vor die der Kinder gestellt insbesondere durch das gemeinschaftliche Wohnen mit ihrer Partnerin in den Räumen, in denen auch die Kinder leben. Dieses Zusammenleben mit

---

759 Gericht von Temuco (Tribunal de Temuco9, Az: Rol No. 2158-2003
760 Oberster Gerichtshof (Corte Suprema), Santiago de Chile, Urteil vom 5.4.2004, Az: No. 1.193-03, Ziff. VII der Urteilsbegründung
761 Art. 42, Abs. 7 Ley de Menores
762 Oberster Gerichtshof, (Corte Suprema), Santiago de Chile, Urteil vom 5.4.2004, Az: No. 1.193-03, Urteilstenor Ziff. 8°
763 Ibidem, Ziff. IX der Urteilsbegründung
764 Oberster Gerichtshof (Corte Suprema), Santiago de Chile, Urteil vom 5.4.2004, Az: No. 1.193-03, Ziff. XV der Urteilsbegründung

einer anderen Frau könne Wirkungen auf das Wohlbefinden der Kinder haben und deren psychische und emotionale Entwicklung beeinträchtigen. Außerdem könne die mögliche Verwirrung hinsichtlich der sexuellen Rollen wegen Abwesenheit des Vaters und seine Ersetzung durch eine Person weiblichen Geschlechts ein Risiko der wesentlichen Entwicklung der Minderjährigen darstellen, wovor sie geschützt werden müssten.[765] Die im Hause bestehenden Verhältnisse würden die Minderjährigen einer Verletzbarkeit ihrer gesellschaftlichen Situation aussetzen, da sich ihr außergewöhnliches familiäres Umfeld signifikant von dem ihrer Klassenkameraden und Nachbarskinder unterscheide und sie der Isolierung und Diskriminierung preisgebe, die auch ihre persönliche Entwicklung tangieren könne. Aus vorstehenden Gründen hätten die Richter der Vorgerichte gegen bestehendes Recht verstoßen und gravierende Fehler gemacht, sodass die Entscheidungen der ersten und zweiten Instanz aufzuheben seien.[766]

Zwei der insgesamt fünf an der Entscheidung beteiligten Richter des Obersten Gerichtshofes verfassten eine abweichende Meinung, in der sie das von ihren drei Richterkollegen getragene Urteil als unbenannte Sanktion gegen die Mutter bezeichneten, die am Rande des Gesetzes gefällt worden und Ausdruck von Diskriminierung sei und zwar nur wegen der sexuellen Option der Mutter der Minderjährigen.[767]

An der Entscheidung des Obersten Gerichtshofes, gegen die Atala vorging, ist bemerkenswert, dass in der Urteilsbegründung nicht etwa auf die Tatsache ihrer homosexuellen Veranlagung verwiesen wurde, sondern nur auf die Veröffentlichung dieser Neigung. Man erinnert sich in diesem Zusammenhang an die Publikationen von Guadalupe Santa Cruz und Sonia Montecino Aguirre, die auf das in Chile verbreitete traditionelle Spiel der Masken verweisen und in der Vorspiegelung von Verhältnissen eine evidente Haltung der Verfassung des Mestizen erkennen.[768]

Karen Atala wandte sich in dieser Angelegenheit an die Interamerikanische Kommission für Menschenrechte in Washington. Am 22. Juli 2008 wurde der Fall zugelassen. Zunächst hatte der chilenische Staat eine freundschaftliche Lösung (solución amistosa) in Aussicht gestellt. Letztlich kam es aber nicht dazu. Die Kommission legte daher am 17. September 2010 den Fall dem Interamerikanischen Gerichtshof für Menschenrechte vor.[769] Eine öffentliche Zeugenvernehmung war auf den 23/24 August 2011 terminiert. Zum ersten Mal hatte der Interamerikanische

---

765 Ibidem, Ziff. XV der Urteilsbegründung
766 Ibidem, Ziff. XV der Urteilsbegründung
767 Ibidem, Urteilstenor Ziff. 9°
768 S. Kapitel „Elterliche Gewalt / Elterliche Sorge / Rechte des Kindes / Sozialgeschichtliche Entwicklung"
769 Organización de los Estados Americanos, CIDH, Karen Atala e hijas, Caso 12.502 ./. Republik Chile

Gerichtshof für Menschenrechte einen Fall von Diskriminierung wegen sexueller Orientierung zu entscheiden.[770] In der Klagschrift verweist die Kommission unter anderem darauf, dass Chile die Amerikanische Konvention am 21. August 1991 ratifiziert und im Fall Atala gegen verschiedene Artikel der Konvention verstoßen hat, insbesondere gegen das Diskriminierungsverbot.[771] In der eineinhalb Tage dauernden öffentlichen Anhörung, die Ende August 2011 in Bogotá stattfand, erteilte das Gericht schon einige Hinweise, in denen dem chilenischen Staat empfohlen wurde, Entscheidungen wie im Fall Atala nicht zu perpetuieren und nicht die Botschaft zu wiederholen, dass man nicht Mutter und lesbisch sein könne.[772]

Am 20. März 2012 entschied der Interamerikanische Gerichtshof für Menschenrechte zugunsten von Atala gegen die Republik Chile. In der Entscheidung wurde ausgeführt, dass unter anderem das Recht auf Gleichheit und Nicht-Diskriminierung gemäß Art. 24 i. Verb. mit Art. 1.1 der Amerikanischen Konvention über Menschenrechte zum Nachteil Atalas wie auch ihrer Kinder verletzt sei. Da der chilenische Staat dafür die Verantwortung trage, sei er verpflichtet, das Urteil im Öffentlichen Blatt zu publizieren und insbesondere an Atala und deren Kinder Schadensersatz zu zahlen wie auch die Kosten des Verfahrens.[773] In der chilenischen Presse wurde von einem „historischen Urteil" gesprochen.[774]

5. Adoptionsrecht

Im folgenden Fall geht es um die Zulassung des Ehepaares Maite Miryam Candia Garrido, Psychologin, und Claudio Andrés Inostroza Toro, Kriminalbeamter, als Adoptionsanwärter gegen die Direktorin des Nationalen Dienstes für Minderjährige (Servicio Nacional de Menores – SENAME)[775] der Region Magallanes.[776] Die Eheleute wollten ein kleines Mädchen aus der Region adoptieren. SENAME hat eine Stellungnahme abgegeben, wonach das Ehepaar für die Adoption eines Kindes aus der Gegend ihres Wohnsitzes ungeeignet sei. Die Begründung dafür war, dass Candia Garrido als Psychologin bei SENAME beschäftigt gewesen sei und nun im Kinderheim eines konfessionellen Trägers arbeite und dadurch Zugang zu nicht

---

770 http://www.elnuevoherald.com/2011/07/11/979110/corteidh-vera-..., zuletzt aufgerufen am 22.7.2011
771 Demanda ante la Corte Interamericana de Derechos Humanos en el caso Atala e hijas, contra el Estado de Chile, Caso 12.502, Washington, 17.9.2010, S. 6 und S. 22
772 http://www.sentidog.com/lat/2011/08/concluye-audiencia-publica-en-bogota-sobre-el-..., zuletzt aufgerufen am 21.12.2011
773 Extractos del histórico fallo de la Corte Interamericana de Derechos Humanos, http://www.accionag.cl/archives/6174, zuletzt aufgerufen am 24.3.2012
774 „La bitácora del caso Atala", La Tercera (chil. Tageszeitung) vom 24.3.2012
775 Institution, die mit den Jugendämtern in Deutschland vergleichbar ist.
776 Appellationsgericht (Tribunal de Apelación), Coyhaique, Urteil vom 7.12.2010, Az.: 35-2010, Legal Publishing No. 47011

erlaubten Informationen über die Kinder erhalten könne.[777] Das Gericht bezeichnete das Verbot, sich um die Adoption eines bestimmten Kindes zu bewerben als illegalen Akt, zumal Candia Garrido auf Grund ihrer beruflichen Position keine Informationen über das Kind erhalten habe und sie sich mit dem gleichen Recht wie jeder andere Bürger zusammen mit ihrem Mann beworben habe.[778] Der Ausschluss des Ehepaares als Adoptions-Bewerber für ein Kind aus der Region sei willkürlich und Produkt einer puren Laune.[779] Das Verhalten der Direktorin von SENAME sei daher illegal und willkürlich und verletze Art. 19 Ziff. 2 der Verfassung der Republik Chile, der ausdrücklich die Gleichheit vor dem Gesetz garantiere.[780] Das Verhalten von SENAME stelle eine Diskriminierung der Bewerber dar sowie eine Verletzung des in der Verfassung garantierten Gleichheitsgebotes.[781] Das Urteil fällt durch seine überdeutliche Diktion zum Thema Diskriminierung und Gleichheit aus dem Rahmen. Es wurde im Dezember 2010 verkündet und ist damit relativ neu. Vielleicht wird man künftig mehr Gerichtsentscheidungen sehen, die eine derart deutliche Ansage machen.

In einer anderen Adoptionssache hat der Oberste Gerichtshof zugunsten einer unverheirateten Adoptionswilligen entschieden.[782] Die Kieferchirurgin Cecilia Adriana Plaza Oviedo hatte die Absicht, ein damals drei Jahre altes Mädchen zu adoptieren, das sie schon in Pflege hatte. Das erstinstanzliche Gericht und das Appellationsgericht in Punta Arenas lehnten den Antrag ab, weil nach dem Adoptions-Gesetz Ehepaare Vorrang hätten.[783] Der Oberste Gerichtshof kassierte die vorinstanzlichen Urteile. Er führte aus, dass zwar nach Art. 20 des Adoptionsgesetzes Ehepaare bevorzugt würden, Art. 21 des gleichen Gesetzes aber eine strikte Rangordnung vorgebe, die wegen der eindeutigen Formulierung keiner Interpretation zugänglich sei.[784] Die Vorgerichte hätten bei ihren Entscheidungen jedenfalls nicht das absolut vorrangige Wohl des Kindes beachtet.[785] Insoweit komme es darauf an, dass die affektiven, wirtschaftlichen und erzieherischen Bedürfnisse des Kindes berücksichtigt würden. Da im Rahmen der Verfahren Gutachter festgestellt hätten, dass die Antragstellerin nicht nur die materiellen Bedürfnisse des Kindes abdecken könne, sondern dem Kind als wesentliche Voraussetzung für eine gute Entwicklung desselben auch Zuwendung und Geborgenheit vermittle, hätten die Vorgerichte nicht nur Vorschriften des chilenischen Adoptionsgesetzes, sondern auch die In-

---

777 Ibidem Ziff. 7° des Urteils
778 Ibidem Ziff. 15° des Urteils
779 Ibidem Ziff. 16° des Urteils
780 Ibidem Ziff. 17° des Urteils
781 Ibidem
782 Oberster Gerichtshof (Corte Suprema) vom 16.9.2010, Az.: 2556-2010, Legal Publishing No. 46101
783 Art. 20 des Gesetzes No. 19.620 vom 5.8.1999
784 Oberster Gerichtshof (Corte Suprema), Urteil vom 16.9.2010, Ziff. 3°
785 Ibidem, Ziff. 7°

ternationale Konvention über die Rechte des Kindes (Convención Internacional sobre Derechos del Niño) verletzt.[786] Wie an anderer Stelle schon ausgeführt, sind chilenische oder ausländische Ehepaare mit Dauerwohnsitz in Chile zur Adoption berechtigt, wenn sie mindestens 25 höchstens 60 Jahre alt sind und der Altersunterschied zwischen Adoptierendem und Adoptiertem 25 Jahre beträgt.[787] Unter im übrigen gleichen Voraussetzungen können auch Ledige oder Witwen ein Kind adoptieren.[788] Der Oberste Gerichtshof hat seine Entscheidung auf das Wohl des Kindes gestützt ohne in irgendeiner Form zu erwähnen, dass man auch Zweifel an der Verfassungsgemäßheit der Art. 20 und 21 des Adoptionsgesetzes haben könnte, da Ehepaare bevorzugt behandelt werden. Damit hat er eine Auseinandersetzung mit der Frage der ungleichen und damit diskriminierenden Behandlung von allein lebenden, verwitweten oder gar homosexuellen Adoptionswilligen vermieden.

6. Vereinbarungen zur Elterlichen Sorge

Der Oberste Gerichtshof entschied im Jahr 2008 einen Fall, in dem sich beide Elternteile in einer Vereinbarung, die sie vor dem Standesbeamten trafen, darauf geeinigt hatten, dass die elterliche Sorge über das gemeinsame Kind nach der Trennung der Parteien beim Vater bleiben sollte.[789] Die Mutter beantragte danach die gerichtliche Abänderung dieser Vereinbarung wegen Änderung der Verhältnisse. Sie stützte ihren Anspruch auf Art. 225, Abs. 1 Código Civil, in dem steht, dass in der Regel die Mutter die elterliche Sorge bekommt, wenn die Eltern des Kindes getrennt leben.[790] Sie bekam in erster und zweiter Instanz und zuletzt beim Obersten Gerichtshof recht. Unter Ziff. 3 der höchstrichterlichen Entscheidung wurde ausgeführt, dass die Mutter grundsätzlich die elterliche Sorge bekommen solle, wenn dem keine schwerwiegenden Gründe entgegenstünden. Unter Ziff. 7 wurde dieser Grundsatz unter Verweis auf Art. 225 Código Civil bekräftigt und ergänzend dargelegt, dass das Kindeswohl ein fundamentales Ordnungsprinzip in der nationalen Rechtsordnung sei und Art. 225 CC eine naturgegebene Regelung zugunsten der Mutter festschreibe. Man könnte hier von positiver Diskriminierung der Frau sprechen, da eine rechtliche Bevorzugung und damit Ungleichbehandlung vorliegt.

---

786 Ibidem, Ziff. 10°
787 Art. 20 Adoptionsgesetz
788 Art. 21 Adoptionsgesetz
789 Oberster Gerichtshof (Corte Suprema), Urteil vom 14.5.2008, Rol No. 1178-08, Legal Publishing No. 390041, in Revista Chilena de Derecho de Familia, Santiago de Chile, 12/2009, S. 171
790 Art. 225, Abs. 1, Código Civil: "Si los padres viven separados, a la madre toca el cuidado personal de los hijos". Übersetzung: Wenn die Eltern getrennt leben, bekommt die Mutter die elterliche Sorge über die Kinder.

In einem anderen Verfahren, in dem die Eltern eines Kindes im Jahr 2004 anlässlich ihrer Trennung unter Beachtung der Vorschriften des Art. 225 Código Civil zugunsten des Vaters eine Vereinbarung über das Sorgerecht getroffen hatten, musste der Oberste Gerichtshof die Frage der Fortgeltung derselben klären.[791] Wenige Tage nachdem die Vereinbarung vor dem zuständigen Beamten des Standesamts unterzeichnet war, lebten die Parteien wieder zusammen. Nach einer erneuten Trennung ein paar Jahre später, beantragte die Mutter vor dem Familiengericht von Iquique die elterliche Sorge für sich. Das Gericht wies den Antrag ab mit der Begründung, dass die damalige Vereinbarung nur vor dem Beamten des Standesamts von beiden Parteien gemeinsam abgeändert werden könne. Da das nicht geschehen sei, habe die damalige Vereinbarung weiterhin Gültigkeit.[792] In gleicher Weise entschied das Appellationsgericht von Iquique wie auch der Oberste Gerichtshof. Er berief sich dabei auf den Wortlaut des Art. 225 Código Civil, der klar stelle, dass die elterliche Sorge grundsätzlich der Mutter zufalle. Wenn aber eine öffentliche Urkunde zugunsten des Vaters erstellt worden sei, könne diese im Regelfall und so lange keine Ausnahmetatbestände des Art. 225, Abs. 3 vorlägen, nur mit einer gemeinsam herbeigeführten neuen Urkunde aus der Welt geschafft werden.[793] In Deutschland kann die elterliche Sorge jederzeit abgeändert werden, wenn eine Änderung der Lebensverhältnisse eintritt. Man kann trefflich darüber streiten, ob der Staat die starke Rolle, die er bei dem Thema elterliche Sorge spielt, dem Wohl des Kindes förderlich ist oder nicht. Chile hat einerseits den Eltern große Gestaltungsfreiheit gegeben, andererseits aber als Regelfall die elterliche Sorge für die Mutter vorgesehen, was als Diskriminierung des Vaters gesehen werden kann.

7. Gleichstellung ehelicher und nichtehelicher Kinder

Nach der Neuregelung der Abstammung (Filiación) fällte der Oberste Gerichtshof am 14. Oktober 2009 ein Urteil zum Thema Gleichstellung ehelicher und nichtehelicher Kinder.[794] In diesem Fall ging es darum, dass Nancy González Carrasco als Vertreterin ihrer minderjährigen nichtehelichen Tochter Sherilyn Belén Miranda González sowie ihrer beiden volljährigen ebenfalls nichtehelichen Kinder gegen Angela del Carmen Fuenzalida Alcaraz und deren sechs Kinder sämtlich mit Nachnamen Miranda Fuenzalida in deren Eigenschaft als Erben des Luis Humberto René Miranda Lucero auf Feststellung der Vaterschaft geklagt haben. Die Klage wurde

---

791 Urteil vom 3.5.2010, Rol No 620-2010, in Revista Chilena de Derecho de Familia, 6/2010, S. 162
792 Ibidem, S. 163
793 Ibidem, S. 166
794 Oberster Gerichtshof (Corte Suprema), Urteil vom 14.10.2009, Az. 4783-2009, Legal Publishing No. 42633

in der ersten Instanz vom Familiengericht in Rancagua am 31. März 2009 abgewiesen. Dieses Urteil wurde vom Appellationsgericht in Rancagua am 8. Juni 2009 bestätigt.

Der Oberste Gerichtshof stellte fest, dass die beiden Vorinstanzen das geltende Recht nicht korrekt angewandt hätten.[795] Nach der Neuregelung im Gesetz zur Gleichstellung ehelicher und nichtehelicher Kinder[796] sei im Abstammungsrecht insbesondere das Prinzip der *Gleichbehandlung* der Personen zu beachten und das Prinzip der freien Nachforschungsmöglichkeit hinsichtlich Vater- und Mutterschaft.[797] Der Anspruch auf Feststellung einer nichtehelichen Abstammung stünde nur dem Abkömmling gegenüber Vater oder Mutter zu oder einer dieser drei Personen, wenn dem Abkömmling schon eine anderweitige Abstammung zugeschrieben worden sei. Um absolut wirksam zu sein, müsse das Urteil gegen den legitimen Gegner ergehen, d.h. eine Person aus dem vorstehend benannten Kreis oder gegen die Erben, falls Vater oder Mutter verstorben seien. Allerdings könne man nach der zur Anwendung gelangten Norm des Art. 317 Abs. 2 Código Civil eine Vaterschaftsfeststellungsklage nicht nur dann gegen Erben erheben, wenn ein nachgeborenes Kind betroffen sei, wie es die Vorrichter gesehen hätten - sondern diese Möglichkeit sei generell für *alle* Kinder eröffnet. Durch die Nichtbeachtung dieser Sachlage sei von den Vorgerichten der Grundsatz der Gleichbehandlung verletzt worden.[798]

8. Ausschluß eines Vierjährigen aus der Vorschule

Im Fall der Vorschule „Jimmy Boy" hat das Appellationsgericht von Valparaíso am 5. November 2007 gegen die Schule entschieden, weil diese gegenüber einem Kind eine diskriminatorische Haltung eingenommen habe.[799] Geklagt hatte die Mutter eines Jungen, der damals vier Jahre und acht Monate alt war. Sie hatte von der Vorschule ein Schreiben erhalten, in dem der Ausschluss des Kindes mitgeteilt wurde, weil dieses andere Kinder zu sexuellen Spielen angestiftet habe, die nicht seinem Alter entsprochen hätten und gegen die guten Sitten verstoßen würden.[800]

Die Eltern zweier Kinder hatten sich bei der Vorschulleiterin über den Jungen beschwert, weil ihre Kinder neuerdings Angst hätten, allein zur Toilette zu gehen, wieder einnässten, obwohl sie diese Phase schon abgeschlossen gehabt hätten, sich

---

795 Ibidem, Ziff. I
796 Gesetz No. 19.585 vom 27.10.1999
797 Corte Suprema, Urteil vom 14.10.2009, Az.: 4783-2009, Legal Publishing No. 42633, Ziff. III
798 Ibidem, Ziff. VII
799 Legal Publishing No. 37554
800 Ibidem, Urteilstenor Ziff. 1°

schlecht benähmen und vulgär ausdrückten und dies auf den Einfluss dieses Jungen zurückzuführen sei. Das Gericht holte ein psychologisches Gutachten ein, das ergab, dass das Verhalten des Kindes im Rahmen dessen liege, was man von drei bis fünf Jahre alten Kindern erwarten könne, bei denen das dynamische Spielalter beginne, das wesentlich sei für die kindliche Entwicklung. In diesem Alter blühten die Vorstellungskraft und die Phantasie, die Neugier und die Zweifel. Das Sexuelle beginne Teil der Spiele zu werden.[801]

Das Gericht stufte den Ausschluss des Kindes als illegal und willkürlich ein, weil er wegen seines diskriminierenden Charakters die Garantie des Art. 19 Abs. 2 der Verfassung Chiles verletze und gleichzeitig gegen Art. 19 Abs. 11 verstoße, weil er das Recht der Eltern verletze, Ausbildungsstätten für ihre Kinder frei auszuwählen. Es gebe keine Mindestvoraussetzungen für den Besuch einer Vorschule und willkürliche Unterscheidungen seien nicht erlaubt.[802] In der Entscheidung zur Vorschule „Jimmy Boy" haben die Richter offensichtlich das Kindeswohl sehr ernsthaft untersucht und auch entsprechende gutachterliche Stellungnahmen eingeholt. Es handelt sich um eine sehr bemühte, abwägende, um Gerechtigkeit ringende und vorwärts gewandte Entscheidung.

9. Umgangsrecht

Zum Umgangsrecht des Elternteils, bei dem nach Trennung der Eheleute das gemeinsame Kind bzw. die Kinder nicht leben, haben verschiedene Appellationsgerichte Entscheidungen getroffen, die insoweit übereinstimmen, als die große Bedeutung hervorgehoben wird, die der Umgang mit dem jeweils anderen Elternteil auf die emotionale, moralische und psychologische Entwicklung der Minderjährigen hat.[803] In der Entscheidung des Appellationsgerichts Santiago de Chile ging es darum, dass die getrennt lebende Mutter zweier vier bzw. fünf Jahre alten Kinder mit diesen in ihre Heimat Frankreich zurückkehren wollte, weil sie dort bessere berufliche Chancen habe. Der Vater der Kinder, Lehrer an der Alliance Française in Santiago de Chile, wollte seine Kinder, die die Schule besuchten, in der er arbeitete, weiterhin regelmäßig sehen und deshalb in Chile behalten. Er beantragte daher bei Gericht, die Ausreise zu versagen. Seinem Antrag wurde stattgege-

---

801 Ibidem, Ziff. 4°
802 Ibidem, Ziff. 7°
803 Appellationsgericht (Corte de Apelaciones) Santiago de Chile, Urteil vom 8.6.2010, Rol No. 3383-09; Appellationsgericht (Corte de Apelaciones) Coyhaique, Urteil vom 9.7.2010, Rol No. 15-10; Appellationsgericht (Corte de Apelaciones) Concepción, Urteil vom 16.9.2010, Rol No. 272-10; Appellationsgericht (Corte de Apelaciones) Valparaíso, Entscheidung vom 12.11.2010, Rol No. 499-10, Legal Publishing No. 46534, veröffentlicht in Revista Chilena de Derecho de Familia, Santiago de Chile, 12/2010, S. 207

ben.[804] Unter Hinweis auf Art. 3 der Internationalen Konvention der Rechte des Kindes hob das Appellationsgericht von Santiago de Chile in Ziff. 6 seiner Entscheidung das übergeordnete Interesse der Kinder hervor. Dabei wurde der regelmäßige Umgang mit dem Vater als wesentliches Element für die Entwicklung der Kinder betont. Die Kindesinteressen stünden über denen der Eltern, sodass die Kinder nicht ausreisen durften. Gonzalo Ruz Lártiga hat als Kommentar zu dieser Entscheidung ausgeführt, dass es sich um eine eklatante Diskriminierung der Mutter der Kinder handle.[805] Diese könne als promovierte Biologin mit Spezialgebiet Genetik und Immunologie gegen Infektionen in Chile keine adäquate Arbeit finden und wolle deshalb in ihre Heimat zurück, wo auch die Eltern beider Eheleute nebst übriger Familie lebten. Als Lehrer könne der Ehemann in jeder anderen französischen Schule in Frankreich oder im Ausland unterrichten. Das Gericht habe daher wohl mehr die Interessen des Vaters als die der Kinder im Auge gehabt.[806]

Das Gericht in Coyhaique hatte über den Antrag einer Mutter zu entscheiden, die mit ihrem Ehemann anlässlich der Trennung eine Vereinbarung getroffen hatte, dass das gemeinsame Kind bei ihm bleiben solle, bis sie materiell so weit sei, dass sie das Kind übernehmen könne. Es dauerte drei Jahre, bis dieser Zustand eintrat.[807] In dieser Zeit hatte die Mutter das Umgangsrecht. Nun wollte sie die elterliche Sorge. Ihr Antrag wurde mit der Begründung abgewiesen, dass das inzwischen acht Jahre alte Kind selbst geäußert hatte, dass es beim Vater bleiben wolle, außerdem sei dieser nun die Referenz für Stabilität, Sicherheit, Schutz und Zuwendung – im Gegensatz zur Mutter, die sich insoweit weniger hervorgetan habe. Es sei daher ein Sachverhalt gegeben, der es erlaube, ihr gem. Art. 225 Abs. 3 Código Civil die elterliche Sorge vorzuenthalten.[808]

In dem Fall, den das Appellationsgericht von Concepción zu entscheiden hatte, hatte das erstinstanzliche Gericht einem Vater, der das Umgangsrecht mit seinem Kind begehrte, dieses verweigert.[809] Gleichzeitig hatte aber der zuständige Richter ein psychologisches Eilgutachten in Auftrag gegeben, in dem festgestellt werden sollte, ob und welche Bindung zwischen Vater und Kind bestand. Das Gutachten ergab, dass das Kind zu beiden Elternteilen eine enge Bindung habe, obwohl es vom Vater ausgehende häusliche Gewalt gegeben hatte. Da der Vater aber nie das Kind geschlagen hatte und dieses auch nie Zeuge der Übergriffe gegen seine Mutter

---

804 Appellationsgerichte, s. oben, veröffentlicht in Revista de Derecho de Familia, Santiago de Chile, Dez. 2010, S. 208
805 Ibidem, S. 209
806 Ibidem, S. 209
807 Ibidem, S. 209
808 Ibidem, S. 210
809 Ibidem, S. 211

war, bekam er ein geregeltes Umgangsrecht, das auch das Recht beinhaltete, das Kind über Nacht zu sich zu nehmen.[810]

Das Appellationsgericht von Valparaíso hob eine Entscheidung der ersten Instanz auf, wo man einem Vater die elterliche Sorge über zwei gemeinsame Kinder übertragen und das Umgangsrecht der Mutter ausgeschlossen hatte.[811] Die Eltern der Kinder waren nie miteinander verheiratet, lebten auch nie in einer stabilen Beziehung zusammen. Sie waren beide untereinander verbal und physisch gewalttätig. Das zweitinstanzliche Gericht argumentierte, dass allein die Behauptung des Vaters der Kinder, die Mutter habe die Kinder schlecht behandelt, nicht ausreiche, um ihr die elterliche Sorge und auch noch das Umgangsrecht zu entziehen.[812] Die Kinder hatten stets bei ihrer Mutter gelebt, wo es noch eine ältere Halbschwester gab. Soziale Träger gaben Stellungnahmen ab, wonach die Mutter die Kinder nie vernachlässigt oder misshandelt habe und es bis dahin auch keine Anzeige gegen die Mutter gegeben habe. Die beiden Kinder wurden weder in der 1. noch in der 2. Instanz richterlich angehört, allerdings wurden mehrere psychologische Gutachten eingeholt, die zu dem Schluss kamen, dass beide Parteien und die Kinder eine Therapie benötigten. Über das vorrangige Kindesinteresse wurden keine ausführlichen Stellungnahmen der Richter in den Entscheidungen abgegeben.[813] Die beiden Entscheidungen sind u.a. deshalb von Interesse, weil in einer so sensiblen Angelegenheit wie elterliche Sorge in zwei Instanzen zwei völlig konträre Entscheidungen gefällt wurden.

10. Innerfamiliäre Gewalt

In der Entscheidung des Obersten Gerichtshofes vom 7. September 2009 geht es um diskriminierende Handlungen des Miguel Angel Mancilla Vera und seiner Lebensgefährtin Luz Vicenta del Carmen Vargas Valenzuela gegenüber der getrennt lebenden Ehefrau des Mancilla, Lilian Jeanette Sepúlveda Lagos.[814] Frau Sepúlveda Lagos zeigte ihren Ehemann und dessen Lebensgefährtin wegen Ausübung innerfamiliärer Gewalt an. Beide hatten gemeinschaftlich die Ehefrau mit Psychoterror verfolgt. So belästigten sie sie ständig mit völlig unbegründeten Forderungen, schickten unentwegt e-mails – auch an ihren Vorgesetzten am Arbeitsplatz –

---

810 Revista de Derecho de Familia, Santiago de Chile, 12/2010, S. 211
811 Ibidem, S. 212
812 Ibidem, S. 213
813 Iibidem, S. 214
814 Oberster Gerichtshof (Corte Suprema) Urteil vom 7.9.2009, Az.. 4013-2009, Legal Publishing No. 42613

wo sie behaupteten, sie sei unfähig und als Mitarbeiterin des öffentlichen Dienstes korrupt.[815]

Das in erster Instanz angerufene Familiengericht von Pudahuel verurteilte die beiden Aggressoren, die in vollem Umfang geständig waren, zu einer Geldstrafe. Außerdem wurde Mancilla für 180 Tage verboten, sich seiner Ehefrau zu Hause und am Arbeitsplatz zu nähern. Weiterhin ordnete das Gericht für alle drei eine obligatorische therapeutische Maßnahme in einem staatlichen Gesundheitszentrum an. Für den Fall der Nichteinhaltung der Auflagen wurde Arrest verhängt. Das Appellationsgericht von Santiago hob das Urteil hinsichtlich der Lebensgefährtin Vargas Valenzuela am 15. Dezember 2008 auf, weil es gegen Art. 5 des Gesetzes gegen innerfamiliäre Gewalt[816] verstoße. In diesem Artikel wird die häusliche Gewalt definiert.[817]

Unter Bezugnahme auf diesen Gesetzestext hob der Oberste Gerichtshof das Urteil gegen die Lebensgefährtin des Ehemannes auf. Er argumentierte, dass die Einbeziehung einer dritten Person eine extensive Anwendung des Gesetzes gegen innerfamiliäre Gewalt darstelle, die vom Gesetzgeber nicht gewollt sei. Die neue Lebensgefährtin des Ehemannes könne nicht Urheberin häuslicher Gewalt sein, da das Gesetz eine natürliche Verbindung zwischen Täter und Opfer voraussetze, die zwischen der Ehefrau und der neuen Partnerin des Ehemannes nun einmal nicht gegeben sei.[818]

Auch in einer Entscheidung des Obersten Gerichtshofes vom 26. Februar 2009 geht es um innerfamiliäre Gewalt. Sonia Ramos Rodríguez bezichtigte ihren Ehemann Gonzalo Domingo Hevia Guerra der häuslichen Gewalt.[819] Die beiden hatten 1991 geheiratet. Aus der Ehe waren zwei Kinder hervorgegangen, die 1992 bzw. 1995 geboren wurden. 2005 wurden schon seit mehreren Jahren bestehende Eheprobleme manifest. Hevia Guerra hatte sich über einen langen Zeitraum völlig gleichgültig gegenüber Frau und Kindern gezeigt, wodurch die Ehefrau depressiv wurde und sich in eine entsprechende Therapie begab. Der Psychotherapeut be-

---

815 Ibidem, Ziff. II. 1
816 Gesetz No. 19.325 vom 27.8.1994 in der Fassung des Gesetzes No. 20.066 vom 22.9.2005
817 Art. 5: „Violencia intrafamiliar. Será constitutivo de violencia intrafamiliar todo maltrato que afecte la vida o la integridad física o psíquica de quien tenga o haya tenido la calidad de cónyuge del ofensor o una relación de convivencia con él; o sea pariente por consanguinidad o por afinidad en toda la línea recta o en la colateral hasta el tercer grado inclusive, del ofensor o de su cón- yugue o de su actual conviviente." Übersetzung: Innerfamiliäre Gewalt stellt jede Misshandlung dar, die das Leben, die körperliche oder seelische Unversehrtheit eines Ehepartners oder Lebensgefährten verletzt wie auch eines Blutsverwandten oder Verschwägerten in direkter Linie oder einer Seitenlinie bis zum 3. Verwandtschaftsgrad des Aggressors, seiner Ehefrau oder gegenwärtigen Lebensgefährtin.
818 Oberster Gerichtshof (Corte Suprema), Urteil vom 7.9.2009, Az.: 4013-2009, Legal Publishing No. 42613, Ziff. III.
819 Oberster Gerichtshof (Corte Suprema), Urteil vom 26.2.2009, Az.: 206-2009; Legal Publishing No. 41717

scheinigte ihr, dass es für sie nicht zumutbar sei, mit dem Ehemann weiter im gleichen Haus zu leben – auch wenn dieses sehr geräumig sei. Der Ehemann informierte seine Frau nicht über finanzielle Angelegenheiten und setzte sie regelmäßig verbal herab, indem er ihr sagte, dass sie ja krank sei und er ließ sie ständig spüren, dass sie wirtschaftlich von ihm abhängig sei.[820]

Der ältere Sohn des Ehepaares Ramos / Hevia war mittlerweile verhaltensauffällig geworden und wurde in einem einzigen Schuljahr mehrmals vom Unterricht ausgeschlossen. Die Kinder der Sonia Ramos Rodriguez, die diese aus früherer Ehe hatte, hatten inzwischen wegen der unerträglichen Spannungen das Haus verlassen. Der älteste Sohn machte bei Gericht Angaben. Er erklärte, dass es keine physische Gewalt im Haus gegeben hätte, wohl aber psychische. Der Stiefvater sei sehr fleißig gewesen und immer spät von der Arbeit nach Hause gekommen. Er habe seiner Frau bei der Erziehung der Kinder nicht beigestanden. Er habe allenfalls mal mit diesen eine Radtour gemacht oder sonstige sportliche Aktivitäten mit ihnen unternommen. Er habe immer versucht, zu manipulieren und alles zu kontrollieren. So habe er ihm z.B. während seines Studiums ganz unvermittelt kein Geld mehr gegeben und er habe dann zeitweise keine Lebensmittel kaufen können und hungern müssen. Auch habe er zuweilen die Heizung abgestellt. Er sei der alleinige Entscheider gewesen, die Mutter habe er nie für irgendetwas gefragt.[821]

Das erstinstanzliche Gericht in Viña del Mar folgte dem Antrag der Ehefrau und wies den Ehemann innerhalb einer Frist von 30 Tagen aus dem Haus. Es bejahte das Vorliegen einer Misshandlung (maltrato) nach dem Gesetz über innerfamiliäre Gewalt, da man schon bei Interpretation des Wortes dazu komme, dass der Gesetzgeber damit eine schlechte Behandlung (wörtl. Übers.: mal trato) gemeint habe, die der Ehemann durch sein Verhalten ausgeübt habe, indem er durch diskriminierende Worte und Handlungen die Ehefrau maltraitierte (mal tratado). Nach der psychologischen Definition innerfamiliärer Gewalt sei darin jede Art von verbaler Aggression zu sehen die auch durch Gesten, emotionale oder wirtschaftliche Erpressung, Disqualifizierung von Gefühlen, Meinungen, Demütigungen, Missbrauch durch Schweigen, Durchsetzung des eigenen Geschmacks, der eigenen Wünsche und Vorstellungen sowie die Kontrolle des täglichen Lebens des Opfers ausgeübt werden könne. All diese Verhaltensweisen habe der Ehemann bzw. Antragsgegner gezeigt und damit bei der Antragstellerin eine schwere Depression ausgelöst, die sie über lange Zeit in großer Traurigkeit und ohne Lust auf irgendetwas habe leben lassen.[822]

---

820 Oberster Gerichtshof (Corte Suprema), Urteil vom 26.2.2009, Az.: 206-2009, Legal Publishing No. 41717, II. b
821 Oberster Gerichtshof (Corte Suprema), Santiago de Chile, Urteil vom 26.2.2009, Ziff. I
822 Urteil des erstinstanzlichen Gerichts Viña del Mar vom 14.12.2007, Legal Publishing No. 41717, Ziff. IV

Die Entscheidung des Erstgerichts in Viña del Mar wurde mit der gleichen Begründung vom Appellationsgericht in Valparaiso am 13. November 2008 aufrecht erhalten. Dem folgte auch der Oberste Gerichtshof in seiner Entscheidung vom 26. Februar 2009.[823] Unter Bezugnahme auf die Begründungen der Entscheidungen der Vorgerichte verwies er darauf, dass die gesetzliche Voraussetzung der Misshandlung bzw. schlechten Behandlung auch dann erfüllt ist, wenn keine physische Gewalt angewandt wird, sondern psychische, die sich in Form von verbaler Gewalt, durch Gesten, Manipulation, emotionale und wirtschaftliche Erpressung oder auch Disqualifizierung von Gefühlen, Lebensformen, Meinungen oder der Art zu sein äußert und sich in Demütigungen oder Kontrolle über das tägliche Leben zeigen kann. Auch hinsichtlich des Vorhandenseins wirtschaftlicher Gewalt schloss sich der Oberste Gerichtshof den Vorgerichten an.[824]

In einem anderen Fall ging es insbesondere um psychische Gewalt gegen Minderjährige. Renato Javier Zelada Martínez strengte ein gerichtliches Verfahren gegen seine frühere Ehefrau, Irma Maite Del Canto Parada an wegen häuslicher Gewalt gegenüber den gemeinsamen Kindern Renato und Matías.[825] Del Canto wurde von ihrem früheren Mann als aggressive, instabile, dominante Persönlichkeit beschrieben, die auch gegenüber den beiden minderjährigen Kindern der Parteien gewalttätig sei. Sie habe einen älteren Sohn aus ihrer vorigen Ehe, der sich an einem der beiden Kinder vergangen habe. Danach sei ein Kind vom Sohn des derzeitigen – dritten Ehemannes von Del Canto Parada - missbraucht worden, weshalb sowohl Renato als auch Matías in psychologische und psychiatrische Behandlung gekommen seien. Der letzte Übergriff habe an dem Kind Renato stattgefunden, als dieser mit seinem Großvater väterlicherseits telefonierte. Als Del Canto Parada sich dieser Tatsache bewusst wurde, schrie sie das Kind an, verlangte, dass es den Hörer sofort auflege. Schließlich unterbrach sie das Telefonat gewaltsam und schlug das Kind in den Rücken. Dieser Vorfall wurde vom Gericht unter häusliche Gewalt subsumiert.[826] Es stellte klar, dass die einmalige Anwendung von Gewalt ausreiche, um innerfamiliäre Gewalt zu bejahen. Da der Vater der Kinder Zeugen dafür benannt hatte, dass die Kindesmutter nicht nur physische, sondern auch psychische Gewalt bei den Kindern angewandt habe, bejahte das Gericht eine Verletzung des Gesetzes über innerfamiliäre Gewalt.[827]

---

[823] Oberster Gerichtshof (Corte Suprema), Urteil vom 26.2.2009, Az.: 206-2009; Legal Publishing No. 41717
[824] Oberster Gerichtshof (Corte Suprema), Santiago de Chile, Urteil vom 26.2.2009, Az: 206-2009, Ziff. IV
[825] Zivilgericht Santiago de Chile, Urteil vom 6.7.2000, Legal Publishing No. 18506
[826] Ibidem, Ziff. 2° des Urteils
[827] Ibidem, Ziff. 15° des Urteils; das Gericht bejahte die Verletzung der Art. 1 und 3 des damals bestehenden Gewaltschutzgesetzes vom 27.8.1994, das danach mehrfach geändert wurde.

Der nachfolgend geschilderte Fall zum Thema innerfamiliäre Gewalt hat in Chile großes Aufsehen erregt. Er wurde bekannt als „Biegzangen-Fall" (Alicate-Fall).[828] Der Angeklagte Hector René Sepúlveda Leal wurde wegen gefährlicher Körperverletzung von einem für Strafsachen zuständigen erstinstanzlichen Gericht in Santiago de Chile verurteilt. Das Urteil wurde rechtskräftig.[829] In diesem Fall ging es darum, dass der Angeklagte mit einer Frau Doris Sandoval Sepúlveda seit 1996 zusammenlebte. 2004 zogen sie um. Danach fand Sandoval Sepúlveda Arbeit, während der Angeklagte weiterhin arbeitslos blieb. Da sie nun regelmäßig Einkünfte hatte, er aber nicht, kam es häufig zu schweren Auseinandersetzungen. Am Tattag, dem 10. August 2005, waren beide morgens aus dem Haus gegangen und gegen 17.00 Uhr zurückgekommen. Sepúlveda Leal begann zu trinken, obwohl er wegen einer psychiatrischen Behandlung Acepram und Acido Valproico einnahm, die als drogenähnliche Medikamente beschrieben wurden und sich mit Alkohol schlecht vertragen. Schließlich kam es wieder zu einer verbalen Auseinandersetzung, bei der Sandoval zugab, untreu gewesen zu sein. Später ging sie ins Bett und schlief schließlich vor dem Fernsehgerät ein. Er arbeitete im Raum daneben mit einer heißen Biegzange an einem Plastikteil.[830] Plötzlich bekam er einen Wutanfall und begab sich ins Nachbarzimmer, wo Sandoval inzwischen schlief. Er warf sich auf sie und während sie sich mit allen Kräften wehrte, führte er die heiße Zange zwischen ihre Beine und zog diese zusammen. Dadurch erlitt sie schwere Verbrennungen. Danach gab er ihr ein Handy, damit sie die Polizei und die Ambulanz rufen konnte, was sie auch tat.[831]

Sodann nahmen die Dinge ihren strafprozessualen Lauf. Im Rahmen der Beweisaufnahme stellte sich heraus, dass das Opfer schon einige Monate vor der Tat dem Täter mitgeteilt hatte, dass es Interesse an einem anderen Mann habe, sodass die Mitteilung über die Untreue am Tattag nicht sehr überraschend gewesen sein konnte und keine Handlung im Affekt vorlag. Der Angeklagte wurde im Hinblick darauf, dass er nicht vorbestraft und voll geständig war, unter Drogen ähnlichen Medikamenten stand und dazu noch Alkohol getrunken hatte und weil er familiäre Bindungen zu seinen Eltern nachweisen konnte, zu einer Freiheitsstrafe von 817 Tagen verurteilt sowie in die Kosten des Verfahrens. Die im Verfahren eingeschalteten Psychologen bescheinigten dem Täter eine paranoide Persönlichkeit bei grenzwertiger Intelligenz. Sandoval wurde als das typische Opfer chronischer innerfamiliärer Gewalt beschrieben.[832]

---

828 Alicate heißt Drahtzange oder Biegzange
829 Gericht für Strafsachen, Primera Sala del Primer Tribunal de Juicio Oral en lo Penal de Santiago de Chile, 8.3.2006, Az.: Rol Unico 05 00 3544692-8
830 Strafgericht von Santiago de Chile, Primera Sala del Primer Tribunal, Urteil vom 8.3.2006, Az: Rol Unico 05 00 3544692-8, Rol interno 6-2006, Ziff. II
831 Ibidem, Ziff. IV. d
832 Ibidem, Ziff. XVI

Ein mildes Urteil gab es auch in einem Fall vor dem Strafgericht von Angol.[833] Der Lebensgefährte griff seine Freundin in der gemeinsamen Wohnung an. Er schlug sie mit der Faust so heftig in das Gesicht und auf den Kopf, dass sie an den Verletzungen verstarb. Das Gericht ging davon aus, dass der Vorsatz für ein Tötungsdelikt fehle und verurteilte nur wegen Körperverletzung mit Todesfolge zu 818 Tagen Gefängnis, die zur Bewährung ausgesetzt wurden. Es wurde dem Täter verboten, eine Waffe zu tragen und er musste sich in bestimmten Zeiträumen bei der Polizei vorstellen.[834]

Da nach den Veröffentlichungen der Corporación Humanas in Chile alle zehn Tage eine Frau durch einen Mann stirbt, mit dem sie in einer Beziehung steht, ist das Thema innerfamiliäre Gewalt von grosser Bedeutung im Land. Die Sensibilisierung der chilenischen Gesellschaft für dieses Thema wird von Frauenorganisationen als eine der größten Errungenschaften der Frauenbewegung betrachtet.[835] In diesem Kontext ist die große Publizität vieler Fälle von innerfamiliärer Gewalt zu verstehen.

Großes Interesse der Presse und der Öffentlichkeit hat in Chile auch der Fall der Claudia Neira Oportus und ihrer kleinen Tochter Javiera Cabrera Neira erregt. Alfredo Cabrera Opazo und Claudia Neira Oportus lebten getrennt, nachdem es in ihrer Beziehung zu ständigen Aggressionen und Todesdrohungen durch Cabrera gekommen war, was zu mehrfachen Anzeigen wegen häuslicher Gewalt geführt hatte. Es erging ein gerichtliches Verbot, wonach sich Cabrera Opazo seiner Ex-Lebensgefährtin Neira Oportus nicht mehr nähern durfte.[836] Dieses Verbot galt aber nicht für das gemeinsame Kind der beiden, Javiera, die am 19.12.2005, dem Tattag, sechs Jahre alt war. An diesem Tag war das Kind zur Ausübung des Umgangrechts beim Vater.

Aus dem Urteil ergab sich der nachfolgende Sachverhalt:

Cabrera Opazo hatte das Kind nachmittags am Arbeitsplatz der Mutter abgeholt. Er ging mit der Kleinen u.a. zur Kathedrale, zeigte ihr die Krippe und erklärte sie ihr. Entgegen der sonstigen Regelung, wonach die Mutter von Claudia Neira Oportus das Kind abholte, teilte diese Cabrera Opazo telefonisch mit, dass Claudia Neira Oportus das Kind um 21.30 Uhr am Haus abholen würde, in dem Cabrera Opazo wohnte. Die Kleine wurde übergeben und stieg ins Auto der Mutter ein. Während der Übergabe beschimpfte Cabrera Opazo Neira Oportus so heftig, dass diese um-

---

833 Urteil vom 21.1.2009, RIT 131-2008, in Revista Chilena de Derecho de Familia, Santiago de Chile, 12/2010, S. 223
834 Ibidem, S. 224
835 Humanas, Centro Regional de Derechos Humanos y Justicia de Género, Discursos y Transcursos del Estar de las Mujeres, Santiago de Chile, 2008, S. 47, Urteil des IV. Strafgerichts, Tribunal de Juicio Oral en lo penal, Santiago de Chile, Rol Unico No. 0500672502-5, Rol Interno No. 34-2.007
836 Humanas, Memoria Institucional 2005-2006, Santiago de Chile, S. 16

stehende Personen um Hilfe bat, die ihr jedoch nicht gewährt wurde. Plötzlich zog Cabrera Opazo das Kind aus dem Auto und ging in Richtung seiner Wohnung. Neira stieg ebenfalls aus und lief hinterher. Da sie aber den Aufzug nicht mehr erreichte, kam sie etwas später zum Apartment Cabrera Opazos als er. Sie klopfte an der Tür, worauf er diese öffnete. Er zog sie in seine Wohnung, wo er sofort begann, auf sie einzuschlagen. Mit einer Glasflasche brachte er ihr schwere Schnittwunden an Gesicht und Hals bei. Ohne ärztliche Hilfe wäre sie an den Verletzungen gestorben.[837] Das Kind schrie vor Angst. Da nahm Cabrera Opazo die kleine Javiera und warf sie vom Balkon seines Appartments im siebten Stock in den Innenhof des Gebäudes, wo am Tag die im Haus lebenden Kinder spielen. Auf dem Boden angekommen blieben dem Kind noch ein paar Atemzüge, dann war es tot. Der zur Tatzeit 39 Jahre alte Cabrera wurde zur Höchststrafe, d.h. 40 Jahren Gefängnis verurteilt. Dem Argument der Verteidigung, Cabrera Opazo habe einen Black out gehabt, folgte das Gericht nicht.[838]

Eine besondere Tragik kam durch folgende Umstände in den Fall: Neira arbeitete beim Nationalen Dienst für Minderjährige (Servicio Nacional de Menores/ SENAME). Die Väter von Cabrera Opazo und von Neira Oportus waren auf Grund staatlicher Gewalt zu Tode gekommen, d.h. sie wurden in der Zeit des Militärregimes unter Pinochet umgebracht. Cabrera Opazo ist homosexuell, was Neira Oportus auch wusste. Er hatte immer einen Freund. Gleich nach der Geburt der kleinen Javiera kam es zu Komplikationen. Sie benötigte eine Bluttransfusion. Der Vater wurde getestet. Dabei stellte sich heraus, dass er HIV positiv war. Weder die Mutter noch das Kind hatten sich angesteckt.[839] Beide Elternteile hatten enorme Probleme. Sie lernten sich 1985 in einer psychiatrischen Klinik kennen. Cabrera war im Alter von 11 Jahren von einem Nachbarn vergewaltigt worden. Da er HIV positiv war, fürchtete er, Neira angesteckt zu haben. Sie ließ ihn wohl auch einige Zeit in dem Glauben. Als sich bei ihm Anfang 2005 die HIV-Krankheitssymptome zeigten und er Gewicht verlor, sagte sie ihm, dass sie nicht positiv sei. Sie zogen wieder zusammen, aber die Beziehung war außerordentlich schwierig.[840] Neira Oportus war vom Lebensgefährten ihrer Mutter vergewaltigt worden und litt unter den Folgen. Sowohl sie als auch Cabrera hatten eine große Last zu tragen.[841] Sie bekamen ihre Situation nicht in den Griff, es kam ständig zu irgendwelchen gewalttätigen Auseinandersetzungen und schließlich zu der Katastrophe am 19. Dezember 2005. Korporation Humanas sieht in diesem Fall einen solchen, der reprä-

---

837 Strafgericht, Cuarto Tribunal de Juicio Oral en lo Penal, Santiago de Chile, Urteil vom 20.5.2007, Az.. Rol unico No. 0500672502-5, Rol Interno No. 34-2007, Ziff. II
838 Ibidem, Ziff. II
839 Ibidem, Ziff. II
840 Strafgericht, Cuarto Tribunal de Juicio Oral en lo Penal, Santiago de Chile, Urteil vom 20.5.2007, Az: Rol Unico No. 0500672502-5, Rol Interno No. 34-2007, Ziff. II
841 Ibidem, Ziff. II

sentativ ist für die Diskriminierung von Frauen.[842] Der Prozess gegen Cabrera Opazo war daher auch durch ständige Präsenz von Frauenorganisationen geprägt und von deren Kundgebungen umrahmt.[843]

Anlässlich des Falles Cabrera Opazo/Neira Oportus hat Sohad Houssein in Radio Universidad de Chile am 4. Januar 2006 eine Sendung zum Thema: „Mord und Gewalt an Frauen: Ich habe sie umgebracht, weil sie mir gehörte" gemacht. In dieser Sendung kam auch der Leiter der Rechtsabteilung des Nationalen Dienstes der Frau (Servicio Nacional de la Mujer/SERNAM), Marco Antonio Rendón zu Wort. Er erklärte, dass Richter oft die Situation bei Gewalt gegen Frauen richtig einschätzten, aber wenig Verständnis dafür zeigten, dass in einer Situation häuslicher Gewalt eben auch die Kinder Opfer sind und Gewalt auch diesen gegenüber stattfindet.[844] Dies wollten Richter sehr oft nicht zur Kenntnis nehmen und so geschehe es häufig, dass der Umgang mit den gemeinsamen Kindern vom Vater dazu genutzt würde, die Mutter oder das Kind umzubringen. Genau so sei es auch zu der Ermordung der kleinen Javiera gekommen, deren Vater ausgenutzt habe, dass er sie sehen durfte. Dieser Fall sei auch nicht als Einzelfall zu werten, da jedes Jahr viele Frauen in Chile auf solche oder ähnliche Art und Weise, wie es Cabrera versucht hatte, durch ihre Ehemänner oder Lebensgefährten zu Tode kämen. Auch Kinder - etwa 35 pro Jahr - würden in Chile von ihren Vätern oder den Lebensgefährten ihrer Mutter umgebracht.[845]

Ximena Azua, Direktorin des Erziehungsprogramms an der Universität von Chile, erklärte, dass diese Männer meist sagten: „Ich habe sie getötet, weil sie mir gehörte", wobei ein Eigentumsanspruch zum Ausdruck käme, als handle es sich um einen Gegenstand, mit dem man verfahren könne wie man wolle. Im Fall Cabrera Opazo sei dies gegenüber dem Kind Javiera extensiv zum Tragen gekommen unter dem Motto „das ist ein Gegenstand, den du wegwirfst, wenn er dir lästig wird". Allgemein übten die Täter in solchen Fällen Macht aus und fühlten sich als Herren ihrer Opfer.[846]

Zu den Fällen innerfamiliärer Gewalt gehören auch die Vergewaltigungstatbestände, ausgeführt von einem Ehegatten oder Lebensgefährten. Ein Strafgericht in Villarrica war mit einem solchen Sachverhalt befasst. René Coñoeman Iturra wurde wegen Vergewaltigung seiner Ehefrau zu einer Freiheitsstrafe von fünf Jahren verurteilt, da er sie gegen ihren Willen zu sexuellen Handlungen gezwungen hat-

---

842 Corporación Humanas, Centro Regional de Derechos Humanos y Justicia de Género, Memoria Institucional, 2005-2006, Santiago de Chile, 2006, S. 16
843 http://www.lanación.cl/prontus_noticias/site/aartic/20070520/pags/2... vom 21.5.2007, La Nacion ist eine chilenische Tageszeitung, zuletzt aufgerufen am 10.1.2010
844 Radio Universidad de Chile, Niederschrift einer Sendung vom 4.1.2006, Femicidio y violencia contra la mujer: La maté porque era mía, Autor: Houssein
845 Ibidem
846 Radio Universidad de Chile, Niederschrift einer Sendung vom 4.1.2006 von Houssein Sohad, wie oben

te.⁸⁴⁷ Unter Ziff. VII. des Urteils wurden theoretische Ausführungen zur Frage der Vergewaltigung in der Ehe gemacht. Dabei wurde darauf verwiesen, dass die herrschende Meinung die Existenz eines solchen Straftatbestandes bestreite, da der Ehemann in solchen Fällen nur sein gutes Recht ausübe.⁸⁴⁸ Das Gericht stellte klar, dass es dieser Rechtsansicht keinen Raum gebe, sondern der Gegenmeinung folge, die das modernere Konzept vertrete und den Tatbestand der Vergewaltigung in der Ehe bejahe. Nach dieser Ansicht sei eine Beziehung zwischen Mann und Frau durch Gleichheit geprägt. Eine Frau verwandle sich nicht durch die Eheschließung in eine Sklavin und die vom Gesetz geforderte Treue der Ehefrau habe nichts mit deren sexueller Freiheit zu tun. Der Geschlechtsakt könne auch in der Ehe nur einvernehmlich ausgeübt werden.⁸⁴⁹ Die mit dem Fall betrauten drei Richterinnen gaben ihrer Meinung Ausdruck, wonach sie die Anwendung der Gerechtigkeit nur unter dem Aspekt des Respektes vor dem anderen Geschlecht und der Gleichheit der Geschlechter, der sexuellen Unversehrtheit und Freiheit sehen können, ansonsten würde sich die Frau in ein Instrument der Lust und der sexuellen Befriedigung gegen ihren Willen verwandeln und damit ihre Integrität, sexuelle Freiheit, physische Sicherheit und vor allem Menschenwürde verletzt, was ja eine Heirat nicht implizieren könne.⁸⁵⁰

Ein Gericht in Copiapó verurteilte Eduardo Antonio Juarez Godoy, den Lebensgefährten der Carolina Geraldo Paredes wegen Vergewaltigung zu drei Jahren auf Bewährung bei Anrechnung der Untersuchungshaft von zwei Monaten. Im Rahmen von Bewährungsauflagen musste er sich einer psychologischen Behandlung unterziehen.⁸⁵¹ Dieses Urteil wurde unter dem Vorsitz eines Richters gefällt. Theoretische Ausführungen zum Thema Vergewaltigung in der Ehe oder einer nichtehelichen Lebensgemeinschaft wie in dem Urteil des Gerichts in Villarrica finden sich in dieser Entscheidung nicht. In Talagante wurde René Enrique Lara Acevedo ebenfalls wegen Vergewaltigung verurteilt, weil er in die Wohnung seiner getrennt lebenden Ehefrau eingedrungen war und sich dann an ihr vergangen hatte.⁸⁵²

Humanas hat im Auftrag von SERNAM eine Studie über häusliche Gewalt erstellt und veröffentlicht.⁸⁵³ In dieser Studie wurde das Land in vier Regionen auf-

---

847 Strafgericht (Tribunal Oral en lo Penal) Villarrica, Urteil vom 25.5.2007, Az.: Rol único No. 0600753725-3, Rol interno No. 27/2007, Legal Publishing No. 41050, Ziff. I des Urteilstenors
848 Ibidem, Ziff. VII
849 Ibidem, Ziff. VII
850 Strafgericht Villarrica, Urteil vom 25.5.2007, Ziff. VII
851 Strafgericht (Juzgado de Garantía), Copiapó, Urteil vom 8.9.2010, Az.: RUC No. 1000379629-4, RIT No. 2267-2010, Ziff. I des Urteilstenors
852 Strafgericht (Tribunal de Juicio Oral en lo Penal), Talagante, Urteil vom 5. Dezember 2005, Az.: RUC 0.500.348.877-4, RIT 22-2006, Ziff. I
853 Region der Seen ist die X. Region Chiles im Süden um Puerto Montt.

geteilt und auf Anwendung innerfamiliärer Gewalt untersucht. Die Zonen waren: Im Norden das Gebiet um Coquimbo, im Süden die Region der Araucanía (zwischen Concepción und Puerto Montt), die Hauptstadt Santiago de Chile und Umgebung in der Mitte des Landes und die Region der Seen im Süden (zwischen Puerto Montt und Coyhaique). Die Gewalt wurde gegliedert in: Psychische Gewalt, leichtere physische Gewalt, sexuelle Gewalt und schwere physische Gewalt.[854]

Bei dieser Untersuchung stellte sich heraus, dass mehr als die Hälfte aller chilenischen Frauen zwischen 16 und 55 Jahren, die verheiratet sind oder mit einem Mann zusammenleben oder gelebt haben, irgendeine Art von Gewalt erlebt haben. Die höchste Zahl an Fällen innerfamiliärer Gewalt gab es in der Region der Seen. Die am häufigsten angewandte Art von Gewalt war die psychische. Bei physischer Gewaltanwendung kam die leichtere Art am meisten vor. Bei der Hälfte der Fälle von physischer Gewaltanwendung kam es zu Verletzungen und dies nicht nur einmal, sondern mehrmals im Leben, meist kam es zu einem Zusammenspiel der verschiedenen Gewaltformen und sie kamen regelmäßig und wiederholt vor.[855] Als erhöhte Risiken für das Vorkommen von Gewalt in einer Beziehung wurden folgende Faktoren ermittelt:
- Niederes sozioökonomisches und Erziehungsniveau
- Fehlen familiärer Unterstützung
- Eine größere Anzahl von Kindern
- Gewalterfahrung in der eigenen Kindheit

Als Schutzfaktoren wurden in Übereinstimmung mit den Risikofaktoren folgende Gegebenheiten ausgemacht:
- Relative Autonomie, die den Frauen eigenes Einkommen verschafft
- Familiärer Rückhalt
- Kenntnis über institutionelle Hilfsmöglichkeiten wie den Nationalen Dienst für Frauen, Polizei, Institutionen der Gesundheitsvorsorge, Gerichte.[856]

Im Jahr 2005 hat die chilenische Regierung den 25. November als nationalen Tag für die Beseitigung der Gewalt gegen Frauen eingeführt. Dies zeigt, dass sich die politische Klasse der Tatsache bewußt ist, dass es in Chile notwendig war, gegen innerfamiliäre Gewalt aufzurüsten.

---

854 Humanas, Centro Regional de Derechos Humanos y Justicia de Género, Estudio: Detección y análisis de la prevalencia de la violencia intrafamiliar en la Región de Los Lagos, von Infante E., Santiago de Chile, 7/2006, ohne Seitenzahlen auf Folien erstellt
855 Humanas, wie oben
856 Ibidem

11. Unterhaltsrecht

Sergio Oyarzun Schafer leitete gegen die Richterin Claudia Lewin Arroyo vom Vormundschaftsgericht in Antofagasta ein Verfahren ein, mit der Behauptung, die Richterin habe Verfassungsgarantien verletzt, insbesondere Art. 19 Abs. 2 und 24 (Gleichheit vor dem Gesetz und Eigentumsgarantie), weil sie eine von ihm beantragte Wiedereinsetzung in einem Unterhaltsprozess abwies, in dem er zur vorläufigen Zahlung von Unterhalt verpflichtet worden war.[857] Der ausgeurteilte Betrag war höher als 50 % seines monatlichen Einkommens. Durch die Ablehnung seines Wiedereinsetzungsantrages sei er diskriminiert worden. Die gleiche Richterin habe jedoch eine Anordnung zu seiner Festnahme ganz zügig noch am gleichen Tag erlassen. Die gerichtlichen Anordnungen seien illegitim und willkürlich und verletzten das Recht auf Eigentum und auf Gleichheit vor dem Gesetz. Daher beantragte er in einem sogenannten Schutzverfahren, dass der zugesprochene Unterhaltsbetrag herabgesetzt werden sollte, weil er mehr als 50 % seiner monatlichen Einnahmen ausmache.[858]

Mit diesem Schutzverfahren (Recurso de Protección) gemäß Art. 20 der Verfassung kann sich ein Bürger mit der Behauptung der Verletzung von verfassungsmäßig garantierten Rechten an das Appellationsgericht wenden. Letztlich hat der Oberste Gerichtshof den Antragsteller abgewiesen, weil er die Abänderung einer richterlichen Entscheidung verlange, die im Rahmen eines gesetzeskonform durchgeführten Verfahrens ergangen sei. In diesem Prozess hätten beide Parteien Gelegenheit zur Darlegung ihrer Rechtsansichten gehabt. Eine Entscheidung des Vormundschaftsgerichts hätte beim zuständigen Berufungsgericht angefochten werden können, wenn das Rechtsmittel fristgerecht eingelegt worden wäre. Nachdem dies nach dem Willen oder der Laune des Antragstellers nicht geschehen sei, könne die erstinstanzliche Entscheidung nicht nachträglich als illegal und willkürlich angegriffen werden.[859]

Im folgenden Urteil des Obersten Gerichtshofes geht es um die Frage der Höhe des zu gewährenden Unterhalts nach Trennung eines Ehepaares. Das Verfahren Jessie del Carmen Quezada Moraga./. Alfonso Alejandro Eduardo Flores Bravo war in erster Instanz beim Familiengericht in Puerto Montt anhängig.[860] Quezada Moraga hatte im Rahmen des Ehescheidungsverfahrens eine Unterhaltsrente für sich und ihre im Jahr 2009 19, 17, 15 und 14 Jahre alten Kinder eingeklagt. Im Urteil wurde ein Gesamt-Unterhalt für die Ehefrau und die vier ehelichen Kinder

---

857 Oberster Gerichtshof (Corte Suprema), Urteil vom 26.6.2002, Az. 2204-2002, Legal Publishing No. 25406, Ziff. III
858 Oberster Gerichtshof (Corte Suprema), Urteil vom 26.6.2002, Az: 2204-2002, Ziff. IV
859 Ibidem
860 Familiengericht (Juzgado de Familia) Puerto Montt, Urteil vom 30.5.2009, Az.: Ruc No 08-2-0089349-3, Rit No c-271-2008, Legal Publishing No. 42670

zugesprochen in Höhe von 6.987.500.—Pesos Chilenos, zahlbar monatlich in vier Quoten. Das Urteil wurde in zweiter Instanz am 12. August 2009 bestätigt.[861]

Das Gericht führte unter Ziffer 1 aus, dass anlässlich von Scheidung oder Aufhebung einer Ehe nach dem geltenden Ehegesetz grundsätzlich eine Kompensation für den Ehegatten erfolgen solle, der wegen Betreuung der Kinder und der Tätigkeit im gemeinsamen Haushalt keiner oder nur in geringem Umfang einer bezahlten Arbeit habe nachgehen können. Bei Bemessung des Ausgleichs sei auf die Ehedauer, die Vermögenssituation beider Eheleute, Gut- oder Bösgläubigkeit, Alter und Gesundheitszustand des Antrag stellenden Ehegatten abzustellen. Der Oberste Gerichtshof hob das Urteil zur Unterhaltshöhe auf.[862] Er verwies darauf, dass die Vorgerichte die Vermögenssituation des Unterhaltsschuldners falsch beurteilt hätten. Er verfüge nur über Einkünfte aus Arbeit und sei im übrigen vermögenslos. Der zugesprochene Unterhalt übersteige seine Einkünfte und stünde in krassem Widerspruch zu seinen finanziellen Möglichkeiten.[863] Dabei hätte es eigentlich auch den Gerichten der Vorinstanzen auffallen müssen, dass kein Unterhaltsschuldner mehr zahlen kann als er Einnahmen hat.

Im Kindesunterhalts-Verfahren María Antonia Gómez Bretón versus Danilo Iván Ceriani Harasic hat der Oberste Gerichtshof das Rechtsmittel des Ceriani Harasic zurückgewiesen, der nur einen viel geringeren Kindesunterhalt als den ausgeurteilten – oder gar keinen – zahlen wollte. Es wurden insoweit die beiden Vorgerichte in Viña del Mar und Valparaíso bestätigt.[864] Dabei wurde ausdrücklich hervorgehoben, dass beide Elternteile den gemeinsamen Kindern Unterhalt schulden. Der von der Familie getrennte Vater hatte versucht, sich arm zu rechnen ohne die erforderlichen Nachweise zu präsentieren. Da er die angebliche Verringerung seines Einkommens nicht unter Beweis gestellt hatte, wurde er zur Zahlung des von der Gegenseite beantragten Betrages verpflichtet, wobei darauf hingewiesen wurde, dass die Mutter ihrer Unterhaltsverpflichtung dadurch nachkomme, dass sie für die Unterkunft der gemeinsamen Kinder und deren Gesundheitsvorsorge aufkomme und außerdem die Familie der Mutter die Schul- bzw. Studiengebühren für beide Kinder der Parteien zahle.[865] Das Gericht unterstellte Ceriani Harasic ein fiktives Einkommen, wie dies auch bei deutschen Familiengerichten üblich ist, wenn der Unterhaltsschuldner die Auskünfte und Vorlage von Nachweisen über sein Einkommen verweigert.[866]

---

861 Gericht (Tribunal) Puerto Montt, Urteil vom 12.8.2009, Az.: Rol 107 – 2009
862 Oberster Gerichtshof (Corte Suprema), Urteil vom 23.9.2009, Az.: 6391-2009, Legal Publishing No. 42670
863 Ibidem, Ziff. II
864 Oberster Gerichtshof (Corte Suprema), Urteil vom 7.12.2009, Az. 8015-2009, Legal Publishing No. 43167
865 Legal Publishing No. 43167, Doctrina II.
866 Anmerkung d. Verf.

Das Berufungsgericht in Talca hat am 16. Dezember 2010 im Rahmen eines Ehescheidungsverfahrens zwischen Nelson Enrique Venegas Henríquez und Margarita Elisa Navarro Solís eine Entscheidung[867] über die sogenannte wirtschaftliche Kompensation (compensación económica) getroffen.[868] Navarro Solís hatte in der Zeit des Zusammenlebens den Haushalt geführt und die beiden Kinder der Parteien betreut. Das Gericht führte aus, dass dieser Umstand dem gemeinsamen Lebensplan der Eheleute entsprochen habe und daher nach Beendigung der Ehe auch im Hinblick auf die Erkrankung der Ehefrau an Depression ein ökonomischer Ausgleich geschaffen werden müsse.[869] In diesem Urteil wird die wirtschaftliche Kompensation als Mittel zur Vermeidung der Diskriminierung eines Ehegatten bezeichnet.[870] Unter Ziff. 1° der Urteilsbegründung wird folgendes ausgeführt: „Das eheliche Güterrecht beruht auf dem Prinzip der Verfassung bezüglich der Gleichheit zwischen Mann und Frau, wie es sich aus Art. 19 No. 2, Abs. 1 der Politischen Verfassung der Republik ergibt. Dieses Prinzip konkretisiert sich in der spezifischen Gleichheit von Ehemann und Ehefrau gemäß Art. 23 No. 4 des Internationalen Paktes der bürgerlichen und politischen Rechte und Art. 24 No. 4 des Paktes von San José, Costa Rica, woraus sich die Verpflichtung des chilenischen Staates ergibt, geeignete Maßnahmen zu ergreifen, um die Gleichheit der Rechte und die Verantwortlichkeiten beider Ehegatten im Hinblick auf die Ehe, während der Ehe und im Fall der Auflösung derselben zu gewährleisten – und vor allem, um verschiedene Dispositionen der Konvention über die Beseitigung aller Formen der Diskriminierung der Frau (Art. 16, Abs. 1, Buchstabe c) zu erfüllen, da auch das

---

867 Legal Publishing No. 47028
868 Das neue Ehegesetz No. 19.947 vom 17.5.2004 bestimmt in Art. 60, dass die Ehescheidung Rechte und Pflichten auf Unterhalt, Erbfolge und Vermögen beendet. Damit entfällt ein Ehegatten-Unterhaltsanspruch ab Rechtskraft der Scheidung. Art. 61 ff. regeln allerdings die sogenannte wirtschaftliche Kompensation, wonach ein wirtschaftlicher Ausgleich geschaffen wird, wenn ein Ehepartner ehebedingte Nachteile erlitten hat und er beispielsweise wegen Betreuung der Kinder keine Tätigkeit ausüben konnte, die auch nach der Scheidung oder Annullierung der Ehe den eigenen Unterhalt sichern würde.
869 Legal Publishing No. 47028, Urteil vom 16.12.2010, Ziff. 6°
870 Ibidem, Ziff. 1°

für den chilenischen Staat rechtsverbindlich ist."[871] Unter Ziff. 2° der Urteilsbegründung wird ausgeführt, dass die ökonomische Kompensation und die Verpflichtung dazu auf der rechtlichen Gleichheit der Eheleute basiert und es die Pflicht des Staates sei, geeignete Maßnahmen zu ermöglichen, um die Gleichheit der Rechte und die Verantwortlichkeit beider Ehegatten im Fall der Auflösung der Ehe zu gewährleisten.[872] Das Appellationsgericht von Talca verpflichtete den Ehemann zur Zahlung der Summe von 100.000.—Pesos Chilenos zahlbar in 24 Raten.[873] Aus der Summe ist ersichtlich, dass Venegas Henríquez nicht sehr wohlhabend ist und die Zahlungsverpflichtung eher Symbolcharakter hat.

Im Verfahren Bernardo Tapia Aravena ./. Pilar Reynaldos Quinteros hat der Oberste Gerichtshof den Anspruch der Ehefrau auf wirtschaftliche Kompensation (compensación económica) abgewiesen.[874] Das Gericht stellte in dieser Entscheidung klar, dass dieser wirtschaftliche Ausgleich nur dazu dienen soll, die ökono-

---

871 Ziff. 1 des Urteils des Appellationsgerichts von Talca vom 16.12.2010 im Wortlaut: El matrimonio y su régimen jurídico descansa, en todo lo relativo a la posición y relaciones entre los cónyuges, en el principio constitucional de la igualdad entre hombres y mujeres, recogida en el artículo 19 N° 2, inciso 1° de la Constitución Política de la República, que se concreta, en la especie, en la específica igualdad entre marido y mujer, en cumplimiento de lo previsto en el artículo 23 N°4 del Pacto Internacional de Derechos Civiles y Políticos y del artículo 24 N°4 del denominado Pacto de San José de Costa Rica, los que obligan al Estado chileno a adoptar las medidas apropiadas para asegurar la igualdad de derechos y responsabilidades de ambos esposos en cuanto al matrimonio, durante el matrimonio y en caso de disolución de éste y, muy especialmente, para dar cumplimiento a diversas disposiciones de la Convención sobre la eliminación de todas las formas de discriminación contra la mujer (art. 16, 1, letra c) obligatorias, igualmente, para el Estado de Chile.
Wortlaut des Art. 23 No. 4: Los Estados Partes en el presente Pacto tomarán las medidas apropiadas para asegurar la igualdad de derechos y de responsabilidades de ambos esposos en cuanto al matrimonio y en caso de disolución del mismo. En caso de disolución, se adoptarán disposiciones que aseguran la protección necesaria a los hijos. Übersetzung: Die Unterzeichnerstaaten des vorliegenden Paktes werden geeignete Maßnahmen ergreifen, um während des Bestehens der Ehe die Gleichheit der Rechte und Verantwortung beider Ehepartner zu gewährleisten; im Falle der Auflösung sind die zum Schutz der Kinder notwendigen Verfügungen zu treffen.
Wortlaut des Art. 24: Todas las personas son iguales ante la ley. En consecuencia tienen derecho, sin discriminación, a igual protección de la ley. Übersetzung: Alle Menschen sind vor dem Gesetz gleich. Daher haben sie ohne Diskriminierung das Recht auf gleichen Schutz vor dem Gesetz.
Wortlaut des Art. 16, 1 c: Los Estados Partes adoptarán todas las medidas adecuadas para eliminar la discriminación contra la mujer en todos los asuntos relacionados con el matrimonio y las relaciones familiares y, en particular, asegurarán, en condiciones de igualdad entre hombres y mujeres los mismos derechos y responsabilidades durante el matrimonio y en occasion de su disolución. Übersetzung: Die Unterzeichnerstaaten werden die geeigneten Maßnahmen ergreifen, um die Diskriminierung der Frau in Ehe- und Familienangelegenheiten zu eliminieren und sie sichern insbesondere während der Ehe und im Falle ihrer Auflösung gleiche Rechte und Verantwortung zu.
872 Legal Publishing No. 47028, Urteil vom 16.12.2010, Ziff. 5°
873 1 Euro entspricht am 14.12.2011 689,44 CLP, d.h. Pesos Chilenos
874 Oberster Gerichtshof (Corte Suprema), Urteil vom 7.12.2009, Az.: 8373-2009, Legal Publishing No. 42904

mische Ungleichheit zwischen den Ehegatten zu beseitigen. Reynaldos Quinteros hatte im Zuge des Ehescheidungsverfahrens einen Ausgleich in Höhe von zehn Millionen CLP von der Gegenseite verlangt und die Hälfte einer Immobilie in einer guten Wohngegend von Santiago de Chile. Der Oberste Gerichtshof lehnte die Ansprüche in vollem Umfang ab, die die beiden Vorgerichte zugesprochen hatten.[875] Die Ehefrau hatte darauf verwiesen, dass sie das gemeinsame Kind betreut und den Haushalt geführt habe. Da sie aber daneben immer ihre Tätigkeit als Herstellerin von Fernsehgeräten ausgeübt habe, sei evident, dass die Kindesbetreuung und Haushaltsführung kein Hindernis für ihre gut bezahlte, Gewinn bringende Beschäftigung war. Sie habe daher keinen Schaden erlitten, den man ausgleichen müsste.[876] Das Gericht verwies darauf, dass das neue Ehegesetz die wirtschaftliche Kompensation in Art. 61 regle.[877] Dort sei aber nur für den Fall ein Ausgleich vorgesehen, dass ein Ehegatte keine bezahlte Arbeit während der Ehezeit habe ausüben können, weil er sich der Betreuung der Kinder oder der Haushaltsführung gewidmet habe.[878] Genau das sei aber im vorliegenden Fall nicht so gewesen, sodass es auch keine Ausgleichszahlung geben könne.[879]

II. Ergebnis

In dem Verfahren einer geschiedenen, schwangeren Frau, die eine zweite Ehe eingehen wollte, kam Art. 128 CC[880] zum Tragen, der aus der Mitte des 19. Jahrhunderts stammt. Danach durfte eine schwangere Geschiedene keine weitere Ehe vor der Geburt des Kindes bzw. nach Ablauf von 270 Tagen nach Rechtskraft der Ehescheidung eingehen. Das hier eingeschaltete Gericht erlaubte dennoch die zweite Eheschließung zu einem früheren Zeitpunkt, wobei es sich in den Entscheidungsgründen zwar auf den zweiten Teil von Art. 128 stützte, der dann Ausnahmen vorsieht, wenn keine Kontaktmöglichkeit zwischen den Eheleuten gegeben war,

---

875 Ibidem, Ziff. 7
876 Oberster Gerichtshof (Corte Suprema), Santiago de Chile, Urteil vom 7.12.2009, Az: 8373-2009, Ziff. 3, Abs. 2
877 Ehegesetz (Ley de matrimonio civil) No. 19.947 vom 17.5.2004
878 Art. 61: "Si, como consecuencia de haberse dedicado al cuidado de los hijos o a las labores propias del hogar común, uno de los cónyuges no pudo desarrollar una actividad remunerada o lucrativa durante el matrimonio, o lo hizo en menor medida de lo que podía y quería, tendrá derecho a que, cuando se produzca el divorcio o se declare la nulidad del matrimonio, se le compense el menoscabo económico sufrido por esta causa." Übersetzung: Wenn wegen Betreuung von Kindern oder der Haushaltsführung einer der Ehegatten keine bezahlte oder Gewinn bringende Tätigkeit während der Ehezeit ausüben konnte oder in geringerem Umfang als er konnte und wollte tätig war, hat im Falle der Ehescheidung oder Annullierung der Ehe Anspruch auf einen Ausgleich des dadurch erlittenen wirtschaftlichen Schadens.
879 Oberster Gerichtshof (Corte Suprema), Urteil vom 7.12.2009, Az.: 8373-2009, Ziff. 3, Abs. 4
880 S. Kapitel 4, Ziff. 5

gleichzeitig aber darauf verwies, dass Art. 128 Código Civil nicht mehr zeitgemäß sei und daher der Interpretation unter dem Aspekt der Jetztzeit bedürfe. An diesem Beispiel - wie auch am folgenden – zeigt sich, dass eine Überarbeitung des gesamten Código Civil angezeigt wäre. Allerdings ist diese Entscheidung deshalb besonders bemerkenswert, weil sie letztlich eine Gesetzesschelte enthält und eine Änderung anmahnt. Da man sich bei der Entscheidung auf den zweiten Teil von Art. 128 CC gerettet hat, kam es nicht zu einer Entscheidung contra legem. Beeindruckend ist dennoch die klare Diktion in Richtung Anmahnung der Gesetzesänderung.

Der Fall Sonia Arce Esparza thematisiert das Problem der Errungenschaftsgemeinschaft. Die bestehende gesetzliche Regelung[881] verstößt gegen internationales Recht und verletzt auch Vorschriften der chilenischen Verfassung. Die Errungenschaftsgemeinschaft besteht in der heutigen Form seit Einführung des Código Civil in Chile im Jahr 1855.[882] Der Oberste Gerichtshof hat diese nicht mehr zeitgemäße Rechtsvorschrift angewandt und nicht einmal eine Anmerkung dazu gemacht, dass ein eklatanter Verstoß gegen die Verfassung und die in internationalen Verträgen eingegangenen Verpflichtungen vorliegt. Man kann insoweit nur auf eine baldige Gesetzesänderung hoffen.[883]

Im Fall Stange/Osorio ging die jahrelange Lebensgefährtin zugunsten der Kinder aus annullierter Ehe leer aus. In den Urteilsgründen des Obersten Gerichtshofes ist von Konkubinat die Rede, was etwas abwertend klingt. Alle zwischen Erblasser und Lebensgefährtin errichteten Notarurkunden wurden für nichtig erklärt. Man wird bei dieser Entscheidung den Verdacht nicht los, dass das Gericht gegen die „Konkubine" voreingenommen war. In einem anderen Fall von Konkubinat hat das gleiche Gericht zugunsten der Lebensgefährtin einen Nießbrauch an einem im Eigentum des früheren Lebenspartners stehenden Haus zugebilligt. Also doch keine Vorbehalte gegen die Konkubine?

Eine besondere gesellschaftliche Problematik kommt in der Entscheidung des Obersten Gerichtshofes im Fall Atala zum Ausdruck, der zur Interamerikanischen Kommission für Menschenrechte gelangte. Da es vor der Interamerikanischen Kommission für Menschenrechte nicht zu einer Einigung kam, hat die Kommission den Fall dem Interamerikanischen Gerichtshof für Menschenrechte vorgelegt.[884] In dieser Vorlage wurde unter Ziff. VII ausdrücklich auf die Rechtsgrundlage, d.h. die Inhalte der von Chile ratifizierten internationalen Abkommen verwiesen – ins-

---

881 Art. 1749 ff. CC, s. Kapitel 4: „Gesetzeslage im chilenischen Familienrecht vor 1989 und Änderungen nach 1989", Ziff I/4, II/1 und II/6
882 Gatica R., El destino de la sociedad conyugal, Anuario de Derechos Humanos de la Universidad de Chile, No. 7, Santiago de Chile, 2011, S. 169-178, hier S. 169
883 S. Kapitel 4 / II/6
884 Organización de los Estados Americanos, Comisión Interamericana de Derechos Humanos, Caso 12.502, 17.9.2010, Washington D.C.

besondere auf die Internationale Konvention zur Beseitigung jeder Art von ethnischer Diskriminierung und über alle Arten von Diskriminierung der Frau.[885] Unter Ziff. VII/1.1 der Vorlage wird insoweit folgendes ausgeführt: „Jede Unterscheidung, Ausgrenzung, Restriktion oder Bevorzugung aus Gründen wie Zugehörigkeit zu einer bestimmten Ethnie, Hautfarbe, Geschlecht, Sprache, Religion, politische Meinung oder anderer Art, wegen nationaler oder gesellschaftlicher Herkunft, wirtschaftlicher Position, Geburt oder anderer gesellschaftlicher Bedingungen, die das Ziel oder das Resultat haben, die Ausübung gleicher Rechte zu unterbinden oder zu behindern und damit die Menschenrechte und fundamentalen Freiheiten aller Menschen zu gefährden, sind ausgeschlossen."[886] Der Fall Atala wurde am 20. 3. 2012 vom Interamerikanischen Gerichtshof für Menschenrechte (Corte Interamericana de Derechos Humanos) zum Nachteil der Republik Chile entschieden. Dieses Gericht musste damit erstmals eine Entscheidung über die Frage der Diskriminierung wegen sexueller Orientierung treffen. Der Ausgang des Verfahrens war für Chile von besonderem Interesse. Das katholische Land Chile muss nun hinnehmen, dass die elterliche Sorge auf eine in einer gleichgeschlechtlichen Partnerschaft lebende Mutter übertragen und damit gegen das Oberste Gericht der Republik Chile entschieden wurde, was auf Grund des Inhalts der von Chile ratifizierten internationalen Verträge eigentlich erwartet werden musste. Diese Entscheidung wird wohl erneut die Diskussion über die grundsätzliche Behandlung gleichgeschlechtlicher Paare beflügeln.[887] Der Oberste Gerichtshof hätte in diesem Fall ganz einfach zugunsten der Mutter der Kinder entscheiden können. Die beiden Vorgerichte hatten ihr ja die elterliche Sorge übertragen unter Berufung auf das Gesetzesprivileg in Art. 225 Código Civil, wonach im Falle des Getrenntlebens der Eltern die elterliche Sorge grundsätzlich der Mutter übertragen wird. Stattdessen hat das Gericht über den Umweg der *Veröffentlichung* der sexuellen Option und der Gefährdung des Kindeswohls eine Entscheidung getroffen. Positiv ist in diesem Zusammenhang allerdings die Tatsache, dass zwei der fünf befassten Richter ihre abweichende Meinung veröffentlicht haben. Das Urteil des Interamerikanischen Gerichtshofes für Menschenrechte in Sachen Atala und Kinder vs. Republik Chile könnte zu einer beschleunigten Behandlung des seit Mitte 2010 vorliegenden Gesetzesentwurfs zum Thema „Vereinbarung über das gemeinsame Leben als Paar"[888] beitragen.

---

885 S. Kapitel 4 : „Gesetzeslage im chilenischen Familienrecht vor 1989 und Änderungen nach 1989"
886 Organización de los Estados Americanos, Comisión Interamericana de Derechos Humanos, Demanda ante la Corte Interamericana de Derechos Humanos en el Caso 12.502 Karen Atala e Hijas contra el Estado de Chile, Washington, 17.9.2010, S. 22
887 S. Kapitel 4: „Gesetzeslage im chilenischen Familienrecht vor 1989 und Änderungen nach 1989."
888 S. Kapitel 4, „Gesetzeslage im chilenischen Familienrecht vor 1989 und Änderungen nach 1989"

In einem Adoptionsverfahren wurde einer unverheirateten Frau die Annahme eines Kindes vom Obersten Gerichtshof gestattet, was hoffentlich keine Ausnahmeentscheidung bleiben wird. Es ist zumindest ein Schritt in die richtige Richtung. Hinsichtlich der elterlichen Sorge gibt es im Unterschied zu Deutschland die Möglichkeit, insoweit eine Vereinbarung zwischen den Eltern eines Kindes zu treffen. Ein weiterer gravierender Unterschied ist darin zu sehen, dass nach Art. 225 Abs. 1 Código Civil bei Trennung der Eltern im Regelfall die Mutter die elterliche Sorge allein erhält. Darin kann man einen eklatenten Fall von Ungleichbehandlung der Geschlechter zum Nachteil des Mannes sehen. Man sollte sich daher nicht wundern, wenn ein aufgebrachter Vater eines Tages ein Verfahren bei der Interamerikanischen Kommission für Menschenrechte einleitet. Zum Thema Abstammung hat der Oberste Gerichtshof in der hier zitierten Entscheidung das Gesetz zur Gleichbehandlung ehelicher und nichtehelicher Kinder strikt angewandt und im Fall des Ausschlusses des vierjährigen Jungen aus der Vorschule haben die Richter ausgewogen und überlegt geurteilt. Das Gericht hat auch dem Unterhaltsschuldner geholfen, der zunächst von Vorgerichten zu einem weit übersetzten Unterhaltsbetrag verpflichtet wurde, der in keinem Verhältnis zu seinem Einkommen stand. Im Kindesunterhaltsverfahren Gómez Bretón ./. Ceriani Harasic hat der Oberste Gerichtshof ausdrücklich klar gestellt, dass beide Elternteile den gemeinsamen Kindern unterhaltspflichtig sind, wobei express auf das Gleichheitsgebot vor dem Gesetz nach Art. 19 Abs. 3 der Verfassung Bezug genommen wurde.[889] In diesem Verfahren beeindruckt auch das Tempo der drei Instanzen, das zu Entscheidungen in erster Instanz am 17. August 2009, in zweiter am 6. Oktober 2009, in dritter und letzter am 7. Dezember 2009 führte. Im Fall Venegas ./. Navarro wurde der Anspruch auf wirtschaftliche Kompensation der Ehefrau abgewiesen. Hier wurde gut nachvollziehbar klar gestellt, dass man diesen Anspruch nicht automatisch hat, nur weil ein gemeinsames Kind betreut wird, sondern nur dann, wenn man auch wirklich einen Schaden – oder wie es im deutschen Recht heißt – einen ehebedingten Nachteil erleidet. Diese Entscheidung könnte als emanzipatorisch gewertet werden, da sie darauf hinweist, dass es nicht nur gleiche Rechte, sondern auch gleiche Pflichten für beide Geschlechter gibt und es nicht die ausschließliche Aufgabe des männlichen Geschlechts ist, Zahlungen zu erbringen.

An den Fällen zum Thema innerfamiliäre Gewalt sieht man, dass nicht nur physische sondern ausdrücklich auch psychische Gewalt geahndet wird, was nach dem deutschen Gewaltschutz-Gesetz rein theoretisch ebenfalls möglich wäre, da sich dieses gegen Personen richtet, die den Körper, die Gesundheit oder die Freiheit einer anderen Person widerrechtlich verletzt haben und man daher psychische Gewalt als Gesundheitsgefährdung betrachten könnte.[890] In der Praxis dürfte dies aber

---

889 Oberster Gerichtshof (Corte Suprema), Urteil vom 7.12.2009, Az.: 8015-2009, Ziff. 1
890 GewSchG § 1, Palandt, München, 2012, S. 3002

eher die Ausnahme sein, zumal der Gesetzestext die seelische Unversehrtheit nicht in gleicher Weise wie der chilenische erwähnt.[891] Fälle wie der von Cabrera Opazo ./. Neira Oportus haben durch die prozessbegleitenden Maßnahmen von Frauenorganisationen wie Korporation Humanas, Regionales Zentrum für Menschenrechte und Gender-Gerechtigkeit (Corporación Humanas, Centro Regional de Derechos Humanos y Justicia de Género) das Thema innerfamiliäre Gewalt in die Medien gebracht und Bewusstsein im Land geweckt. Eine von Humanas im Auftrag von SERNAM erstellte Studie hat ergeben, dass mehr als die Hälfte aller chilenischen Frauen zwischen 16 und 55 Jahren, die verheiratet sind oder mit einem Mann zusammenleben oder gelebt haben, Gewalt erlebt haben. Als besondere Risikofaktoren wurden dabei ein niederes sozioökonomisches und Erziehungsniveau, das Fehlen familiärer Unterstützung, eine größere Anzahl von Kindern und Gewalterfahrung in der eigenen Kindheit ausgemacht. Von der Korporation Humanas wurde auch ermittelt, dass in Chile fast jede Woche eine Frau durch einen Mann stirbt, mit dem sie in einer Beziehung steht. Allein diese Zahl zeigt die große Bedeutung innerfamiliärer Gewalt im Land.

Die Sendung von Radio Universidad de Chile vom 4. Januar 2006 zum Thema: "Mord und Gewalt an Frauen: Ich habe sie umgebracht, weil sie mir gehörte", unterstreicht die Brisanz der Lage. Schon der Titel dieser Sendung bringt zum Ausdruck, welche Rolle der Machismo in diesem Zusammenhang spielt, der zur Anmaßung eines Eigentumsrechts an einem anderen Menschen führt, das so weit gehen kann, dass man sich das Recht nimmt, ihn zu töten. Die Einführung des 25. November als nationalem Tag für die Beseitigung der Gewalt gegen Frauen durch die chilenische Regierung im Jahr 2005 ist in diesem Zusammenhang sicher eine schöne Geste. Es ist zu hoffen, dass dieser Tag auch zum Nachdenken und einer positiven Wirkung bei denen führt, die es angeht. Bei den Entscheidungen zum Thema Vergewaltigung in der Ehe oder in einer nichtehelichen Lebensgemeinschaft ist positiv zu vermerken, dass diese Fälle zu Verurteilungen der Täter führten, obwohl die herrschende Meinung die Ansicht vertritt, dass es einen solchen Straftatbestand nicht gebe. Allerdings waren große Unterschiede im Strafmaß, das die verschiedenen Gerichte verhängt haben, zu verzeichnen. Es wird nicht verkannt, dass kein Fall wie der andere ist. Dennoch fällt auf, dass das Gericht in Villarrica unter dem Vorsitz einer Richterin und zwei Beisitzerinnen zu fünf Jahren ohne Bewährung verurteilte, in Copiapó unter dem Vorsitz eines Richters zu drei Jahren ausgesetzt zur Bewährung. Es scheint so, dass die weiblichen Richter näher am Thema sind, als die männlichen und offensiver damit umgehen – was auch nicht wirklich erstaunt.

---

891 Anmerkung d. Verf., die in unzähligen Gewaltschutzverfahren nicht ein einziges Mal ein Verfahren wegen psychischer Gewalt erlebt hat.

Im Rahmen einer Gesamtschau auf die Gerichtsentscheidungen kann man davon ausgehen, dass die Rechtsprechung mit wenigen Ausnahmen zu einer positiven Entwicklung der Entdiskriminierung beigetragen hat und das reformierte Familienrecht so anwendet, wie es der Gesetzgeber nach Pinochet auf den Weg gebracht hat. Etwas mehr Mut zur Kritik an völlig überalteten Rechtsvorschriften wäre in dem einen oder anderen Fall wünschenswert.

Kapitel 7: Die Mapuchen in Chile

I. Zusammenprall zweier Kulturen

Chile kann man nur verstehen, wenn man sich auch mit der Kultur und den Bräuchen der Ureinwohner befasst. 75 % der Chilenen sind Mestizen, d.h. eine Mischung zwischen weiß und rot. Die Durchmischung der Ethnien führte zwangsläufig zu einer Durchmischung der Kulturen. Die Araukaner, die später Mapuchen genannt wurden,[892] kamen etwa im Jahr 1350 in das Territorium, das später die spanischen Eroberer beanspruchten und das im 19. Jahrhundert zur Republik Chile wurde.[893] Sie lebten weit verstreut in autonomen Verbänden und ihre höchste Organisation war ihr Stamm (tribu).[894] Eine Rechtsordnung in westlichem Sinn entstand bei den Mapuchen erst unter der spanischen Krone.[895] Diese begründete das Recht für Spanisch-Amerika (Derecho de las Indias).[896] Bei der Abfassung dieses Rechts waren die von Jesuiten, Franziskanern und Kapuzinern geführten Missionen von großer Bedeutung.[897] Die Eroberung Amerikas wurde in Spanien als Fortsetzung des Kreuzzuges für die nationale Rückeroberung (Reconquista) und Einigung des Landes gesehen, die 1492 mit der Vertreibung der Mauren endete. Nur die Muslime, die sich den Christen unterwarfen, konnten in Spanien bleiben, in separaten Stadtvierteln wohnen und hatten Steuern zu zahlen. Diejenigen, die Widerstand leisteten, wurden versklavt und verkauft. Aus dem Erlös wurde das Militär

---

892 Lobos, Los Mapuches, Buenos Aires, 2008, S. 7
893 Díaz del Río, Los Araucanos y el Derecho, Santiago de Chile, 2006 S. 9
   Der Ursprung der Mapuchen wird von Bengoa, José in „Historia del Pueblo Mapuche" als relativ ungewiss bezeichnet. Er verweist auf verschiedene Hypothesen. So auf die von Ricardo Latcham (El Origen de los Araucanos) wonach sie von der Ostseite der Cordillere, d.h. aus der argentinischen Pampa gekommen sein sollen. Sie sollen dann auf Grund sukzessiver Migrationen in Chile eingesickert sein und die dort lebenden primitiven Einwohner Chiles dominiert und ihnen ihre Bräuche, Sprache, Religion auferlegt haben. Später haben andere Autoren diese These gestützt, indem sie erklärten, die Araukaner seien aus dem amazonischen Urwald und dem Gran Chaco gekommen. Dieser Meinung ist auch der Historiker Francisco Antonio Encina. Anderer Ansicht ist Tomás Guevara, der umgekehrt behauptet, die argentinischen Araukaner seien aus Chile gekommen. Späterhin wurde die Migrationsthese von Latcham bestritten und statt dessen behauptet, dass das heutige Chile schon in lange zurückliegender Zeit von Menschen bewohnt gewesen sei, die Jäger und Sammler und überwiegend Nomaden waren. Über die Herkunft der Araukaner gibt es keine übereinstimmenden Theorien. Einvernehmen herrscht nur insoweit, als alle mit dem Thema befassten Historiker davon ausgehen, dass bei Ankunft der Spanier etwa eine Million Menschen in Chile lebten. (S. Bengoa, José obra citada, Santiago de Chile, 2000, S. 17-19)
894 Díaz del Río, Los Araucanos y el Derecho, Santiago de Chile, 2006, S. 9
895 Ibidem, S. 9
896 Ibidem, S. 9
897 Ibidem, S. 9

finanziert und Kriegsausgaben gedeckt.[898] Im gleichen Jahr unterzeichneten die katholischen Könige und Kolumbus die Kapitulationen und der damals regierende Papst Alexander VI. verpflichtete die Eroberer in der Bula Inter Caetera dazu, die neu entdeckten Gebiete zu evangelisieren.[899] Die Souveränität über die neuen Gebiete erlangten die katholischen Könige Isabella von Kastilien und Fernando von Aragón nach mittelalterlichem Recht durch den päpstlichen Schenkungsakt.[900] Vor und nach der Gründung der Republik Chile wurden von den Spaniern und später den jeweiligen chilenischen Regierungen für alle im Land lebenden Menschen verbindliche gesetzliche Regelungen getroffen, d.h. auch die Mapuchen sollten diese respektieren.

1. Westliche Kultur mit Anspruch auf Weltherrschaft gegenüber der Kultur der Ureinwohner mit dem Ziel der Erhaltung des Gleichgewichts der Natur

Bei der Eroberung Amerikas trafen zwei völlig unterschiedliche Kulturen aufeinander. Einerseits die sogenannte westliche Kultur, die von der Bibel herkommend davon ausging, dass der jüdisch-christliche Gott den Menschen am sechsten Tag erschaffen und ihm die Herrschaft über die Erde und die auf der Erde befindlichen Lebewesen, die ebenfalls Geschöpfe des gleichen Gottes waren, übertragen hat.[901] Auf diese Weise ist die Kultur des westlichen Menschen von Anfang an legitimiert, sich als Herr der Welt und der Natur zu fühlen.[902]

In der Kultur der Mapuchen ist dagegen der Mensch *ein* Element mehr in der gesamten Schöpfung. Der Gott, der sie schützt, Nguenechén, ist auch nur der Herr der Menschen aber nicht des Restes der Schöpfung. Deshalb muss der Mapuche auch die Schutzgeister der Tiere und Pflanzen um Erlaubnis bitten, wenn er Tiere oder Pflanzen als Nahrung für sich sucht. Auch wenn er einen Fluss überqueren will, muss er zuerst den Flussgeist anrufen. Die Religiosität der Mapuchen ist vor allem auf die Erhaltung des Gleichgewichtes in der Natur gerichtet und auf das geordnete Zusammenleben aller Kräfte. Der Mensch ist verantwortlich dafür, dass dies erhalten wird.[903]

---

898 Díaz del Río, Los Araucanos y el Derecho, Santiago de Chile, 2006, S. 14
899 Bula Inter Caetera vom 3.5.1493; http://www.mgar.net/docs/caetera.htm, zuletzt aufgerufen am 31.8.2011
900 Díaz del Río, Los Araucanos y el Derecho, Santiago de Chile, 2006, S. 21
901 Lobos, Los Mapuches, Buenos Aires, 2008, S. 12
902 Ibidem S. 12
903 Díaz del Río, Los Araucanos y el Derecho, Santiago de Chile, 2006, S. 12

2. Familie als einzig dauerhafte Institution in einer akephalen Gesellschaft

Das Zentrum dieser Gesellschaft und die einzig dauerhafte Institution war die Familie. Diese war sehr zahlreich und ausgedehnt; alle männlichen Abkommen des Vaters und Chefs der Familie lebten zusammen. Chronisten sprechen von gigantischen „rucas", wie die Häuser der Mapuchen genannt werden, in denen gelegentlich mehr als hundert Personen lebten. Da es keine bedeutenden sozialen Unterschiede gab, waren Regierungsformen neben den überwiegend aus Familienmitgliedern bestehenden Produktions- und Reproduktionseinheiten nicht erforderlich.[904] Es bestand ein System der Konfliktregelung und verschiedene Systeme von Allianzen. Konflikte wurden von den großen weisen meist alten Männern geregelt, die man toquis – später caciques oder lonkos - nannte. Im täglichen Leben hatten diese allerdings nicht mehr Macht als andere.[905] Außer den Systemen der Konfliktregelung und der Allianzen, die man in Kriegen aber auch in Friedenszeiten zur Durchführung schwerer Arbeiten einging, gab es keine permanente soziale und politische Organisation. Außerdem gab es dauerhafte Verbindungen, die durch die Verwandtschaft, bzw. den Austausch von Frauen geprägt waren. Das Konzept des Privateigentums war dem Nomadenvolk fremd.[906]

Die Mapuchen hatten Ressourcen im Überfluss zur Verfügung und ihr Verhältnis zur Natur und die natürliche und biologische Ordnung, die im Inneren der Großfamilie herrschte, machte die Existenz von Herrschern, Fürstentümern und Königreichen überflüssig.[907] Mit dieser Beschreibung der Verhältnisse bei den Mapuchen durch den für diesen Forschungsbereich bedeutendsten chilenischen Wissenschaftler, José Bengoa, ist die Gesellschaft der Mapuchen in die akephalen Gruppen einzuordnen. Solche Gesellschaften haben keine zentralisierte Herrschaft oder politische Autorität, Administration und Gerichtsbarkeit. Akephale Gesellschaften kennen keine Trennung von Rang, Status oder Wohlstand. Es handelt sich um Lokalgruppen unilinearer Deszendenz oder der Fiktion einer solchen gemeinsamen Abstammung.[908] Solche Stammesgesellschaften werden als egalitär bezeichnet, da sie keine ständigen spezialisierten politischen und Verwaltungsinstanzen haben.[909]

---

904 Bengoa, Historia del Pueblo Mapuche, Siglos XIX y XX, Santiago de Chile, 2000, S. 30
905 Ibidem, S. 30
906 Ibidem, S. 30
907 Ibidem, S. 30
908 Zwernemann, Hierarchie in akephalen Gesellschaften Westafrikas, in Heller, Hartmut (Hrsg.) Hierarchie, Wien, 2005, S. 1
909 Bundeszentrale f. politische Bildung, Afrika, http.//www.bpb.de/themen/17KiXT, 2,0,Vorkoloniale-politische_O..., S. 3, zuletzt aufgerufen am 15.8.2011

II. Eroberung Amerikas für Gott und König gegen die Ungläubigen

Wenn man die Eroberung Amerikas als verlängerten Kreuzzug der Reconquista in Spanien begreift, versteht man, dass den Ureinwohnern Amerikas die gleiche Behandlung zuteil wurde wie den Mauren auf der iberischen Halbinsel.[910] So kämpften die Konquistadoren in gleicher Weise wie in der spanischen Reconquista für Gott und den König gegen die Ungläubigen. Aus diesem Grund durften auch nur sogenannte alte Christen (cristianos viejos) in die Neue Welt. Diese definierten sich als „sauber und frei von schlechter ethnischer Herkunft wie Juden, Mauren oder Indios."[911]

1. Legitimation der gewaltsamen Unterwerfung „rückständiger" Völker

Damals war die offizielle Meinung: Die zivilisierten Nationen haben das Recht, mit Gewalt die rückständigen Völker zu unterwerfen, was den Krieg gegen „las Indias" vollkommen legitim machte. So erklärte der Kaplan des Königs Karl V., Juan Ginés de Sepúlveda, dass ein heiliger Krieg dem Naturrecht entspricht, d.h. er entspricht dem ewigen, von Gott gegebenen Recht. Der Indio muss nach dieser Doktrin auch mit Gewalt und gegen seinen Willen vor der schrecklichen Barbarei gerettet werden.[912] 1501 trat das Pontifikat sein Recht auf den Zehnten in Amerika an die spanische Krone ab, um deren Kosten für die Evangelisierung der Eingeborenen und der Kirche in den Kolonien abzudecken. Bis dahin führte die Bevölkerung den zehnten Teil der landwirtschaftlichen Produktion an die Kirche ab.[913]

2. Wenig Begeisterung der Indios für den neuen Glauben

Die Ureinwohner Chiles konnten sich für die neuen Lehren der spanischen Eroberer nicht begeistern. Die Nähe zwischen Kirche und Staat hatte schon in Spanien die Grenzen zwischen beiden verwischt.[914] In den beiden ersten Jahrhunderten der Besetzung Chiles führten die Spanier Krieg gegen die Mapuchen. Danach kam es zu einer Phase relativer Ruhe, sodann wurden die kriegerischen Auseinandersetzungen wieder verstärkt aufgenommen. Nach drei Jahrhunderten immer neuer An-

---

910 Ibidem S. 14
911 Ibidem, S. 15
912 Díaz del Río, Los Araucanos y el Derecho, Santiago de Chile, 2006, S. 18
913 Ibidem S. 22
914 Colonia: Religión, educación y cultura
http://www.profesorenlinea.cl/chilehistoria/ColonialRelEduCultura.htm, zuletzt aufgerufen am 16.8.2011

griffe auf die Mapuchen, kam es um 1879 in der sogenannten Eroberung der Wüste (conquista del desierto) zur endgültigen Unterwerfung der Indios.[915] Bengoa bezeichnet die militärischen Handlungen ab Sommer 1869 als Ausrottungskrieg gegen die Mapuchen.[916] Da die Kirche als Institution eine enorme Bedeutung in den Kolonialgebieten hatte, war sie direkt oder indirekt an der Macht, die in den eroberten Gebieten ausgeübt wurde, beteiligt.[917] Die Kirche war an das Papsttum und die Monarchie gebunden und die katholischen Könige Fernando von Aragón und Isabel von Kastilien beschützten und unterstützten die Kirche, deren vorrangige Aufgabe die Bekehrung der Indios war. Die Christianisierung lag von Beginn der Eroberung an in Händen der Mönche. Diese begleiteten die Soldaten, sodass die Ureinwohner sie kaum von diesen unterscheiden konnten.[918] Die Lage wurde nicht dadurch einfacher, dass auch die Soldaten behaupteten, Apostel des Christentums zu sein. Es erleichterte auch nicht die Arbeit der Missionare, die über die Nächstenliebe predigten inmitten des Pulverdampfs und der Schwerter. Wie sollten die Indios die Güte des christlichen Gottes verstehen, wenn sie von den Beauftragten der spanischen Könige versklavt wurden.[919] Wie sollten sich die Eingeborenen mit dem Priester identifizieren, der ihnen das Christentum nahe brachte, wenn gleichzeitig christliche Soldaten ihnen ihr Hab und Gut und ihre Freiheit nahmen.[920]

Die Sicht der Eroberer auf die Eingeborenen lässt sich auch aus einem Artikel erkennen, der in der spanischen Zeitschrift für militärische Kultur von Cabrero Fernández über das Thema: „Tucapel, die erste spanische Schlacht in Chile: Lautaro und der Triumph der Araukaner" veröffentlicht wurde. Da wird ein Santiago de Tesillos zitiert wie folgt:

> „Diese Barbaren muss man monstruös regieren. Sie erkennen keine Oberen an. Sie haben keinen Richter, der Vergehen bestrafen würde, noch gibt es eine andere Unterordnung als ihren Appetit und keine Macht, der ihr individueller Charakter gehorchen würde."[921]

---

915 Bengoa, Historia del pueblo mapuche, Siglos XIX y XX, Santiago de Chile, 2008, S. 43; Lobos, Omar, Los Mapuches, Buenos Aires, 2008, S. 9, Faron, Louis C., Los Mapuches. Su Estructura Social, Mexiko, 1969, Vorwort S. IX
916 Bengoa, Historia del pueblo mapuche, Siglos XIX y XX, Santiago de Chile, 2008, S. 205
917 Colonia: Religión, educación y cultura, http://www.profesorenlinea.cl/chilehistoria/ColonialRelEduCultura.htm, zuletzt aufgerufen am 16.8.2011
918 Ibidem
919 Ibidem
920 Colonia: Religión, educación y cultura http://www.profesorenlinea.cl/chilehistoria/ColonialRelEduCultura.htm, zuletzt aufgerufen am 16.8.2011
921 Cabrero Fernández, Tucapel, la primera batalla española en Chile: Lautaro y el triunfo araucano, Revista de Cultura Militar, No. 3, Madrid, 1991, S. 53-59, hier S. 54; Santiago de Tesillos, Epítome Chileno, Revista Chilena de Historia y Geografía, No. 3, Santiago de Chile, 1911, S. 24

III. Polygamie als Lebensform der Mapuchen

In der Tradition der Mapuchen existierte die Polygamie, d.h. ein Mann konnte mehr als eine Frau haben. Allerdings konnte sich das nicht jeder leisten, da es relativ teuer war, zu heiraten. Nur die betuchteren Männer hatten zwei oder mehr Frauen. Es heißt, dass der Mapuche Calfucurá mehr als dreißig Frauen gehabt habe.[922] Durch diese bei den Ureinwohnern geübte Praxis befanden sich diese in einem eklatanten Widerspruch zu den gesetzlichen Vorschriften in der Zeit der Eroberung wie auch nach Gründung der Republik Chile. Das Ehegesetz von 1884 hatte in Art. 102 die Ehe als feierlichen Vertrag beschrieben, durch den *ein* Mann und *eine* Frau sich endgültig und unlöslich für das ganze Leben vereinigten. Polygame Beziehungen waren demnach ungesetzlich.

1. Untergeordnete Stellung der Frau

Die Stellung der Frau entsprach bei weitem nicht der des Mannes. So kam es zu Vereinigungen auch nur auf Grund der einfachen Zuneigung des Mannes, ohne dass die Frau das Gefühl erwiderte.

> „Sie ist Ware, die man verkauft zum Preis einiger Tiere, Geld, Kleidungsstücke und als zusätzliches Bonbon zahlte man noch etwas an den Vater, den Bruder und den Onkel."[923]

So gingen die Frauen barfuß, während die Männer gute Stiefel trugen. Auch beim Essen gab es eine rigide Hierarchie. Zuerst aß der Ehemann, dann die älteren Söhne, dann die Ehefrau bzw. Mutter und danach die Töchter.[924] Das Hochzeitsfest fand im Haus des Vaters der Braut statt.[925] Nach der Heirat wurde die Frau in die Familie des Mannes integriert.[926] In einem polygamen Haushalt nahm der Mann häufig eine Schwester seiner Erstfrau als zweite Frau, weil man davon ausging, dass diese in größerer Harmonie leben würden als zwei sich völlig fremde Frauen.[927] In den meisten Fällen, in denen die Co-Frauen nicht Schwestern waren, hatte jede ein eigenes Haus, wo sie mit ihren Kindern lebte. Die Erstfrau wurde als sogenannte „ältere Frau" bezeichnet.

In diesem Zusammenhang erhält die Nachricht, dass jüngst im Territorium Fütawillimapu zwischen Concepción und Puerto Montt erstmals eine Frau zum lonko ernannt wurde, besonderes Gewicht. Es handelt sich um eine junge Mapuche mit

---

922 Lobos, Los Mapuches, Buenos Aires, 2008, S. 19/20
923 Robles Rodriguez, Costumbres y Creencias Araucanas, Santiago de Chile, 1942, S. 81
924 Ibidem, S. 82
925 Faron, Los Mapuches. Su Estructura Social, Mexiko, 1969, S. 176
926 Ibidem, S. 145
927 Ibidem, S. 179

dem Namen Juana Cuante, die als erste Frau in der Huilliche-Geschichte dieses Amt bekam, das üblicherweise vom Vater an den erstgeborenen Sohn vererbt wird.[928]

2. Geringerer Status der Zweitfrau und ihrer Kinder

Der Brautpreis für die Zweitfrau war geringer. Sie hatte einen geringeren Sozialstatus als die erste Frau – es sei denn, sie wurde geheiratet, wenn diese schon tot war. Die Kinder der zweiten Frau hatten nicht die gleichen Anrechte auf das Vermögen des Vaters wie die Kinder der ersten Frau.[929] Wenn es zur Trennung kam, war dies häufig die Folge von Misshandlung oder Verlassen werden. Eine dauerhafte Trennung entsprach einer „Scheidung". [930] Die Kinder eines geschiedenen Paares erhielten die Mitgliedschaft in der väterlichen Familie, allerdings gab es auch eine Tendenz, kleinere Kinder mit der Mutter zu deren Familie zurückgehen zu lassen.[931]

Díaz del Río beschreibt, dass der Cacique Anganamón drei Jesuitenpadres aus Ilicura (Purén), die als Missionare tätig waren, zu Märtyrern machte, weil er in seinem Stamm erklärte, dass sie gekommen wären, um eine Lehre zu verbreiten, die ihren Riten und denjenigen ihrer Vorfahren zuwider lief und dass sie schädliche Gesetze einführen wollten, wonach jeder Mann nur noch eine Frau haben sollte und man ihnen weitere vorhandene sogar wegnehmen würde.[932] Er erwähnt auch, dass es Kinds-Mord gab – aber nur an neugeborenen Mädchen und dass man den Feind enthauptete und ihn aufaß.[933]

Trotz der komplizierten Einstellung gegenüber dem christlichen Glauben, erfreuten sich katholische Trauungen zunehmender Beliebtheit. Dabei ging es um die Teilhabe an einer feierlichen Zeremonie, aber auch um die Legalisierung der Verbindung, die ins Kirchenregister eingetragen wurde, wodurch beispielsweise Erbfolgeangelegenheiten leichter geregelt wie auch weitere gesetzliche Vorschriften des Landes eingehalten werden konnten.[934]

Im Census von 1992 erklärten sich 72,8 % der Chilenen mit Ureinwohner-Status für katholisch, 14,4 % für evangelisch und dies nicht nur in Santiago de Chile und Umgebung, sondern auch im Süden, in der Araucanía, wo sich 69,2 % als katho-

---

928 Juana Cuante, la primera cacique huilliche del sur de Chile, La Tercera (chilenische Tageszeitung), Santiago de Chile, 24.3.2012
929 Faron, Los Mapuches. Su Estructura Social, Mexiko, 1969, S. 179
930 Ibidem, S. 180
931 Ibidem, S. 180
932 Díaz del Río, Los Araucanos y el Derecho, Santiago de Chile, 2006, S. 34
933 Ibidem S. 9
934 Faron, Los Mapuches. Su Estructura Social, Mexico, 1969, S. 170/171

lisch und 24,2 % als evangelisch bezeichneten.[935] So könnte man annehmen, dass die Missionierung der Ureinwohner Chiles bei Einsatz von Waffen doch noch Erfolg gehabt habe. Es fragt sich jedoch, ob der Pater Guardián de Sa Francisco nicht doch seherische Kraft bewiesen hat, als er folgenden Ausspruch tat:

> „Zu behaupten, dass man in Chile die Indianer ohne Waffen zum Konvertieren veranlassen kann ist Betrug, denn sie werden niemals wahre Christen werden."[936]

Daher erstaunt es nicht, wenn in einem Blog von Andromeda über die Kultur der Mapuchen folgendes zu lesen ist:

> „Fast 100 % der Mapuchen verlangen heutzutage die Sakramente, vor allem die Taufe in christlichen Kirchen. Das Christentum, das die Mapuchen leben, ist nicht in erster Linie auf den Glauben an Jesus Christus zentriert, sondern mehr auf die Tradition der Vorfahren. Sätze wie ‚wir waren immer katholisch – meine Eltern waren es und so muss auch ich es sein' sind oft zu hören. So wird davon ausgegangen, dass man an den Traditionen der Vorfahren festhält, was eben auch bedeutet, dass man nicht nur dem christlichen Glauben, sondern parallel dazu den alten religiösen Praktiken und Riten der Mapuchen folgt."[937]

Es werden demnach zwei religiöse Systeme gelebt. In gleicher Weise hat sich Ramón Curivil in Radio Mapuche geäußert, wo er einen Teil seiner Arbeit mit dem Titel: „Die kulturellen Veränderungen und die Prozesse der Re-ethnifizierung der Mapuchen in Städten" öffentlich machte. Hier hat er das folgende Zitat gebracht:

> „Zwei Religionen zu haben ist für uns wie zwei Frauen zu haben. Beide sind anspruchsvoll und wollen wichtig genommen werden – aber jede in ihrer eigenen ‚ruca'[938]. Man kann sie nicht vereinigen."[939]

Im Blog von Andromeda heißt es dazu:

> „Die Polygamie war eine Eheform in der alten Mapuche-Gesellschaft. Man hielt sie für ein Symbol von Reichtum und Macht. Heute ist dieser Brauch aus wirtschaftlichen Gründen und wegen des Einflusses des Christentums verschwunden."[940]

Dennoch kann man auch heute noch im Süden Chiles bei den Nachfahren der Mapuchen vereinzelt familiäre Strukturen aus früherer Zeit finden. Trotz eindeutigem Ehegesetz des chilenischen Staates gibt es noch Familien, in denen ein Mann mit zwei Frauen und den jeweiligen Kindern zusammenlebt. Diese Erkenntnis beruht

---

935 Saavedra Peláez, Los Mapuches en la Sociedad Chilena Actual, Santiago de Chile, 2002, S. 208
936 Díaz del Río, Los Araucanos y el Derecho, Santiago de Chile, 2006, S, 39
937 Curivil, Los Cambios Culturales y los Procesos de Re-etnificación de los Mapuches en Ciudades, S. 14, http://www.foro.elaleph.com/viewtopic.php?t=30912, zuletzt aufgerufen am 1.4.2009
938 Ruca nennt man die Hütten der Mapuchen.
939 Curivil, Los Cambios Culturales y los Procesos de Re-etnificación de los Mapuches en Ciudades, S. 8
940 Ibidem, S. 19

auf eigener Wahrnehmung. In Icalma, einem kleinen Grenzort zwischen Chile und Argentinien westlich von Temuco lebt ein Mann, der der Ethnie der Mapuchen angehört und schon fortgeschrittenen Alters ist, mit seinen zwei Frauen, die Schwestern sind, und den Kindern aus beiden Verbindungen.[941] Viele Frauen zu besitzen war nicht nur Ausdruck von Männlichkeit, sondern insbesondere ein Symbol von Macht, da die Frauen das wichtigste Tauschmittel waren. Sie wurden gegen Pferde, Metall oder Schnaps eingetauscht.[942] Nach Díaz del Río erhielten die Mapuche Frauen ihre Würde erst mit der Ankunft der Konquistadoren Mitte des XVI. Jahrhunderts.[943]

IV. Erstes Dekret zur Sesshaftmachung der Ureinwohner und eine Vielzahl gesetzlicher Vorschriften in der Folge

Die spanischen Konquistadoren nannten die Ureinwohner Chiles und Argentiniens zunächst Araucanos. Zu Mapuchen[944] wurden sie erst, als die Chilenen in dem ersten Dekret vom 1. Juli 1813 zum Thema Ureinwohner versuchten, die araukanischen Nomaden sesshaft zu machen, indem man ihnen Land gab und sie an einem festen Ort ansiedelte. In diesem Moment wurden sie zu Mapuchen, d.h. mapu = Land, che = Mensch, also Menschen, die das Land bearbeiten.[945] Allerdings oblag diese Arbeit ausschließlich den Frauen. Die Männer betrachteten die landwirtschaftliche Arbeit als unehrenhaft. Sie konnten sich nur mit Tätigkeiten wie der Jagd oder in kriegerischen Banden identifizieren.[946]

Schon vor der offiziellen Gründung des Staates Chile am 1. Januar 1818 in der Zeit des Unabhängigkeitsprozesses zwischen 1810 und 1818 befassten sich die Chilenen gesetzgeberisch mit den Ureinwohnern. Das erste oben erwähnte Gesetz von 1813 sollte dazu führen, dass die Ureinwohner in festen Siedlungen leben und die gleichen Bürgerrechte haben sollten wie die übrigen Chilenen.[947]

Paragraph IV. dieses Gesetzes lautet:

„Jeder Indio wird Land zu Eigentum erhalten wenn möglich bei seinem Haus ansonsten in der Umgebung der Siedlung. Darüber kann er absolut frei verfügen. Allerdings hat er den polizeilichen Anordnungen zu folgen."

---

941 Der Verf. ist die Familie persönlich bekannt.
942 Díaz del Río, Los Araucanos y el Derecho, Santiago de Chile, 2006, S. 11
943 Ibidem, S. 11
944 Mapuche heißt „Mensch des Landes" von mapu = tierra / Land und che = persona, gente = Person, Leute, s. Lobos, Los Mapuches, Buenos.Aires, 2008, S. 7
945 Díaz del Río, Los Araucanos y el Derecho, Santiago de Chile, 2006, S. 47
946 Ibidem S. 11
947 Gesetz vom 1.7.1813, § I

Nach 1813 gab es immer wieder Dekrete und Gesetze, die die Ureinwohner betrafen. Mylene Valenzuela Reyes und Sergio Oliva Fuentealba haben eine Zusammenfassung über alle gesetzlichen Regelungen zwischen 1813 und 2006 veröffentlicht. Das Buch hat 562 eng beschriebene Seiten, was zeigt, dass das Thema ausgiebig behandelt wurde.

1. Bevormundung der Ureinwohner per Gesetz

In der Amtszeit des Präsidenten Manuel Montt wurde 1852[948] ein Gesetz veröffentlicht, in dem angeblich die Grenzen der von den Mapuchen bewohnten Gebiete und die Ureinwohner geschützt werden sollten. Tatsächlich wurden diese Gebiete dem Präsidenten direkt unterstellt, damit die erforderlichen „speziellen" Regelungen leichter möglich wären.[949] Kurz danach wurde ein Dekret erlassen, das die Rechte der Mapuchen stark einschränkte.[950] Danach durften sie nur noch Land veräußern, wenn ein Funktionär des Staates eingeschaltet wurde, der das Geschäft begleitete und auch den Preis für den Boden festlegte. Art. 5 dieses Dekrets hat folgenden Wortlaut:

> „Landverkäufe in den Gebieten der Ureinwohner ohne Intervention des Intendenten oder des staatlichen Funktionärs sind nichtig."

Diese Sonderregelung bringt eine unglaubliche Diskriminierung und Bevormundung der Indios zum Ausdruck.[951] Im Übrigen galten die Bestimmungen des Zivilgesetzbuches von 1857 für alle in Chile lebenden Menschen. Familienrecht, Erbrecht etc. galt demnach für die Ureinwohner in gleicher Weise wie für die übrigen Chilenen.[952]

2. Zwangsweise Verwandlung der Ureinwohner in Siedler und Bauern und Zementierung der Armut

Per Gesetz wurden die Ureinwohner, die Jäger, Sammler und kriegerische Nomaden waren, im Jahr 1866 gezwungen, Siedler zu werden und sie wurden verurteilt, Bauern zu sein, die das Land bearbeiten sollten und damit zu „mapu che" im wahrsten Sinn des Wortes gemacht. Da man sie aber auf kleine Stücke Land redu-

---

948 Gesetz vom 2.7.1852
949 Art. 4 des Gesetzes vom 2.7.1852
950 Decreto No. 109 vom 14.3.1853
951 Valenzuela Reyes, Oliva Fuentealba, Recopilación de Legislación del Estado Chileno para los Pueblos Indígenas 1813-2006, Santiago de Chile, 2007, S. 23
952 Ibidem, S. 51

zierte, wurden sie gezwungen, beständig in größter Armut zu leben.[953] Nachdem man die Indios in 2.500 sogenannte Reduktionen (reducciones) gezwungen hatte, gingen drei Millionen Hektar Land in Staatseigentum über.[954] Auch in diesen Siedlungen verloren die Mapuchen häufig ihr Eigentum durch einfache von Chilenen ohne Ureinwohner-Status durchgeführte „Landnahme" vor der sie niemand schützte.[955] Unter Präsident Carlos Ibañez del Campo wurde 1927 ein Gesetz verabschiedet,[956] das die Rechte der Ureinwohner und der „Chilenen" anpassen und für die Rückgabe widerrechtlich genommenen Landes sorgen sollte.[957]

3. Rückgabe von 70.000 Hektar Land unter der Regierung Allende an die „Abkömmlinge der Ureinwohner" und Streit über die Definition dieses Begriffs

Im Wahlprogramm der Unidad Popular, die von 1970-1973 unter Präsident Allende Gossens regierte, gab es einen Punkt, der die Mapuchen betraf, der das Ziel hatte, die Integrität und die Erweiterung der Gemeinden der Ureinwohner zu fördern und deren demokratische Führung zu sichern, da sie von widerrechtlicher Besitznahme bedroht seien. Dem Volk der Mapuchen und den übrigen Ureinwohnern sollte ausreichend Land, technische Hilfe und die notwendige Finanzierung zur Verfügung gestellt werden.[958] Tatsächlich wurde in der Regierungszeit Allendes den Kommunen der Ureinwohner mindestens 70.000 Hektar Land zurückgegeben, während sie von früheren Regierungen nur 1.400 Hektar zurückerhalten hatten.[959]

In der Amtszeit des Präsidenten Allende wurde ein Gesetz über die Angelegenheiten der Indigenen verabschiedet.[960] Kritik gab es in Bezug auf die Kriterien, die der Definition „Abkömmlinge der Ureinwohner" zugrunde liegen. In Art. 1 des Gesetzes werden als solche diejenigen Personen angesehen, die sich gewöhnlich in ihrer eigenen Sprache ausdrücken. Dieses Einstufungskriterium wird teilweise für äußerst irrig gehalten.[961]

---

953 Gesetz vom 4.12.1866, das die Gründung von Siedlungen auf dem Territorium der Ureinwohner anordnet und auch Regelungen für die Veräußerung von Land enthält. S. auch Díaz del Río, Los Araucanos y el Derecho, Santiago de Chile, 2006, S. 52
954 Ibidem S. 55
955 Ibidem S. 65
956 Gesetz No. 4.169 vom 29. August 1927, das Spezialgerichte einführte, die für die Aufteilung der Siedlungen der Ureinwohner zuständig waren.
957 Ibidem S. 72
958 Ruiz Rodríguez, El pueblo mapuche y el gobierno de Salvador Allende y la Unidad Popular, Universidad Santiago de Chile, proyecto DICYT 03-0051 SM, Santiago de Chile, 2005, S. 1
959 Ibidem, S. 21
960 Gesetz No. 17.729 vom 26.9.1972, das Angelegenheiten der Indigenen regelt
961 Díaz del Río, Los Araucanos y el Derecho, Santiago de Chile, 2006, S. 74

4. Positive Diskriminierung durch Eingeborenen-Gesetz?

Nachdem es nach 1989 wieder eine demokratisch gewählte Regierung gab, kam es zu einem Eingeborenen-Gesetz (Ley Indígena), das den Schutz, die Förderung und Entwicklung der Ureinwohner anstrebt.[962] In § 2, Art. 2 wird definiert, wer als Abkömmling der Ureinwohner verstanden wird. U.a. wird dort als Kriterium zur Einstufung als Nachfahre der Ureinwohner als Minimalvoraussetzung ein entsprechender Nachname genannt.[963] Über diesen Punkt kam es zu Ressentiments bei den kleinen und mittleren Bauern, die sich diskriminiert fühlten, weil sie zwar genauso arm wie die Nachfahren der Mapuchen sind, aber nur einen typisch chilenischen Nachnamen haben.[964]

Díaz del Río spricht in diesem Zusammenhang von einer positiven Diskriminierung, weil der chilenische Bauer mit Ureinwohner-Hintergrund ausgewählt wird, eine Wohltat zu erlangen, nicht weil er arm ist, sondern weil etwas mehr oder weniger indianisches Blut in seinen Adern fließt.[965] In diesem Zusammenhang stellt er die Frage nach der in der geltenden Verfassung sanktionierten Gleichheit aller vor dem Gesetz. Die Diskriminierung wird nach Díaz del Río vom Gesetzgeber dadurch gerechtfertigt, dass die diskriminierende Behandlung in der Vergangenheit zu der gegenwärtigen Armut geführt hat, als historische Reparation und Rückkehr zur Einordnung als „guter Wilder".[966] In der Gegenwart stellt sich die Frage, *wer* heutzutage den Mapuchen zugeordnet werden kann. In der Volksbefragung von 1992 wurden diejenigen als Mapuchen eingestuft, die sich der Kultur zugehörig fühlten. Der Census von 2002 definierte diejenigen als Mapuchen, die einfach erklärten, dem „eingeborenen Volk der Mapuchen" anzugehören.[967]

Nach dem Eingeborenen-Gesetz (Ley Indígena) von 1993[968] haben diejenigen Chilenen den Status eines Ureinwohners, die in Kommunen der Mapuchen leben oder geboren wurden sowie deren Kinder und Enkel. Dabei reicht es aus, wenn ein Elternteil Mapuche war. Auch adoptierte Kinder aus einer solchen Verbindung erhalten diesen Status.[969] Diejenigen Chilenen, die nicht in Kommunen der Mapuchen leben oder einen Mapuche-Nachnamen haben, werden ebenfalls anerkannt wie auch diejenigen, die über keinen entsprechenden Nachnamen verfügen, aber

---

962 Gesetz No. 19.252 vom 5.10.1993
963 Gesetz No. 19.252 vom 5.10.1993, § 2, Art. 2 b
964 Díaz del Río, Los Araucanos y el Derecho, Santiago de Chile, 2006, S. 77
965 Ibidem, S. 78
   Nach Angaben des Auswärtigen Amtes in Berlin sind 75 % der Chilenen Mestizen. S. http://www.auswaertiges-amt.de/diplo/de.../Chile.htlm, zuletzt aufgerufen am 28.8.2011
966 Ibidem S. 78
967 Saavedra Peláez, Los Mapuche en la Sociedad Actual, Universidad Austral, Santiago de Chile, 2002 , S. 18
968 Gesetz No. 19.253 vom 5.10.1993, Art. 2 und 12
969 Gesetz No. 19.252 vom 5.10.1993, Art. 2 a

über drei Generationen eine Mapuche Herkunft nachweisen können. Ebenso wird das Gesetz angewandt auf Chilenen, die die Kultur eines Ureinwohner-Volkes in Lebensnormen, Bräuchen und Religion leben oder zumindest einer der Ehegatten. Nach Art. 3 des Gesetzes kann man ein Zertifikat über den Eingeborenen-Status bei der Nationalen Korporation für die Entwicklung der Eingeborenen (Corporación Nacional de Desarrollo Indígena) anfordern. Wird es verweigert, kann man sich an ein Gericht wenden. Allein aus dem Gesetzestext ist erkennbar, dass die gegenwärtige Zugehörigkeit zu einer eingeborenen Ethnie nicht ganz einfach zu definieren und eine Eingrenzung schwierig ist.

Alejandro Saavedra vertritt die Meinung, dass die gegenwärtige Reproduktion der Kultur der Mapuchen keine gewachsene und gelebte ist, sondern im Kampf für mehr Rechte eingesetzt wird und deshalb die alten religiösen Riten, die Eingeborenen-Sprache (mapodungún), die traditionellen medizinischen Praktiken und sonstigen Gebräuche wiederaufleben, um das irrtümliche Bild von der Existenz einer lebendigen Kultur zu vermitteln.[970] Saavedra geht davon aus, dass eine Kultur der Mapuchen heute nicht mehr existiert, außer der theoretischen Rekonstruktion aus der Vergangenheit.[971] Danach endete die Mapuche-Kultur Ende des 19. Jahrhunderts, als die eingeborene Bevölkerung zwangsweise in die chilenische Gesellschaft integriert wurde.[972] Der Zwang zur Ansiedlung in speziell vorgesehenen Gebieten habe die Verwandlung der Gesellschaft der Mapuchen in eine Gesellschaft armer Bauern bewirkt.[973] Da es aber auch viele arme chilenische Bauern ohne Mapuche-Hintergrund gibt, vertritt Saavedra die Ansicht, dass man nicht in die Falle eines „Ethnonationalismus" laufen, sondern sich mit anderen sozialen Organisationen und Bewegungen verbünden sollte, um politische und institutionelle Bedingungen schaffen zu können, die eine autonome Teilhabe der eingeborenen Völker an einer neuen chilenischen Gesellschaft gewährleisten. Ohne Diskriminierung bei vollem Respekt vor ethnischer und kultureller Diversität sollten – nach Saavedra – gemeinsam die demokratischen Prozesse und die Errichtung eines neuen Chile unterstützt werden.[974]

---

970 Saavedra Peláez, Los Mapuches en la Sociedad Chilena Actual, Santiago de Chile, 2002, S. 22.
971 Ibidem S. 208
972 Ibidem S. 210
973 Bengoa, Historia del Pueblo Mapuche Siglos XIXy XX, Santiago de Chile, 2000, S. 362
974 Saavedra Peláez, Los Mapuches en la Sociedad Chilena Actual, Santiago de Chile, 2002, S. 267 und 277

IV. Ergebnis

Trotz der oben erwähnten distanzierten Haltung Saavedras hinsichtlich der Ernsthaftigkeit der Bemühungen der Mapuchen, eine eigene Identität zu bewahren oder zurückzuerobern ist im Straßenbild Santiago de Chiles nicht zu übersehen, dass die Mapuchen entschlossen sind, ihre Interessen zu vertreten und der Öffentlichkeit zu Gehör zu bringen. So finden in der Fußgängerzone der chilenischen Hauptstadt regelmäßig kleine Demonstrationen der Mapuchen statt, die in ihren Trachten und mit ihrem Schmuck auftreten und auf ihre Probleme aufmerksam machen. Es scheint, dass der jahrhundertelange Krieg der Eroberer gegen die Ureinwohner den Fortbestand präkolumbianischer Traditionen nicht vollkommen beseitigen konnte. Die Nachkommen der Mapuchen pochen in Chile auf eine Re-ethnifizierung. Sie halten an ihrer alten Religion neben der neuen, christlichen fest oder besinnen sich wieder auf ihre alten religiösen Rituale und traditionellen medizinischen Praktiken.

Wenn Ramón Curivil in Radio Mapuche sagt, dass zwei Religionen zu haben für die Mapuchen so ist wie zwei Frauen zu besitzen, dann zeigt dies eine Durchsetzungsschwäche des christlich geprägten Familienrechts, an dessen Stelle soziale Bräuche und soziale Regeln der Ursprungskultur traten. Die Abkömmlinge der Ureinwohner erinnern sich an ihre Wurzeln und lassen sich in einem mittlerweile wieder demokratischen Regierungssystem auch nicht mehr so einfach übergehen. Dies zeigt u.a. die Gegenwehr der Mapuchen gegen den Ralco Damm, einem von vielen geplanten Dämmen entlang des Flusses BíoBío in Südchile, wo sie sich von Marcos A. Orellana, dem Senior Anwalt des Zentrums für Internationales Umweltrecht (Center for International Environmental Law) vor der Interamerikanischen Kommission für Menschenrechte (Inter-American Human Rights Commission) vertreten ließen.[975]

Die polygame Lebensweise der Mapuchen und der Lebensstil der Konquistadoren hatten im Umgang mit den Rechtsregeln Chiles Ähnlichkeiten. Das Ergebnis war eine Vielzahl nichtehelicher Kinder, die es in der chilenischen Gesellschaft nicht leicht hatten, weil sie illegitime Bastarde waren. Der chilenische Staat hat die Ehe zwischen *einem* Mann und *einer* Frau im Ehegesetz von 1884, Art. 102 verankert. Nichteheliche Kinder waren bis vor wenigen Jahren stark benachteiligt. Die Illegitimität ist in Chile seit Beginn der Eroberung ein Thema, da die Konquistadoren über Jahrhunderte dem Kriegshandwerk nachgingen, in den Kämpfen gegen die eingeborene Bevölkerung häufig den Standort wechselten und ihre jeweiligen Lebensgefährtinnen allein mit den gemeinsamen Kindern zurückließen.[976]

---

975 Orellana, Marcos A., Indigenous Peoples, Energy, and Environmental Justice: The Pangue/Ralco Hydroelectric Project in Chile's Alto BíoBío, http.//www.ciel.org/.../Ralco_Brief_22Jul04pdf, zuletzt aufgerufen am 29.4.2012
976 Insoweit wird auf die Ausführungen in Kapitel 5: „Historische und rechtliche Entwicklung der Situation der Kinder in Chile" verwiesen.

E i n Ergebnis der Durchmischung der Kulturen der spanischen Eroberer und der Ureinwohner Chiles könnte man darin sehen, dass die Chilenen der Familie praktisch und symbolisch einen zentralen Ort in ihrem Leben einräumen und es nach Valdés und Valdés große Probleme bei den Individualisierungsprozessen gibt.[977] Die Mehrzahl der Chilenen identifiziert sich über ihre Familie, obwohl 60 % glauben, dass die Familie in der Krise sei.[978] Bei den Ureinwohnern Chiles war die einzig dauerhafte Institution die Familie. Es gab keine permanente gesellschaftliche oder soziale Organisation und kein System spezieller Machtstrukturen oder Führungspersönlichkeiten außerhalb der Familie, die große Territorien beherrschte und in großen Gruppen lebte.[979] Die zentrale Bedeutung, die Familie bei den Ureinwohnern hatte und die sie für alle Chilenen auch heute hat, hat zumindest *eine* Wurzel in den familiären Strukturen der Indios.

Die offiziellen demografischen Statistiken des Landes Chile unterscheiden nicht zwischen Mestizen und Europäern. Hier wird nur erwähnt, dass 95% aller Chilenen europäischer Herkunft oder Mestizen sind.[980] Das Auswärtige Amt in Berlin unterteilt die Bevölkerung Chiles auch nach Mestizen und nach rein europäischer Herkunft. Danach gibt es heute 75 % Mestizen, 20 % mit ausschließlich europäischen Wurzeln, 3 % Indianer, 2 % Sonstige.[981] Die große Mehrheit der Chilenen ist demnach eine Mischung zwischen weiß und rot, wobei in der Regel indianische Frauen Kinder von weißen Männern bekamen, die man Huachos nannte. Diese Bastarde waren in der Regel stolz auf ihren Vater, der einer höheren sozialen Schicht angehörte.[982] Nach Sonia Montecino Aguirre ist der Huacho der Protagonist der chilenischen Geschichte, der die Ursprünge des Landes beschwört.[983] Wenn jedoch einmal eine weiße Frau von einem Indio ein Kind bekam, wurden die Spuren seiner Herkunft möglichst ausgelöscht. Diese Kinder waren weitaus mehr marginalisiert als das Kind einer Indianerin von einem weißen Mann.[984] Man könnte insoweit von einer doppelten Diskriminierung sprechen.

Die Abkömmlinge indianischer Frauen und weißer Männer lebten bei ihren meist alleinerziehenden Müttern und damit in deren Kultur. Vom überwiegend abwesenden Vater hatte man die Vorstellung, er sei im Leben seiner Nachkommen nur ein Unfall oder gehöre zu einer Kette von Zwischenfällen.[985] Die Familie der

---

977 Valdés S. und Valdés E., Familia y Vida Privada, Santiago de Chile, 2005, S. 168
978 Ibidem, S. 168
979 Bengoa, Historia del pueblo mapuche, Santiago de Chile, 2000, S. 30
980 Chile en Cifras, http://www.embachile.co.cr/chileencifras.html.zuletzt, aufgerufen am 29.8.2011
981 Auswärtiges Amt Berlin, www.auswäertiges-amt.de/diplo/de.../Chile.html, zuletzt aufgerufen am 28.8.2011
982 Montecino Aguirre, Madres y Huachos, Santiago de Chile, 2007, S. 126
983 Montecino Aguirre, Madres y Huachos, Santiago de Chile, 2007, S. 126
984 Ibidem, S. 126
985 Ibidem, S. 57

Kolonialzeit in Chile war polygam.[986] Damals wurde diese Gegebenheit einerseits der Disproportionalität der Geschlechter zugeschrieben, andererseits der Tatsache, dass die indigenen Frauen aus einer Gesellschaft kamen, in der die Polygamie Brauch war.[987] Hinzu kam auch der Wunsch, durch die Verbindung mit einem Konquistador in eine höhere Schicht der Gesellschaft zu kommen.[988] Wenn dieser Mann schon eine Familie hatte, nahm er oft die Konkubine in das gleiche Haus auf, wo er mit ihr in wilder Ehe lebte (barranganía).[989] Diese Art zu leben gibt nach Montecino Aguirre Zeugnis von einer ganz speziellen Gestaltung der Beziehungen zwischen den Geschlechtern, die die Entwicklung des Horizonts des Mestizen in der Weise beförderte, dass er einerseits die nachdenklichen europäischen Kategorien der Gesellschaft benutzte, andererseits eine neue Ordnung der Dinge und der Beziehungen lebte und praktizierte.[990] Die „barranganía" wird als Symbol der Spannung und ihrer Auflösung gesehen, die zeigt, dass man ein weißes Gesicht annehmen konnte, d.h. eine Familie nach den gesetzlichen Vorschriften gründen und gleichzeitig ein nicht weißes, d.h. die Polygamie, das Leben in wilder Ehe, die ledige Mutter, das nichteheliche Kind (huacho).[991]

Im Jahr 2003 waren 54 % aller chilenischen Kinder nichtehelich, im Jahr 2011 65 %[992], was eine kontinuierliche Entwicklung zeigt. Von wilder Ehe spricht man heute nicht mehr, stattdessen von faktischen Familien, für die es noch keine gesetzliche Regelung gibt. Die im Jahr 1998 erfolgte rechtliche Gleichstellung der nichtehelichen und der ehelichen Kinder war ein Schritt nach vorn. Gleichzeitig erfolgte damit eine Anpassung an internationale Standards und von Chile unterzeichnete internationale Verträge. Im Zuge der seit dem chilenischen Herbst bzw. Winter 2011 stattfindenden Studentenproteste, die freien und kostenlosen Zugang zu guten Schulen und Universitäten fordert, hat sich der Intendente[993] der Region BíoBío, Victor Lobos, zu Wort gemeldet. Er machte seine Überzeugung öffentlich, wonach die Tatsache, dass bereits 65 % aller Kinder in Chile nichtehelich geboren seien, soziale Unruhen mit sich bringen müsse und die Gefahr der Anarchie be-

---

986 Encina, Historia de Chile, Santiago de Chile, 1983, Bd. 3, S. 175
987 Ibidem, S. 175
988 Ibidem, S. 175
989 Montecino Aguirre, Madres y Huachos, Santiago de Chile, 2007, S. 51
990 Montecino Aguirre, Madres y Huachos, Santiago de Chile, 2007, S. 52
991 Ibidem, S. 52; s. auch Kapitel 5: „Historische und rechtliche Entwicklung der Situation der Kinder in Chile."
992 Elektronische Zeitung der Universität Chile (Diario Electrónico de la Universidad de Chile) vom 25.8.2011, Intendente del Biobío asegura que protestas se deben a „hijos nacidos fuera del matrimonio", http://radio.uchile.cl/noticias/120134/, zuletzt aufgerufen am 1.9.2011
993 Chile ist verwaltungstechnisch in 13 Regionen gliedert. In jeder Region ernennt der jeweilige Staatspräsident einen Intendenten, der in seiner Eigenschaft als Repräsentant des Präsidenten der Republik Chile die jeweilige Region als Chef der Regionalregierung führt. S. República de Chile-Estructura política general, S. 2; http://www.oas.org/juridico/MLA7sp/chl/sp_chl-int-des-ord.html, zuletzt aufgerufen am 1.9.2011

stünde.[994] Die studentische Auflehnung sei allein den vielen nichtehelich geborenen Schülern und Studenten geschuldet und Chile sei heute ein Land ohne Familie.[995] Auf diese Äußerung des Intendenten Lobos gab es empörte Stellungnahmen im Netz, aber auch von Politikern wie beispielsweise der Senatorin der konservativen Partei für Nationale Erneuerung (Renovación Nacional), Lily Pérez, die Lobos zum Rücktritt aufforderte, vom christdemokratischen Abgeordneten Gabriel Silber der die Äußerung Lobos' als diskriminierend bezeichnete wie auch der Präsidentin des Nationalen Dienstes der Frau (Servicio Nacional de la Mujer – SERNAM), die sich gegen die Stigmatisierung der Kinder von Tausenden chilenischer Mütter wandte, die sich tagtäglich mühten, ihre Familie voranzubringen.[996] Die nichtehelichen Kinder Chiles sind damit erneut auf der politischen Tagesordnung angekommen.

Abschließend soll noch einmal auf die erstaunliche Tatsache verwiesen werden, dass in jüngster Vergangenheit eine junge Mapuche Frau im Süden Chiles zum lonko ernannt wurde, wobei es gewiss noch beeindruckender wäre, wenn man sie nicht lonko, sondern gleich lonka nennen würde – was hoffentlich dann geschehen wird, wenn es weitere Frauen in dieser Position geben wird.

---

994 Elektronische Zeitung der Universität Chile (Diario Electrónico de la Universidad de Chile) vom 25.8.2011, Intendente del Biobío asegura que protestas se deben a „hijos nacidos fuera del matrimonio", http://www.radio.uchile.cl/noticias/120134/, zuletzt aufgerufen am 1.9.2011
995 Ibidem
996 Ibidem

Schlussbetrachtung

Ziel der Arbeit war, die Entwicklung des Familienrechts in den zwei Jahrhunderten des Bestehens der Republik Chile vor dem Hintergrund des gesellschaftlichen und politischen Wandels des Landes mit Schwerpunkt auf die letzten vierzig Jahre zu untersuchen. Dabei stellte sich heraus, dass lange Zeit am Familienrecht nichts verändert wurde. Dies war auch in der kurzen Zeit der sozialistischen Regierung Allende (1970 – 1973) der Fall – obwohl man dieser Regierung gerne ein Interesse an Themen wie Gleichberechtigung von Mann und Frau, Gleichstellung nichtehelicher und ehelicher Kinder etc. zugeschrieben hätte. In der Zeit der Militärdiktatur von 1973 bis 1989 wurde das Familienrecht nicht geändert. An die Militärs gab es insoweit wohl auch keine Erwartungen. So blieb alles beim Alten. Das Ehegesetz von 1884 galt deshalb bis in das Jahr 2005 hinein. Zu dieser Zeit war Chile neben Malta das einzige Land in der westlichen Welt, in dem es keine Ehescheidung gab. Selbst im katholischen Irland wurde schon im Jahr 1995 das Ehescheidungsverfahren eingeführt.

Die Reform des Familienrechts kam erst nach der Militärherrschaft und Wiedereinführung demokratischer Verhältnisse ab 1989 in Gang. Der Erneuerungsprozess lief auch dann nicht reibungslos, was sich unter anderem beispielsweise an der Geschichte der Einführung der Ehescheidung zeigt. Der entsprechende Gesetzentwurf wurde bereits im Jahr 1995 eingebracht, aber es brauchte zehn Jahre, bis die gesetzliche Neuregelung verabschiedet werden konnte. Bei Einführung der Ehescheidung behielt man die Möglichkeit der Annullierung einer Ehe wie auch der gesetzlichen Trennung bei. Obwohl seit 1925 die Trennung von Kirche und Staat besteht, hat der Klerus nach wie vor in Chile einen großen Einfluss auf die Gesellschaft des Landes, was auch zumindest *eine* der Ursachen für die lange Vorlaufzeit bis zur Einführung der Ehescheidung war. Vielleicht ist dies auch der Grund dafür, dass es trotz der enorm hohen Zahl an nichtehelichen Kindern noch keine gesetzlichen Regelungen für die sogenannten faktischen Familien gibt.

Die Tatsache, dass Chile einen sehr hohen Prozentsatz an nichtehelichen Kindern hat, der 2003 schon 54 %, 2011 65 % betrug, hat wohl historische Gründe.[997] (In Deutschland wurden laut Statistischem Bundesamt bis Mitte der 1990er Jahre unter 15 % Kinder nichtehelich geboren; 2010 hat sich dieser Anteil auf 33 % mehr als verdoppelt.)[998] Illegitime Geburten waren und sind ein Thema in

---

[997] S. Kapitel 1, IV
[998] Geburten in Deutschland, Ausgabe 2012, Statistisches Bundesamt, S. 18

Chile.[999] Die Kolonialperiode war geprägt durch wilde Ehen in den Räumen der legalen Familie und die aus Mutter mit Kindern bestehende Familie als allgemeingültiges Familienmodell. Seit Beginn der Republik Chile änderte sich zumindest der Anspruch der herrschenden Schicht, da man einen Anschluß an die sogenannte Zivilisation suchte.[1000] Man sah nun nicht durch die Ehe legitimierte Verbindungen und die ledige Mutter als Produkt einer Gesellschaft, die den Anschluss verpasst hatte.[1001] Im 19. Jahrhundert kam deshalb ein Prozess in Gang, der der chilenischen Oberschicht ein christlich-westlich orientiertes Familienmodell als Vorbild gab, d.h. monogam und durch das Gesetz des Vaters geschaffen. Die Mittel- und Unterschicht blieb bei dem bisherigen Modell, d.h. auf die Mutter zentriert und mit einem abwesenden Vater.[1002] Nach Montecino Aguirre hat die herrschende Klasse in Chile auch im 20. Jahrhundert nach außen hin an dem christlich-westlich geprägten Familienbild festgehalten, dabei aber insgeheim die illegitimen Verbindungen beibehalten, was Ursache für die Vielzahl nichtehelicher Kinder war.[1003]

Soweit die hohe Zahl der nichtehelichen Geburten dem Präkariat zugeschrieben wird, kann der von Lewis entwickelte Begriff der Kultur der Armut herangezogen werden. Irarrazabal / Valenzuela sehen die Illegitimität als permanente Bedingung der sozialen Situation Chiles, geboren aus dem Zusammentreffen der Kultur der spanischen Eroberer und der Eingeborenen. Allerdings sehen sie ab 1975 einen neuen Aspekt dieses Problems, da von da an ein in allen westlichen Ländern zu beobachtender Trend hinzukam, der die Gründung von nicht unbedingt auf Dauer angelegte Familien ohne Trauschein favorisiert.[1004] Hier ist für Chile ein länderspezifischer Trend zu beobachten, der durch einen globalen Trend verstärkt wird, welcher durch die in internationalen Deklarationen zum Thema Emanzipation der Frau im Familienrecht aller westlichen Länder entstanden ist, wobei diese globale Entwicklung nicht mehr auf Rückstand oder einem Mangel an Erziehung basiert.[1005]

Das Familienkonzept der in Chile lebenden Minorität der Mapuchen unterscheidet sich von dem der chilenischen Mehrheit, die aus 75 % Mestizen und 20 % Weißen besteht,[1006] insoweit, als es bei den Ureinwohnern Chiles immer Polygamie gab, während in der Mehrheitsgesellschaft der Weißen und Mestizen die Oberschicht ab dem 19. Jahrhundert – wie oben ausgeführt – die monogame Ehe zum Vorbild erhob, was aber keineswegs das Ende der "unterirdischen" Be-

---

999 S. Kapitel 1, I, 1-5
1000 Ibidem
1001 Ibidem
1002 Ibidem
1003 Ibidem
1004 Ibidem
1005 S. Kapitel 5, I, 5
1006 S. Kapitel 7, IV

ziehungen bedeutete, während die Mittel- und Unterschicht an dem System der alleinerziehenden Mutter und dem abwesenden Vater festhielt.[1007] Wenn Ramón Curivil in Bezug auf die Kultur der Mapuchen ausführt, dass für diese kein Unterschied darin besteht, zwei Religionen anzuhängen oder zwei Frauen zu haben, dann zeigt das, dass sich im Bewusstsein der Minorität nicht viel geändert hat.[1008] Die Durchmischung der Kulturen könnte unter anderem zu dem Ergebnis geführt haben, dass alle Chilenen der Familie einen hohen Stellenwert geben.[1009] Montecino Aguirre hat den Kult des Anscheins und das Vortäuschen als Haltung des Mestizen definiert.[1010] So kann man davon ausgehen, dass die gesetzlich verankerte Ehe zwischen *einem* Mann und *einer* Frau als Konzept für alle Chilenen Gültigkeit hat, es aber gleichzeitig auch heute noch – vor allem im Süden Chiles – die Praxis in Mapuche-Familien gibt, in denen ein Mann mit zwei Frauen und den jeweiligen Kindern zusammenlebt,[1011] wobei er natürlich nur mit einer davon nach dem Gesetz verheiratet sein kann. Es gibt außerdem im ganzen Land genügend der Bevölkerungsmehrheit zugehörige Männer, die mit einer Frau und gemeinsamen Kindern unverheiratet zusammenleben, aber noch anderweitig verheiratet sind. Wäre das nicht so, hätte Chile nicht im Jahr 2011 eine Quote von 65 % nichtehelichen Kindern. Daraus könnte man schließen, dass die Familienkonzepte der Mapuchen und der Mehrheit der Chilenen sich in der Theorie unterscheiden, in der Praxis aber doch nicht so sehr divergieren.

Auch in Bezug auf die katholische Kirche ist Widersprüchliches zu beobachten. Einerseits ist ein großer Einfluss des Klerus auf die chilenische Gesellschaft festzustellen, andererseits eine Durchsetzungsschwäche des christlich geprägten Familienrechts in Teilen der chilenischen Gesellschaft, was die hohe Zahl der faktischen Familien und nichtehelichen Kinder dokumentiert, wie auch der Rückgang der Eheschließungen, die sich nach einer Statistik aus dem Jahr 2009 in den davor liegenden fünfzehn Jahren um mehr als vierzig Prozent reduzierten, gleichzeitig die Zahl der faktischen Familien stieg.[1012] Die Anzahl der Geburten pro Frau ging zwischen 1960 und 2003 um die Hälfte zurück, wobei die Frauen mit der geringsten Schulbildung die höchste, die mit der besten Schulbildung die geringste Quote haben.[1013]

Die in Kapitel 1/IV erwähnte UNICEF-Studie aus dem Jahr 2005 hat ergeben, dass sich seit der Rückkehr demokratischer Verhältnisse die Armut halbiert hat,

---

1007 S. Kapitel 5, I, 1-5
1008 Kapitel 7, III, 2
1009 S. Kapitel 5, 1-4
1010 Ibidem
1011 Verf. weiss dies aus eigener Anschauung
1012 S. Kapitel 1, IV
1013 S. Kapitel 5, IV

aber weiterhin Kinder am meisten von Armut betroffen waren.[1014] Weiterhin wurde festgestellt, dass ein hoher Prozentsatz der Achtzehnjährigen in Kommunen lebte, die die Grundbedürfnisse für die Entwicklung von Kindern und Jugendlichen nicht erfüllen.[1015] So sind auch die Schulergebnisse entsprechend. Die Weltorganisation gegen Folter hat insoweit im Jahr 2007 eruiert, dass die schulischen Ergebnisse von Kindern aus Familien mit geringen Einkünften wesentlich schlechter sind, als die der Kinder wohlhabender Familien. Die Leistungen verliefen proportional zum hohen bzw. niedrigen Familieneinkommen.[1016] Die wirtschaftliche Ungleichheit schlägt sich im Erziehungssystem deutlich nieder. Die Studentenunruhen ab Mai 2011 haben hier ihren Ursprung. Pinochet hat in den 1980er Jahren die höhere Schulbildung privatisiert und private Universitäten zugelassen, von denen es derzeit ca. 60 gibt. Diese arbeiten auf Gewinnbasis bei minimalem Stellenwert der Forschung, ohne akademische Karrieren und ohne Demokratie nach innen. Die Kosten für den Besuch einer chilenischen Universität bezogen auf das Bruttoinlandsprodukt pro Kopf sind die höchsten in der Welt, gefolgt von Südkorea, U.S.A. und Japan. Wenn Eltern die hohen Studiengebühren nicht zahlen können, muss der Student einen Kredit aufnehmen und ist am Ende des Studiums hoch verschuldet.[1017] Die Studenten fordern eine Verfassungsänderung mit Garantie für eine kostenlose und angemessene Ausbildung. Chile hat nun einmal 1990 die Konvention der Vereinten Nationen über die Rechte des Kindes zusammen mit 57 anderen Ländern unterzeichnet und ratifiziert. Art. 2 enthält das Diskriminierungsverbot für Kinder. Hätte man also damals bedacht, was die Konvention nach sich zieht, hätte man entweder nicht unterzeichnen dürfen oder vertragsgemäße Bedingungen schaffen müssen, was bis jetzt nicht mit aller Konsequenz geschehen ist, wie beispielsweise im Bildungssystem, das für Kinder aus den ärmeren Bevölkerungsschichten als diskriminierend bezeichnet werden könnte. Zwar wurden mit dem Gesetz zur Neuregelung der Abstammung 1998 eheliche und nichteheliche Kinder gleichgestellt.[1018] Es wurde aber nicht das Erziehungssystem so umgestaltet, dass alle Kinder zumindest mehr oder weniger gleiche Bildungschancen hätten.

Das drängende Problem einer rechtlichen Regelung der nichtehelichen Lebensgemeinschaften hat noch keine gesetzliche Grundlage bekommen, es wurde jedoch im Juni 2010 angegangen, als der konservative Senator Allamand von der Partei der Nationalen Erneuerung (Renovación Nacional - RN) einen Gesetzentwurf unter der Überschrift "Vereinbarung über das gemeinsame Leben, bzw. als Paar" (Acuerdo de Vida en común, en Pareja)[1019] einbrachte und damit einen Punkt im Wahl-

---

1014 S. Kapitel 5, II
1015 Ibidem
1016 Ibidem
1017 S. Kapitel 5, II, 1
1018 S. Kapitel 5, II und II, 1
1019 S. Kapitel 4, II, 7

programm des Präsidenten Piñera umsetzte. Derzeit befindet sich dieser Entwurf in der Verfassungskommission des Senats. Wenn das entsprechende Gesetz verabschiedet wird, wird es nicht nur eine Regelung für heterosexuelle nichteheliche Lebensgemeinschaften geben, sondern auch für homosexuelle Paare. Im August 2010 brachte dann der sozialistische Senator Fulvio Rossi einen Gesetzentwurf über die Eheschließung homosexueller Paare ein, nachdem kurz davor eine entsprechende Regelung in Argentinien eingeführt worden war. Dort sind seither nicht nur gleichgeschlechtliche Eheschließungen, sondern auch Adoptionen durch solche Paare möglich.[1020] Das deutsche Recht kennt seit 2001 die eingetragene Lebenspartnerschaft für Personen, die wegen ihrer gleichgeschlechtlichen sexuellen Orientierung keine Ehe miteinander eingehen können.[1021]

Ein weiteres gesellschaftliches Problem Chiles stellt die häusliche Gewalt dar. Erstmals erfolgte im Jahr 1994 eine gesetzliche Regelung.[1022] In den folgenden Jahren wurden weitere Gesetze verabschiedet, die jeweils härtere Sanktionen für die Aggressoren einführten.[1023] Zuletzt geschah dies 2010, als die Regierung Piñera durch eine weitere Gesetzesnovelle die Strafvorschriften für Mord und Totschlag innerhalb einer Familie verschärfte.[1024] Dieses Gesetz führte zu einer Änderung des Art. 390 des Strafgesetzbuches (Código Penal), wo nun neben Vater, Mutter, Kind, auf- und absteigenden Verwandten bei Tötungsdelikten auch der Frauenmord (Femicidio) aufgeführt wird, wobei die Ehefrau wie auch die Lebensgefährtin im Gesetzestext ausdrücklich erwähnt werden. Möglicherweise besteht ein Zusammenhang zwischen dieser gesetzlichen Änderung und dem Bericht der Interamerikanischen Kommission der Menschenrechte (Comisión Interamericana de Derechos Humanos – CIDH), die sich anläßlich eines Besuchs in Chile auf Einladung der damaligen Präsidentin Bachelet im Jahr 2009 ebenfalls mit diesem Thema befasste und die Rechte der Frau in Bezug auf Gleichheit und Diskriminierung anmahnte.[1025] Fast jede Woche wird in Chile eine Frau durch ihren Ehemann oder Lebensgefährten getötet.[1026] Im Hinblick auf diese Zahlen bestand Handlungsbedarf. Im deutschen Recht gibt es seit 2001 das Gesetz zum zivilrechtlichen Schutz vor Gewalttaten und Nachstellungen. Es greift, wenn eine Person vorsätzlich den Körper, die Gesundheit oder die Freiheit einer anderen Person widerrechtlich verletzt.[1027] Im Unterschied zu Deutschland beziehen die gesetzlichen Bestimmungen zur häuslichen Gewalt in Chile ausdrücklich auch die Anwendung psychischer

---

1020 Ibidem
1021 Ibidem
1022 S. Kapitel 4, II, 6
1023 Ibidem
1024 Ibidem
1025 S. Kapitel 4, II, 7
1026 Ibidem
1027 Ibidem und Kapitel 4, III

Gewalt ein. Auf Grund der Aktivität von Frauenorganisationen wie beispielsweise Humanas wurde die chilenische Gesellschaft für das Thema innerfamiliäre Gewalt in den letzten Jahren sensibilisiert, wobei man spektakuläre Gerichtsverfahren wie das des Alfredo Cabrera Opazo, der seine sechs Jahre alte Tochter aus dem Fenster des siebten Stocks in den Tod warf und die Mutter des Kindes schwer verletzte, nutzte, um das Interesse der Presse und der Öffentlichkeit auf das Thema häusliche Gewalt zu lenken.[1028] Im Jahr 2005 hat die chilenische Regierung den 25. November als nationalen Tag für die Beseitigung von Gewalt gegen Frauen eingeführt, was den Stellenwert des Problems im Land unterstreicht.

Chile gehörte zu den 48 Staaten, die in der Generalversammlung der Vereinten Nationen am 10. Dezember 1948 in Paris für die Annahme der Allgemeinen Erklärung der Menschenrechte stimmten. Diese Erklärung postuliert u.a. die Gleichheit der Geschlechter, da in Art. 1 steht, dass alle Menschen frei und gleich an Würde und Rechten geboren sind. Auch Art. 1, Abs. 1 der derzeit gültigen Verfassung Chiles hat diesen Inhalt. Vielleicht erhielten die chilenischen Frauen 1949 das allgemeine Wahlrecht als Folge der Unterzeichnung der AEMR durch die Republik Chile. Das kommunale Wahlrecht hatten sie fünfzehn Jahre davor bekommen.[1029] In Deutschland konnten Frauen erstmals bei der Wahl zur Nationalversammlung am 19. Januar 1919 auf nationaler Ebene das Wahlrecht ausüben. Sie waren damit den chilenischen Frauen zeitlich dreißig Jahre voraus. Allerdings konnten chilenische Frauen schon ab 1877 alle an Universitäten angebotenen Fächer studieren, was in Deutschland erstmals ab 1900 im Großherzogtum Baden und in Preußen erst ab 1908 möglich war.

Die Diskrepanz zwischen geschriebenem und gelebtem Recht[1030], die in Chile immer ein Thema war, zeigt sich möglicherweise auch bei der Unterzeichnung internationaler Verträge, deren Inhalte dann im Land unter Schwierigkeiten umgesetzt werden müssen. So sah sich die Interamerikanische Kommission für Menschenrechte veranlasst, in ihrem Bericht vom März 2009, die *substantielle* Gleichheit der Geschlechter anzumahnen und beklagte, dass es in Chile im Vergleich zu allen anderen amerikanischen Ländern die geringste Anzahl von Frauen insbesondere in der Legislative gibt. Dabei hat Chile unter anderem das UN-Abkommen zur Beseitigung jeder Form von Diskriminierung der Frau schon 1989 unterzeichnet und 1996 das Interamerikanische Abkommen zur Verhütung und Ausmerzung von Gewalt gegen Frauen.[1031] Man kann sich des Eindrucks nicht erwehren, dass sich Chile durch die Unterzeichnung internationaler Abkommen unter Zugzwang setzt und man sich bei Unterschriftsleistung nicht im Klaren darüber ist, welche

---

1028 S. Kapitel 6, I, 10
1029 S. Kapitel 3, III und III, 1
1030 S. Kapitel 5, IV
1031 S. Kapitel 4, II

Probleme die Umsetzung der Vertragsinhalte im Land machen wird. So unterzog Carmen Domínguez Hidalgo das chilenische Familienrecht einer kritischen Analyse. Sie hält die Reformen für überstürzt und oberflächlich, wobei als besonders alarmierend herausgestellt wird, dass diese nicht einer tiefen und umfassenden Überlegung entsprungen und auch nach ihrer Durchführung keiner ernsthaften Analyse unterzogen worden seien.[1032] Die familienrechtlichen Änderungen seien ohne Blick auf das gesamte chilenische Rechtssystem vorgenommen worden und nur eine Reproduktion vergleichbaren kontinentalen und lateinamerikanischen Rechts. Die nach und nach im Familienrecht eingeführten Änderungen seien weder originell noch große Neuheiten, sondern eine Wiederholung von Änderungen anderer Rechtssysteme wie beispielsweise des französischen, spanischen oder argentinischen, da Argentinien dem europäischen Recht am nächsten stünde. Wegen des Wandels der westlichen Gesellschaften habe man die klassischen Pfeiler des Familienrechts modifiziert, da sie nicht mehr der Realität der westlichen Familien entsprachen. Häufig sei eine weit verstreute Familiengesetzgebung betrieben worden, wobei manchmal Lücken oder Widersprüche entstanden, die das Risiko in sich bergen, dass sie die Prinzipien stören, die sie eigentlich verfolgen sollten.[1033] Leider kann man Domínguez Hidalgo kaum widersprechen. So wäre es gewiss auch von Vorteil gewesen, wenn man 1989 eine ganz neue und demokratisch legitimierte Verfassung erarbeitet hätte und nicht 57 Verfassungsänderungen an der Konstitution der Militärjunta aus dem Jahr 1980 in ein Verfassungsreformgesetz gepackt hätte.[1034] In gleicher Weise wäre eine Gesamtüberarbeitung des Código Civil angezeigt, damit man nicht mehr auf versteckte oder weniger versteckte Vorschriften stoßen würde, die mit den eingegangenen internationalen Verpflichtungen oder der Verfassung Chiles nicht vereinbar sind. Am 12. März 2012 hat Präsident Piñera einen Gesetzentwurf unterzeichnet, der das Zivilprozessrecht reformieren soll. Unter anderem soll dieser Entwurf eine Verkürzung der Verfahrensdauer herbeiführen, die derzeit in Zivilprozessen im Durchschnitt bei 821 Tagen liegt.[1035]

María Soledad Cisternas Reyes hat einen Aufsatz über die rechtliche Ordnung Chiles in Bezug auf das Phänomen der Diskriminierung veröffentlicht.[1036] Sie untersuchte Möglichkeiten der Verfassung zur Verhütung und Überwindung der Diskriminierung. Dabei kam sie zu dem Schluss, dass es nicht viele Gerichtsentscheidungen gebe, die sich mit dem Thema des Rechts auf Gleichheit und Nicht-Diskriminierung befassten. Dies liege nicht daran, dass es insoweit keinen Handlungsbedarf gebe, sondern eher daran, dass die Richter keine einheitliche Linie zu dem

---

1032 S. Kapitel 5, III, 2
1033 S. Kapitel 2, II, 2
1034 Ibidem
1035 Nuevo Código Procesal Civil buscará reducir de 821 a 170 los días que dura un juicio, El Mercurio, (chilenische Tageszeitung) Santiago de Chile, 11.3.20112, C 10
1036 S. Einleitung, IV

Thema entwickelt hätten, was zu einer Vielzahl von Urteilen führe, die den Schutz des Rechts auf Gleichheit verweigerten.[1037] In diesem Zusammenhang ist auf die Problematik der Errungenschaftsgemeinschaft einzugehen, die in den Art. 1749 ff. Código Civil geregelt ist. Das Gesetz definiert den Ehemann ausdrücklich als Chef der Gemeinschaft, der das Vermögen derselben wie auch das der Ehefrau verwaltet. Der Fall Sonia Arce Esparza erlangte in diesem Kontext Berühmtheit. Sie war verheiratet und lebte in Errungenschaftsgemeinschaft. Der Ehemann war seit Jahren unbekannten Aufenthalts und sie konnte ohne ihn Immobilien aus dem Nachlaß ihrer Eltern nicht veräußern. Da es in der chilenischen Justiz auf Grund der im Código Civil bestehenden Regelungen keine Gerechtigkeit für Arce Esparza geben konnte, wandte sie sich an die Interamerikanische Kommission für Menschenrechte, wo es im April 2007 zu einer gütlichen Vereinbarung zwischen Arce Esparza und dem chilenischen Staat kam, der die Änderung der entsprechenden Gesetze und dringliche Behandlung des Problems versprach.[1038] Bis heute wurden die beanstandeten Gesetze noch nicht geändert. Im April 2011 hat aber die derzeitige konservative Regierung unter Präsident Piñera einen Gesetzentwurf vorgelegt, der die Bestimmung des Vermögensverwalters und den Erhalt eines Sondervermögens für den jeweils anderen vorsieht; für den Fall, dass die Eheleute keine Anordnung treffen, ist die gemeinsame Verwaltung des Vermögens vorgesehen.[1039] 1995 gab es schon einmal einen Gesetzentwurf zur Änderung der Vorschriften über die Errungenschaftsgemeinschaft, der 2005 die erste Hürde in der Abgeordnetenkammer nahm, dann aber bei der Kommission für Verfassung, Gesetzgebung und Justiz des Senats landete und dort anscheinend in Vergessenheit geriet. Nun ist zu hoffen, dass der aktuelle Entwurf der konservativen Regierung nicht das gleiche Schicksal erleidet und es endlich zur Abschaffung der Frauen diskriminierenden Rechtsvorschriften der Art. 1749 ff. Código Civil kommt.

Auch der Fall Atala landete vor dem Interamerikanischen Gerichtshof für Menschenrechte (Corte Interamericana de Derechos Humanos), weil der Oberste Gerichtshof Chiles (Corte Suprema) der mit einer Frau zusammenlebenden Richterin Atala die elterliche Sorge über ihre Kinder entzog.[1040] Dort wurde am 20. März 2012 ein Urteil gegen die Republik Chile gefällt, das das Land unter anderem auch zur Zahlung von Schadensersatz an Atala verpflichtet. Nachdem aber 2010 der konservative Senator Allamand – wie oben erwähnt - einen Gesetzesentwurf zum Thema "Vereinbarung über das gemeinsame Leben, bzw. als Paar" (Acuerdo de

---

1037 Ibidem
1038 S. Kapitel 4, II, 1 und Kapitel 6, I, 2
1039 S. Kapitel 4, II, 1
1040 Organización de los Estados Americanos, Comisión Interamericana de Derechos Humanos, Demanda ante la Corte Interamericana de Derechos Humanos en el Caso 12.502 Karen Atala e Hijas contra el Estado de Chile, Washington, 17.9.2010, S. 22; Oberster Gerichtshof (Corte Suprema), Urteil vom 31.5.2004, Az.: No. 1.193-03

Vida en común, en Pareja) auf den Weg brachte, könnte sich die durch das Urteil entstandene Situation entschärfen, wenn der Entwurf Gesetz würde, da es dann nicht nur eine Regelung für nichteheliche Gemeinschaften unter Heterosexuellen, sondern auch für solche unter Homosexuellen gäbe. Die vom Obersten Gerichtshof Chiles im Fall Atala vertretene Rechtsansicht hatte vor dem Interamerikanischen Gerichtshof für Menschenrechte jedenfalls keinen Bestand.

Bei den neueren Gerichtsurteilen konnte zwar keine durchweg einheitliche Linie gesehen werden, aber es wurden zunehmend Urteile gefällt, die zur Entdiskriminierung beitragen. Dafür spricht beispielsweise die Entscheidung des Obersten Gerichtshofes, der unter Aufhebung der vorinstanzlichen Urteile einer allein lebenden Frau Ende 2009 die Adoption eines Kindes erlaubte.[1041] Das Urteil stellte dabei ausdrücklich auf das Kindeswohl ab. Man hätte sich allerdings auch Gedanken über die gesetzliche Bevorzugung von Ehepaaren gegenüber Ledigen und Verwitweten machen können, die Art. 21 des Adoptionsgesetzes enthält.[1042]

In den Verfahren wegen häuslicher Gewalt ist ersichtlich, dass die Gerichte das Gewaltschutzrecht konsequent anwenden. Beim jeweiligen Strafmaß ist keine einheitliche Linie erkennbar. Es erscheint gelegentlich als recht milde, wie in dem sogenannten Biegezangenfall, in dem der Lebensgefährte seine Partnerin mit einer heißen Biegezange an den Oberschenkeln schwer verletzte, am Ende aber nur zu einer Freiheitsstrafe von 817 Tagen verurteilt wurde.[1043] Ein ebenso mildes Urteil gab es in einem Fall, in dem der Lebensgefährte seine Freundin in der gemeinsamen Wohnung angriff und sie so schwer verletzte, dass sie verstarb. Der Täter wurde wegen Körperverletzung mit Todesfolge zu 818 Tagen Gefängnis ausgesetzt zur Bewährung verurteilt.[1044] Auch bei Verurteilungen wegen Vergewaltigung der Ehefrau bzw. Lebenspartnerin sind große Unterschiede im Strafmaß erkennbar. Während ein Gericht in Villarrica in einem solchen Fall zu einer Freiheitsstrafe von fünf Jahren verurteilte,[1045] bekam ein Täter in Copiapó nur drei Jahre auf Bewährung. Zum Thema Gleichstellung ehelicher und nichtehelicher Kinder hat der Oberste Gerichtshof 2009 ein Urteil gefällt, das die entsprechenden gesetzlichen Vorschriften strikt anwendet.[1046] In den Gründen wird ausdrücklich auf die Gleichbehandlung der Personen, d.h. der ehelichen und nichtehelichen Kinder, verwiesen.

1041 Oberster Gerichtshof (Corte Suprema), Urteil vom 7.12.2009, Az.: 8015-2009
1042 Gesetz No. 19.620 vom 5.8.1999 mit der Modifizierung durch das Gesetz No. 19.910 vom 28.10.2003
1043 Gericht für Strafsachen, Primera Sala del Primer Tribunal de Juicio Oral en lo Penal de Santiago de Chile, 8.3.2006, Az.: Rol Único 05 00 3544692-8
1044 Urteil vom 21.1.2009, RIT 131-2008, in Revista Chilena de Derecho de Familia, 12/2010, S. 223
1045 Strafgericht (Tribunal Oral en lo Penal), Villarrica, Urteil vom 25.5.2007, Az.: Rol Unico No. 0600753725-3, Rol Interno No. 27/2007, Legal Publishing No. 41050
1046 Oberster Gerichtshof (Corte Suprema), Urteil vom 14.10.2009, Az.: 4783-2009, Legal Publishing No. 42633

In dem Verfahren einer geschiedenen, schwangeren Frau, die vor Geburt des Kindes eine zweite Ehe eingehen wollte, hat das Familiengericht den Antrag abgewiesen. Es berief sich dabei auf Art. 128 Código Civil, wonach eine geschiedene, schwangere Frau erst nach der Geburt oder wenn es keine Anzeichen von Schwangerschaft gab, frühestens 270 Tage nach Rechtskraft der Scheidung oder Annullierung der Vorehe wieder heiraten kann. Die Frist verkürzt sich um die Anzahl der Tage, für die der Ehemann nachweislich keine Möglichkeit der Kontaktaufnahme mit seiner Frau hatte. In zweiter Instanz wurde dem Antrag der Frau stattgegeben.[1047] Das Gericht stellte zwar insbesondere auf den Inhalt des zweiten Teils des Art. 128 Código Civil ab, führte aber auch aus, dass dieser Artikel aus der Mitte des 19. Jahrhunderts stamme und in der heutigen Zeit mit Einschränkungen versehen werden müsse. Dieses Argument weist in Richtung richterliche Rechtsfortbildung und ist daher besonders bemerkenswert.

Im Unterhaltsrecht gelangen überwiegend Kindesunterhaltsverfahren zu den Gerichten. In diesem Zusammenhang mahnte der Leiter der Rechtsabteilung von SERNAM, Marco Antonio Rendón, einen Wechsel der Kultur (cambio de cultura) an, da die Zahlungsmoral der Unterhaltspflichtigen so sehr zu wünschen übrig lässt, dass es 2007 zu einem Gesetz kam, das härtere Maßnahmen zur Durchsetzung der Unterhaltsforderungen einführte.[1048] Die Zwangsmaßnahmen sind sehr umfangreich und schließen auch die Arbeitgeber von Unterhaltsschuldnern ein. Die Möglichkeiten sind weitergehender als im deutschen Recht, da auch ein Arbeitgeber oder Dritter, der eine titulierte Unterhaltsforderung nicht abführt bzw. den Aufenthalt des Schuldners verschweigt, persönlich in Arrest genommen werden kann.[1049] Das Verhalten der Unterhaltsschuldner ist schwer mit der Ansage zu vereinbaren, wonach für Chilenen die Familie einen zentralen Ort in ihrem Leben einnimmt, diese ihr Hauptreferenzpunkt ist und sich die Mehrzahl der Chilenen über die Familie definiert.[1050] Es lässt sich auch nicht mit der zentralen Position der katholischen Kirche in Einklang bringen, die auch im 20. und 21. Jahrhundert ihren Einfluss auf das öffentliche Leben Chiles nicht verloren hat, sondern nach wie vor das individuelle religiöse Bewusstsein der Mehrheit der Chilenen von der Kirche geprägt ist.[1051]

Es soll jedoch nicht verkannt werden, dass sich Chile seit 1989 redlich bemüht, dem demokratischen Anspruch gerecht zu werden. Es ist auch davon auszugehen, dass das Land den eingeschlagenen Weg fortsetzen wird. In überschaubarer Zeit sollte es eine gesetzliche Regelung für die faktischen Familien geben, in den Me-

---

1047 Appellationsgericht (Corte de Apelaciones), Santiago de Chile, Urteil vom 9.4.2009, Rol No. 136-2009, Legal Publishing No. 42300
1048 Gesetz No. 20.152 vom 9.1.2007
1049 Art. 8 ff. des Gesetzes No. 20.152 vom 9.1.2007
1050 Valdés S., Valdés E., Familia y Vida Privada, Santiago de Chile, 2005, S. 167/168
1051 Godoy, Acerca de la Familia Cristiana, Santiago de Chile, 2005, S. 9

dien mehr ernst zu nehmende weibliche Präsenz, gleiche Bezahlung für gleiche Arbeit und mehr Frauen in der Legislative. Auch das Thema Errungenschaftsgemeinschaft (Sociedad Conyugal) als Regelfall des ehelichen Güterrechts wurde erneut in Angriff genommen. Wenn der Entwurf Gesetz wird, wird auch die Vermögensverwaltung allein durch den Ehemann entfallen und damit dem Verfassungsanspruch und den in internationalen Verträgen eingegangenen Verpflichtungen entsprochen. Als Baustellen bleiben dann noch immer einige Rechtsvorschriften im Código Civil, wie beispielsweise Art. 128, der die Eingehung einer neuen Ehe für geschiedene, schwangere Frauen erschwert oder Art. 225, der bei Getrenntleben der Eltern grundsätzlich der Mutter die Personensorge zuspricht oder Art. 20 Adoptionsgesetz, der zwar auch Alleinstehenden, Geschiedenen und Witwen mit Daueraufenthalt in Chile die Adoption eines Kindes erlaubt, allerdings immer nur dann, wenn für die Adoption eines Minderjährigen kein interessiertes Ehepaar zur Verfügung steht.

Anhang 1

I. Zugang zu Gerichtsentscheidungen

Der Zugang zu Entscheidungen chilenischer Gerichte ist möglich über juristische Zeitschriften, von denen es eine Vielzahl gibt. Die älteste ist die Zeitung der Gerichte (Gaceta de los Tribunales), die 1841 erstmals erschien. Hier veröffentlicht der Oberste Gerichtshof Urteile seiner Wahl. 1903 wurde die Zeitschrift für Recht und Rechtsprechung (Revista de Derecho y Jurisprudencia) gegründet, die später mit der Zeitung der Gerichte fusionierte und bis heute fortbesteht. Zwischen 1885 und 1902 erschien die Forensische Zeitschrift Chiles (Revista Forense Chilena). Im 21. Jahrhundert wurden viele neue juristische Zeitschriften gegründet. Bei einigen handelt es sich auch um ältere Produkte, die sich konsolidiert haben. Die große Vielfalt an juristischen Fachzeitschriften in Chile ist ein Resultat der Struktur der Universitäten. Die zwei bedeutendsten Universitäten, die staatliche Universität von Chile (Universidad de Chile) und die Katholische Universität (Pontificia Universidad Católica), arbeiten nicht auf Gewinnbasis und genießen in Chile ein sehr hohes Ansehen. Sie geben auch juristische Zeitungen heraus. Daneben wurden in der Zeit der Militärdiktatur unzählige private Universitäten gegründet. Derzeit sind es ca. 60. Diese Privatuniversitäten streben nach Gewinn, forschen nicht und bieten keine akademische Laufbahn an. Alle verlangen hohe Studiengebühren – es sei denn, man hat ein Stipendium. Auch sie veröffentlichen juristische Zeitschriften, sodass das Spektrum einigermaßen unüberschaubar ist. Aus diesem Grund hat Alejandro Vergara Blanco, der Professor an der Rechtsfakultät der Katholischen Universität ist, 1990 und 2000 jeweils Symposien organisiert, die zu einer Verbesserung der Indexierung und der Systematik sowie größerer Überschaubarkeit der Publikationen führen sollte. In dieser Arbeit beklagt Vergara Blanco die desolate Situation der juristischen Zeitschriften in Chile. Er erwähnt, dass die Forschung in der Rechtswissenschaft häufig dadurch behindert würde, dass die Systematik ein zu niederes Niveau hinsichtlich der Quellenangabe habe. Korrekte und geordnete Angaben in den Indices stellten eine Herausforderung für die Herausgeber juristischer Publikationen dar. In einer weiteren Veröffentlichung mit dem Titel „Bibliographische Kritik der juristischen Materie" (Crítica bibliográfica en materia jurídica) verweist er erneut auf gravierende Fehler in Veröffentlichungen juristischer Zeitschriften. Außerdem besteht die Möglichkeit, bei kostenpflichtigen Datenbanken Gerichtsentscheidungen abzurufen. Bis 2001 gab es in Chile vier Firmen, die im Netz Daten gegen Bezahlung anboten. Es handelte sich um Jurídica

Cono Sur, Ediciones Técnicas, Publitexa und Normatex. Sie fusionierten im Januar 2001 und wurden zu LexisNexis. Im Jahr 2006 verkaufte LexisNexis an Legal Publishing. Daneben gab es zu diesem Zeitpunkt noch Puntolex und Microiuris. Im Januar 2011 kaufte Thomson & Reuters diese drei Firmen und nun gibt es für Chile nur noch die juristische Datenbank von Thomson & Reuters. Mit dieser Firma habe ich einen Vertrag abgeschlossen, um Zugriff auf Entscheidungen chilenischer Gerichte zu erhalten. Zuvor hatte ich mich auch beim Max-Planck-Institut für ausländisches und internationales Privatrecht in Hamburg nach Material für die Arbeit erkundigt. Es wurde mitgeteilt, dass man nur über LexisNexis ein sehr dürftiges Angebot zur chilenischen Judikatur habe, die sich aber ausschließlich auf das Wirtschaftsrecht beziehe. Nachträglich wurde mir bekannt, dass es LexisNexis in Chile schon seit 2006 nicht mehr gibt, sodass das Max-Planck-Institut keine Hilfe gewesen wäre. Eine Familienrechts-Zeitschrift wie in Deutschland gab es in der Vergangenheit in Chile nicht; im Dezember 2009 gab Legal Publishing erstmals eine solche Zeitschrift heraus. Sie sollte zweimal pro Jahr jeweils im Juni und Dezember erscheinen. Bis Juni 2011 kam sie auch pünktlich heraus, die für Dezember 2011 vorgesehene Ausgabe ist allerdings nicht erschienen und war auch bis 31. März 2012 nicht verfügbar. Man kann nicht ausschließen, dass das Erscheinen ganz eingestellt wird, möglicherweise weil der Markt in Chile zu klein ist. In dieser Zeitschrift werden chilenische und ausländische Beiträge aus Forschung und Lehre und Gerichtsentscheidungen publiziert, die zum Teil auch von Legal Publishing/Thomson & Reuters ins Netz gestellt werden. Eine amtliche Sammlung von Gerichtsentscheidungen gibt es in Chile nicht. Nach Angaben des Mitarbeiters Pablo Valladares von Legal Publishing/Thomson & Reuters begann die digitale Entscheidungssammlung erst im Jahr 1985. In der in Chile erscheinenden Tageszeitung „La Tercera" stand am 28. September 2008, dass man nun beginne, die Gerichtsarchive zu digitalisieren. Bei Legal Publishing/Thomson & Reuters werden die ins Netz gestellten Urteile nach der Bedeutung ihres juristischen Inhalts und im Hinblick auf eine Änderung der Rechtsprechung ausgewählt. Bei der Suche nach gerichtlichen Entscheidungen habe ich im Portal Familienrecht bei Legal Publishing/Thomson & Reuters den Begriff Ehescheidung, bzw. die jeweils gewünschte Folgesache und „Diskriminierung" eingegeben.

II. Übersetzungen

Die in der vorliegenden Arbeit enthaltenen Übersetzungen stammen von der Verfasserin mit Ausnahme derjenigen, die aus Bergman/Ferid/Henrich, Internationales Ehe- und Kindschaftsrecht, Chile, Stand 1. Juli 2007, bzw. Stand 31. März 1989 entnommen wurden und entsprechend gekennzeichnet sind.

Anhang 2

I. In der Arbeit vorkommende Gesetze

Alle im chilenischen Parlament verabschiedeten Gesetze werden im Offiziellen Blatt der Republik Chile (Diario Oficial de la República de Chile) – vergleichbar mit dem Bundesgesetzblatt in Deutschland – veröffentlicht. Die Gesetze tragen Nummern und werden mit dem Datum zitiert, zu dem sie im Offiziellen Blatt publiziert werden. Sie sind im Netz abrufbar bei der Nationalen Bibliothek des chilenischen Kongresses (Biblioteca del Congreso Nacional de Chile).[1052]

- Gesetz über die Rechte der Eingeborenen No. 4169 vom 20.8.1927
- Gesetz zur Neuregelung der Rechte minderjähriger Kinder No. 16.618 aus dem Jahr 1928, geändert 1967 in der modifizierten Fassung vom 30.5.2000
- Gesetz des kommunalen Wahlrechts für Frauen No. 5357 vom 15.1.1934
- Gesetz zur Bildung von Vorbehaltsgut der verheirateten Frau No. 5.521 vom 19.12.1934
- Gesetz zur Erleichterung der Situation nichtehelicher Kinder No. 5.750 vom 2.12.1935
- Gesetz über die Möglichkeit, die Errungenschaftsgemeinschaft (Sociedad Conyugal) durch Gütertrennung zu ersetzen No. 7.612 vom 21.19.1943
- Gesetz des allgemeinen Wahlrechts für Frauen No. 9.292 vom 14.1.1949
- Abstammungsgesetz und Gesetz zur Begrenzung der Verwaltung des Gemeinschaftsgutes durch den Ehegatten No. 10.271 vom 2.4.1952
- Staatsangehörigkeitsgesetz No. 12.548 vom 30.9.1957
- Gesetz über die Regelung der Amtszeit der Stadträte No. 13.296 vom 2.3.1959
- Gesetz über Enteignungen im öffentlichen Interesse No. 15.295 vom 8.10.1963
- Gesetz über die Anzahl der Senatoren No. 16.672 vom 2.10.1967
- Gesetz über den kostenlosen nationalen Gesundheitsdienst No. 17.398 vom 9.1.1971
- Gesetz zur Einführung von drei Eigentumsbegriffen No. 17.450 vom 16.7.1971
- Gesetz über Angelegenheiten der Eingeborenen und Regelungen über deren Grundbesitz No. 17.729 vom 26.9.1972
- Gesetz über die Neuregelung des Güterrechts No. 18.802 vom 9.6.1989
- Verfassungsreformgesetz No. 18.825 vom 17.8.1989
- Eingeborenen Gesetz No. 19.252 vom 5.10.1993

1052 http.//www.bcn.cl

- Gesetz gegen innerfamiliäre Gewalt No. 19.325 vom 27.8.1994, No. 20.066 vom 22.9.2005, No. 20.286 vom 15.9.2008, No. 20.480 vom 18.12.2010, Gesetz über den Frauenmord No. 20.480 vom 18.12.2010 verschärft die bestehenden Gesetze zur innerfamiliären Gewalt
- Gesetz über das Güterrecht, Einführung von Zugewinnausgleich bzw. Gütertrennung No. 19.335 vom 23.9.1994
- Gesetz über die Neuregelung der Abstammung No. 19.585 vom 26.10.1998
- Gesetz zur Gleichstellung von Mann und Frau No. 19.611 vom 16.6.1999
- Gesetz über Adoption und Zuständigkeit der Vormundschaftsgerichte No. 19.620 vom 5.8.1999 und No. 19.910 vom 28.10.2003
- Gesetze zur Neuregelung des Unterhaltsrechts No. 14.908 vom 30.5.2000, No. 19.741 vom 24.7.2001 und No. 20.152 vom 9.1.2007
- Gesetz zum Schulbesuch schwangerer Schülerinnen No. 19.688 vom 10.7.2000
- Gesetz zur Neuregelung des Umgangsrechts No. 19.711 vom 18.1.2001
- Gesetz zur Einführung der Familiengerichte No. 19.968 vom 30.8.2004
- Gesetz zur Ergänzung der Verfassungsreform No. 20.050 vom 26.8.2005
- Ehegesetz No. 19.947 vom 17.5.2005

II. Sonstige Gesetze, Kinder und Jugendliche betreffend

- Gesetz No. 16.618 vom 3.2.1967 über Minderjährige
- Gesetz No. 17.344 vom 22.9.1970 über die Änderung von Vor- und Zunamen
- Gesetzesdekret No. 2.465 vom 10.1.1979 über die Schaffung eines Nationalen Dienstes für Minderjährige
- Gesetz No. 18.703 vom 10.5.1988 über die Adoption Minderjähriger
- Gesetz No. 19.325 vom 27.8.1994 über häusliche Gewalt
- Gesetz No. 19.505 vom 25.7.1997 über Sonderurlaub im Krankheitsfall des Kindes
- Gesetz No. 19.684 vom 3.7.2000 das das Arbeitsrecht ändert und Arbeitsverträge mit Jugendlichen erst ab 15 Jahren erlaubt
- Gesetz No. 19.711 vom 18.1.2001 über das Umgangsrecht bei Getrenntleben der Eltern
- Gesetz No. 19.712 vom 9.2.2001 über die sportliche und physische Entwicklung von Minderjährigen im Schulalter
- Reglement der Gendarmerie No. 553 vom 22.1. 2002 über minderjährige Straftäter
- Gesetz No. 19.876 vom 7. Mai 2003 das verfassungsändernd ist und die Schulpflicht und den kostenlosen Schulbesuch in öffentlichen Schulen bis zum 21. Lebensjahr regelt

- Gesetz No. 19.947 vom 11. März 2004 über die Zivilehe, das das Alter für eine Eheschliessung auf 16 Jahre festsetzt
- Gesetz No. 20.030 vom 11.7.2005 über die Verfahren zur Mutter- und Vaterschaft sowie die Bewertung der entsprechenden Beweismittel
- Gesetz No. 20.032 vom 25.7.2005 über die Betreuung der Kinder und Jugendlichen durch den Nationalen Dienst für Minderjährige
- Gesetz No. 20.066 vom 7.10.2005 über familiäre Gewalt
- Gesetz No. 20.084 vom 27.9.2005 über die strafrechtliche Verantwortlichkeit Jugendlicher
- Gesetz No. 20.086 vom 7.12.2005 mit geringfügigen Änderungen zum Gesetz über die Familiengerichte

Neben den vorstehend genannten Spezialnormen finden sich weitere Regelungen zu Kindern und Jugendlichen im Strafgesetzbuch, im Arbeitsrecht, den Prozessordnungen und im Zivilgesetzbuch unter den Titeln IX und X.

Anhang 3: Zuständigkeit der chilenischen Familiengerichte

*(Geregelt im Gesetz No. 19.968 vom 30. August 2004,
II.Titel, Artikel 8, Absatz 1 – 19)*

1. Streitigkeiten über die elterliche Sorge
2. Regelung des Umgangsrechts
3. Streitigkeiten bei Ausübung, Aussetzung oder Verlust der elterlichen Sorge. Hier wird auf die §§ 2 u. 3 des X. Titels des I. Buches des Código Civil verwiesen. (Dort geht es um das Nutzungsrecht der Güter des Kindes und die Verwaltung dieser Güter; in § 3 geht es um die gesetzliche Vertretung des Kindes.)
4. Unterhaltsstreitigkeiten
5. Dissens bei Eheschließungen (bei Nichteinhaltung der Altersgrenze, die nach dem neuen Ehegesetz No. 19.947 Art. 5 Abs. 2 16 Jahre beträgt)
6. Pflegschaften mit Ausnahme der Angelegenheiten, die mit einer nicht geregelten Erbschaft zu tun haben und unbeschadet der Regelung des Art. 494, 2. Abs. Código Civil. (Dort heißt es, dass Pflegschaften zeitlich begrenzt sind.)
7. Die Zukunft des Kindes oder Heranwachsenden - im Fall des Art. 234, Abs. 3 Código Civil. (Dort steht: Wenn es das Kindeswohl erfordert, können die Eltern eine gerichtliche Entscheidung beantragen für einen Zeitraum, den der Richter für angebracht hält, der aber nicht über die Vollendung des 18. Lebensjahres des Kindes hinausgehen darf. Die Entscheidungen des Richters können nicht durch den einfachen Willen der Eltern abgeändert werden.)
8. Alle Angelegenheiten, die mit in ihren Rechten schwer verletzten oder bedrohten Kindern und Heranwachsenden zu tun haben und eine Schutzmaßnahme gem. Art. 30 des Gesetzes No. 16.618 für Minderjährige (Ley de Menores) erforderlich machen.
9. Die Handlungen, die mit Abstammungsfragen sowie der Begründung oder Änderung des Personenstandes zu tun haben.
10. Alle Angelegenheiten, bei denen ein Kind oder Heranwachsender einer Straftat beschuldigt wird und wegen Strafunmündigkeit mit Maßnahmen gem. Art. 30 des Gesetzes für Minderjährige zu rechnen hat. Das Procedere ergibt sich aus § 4, IV. Titel des vorliegenden Gesetzes. (Dort ist in den Artikeln 102 ff. das Verfahren bei Vorliegen von Übertretungen vor den Familiengerichten geregelt.). Gesetzesverletzungen, die falls sie von Erwachsenen begangen worden wären, nicht strafrechtlich verfolgt würden, werden gem. Art. 102 A ff. behandelt. (S. Anm. bei Ziff. 10 oben).

11. Die Erlaubnis für die Ausreise von Kindern und Heranwachsenden in den dafür gesetzlich vorgesehenen Fällen.
12. Fälle von Misshandlung von Kindern und Heranwachsenden in Übereinstimmung mit Art. 62, Abs. 2 des Gesetzes No. 16.618. (Hier werden mögliche Sanktionen aufgeführt.)
13. Die der Adoption vorgeschalteten Vorgänge gemäß Titel II des Gesetzes No. 19.620. (Gesetz über die Adoption Minderjähriger)
14. Adoption gemäß Titel III des Gesetzes No. 19.620. (Dieser Titel befasst sich mit den Programmen der Adoption.)
15. Folgende güterrechtliche Angelegenheiten zwischen Eheleuten:
    a. Gerichtliche Gütertrennung
    b. Gerichtliche Genehmigungen, die in den §§ 1 u. 2 des VI. Titels, 1. Buch des Código Civil vorgesehen sind (dort ist eine Regelung der Familiengüter enthalten); sowie in den §§ 1,3,4 des Titels XXII u. XXII A des IV. Buches des Código Civil. (Dort geht es um Regelungen der Sociedad Conyugal und der Zugewinngemeinschaft)
16. Ehetrennung, Eheaufhebung und Ehescheidung gem. Ehegesetz
17. Aussprüche von Verboten
18. Alle Angelegenheiten innerfamiliärer Gewalt
19. Jede persönliche Angelegenheit, die ihren Ursprung in den familiären Beziehungen hat

Anhang 4: Auszüge aus dem Código Civil zum Thema Beziehungen zwischen Eltern und Kindern

Art. 222, 223, 224, 225, 229, 240 im Wortlaut in spanisch und deutsch

Artikel 222

Los hijos deben respeto y obediencia a sus padres. La preocupación fundamental de los padres es el interés superior del hijo, para lo cual procurarán su mayor realización espiritual y material posible, y lo guiarán en el ejercicio de los derechos esenciales que emanan de la naturaleza humana de modo conforme a la evolución de sus facultades.

Die Kinder schulden ihren Eltern Respekt und Gehorsam. Die grundsätzliche Sorge der Eltern ist das vorrangige Interesse des Kindes. Daher verschaffen sie diesem in erster Linie im Rahmen des Möglichen geistiges und materielles Wohlergehen. Sie weisen dem Kind den Weg bei der Ausübung der grundlegenden Rechte, die sich aus der menschlichen Natur ergeben, gemäß der Entwicklung seiner Fähigkeiten.

Artikel 223

Aunque la emancipación confiera al hijo el derecho de obrar independientemente, queda siempre obligado a cuidar de los padres en su ancianidad, en el estado de demencia, y en todas las circunstancias de la vida en que necisitaren sus auxilios. Tienen derecho al mismo socorro todos los demás ascendientes, en caso de inexistencia o de insuficiencia de los inmediatos descendientes.

Obgleich die Emanzipation dem Kind das Recht einräumt, unabhängig zu handeln, bleibt das Kind immer verpflichtet, die Eltern im Alter, im Falle der Geisteskrankheit und in allen Lebenslagen, in denen sie Hilfe brauchen, zu betreuen.

Das gleiche Recht auf Unterstützung haben alle anderen Vorfahren für den Fall, dass sie keine oder nicht ausreichende unmittelbare Nachkommen haben.

Artikel 224

Toca de consuno a los padres, o al padre o madre sobreviviente, el cuidado personal de la crianza y educación de sus hijos.
El cuidado personal del hijo no concebido ni nacido durante el matrimonio, reconocido por uno de los padres, corresponde al padre o madre que lo haya reconocido. Si no ha sido reconocido por ninguno de sus padres, la persona que tendrá su cuidado será determinada por el juez.

Die Personensorge des Aufziehens und der Erziehung der Kinder steht beiden Elternteilen gemeinsam oder dem überlebenden väterlichen oder mütterlichen Elternteil zu.
Die Personensorge für ein Kind, das während der Ehe weder gezeugt noch geboren wurde, und das von einem der Elternteile anerkannt wurde, steht dem anerkennenden Vater oder der anerkennenden Mutter zu. Wenn das Kind durch keinen der Elternteile anerkannt wurde, wird die Person, die die Personensorge übernimmt, durch den Richter bestimmt.

Artikel 225

Si los padres viven separados, a la madre toca el cuidado personal de los hijos.

Wenn die Eltern getrennt leben, obliegt die Personensorge für das Kind der Mutter.

Artikel 229

El padre o madre que no tenga el cuidado personal del hijo no será privado del derecho ni quedará exento del deber, que consiste en mantener con él una relación directa y regular, la que ejercerá con la frecuencia y libertd acordada con quien lo tiene a su cargo, o, en su defecto, con las que el juez estimare conveniente para el hijo.
Se suspenderá y restringirá el ejercicio de este derecho cuando manifiestamente perjudique el bienestar del hijo, lo que declarará el tribunal fundadamente.

Der Vater oder die Mutter, die nicht die Personensorge ausüben, verlieren nicht das Recht und sind auch nicht frei von der Pflicht, eine direkte und stetige Beziehung

mit dem Kind zu haben. Diese wird regelmäßig und frei nach Absprache mit demjenigen, der das Amt (der Personensorge) ausübt, praktiziert, andernfalls in der Weise, die der Richter für das Kind für zweckmäßig hält.
Die Ausübung dieses Rechts wird untersagt oder eingeschränkt, wenn dies offenkundig das Wohlergehen des Kindes beeinträchtigt; dies ist vom Gericht zu begründen.

Artikel 240

Si el hijo abandonado por sus padres hubiere sido alimentado y criado por otra persona y quisieren sus padres sacarle del poder de ella, deberán ser autorizados por el juez para hacerlo, y previamente deberán pagarle los costos de su crianza y educación, tasados por el juez.
El juez sólo concederá la autorización, si estima, por razones graves, que es de conveniencia para el hijo.

Wenn das von seinen Eltern verlassene Kind von einer anderen Person unterhalten und aufgezogen wird und wenn seine Eltern ihr diese Funktion nehmen wollen, bedürfen sie, um dieses zu erreichen, der gerichtlichen Genehmigung. Vorher müssen sie der Person die Kosten der Lebenshaltung und Erziehung ersetzen, die der Richter festsetzt.
Der Richter erteilt die Genehmigung nur, wenn er wegen beachtlicher Gründe der Meinung ist, dass dies für das Kind besser ist.[1053]

1053 Übersetzung aus Bergmann/Ferid/Henrich, Internationales Ehe- und Kindschaftsrecht, Chile, Stand 1.7.2007,S. 39-41

Bibliographie

Atria, Fernando, Los Peligros de la Constitución, La Idea de igualdad en la jurisdicción nacional, Cuadernos de Análisis Jurídico No. 36, Escuela de Derecho Universidad Diego Portales, Santiago de Chile, 1997, S. 133 – 174

Badinter, Elisabeth, Le conflit la femme et la mère, Paris, 2010

Bhabha, Homi, The Location of Culture, London / New York, 1994

Balbuena, Patricia, Feminización de las migraciones, en Programa Andino de Derechos Humanos, Análisis sobre Género y Derechos Humanos, Revista Aportes Andinos, Universidad Andina Simón Bolívar, Ecuador, 2004, S. 15 - 24

Barros Bourie, Enrique, Por un nuevo régimen de bienes en el matrimonio, Revista Estudios Públicos, No. 43, Santiago de Chile, 1991, S. 139 – 155

– La Ley Civil ante las Rupturas Matrimoniales, Revista Estudios Públicos No. 85, Santiago de Chile, 2002, S. 5 – 15

Bastías Merino, Marcos, Contrato Discriminatorio, Universidad Católica de Temuco, 2004. Biblioteca.uct.cl/tesis/marcos-bastías/tesis.pdf zuletzt aufgerufen am 20.8.2010

Bello Muñoz María Graciela / Morales Jimenez, Lilian Patricia, Capacidad Jurídica de la Mujer Casada en Sociedad Conyugal en Relación con el Principio de Igualdad, Tesis en Derecho, Universidad Católica, Temuco, 2006

Bengoa, José, Historia del Pueblo Mapuche, Siglos XIX y XX, Santiago de Chile, 2000

Bors, Marc, Politik und Recht – Recht und Politik, forum historiae iuris, http://www.rewi.huberlin.de/online/fhi/articles/0110bors.htm, zuletzt aufgerufen am 11.8.2010

Bosch, Friedrich Wilhelm, Die Neuordnung des Eherechts ab 1. Juli 1977, FamRZ, 1977/569-582-

Bustamante Salazar, Luis, Plena Capacidad de la Mujer Casada en Sociedad Conyugal en Chile, Sentido y Alcance de la Ley No. 18.802, Anuario de la Universidad Internacional, SEK, No. 3/1997, Santiago de Chile, S. 149-159

Cabrero Fernández, Tucapel, la primera batalla española en Chile: Lautaro y el triunfo Araucano, Revista de Cultura Militar, No.3, Madrid, 1991, S. 53-59

Carrillo López, Marc, Las Hipotecas de la Constitución de Chile, Revista de Estudios Políticos (Nueva Epoca), No. 115, Santiago de Chile, 2002, S. 81 – 98

Castillo, Alejandra, La República masculina y la Promesa igualitaria, Santiago de Chile, 2005

Cifuentes Espinoza, Abdón, Reseñas biográficas de parlamentarios de Chile, Biblioteca del Congreso

– http://www.biografías.bcn.cl/wiki7Abd%C3%B3n_Cifuentes_Espinosa, zuletzt aufgerufen am 18.2.2011

Cisternas Reyes, María Soledad, Ordenamiento Jurídico Chileno frente al Fenómeno Discriminatorio, Revista Chilena de Derecho, vol. 31 No. 3, Santiago de Chile, 2004, S. 409 – 437

Claessens, Dieter, Familie und Wertsystem, Berlin 1979

Comparini, María Pía, Tuición y Derecho de Visita en Chile, Universidad de Chile, Santiago de Chile, 1989

Corral Talciani, Hernán, Una Ley de Paradojas. Comentario de la nueva Ley de Matrimonio Civil, Revista Chilena de Derecho Privado, Santiago de Chile, 2004, S. 259-272

Court Murasso, Eduardo, Curso de Derecho de Familia, Santiago de Chile, 2009

Court Murasso, Eduardo und Wegner Astudillo, Veronika, Derecho de Familia, Legislación, Doctrina y Jurisprudencia, Santiago de Chile, 2011

Covarrubias O., Paz, Movimiento Feminista Chileno: 1915-1949, Instituto de Sociología de la Pontificia Universidad Católica de Chile, Santiago de Chile, 1974

Curivil, Ramón, Los Cambios Culturales y los Procesos de Re-etnificación de los Mapuches en Ciudades, http://www.foro.elaleph.com/viewtopic.php?t=30912, zuletzt aufgerufen am 1.4.2009

– http://www.verde.spaces.live.com/?_11_BlogPart=blogview&_c=BlogPart&p..., zuletzt aufgerufen am 31.3.2009

de Gouges, Olympia, Declaración de los derechos de la mujer y la ciudadana, Paris, 1789, http.//www.clio.rediris.es/n31/derechomujer-pdf-Ähnliche, zuletzt aufgerufen am 10.8.2010

de la Fuente, Victor Hugo, Otro Chile es posible, Santiago de Chile, 2011

Delgado Valderrama, Manuel, La Infancia Abandonada en Chile. 1770-1930, Revista de Historia Social y de las Mentalidades, No. 5, Santiago de Chile, 2001, S. 101-126

Del Picó Rubio, Jorge, Derecho Matrimonial Chileno, Santiago de Chile, 2010

Díaz del Río, Eduardo, Araucanos y el Derecho, Santiago de Chile, 2006

Domínguez Hidalgo, Carmen, Los Principios que informan el Derecho de Familia Chileno: Su Formulación clásica y su Revisión moderna, Revista Chilena de Derecho, Bd. 32 No. 2, Santiago de Chile, 2005, S. 205 – 218

Duve, Freimut, Konterrevolution in Chile, Analysen und Dokumente zum Terror, Reinbek, 1973

Encina, Francisco, Historia de Chile, Santiago de Chile, 1983

Errázuriz Tagle, Javiera, Discursos en torno al sufragio femenino en Chile 1865-1949, Universidad de Chile, http://www.Scielo.cl/scielo.php?script=sci..., zuletzt aufgerufen am 11.8.2008

Eßer, Klaus, Durch freie Wahlen zum Sozialismus, Reinbek, 1972

Faron, C. Louis, Los Mapuches. Su estructura social, México, 1969

Frei, Eduardo u.a, Reforma Constitucional, Santiago de Chile, 1970

Gatica R. María Paz, El destino de la sociedad conyugal, Anuario de Derechos Humanos de la Universidad de Chile, No. 7, Santiago de Chile, 2011, S. 169-178

García Cantero, Gabriel, Marriage and Divorce in Chile, The International Survey of Family Law, Bristol UK, 2005, S. 155-172

Gaviola, Edda u. andere, Queremos votar en las próximas elecciones, Santiago de Chile, 1986

Gerold, Jana, Treasure Hunters, die Werkstoffsammler in Cagayan de Oro, Philippinen, Magisterarbeit an der Universität Freiburg im Breisgau, 2004

Giordano, Verónica, La ampliación de los derechos civiles de las mujeres en Chile (1925) y Argentina (1926), Mora (Buenos Aires), Band 16, No. 2, 2010

Godoy R., Carmen Gloria, Acerca de la Familia Cristiana, Magisterarbeit an der Universidad de Chile, Santiago de Chile, 2005

Gómez, León, Ortiz, Loretta, Landa, César, Nash, Claudio, La Incorporación de los Tratados Internacionales de Derechos Humanos en el ámbito nacional. La experiencia chilena, in: La Aplicación Judicial de los Tratados Internacionales, Instituto Latinoamericano de Servicios Legales Alternativos, Colombia, 2006

Goode, Judith / Eames, Edwin, An Anthropological Critique of the Culture of Poverty, in: George Gmelch & Walter Zenner (ed.): Urban Life. Readings in Urban Anthropology, Illinois, 1996, S. 405 – 417

Goode, William J., Die Familie als Element der Sozialstruktur, in Seminar. Familie und Familienrecht, Bd. 1, Hrg. Simitis und Zenz, Frankfurt/M., 1975, S. 64-69

Goiocovic Donoso, Igor, Ambitos de sociabilidad y conflictividad social en Chile tradicional, Siglos XVIII y XIX, Revista Escuela de Historia, Versión on-line, Salta, Januar / Dezember 2005, http://www.scielo.org.ara/scielo.php?script=arttext&pid=S1669-904120050001000... zuletzt aufgerufen am 19.6.2009

Habermas, Jürgen, Die bürgerliche Familie und die Institutionalisierung einer publikumsbezogenen Privatheit, in Seminar: Familie und Familienrecht, Hrg. Spiros Simitis und Gisela Zenz, Frankfurt/M., 1975, S. 112-114

Hannerz, Ulf, ‚Kultur' in einer vernetzten Welt. Zur Revision des ethnologischen Begriffs, in: Wolfgang Kaschuba, Hg.: Kulturen-Identitäten-Diskurse. Perspektiven europäischer Ethnologie, Berlin 1995, S. 64 – 84

Hillermeier, Karl, Das erste Gesetz zur Reform des Ehe- und Familienrechts aus der Sicht der Bundesratsvorschläge, Zeitschrift für das gesamte Familienrecht, Bielefeld, 1976, S. 577 – 581

Horkheimer, Max, Autorität und Familie, in Seminar: Familie und Familienrecht, Bd. 1, Hrg. Simitis und Zenz, Frankfurt7M., 1975, S. 83 -94

Houssein, Sohad, Femicidio y violencia contra la mujer: La maté porque era mía, Radio Universidad de Chile, gesendet am 4.1.2006, Niederschrift

Huinink, Johannes und Konietzka, Dirk, Familiensoziologie, Frankfurt / New York, 2007

Infante E., Mariela, Estudio: Detección y análisis de la prevalencia de la violencia intrafamiliar en la Región de los Lagos, Humanas, Santiago de Chile, 2006

Irarrazabal Llona, Ignacio / Valenzuela, Juan Pablo, La Ilegitimidad en Chile, Estudios Públicos, No. 52, Santiago de Chile, 1993, S. 145 – 190

Kalny, Eva, Ein Produkt interkultureller Kooperation, Die Allgemeine Erklärung der Menschenrechte, in Frauensolidarität 3/2008, S. 6-7, http://www.frauensolidaritaet.org/zeitschrift/fs_105kalny.pdf, zuletzt aufgerufen am 13.5.2011

Knecht, Michi, Von der ' Kultur der Armut' zu einer 'Ethnologie der Ausgrenzung', in: Die andere Seite der Stadt. Armut und Ausgrenzung in Berlin, Alltag & Kultur (5), Köln, 1999, S. 326 – 334

Larrañaga, Osvaldo, Fertilidad en Chile 1960-2003, Departamento de Economía, Universidad de Chile, Santiago de Chile, 2003

Lewis, Oscar, The Culture of Poverty, San Juan und New York, 1973, La Vida – eine puertoricanische Familie in der Kultur der Armut, San Juan und New York, 1971

Liermann, Edmund, in Bergmann/Ferid/Henrich, Internationales Ehe- u. Kindschaftsrecht, Loseblattsammlung, Abteilung Chile, Frankfurt, 2007

Lobos, Omar, Los Mapuches, Buenos Aires, 2008

Meller, Patricio, Universitarios, ¡elproblema no es el lucro, es el mercado!, Santiago de Chile, 2011

Montecino Aguirre, Sonia, Madres y Huachos, Santiago de Chile, 2007

– Palabra Dicha, Colección de Libros Electrónicos, Facultad de Ciencias Sociales, Universidad de Chile, Santiago de Chile, 1997

– Mujeres chilenas – fragmentos de una historia, Santiago de Chile, 2008

– Hacia una Antropología del Género en Chile, in: Mujeres, Espejos y Fragmentos, S. 21 – 34, Santiago de Chile, 2004

Nave-Herz, Rosemarie, Ehe- und Familiensoziologie, Weinheim u. München, 2006

Nogueira Alcalá, Humberto, El Derecho a la Igualdad en la Jurisprudencia Constitucional, Ius et Praxis, Año 2, No. 2, Talca/Chile,1997, S. 235 – 267

– Las Competencias de los Tribunales Constitucionales de América del Sur, Ius et Praxis, No. 2, Talca/Chile, 2002, Versión on-line, http://www.scielo.cl/scielo.php?pid=S0718122002000200003&script=sci_arttext zuletzt aufgerufen am 23.2.2009

– Aspectos de un Teoría de los Derechos Fundamentales : La Delimitación, Regulación, Garantías y Limitaciones de los Derechos Fundamentales, Ius et Praxis, versión On-line, V. 11, No. 2, Talca, 2005, S. 1 – 28

– http.//www.scielo.cl/scielo.php ?pid=S0718-00122005000200002&script=sci-arttext, zuletzt aufgerufen am 10.2.2012

Nohlen, Dieter, Hg. Lexikon Dritte Welt. Länder, Organisationen, Theorien, Begriffe, Personen, Reinbek, 2002

Novoa Vásquez, Jovino, Nueva Ley sobre Alimentos (No. 20.152), Blog, Eintrag, http://www.senado.cl/blog/Jnovoa/?p=127, zuletzt aufgerufen am 14.5.2008

Nuscheler, Franz, Lern- und Arbeitsbuch Entwicklungspolitik, Bonn, 2004

OMTC, Derechos de los Niños en Chile, Genf, 2007

Orrego Acuña, Juan Andrés, Análisis de la Nueva Ley de Matrimonio Civil, Santiago de Chile, 2005

Orellana, Marcios A., Indigenous Peoples, Energy and Environmental Justice: The Pangue/Ralco Hydroelectric Project in Chile's Alto BíoBío, http://www.ciel.org/Publications/Ralco_Brief_22Jul04.pdf- zuletzt aufgerufen am 1.9.2010

Oxfam, Informe Regional de Derechos Humanos y Justicia de Género, 2008

Pacheco Gómez, Máximo, La Separación de la Iglesia y el Estado en Chile y la Diplomacia Vaticana (con la colaboración de Jaime Muñoz Sandoval y Cristóbal García – Huidobro Becerra), Santiago de Chile, 2004

Palandt, Kommentar zum BGB, München, 2010

Pardo de Carvallo, Inés, Identifying Parentage and the Methods of Proof in the New Chilean Law, The International Survey of Family Law, Bristol UK, 2000, S. 83 – 93

Peuckert, Rüdiger, Familienformen im sozialen Wandel, Wiesbaden, 2008

Pietilä,Hilkka, Engendering the Global Agenda, The Story of Women and the United Nations, Development Dossiers UN Non-governmental Liaison Service, 2002

– The Unfinished Story of Women and the United Nations,Development Dossiers UN Non-governmental Liaison Service, New York und Genf, 2007

Pincheira Barrios, Marcos, Influjo del Derecho Canónico en la Ley de Matrimonio Civil, http://www.dudalegal.cl/influjo–derecho-canónico-matrimonio-civil.html, zuletzt aufgerufen am 19.7.2009

Pineda Garfias, Rodrigo, Las Potestades Constitucionales del Gobierno y el Congreso Nacional en Materia de Gasto Público, Revista Chilena de Derecho, Bd. 27, No. 2, S. 373-395, Santiago de Chile, 2000

Pinto, Jorge, La violencia en el corregimiento de Coquimbo durante el siglo XVIII, en Cuadernos de Historia, Departamento de Ciencias Históricas, Universidad de Chile, Santiago de Chile, 1988, S. 73 – 97

Plett, Konstanze, Das unterschätzte Familienrecht, Zur Konstruktion von Geschlecht durch Recht, in Schriften zur Gleichstellung der Frau, Band 27, Baden-Baden, 2004

Quinteros Yañez, Luis, Die chilenische Verfassung von 1980, Bremen 1985

Ramos Pazos, René, Derecho de Familia, Bd. 1 und 2, Santiago de Chile, 2007

Rendón, Marco Antonio, Servicio Nacional de la Mujer, Departamento de Reformas Legales, Santiago de Chile, 2009

Rebolledo G., Loreto, El Impacto del Exilio en la Familia Chilena, in: Familia y Vida Privada, S. 133 – 162, Santiago de Chile, 2005

Rieck, Jürgen, Ausländisches Familienrecht, Chile, München, 2011

Robles Rodriguez, Eulogio, Costumbres y Creencias Araucanas, Santiago de Chile, 1942

Rodríguez Pinto, María Sara, Una relectura de la patria potestad como función tuitiva sobre la persona y bienes de los hijos, Ius et Praxis, Bd. 16, No.1, S. 55-84, Santiago de Chile, 2010

Ruiz Rodríguez, Carlos, El Pueblo Mapuche y el Gobierno de Salvador Allende y la Unidad Popular, Universidad de Chile, Proyecto DICYT 03-0051 SM, Santiago de Chile, 2005

Ruiz Tagle Vial, Pablo, Apuntes sobre la Igualdad Constitucional en Chile, Ius et Praxis, Año 2, No. 2,Talca / Chile, 1997, S. 1 – 42

– Análisis Jurisprudencial del Principio de Igualdad en Chile, Universidad de Chile, Facultad de Derecho, Santiago de Chile, 2005

Saavedra Peláez, Alejandro, Los Mapuches en la Sociedad Chilena Actual, Santiago de Chile, 2002

Salazar V., Gabriel, Ser Niño ‚Huacho' en la Historia de Chile (Siglo XIX), Proposiciones „Chile Historia y Bajo Pueblo", No. 19, Santiago de Chile, 1990, S. 55 – 83

Salazar, Luis, Plena Capacidad de la Mujer Casada en Sociedad Conyugal en Chile, Anuario de la Universidad Internacional SEK No. 3, Santiago de Chile, 1997, S. 149 – 159

Salerno, Nicolas, Neruda: Sus Críticos y sus Biógrafos, Estudios Publicos No. 94, Santiago de Chile, 2004

Salinas Araneda, Carlos, Una Aproximación al Derecho Canónico en Perspectiva Histórica, Revista de Estudios Histórico-Jurídicos No. 18, Santiago de Chile, 1996, S. 289-360

– El Matrimonio Religioso ante el Derecho Chileno, Valparaíso, 2009

Samtleben, Jürgen, Heirat und Scheidung im neuen chilenischen Ehegesetz, Das Standesamt No. 57, Frankfurt/M. / Berlin, 2004, 285-290

Santa Cruz, Guadalupe, Nombres, Nombradías y Nombramientos en América Latina, publicado en „Congreso Latinoamericano sobre Filosofía y Democracia, UNESCO, Santiago de Chile, 1997

Schelski, Helmut, Privatisierung und politische Neutralisierung, Hrg. Seminar: Familie und Familienrecht, Bd. 1, Frankfurt/M., 1975, S. 115-119

Schneider, Norbert F., Lehrbuch Moderne Familiensoziologie, Opladen & Farmington Hills, 2008

Silva Montes, Rodrigo, Manual de Tribunales de Familia, Santiago de Chile, 2005

Simitis, Spiros und Zenz, Gisela, Familie und Familienrecht, Frankfurt a.M., 1975

Sternthal, Sebastián, (Chile) Der 11. September: Geschichte und Nachlass einer Diktatur, http:www.linksunten.indymedia.org/node/10540, zuletzt aufgerufen am 8.5.2011

Therborn, Göran, Cambios de las Familias en el Marco de las Transformaciones globales: Necesidad de Políticas públicas eficaces, CEPAL, Santiago de Chile, 2004

Turner, Susan, Die ‚ökonomische Kompensation im Scheidungsfolgenrecht von Chile und die ‚ehelichen Lebensverhältnisse' beim nachehelichen Unterhalt im deutschen Recht, Dissertation Universität Göttingen, 2006

Valenzuela Reyes, Mylene y Oliva Fuentealba, Sergio, Recopilación de Legislación del Estado Chileno para los Pueblos Indígenas 1813-2006, Santiago de Chile, 2007

Valdés Subercaseaux, Ximena, Futuro de las Familias y Desafíos para las Políticas Públicas, Notas Sobre la Metamorfosis de la Familia en Chile, in Naciones Unidas, CEPAL, Santiago de Chile, November 2007

– Puertas adentro – Femenino y masculino en la familia contemporánea, Santiago de Chile, 2006

Valdés Subercaseaux, Ximena und Valdés E. Teresa, Familia y Vida Privada, FLACSO, Santiago de Chile, 2005

Valdés Subercaseaux, Ximena und Araujo K. Katia, Vida privada. Modernización agraria y modernidad, Santiago de Chile, 1999

Veloso, Paulina, Igualdad y Relaciones Familiares, Facultad de Derecho, Universidad de Chile, Santiago de Chile, 2003, http://www.islandia.law.yale.edu/sela/veloss.pdf, zuletzt aufgerufen am 14. Mai 2008

Vinken, Barbara, Die deutsche Mutter, Frankfurt/M., 2007

Vergara Blanco, Alejandro, La Cultura de Revistas Jurídicas Chilenas, Revista Chilena de Derecho, Vol. 27, No. 4, Santiago de Chile, 2000, S. 663-666

– Crítica bibliográfica en materia jurídica, Revista Chilena de Derecho, Vol. 25, No. 3, Santiago de Chile, 1998, S. 531 – 532

Vodanovic, Antonio, Leyes de Derecho de Familia y Menores, Santiago de Chile, 2005

Zicavo Martínez, Nelson, Padres por la Igualdad Parental, Tesis sobre la Padrectomia, Universidad del BíoBío, Concepción, August 1999

Zwernemann, Jürgen, Hierarchie in akephalen Gesellschaften Westafrikas, in Heller, (Hrsg.) Hierarchien, Graz , ohne Angabe des Jahres

Sonstige

Biblioteca del Congreso Nacional de Chile, Historia de la Ley No. 20.152, 9.1.2007, http://www.Bcn.cl/histley/lfs/hdl-20152/hl20152.pdf zuletzt aufgerufen am 14.5.2008

– Historia de la Ley No. 19.947 , 17.5.2004 Historia Constitucional de Chile, http://www.bcn.cl/ecivica7histcons, zuletzt aufgerufen am 23.7.2008

CEPAL, Organización de Estados Iberoamericanos para la Educación, la Ciencia y la Cultura, Anuario Estadístico de América y el Caribe, 2007

Cladem, Comité de América Latina y el Caribe para la Defensa de los Derechos de la Mujer, http ://www.cladem.org/español/regionales/ monitoreo_convenios/ddhhChilemarzo07.a... Caribe 2007 Bi, zuletzt aufgerufen am 11.12.2009

Comisión Interamericana de Derechos Humanos, Informe sobre los Derechos de las Mujeres en Chile, la Igualdad en la Familia, el Trabajo y la Política, 27.3.2009 http://www.cidh.org/countryrep/ChileMujer2009sp/Chilemujer09i-ii..., zuletzt aufgerufen am 3.9.2009

– Informe sobre los Derechos de las Mujeres en Chile: formas de Discriminación contra las mujeres en Chile en el contexto familiar, político y laboral, 2009, ibidem, zuletzt aufgerufen am 27.3.2009

Corpus Iuris Canonici Gregorii XIII. Pont.Max, Tomus Primus, MDCXCV/1695, Titulus XVII-XX

Departamento de Estudios Jurídicos Puntolex, Familia – Legislación y Jurisprudencia, Santiago de Chile, 2007

Der Große Brockhaus, Wiesbaden 1956

Enfoques Estadísticos, Matrimonio, Boletín Informativo del Instituto Nacional de Estadísticas, Santiago de Chile, Juli 2000

Human Rights Library, Arce Esparza, Sonia versus Chile, Case 71/01, Report No. 59/03, Inter-Am.CHR., OEA/Ser.L/V/II.118 Doc. 70 rev. 2 at 213, 2003

Humanas, Discursos y Transcursos del Estar de las Mujeres, Santiago de Chile, Juni 2008

– Memoria Institucional 2005 – 2006, Santiago de Chile, Dez. 2006

Naciones Unidas, Convención Internacional sobre la eliminación de todas las Formas de Discriminación Racial, 29. Okt. 1998 http://www.unhchr.ch/tbs/doc.nsf/f802d32a14f5b083cl2565620051, zuletzt aufgerufen am 1.2.2010

– Convención americana sobre derechos humanos suscrita en la conferencia especializada interamericana sobre derechos humanos en San José, Costa Rica, 7. - 22.11.1969

Punto Lex, Familia, Legislación y Jurisprudencia, Santiago de Chile, 2007

Universität Wien, Veröffentlichung zu akephalen Gesellschaften, http://www.univie.ac.at/voelkerkunde/html/inh/stud/.../95AZA2.pdf , zuletzt aufgerufen am 3.9.2009